李廉方 著
郭戈 編校

李廉方集
(二)

荊楚文庫編纂出版委員會
華中師範大學出版社

答黃壽山學友大花園教育村參觀印象記的平話[①]

壽山是《平話》的主編，大概因爲我許久沒有爲《平話》作文章，特就這個題目，故意想出許多問題，引逗我來答辨，並不是確有所見而云然的。不過原文所說，根本上似有誤會，我是不能不有所表白啦。但是對於我的新近實驗，勿論如何批評，我都是一樣的歡迎。我對批評的答辨，是想給批評者更深一層的印象，使以後參觀的人不再發生同樣的誤會，得以更作進一層的看法，並無絲毫拒絕批評的意思。

大花園實校的工作，完全依照我的預定計劃，只有關於國語方面，比較有詳細方案發表，所有整個課程，外人自無從知道。就是壽山參觀三次，某個單元開始到最後的整個活動，未必一一看到。恐怕每次都看的是國語練習，自然這樣練習占的時間比較要多，這是當然的事實。還有改造方案，係說明國語教學，雖然涉及整個課程的活動，但因篇幅較短，最容易被讀者忽略過去。至於我的改造方案，何以專談國語，這或者是惹誤會的一種原因。我的教育見解，向來不把文字學習就算教育的，不過小學教育也不能不注重文字學習。中國教育，必須自己體會出來的，最要的是教育主義，在黨治下用不着再談甚麽教育主義。其次就是文字，中國字和拼音字根本不同，如果沒有系統的特別研究，一切學習活動就會發生窒礙。這點明白了，以下便省卻許多閒話。

壽山提出商榷六點，除第五點教師有使用土語處，確是缺陷——這是本區教學改進會早經提議過的。如第一點謂"文學教育採設計單元實以國語爲中心教學，易有側重文字教育之傾向"。大花園實校的國語學習，係活動單元發表段的主要部分，並非單元的整個活動，從這方案的理論和實施的歷程，處處可以看見。我新創的實驗，只是把知識和工具

[①] 原載《教育平話》第1卷第10期，1935年4月；《開封實驗教育》季刊第1卷第2號轉載，1935年4月。

統一起來，根本無所謂"文學教育"。若説是採設計單元，我對於設計法研究的期間很長，固然有相當的推重；如果説這實驗的單元活動是從設計法出來的，卻不承認。我只好拿華虛朋的一段話作答，"藉着劃一的方法去教兒童，恐怕説不通吧。科學的探討已經證明，兒童的學習無須藉着甚麼設計；兒童獲得了基本知識技能，能否在生活上應用出來，還有待科學的研究去證實。但是在我們學校裏所得經驗，覺得兒童有了豐富的生活和與生活有明顯關係的材料，將來應用所學習的知識技能，也就無多大困難了。"我的實驗方式和華氏不同，卻是教育見解是有同一的態度啦。設計單元這句話既不成立，那麼以國語爲中心教學也就離我的主張太遠了。至於所謂"易有側重文字教育之傾向"，這樣事實只是在舊式工具與知識分離教學，才有某種側重傾向。在我的實驗工作之下，即使教者能力稍差，也不會錯誤到如此地步的；因爲沒有環境實際的活動，文字教學就不能產生出來。這是壽山一個最大的誤會。

第二點謂"字彙選擇雖切實際，有些性質太繁太難，是否合於學習心理"。我不知道壽山所謂字的性質繁難，根據如何標准立言，且如何和學習心理能打成一片。現在一般學校的教學，根本無從發見繁難的正當途徑。書坊編讀本，認爲開始衹及若干筆畫，亦無學習心理的根據。並且數課後即自亂其例，幾於無家不然。間有一二心理學家發表漢字心理的意見，他們對漢字未有真切的認識，對文字學習也未體會教學程序，雖然標榜科學方法，卻是基本標准已誤，先已犯了用科學方法的禁忌，哪裏能發現正確原則呢？兒童認識文字，開始不當和書寫結合並進，即在拼音字教學猶當如是，何況漢字。我的實驗，第一期完全不用書寫，若拿世俗的論點來猜測，那就大誤而特誤了。壽山如果細看過第一期的教學報告，當了解報告中的難認識的文字，和世俗的論點簡直不同。這也是壽山一個大的誤會。

第三點謂"公民訓練似欠缺群性"。這是歐美一種學派攻擊發展個性教育的普泛論調。就理論説，教育學説主張發展個性，並不是抹煞群性。就實施方面説，勿論發展個性或群性，都不是容易的事。在空談原理和一般普通學校的設施，縱然注重群性，卻未見得了解群性發展應從如何實際表現出來。如果以爲班級教學和課外團體活動，以及施行甚麼訓練制度的組織，便是發展群性，試問今日的中國學校教育有個甚麼結果？我的實驗開始，自然有許多功用尚未完成理想。不過我是把整個教育都融合在學習裏面去訓練，處處是求知識和工具，卻處處是訓練習慣；處處是個別活動，卻處處是使得到群體關係的了解。再進一步說，我新創的教學方式，只有在群體才能活動；人數愈多（當然不能超過普通班級人數），活動愈大，愈能引起興趣，愈有力量；若只有三五個學生，這種方式根本就不便使用。這在初步實驗已有不少的表現，或者參觀人走馬看花，一時不及體會罷了，這也不能不算是壽山的一點誤會。

　　第四點謂"教具不免有貴族化的色彩"。我不知壽山所指摘的教具，是指甚麼而言。如所指的是實校課程以內的國語、算術用具和場所設備，我們場所設備，總算比其他任何學校簡易多了，壽山直接的小學，恐怕也沒有這樣簡易呢。教課內所用教具無一不是簡易的，只有字片、圖片是需要較多，然而是決不可少的，未必這算貴族化嗎？至於本區另製的教具，多屬於補充活動，備一般普通學校的採用，曾經開會展覽，請公同批評，以便決定適應需要的製造，大花園實校不過拿了幾種作課餘的試用罷了。即使這些教具或不合乎壽山自定原則，似不應硬拉在大花園實校裏混作一談。況且這些非大花園實校的實驗教具，是否貴族化，似乎還需要慎重的考察，才有正當的判斷哩。例如教具的顏色和花紋，是大家認爲鮮明精美的。然而教具適用與否，我不敢加以武斷，只有顏色和花紋，倒是製教具的人一點新發明，既不費錢又不費力，那不費錢和不費力的美，難道應指斥爲貴族化嗎？假使色彩並不累及經濟，究竟算不算貴族化呢？這也算一點小小誤會。

　　第六點謂"側重視覺訓練是否有偏畸之虞"。我的改造方案特別注意已往種種讀文字的弊病，所以初學識字從視覺入手，並不是側重視覺；而且訓練視覺係觀念視覺，開始即集注五官運用到視覺方面，矯正蒙鐵梭利分離感覺的缺陷。壽山拿普通心理書上的泛話，指摘本方案側重視覺的偏畸，不知何所見而云然？這也算一點小小誤會。

壽山開始提到本實校的三個特徵，雖然過蒙揄揚，卻也不欲承受。因為我的實驗，是否有特徵可以揄揚？即有特徵，也不是這樣事實。所以看過這篇印象記，覺得壽山最好學，又從我學甚久，所以益我的話，不能如我的期望，這是何等懊喪。但是肯抽暇寫這篇印象記，我是不能不致謝詞，並向壽山所稱同意見的易伯堅、周紹言、朱岩潛三位先生道謝。

總之，我的實驗工作，是全國實驗機關都不走的途徑。有人說這是一個小小問題。這小問題是什麼？就是什麼是教育，怎樣學習才算經濟？這是我三十年來所唯一攻討的方向。這個問題雖小，但我總覺得國民教育的發展，只要政府決心實在的幹去，頭頭是道；卻是這個小問題，不是抄襲外國幾個章程，或者開一個專家會議，定出幾個原則；以及像一般普通學校的實施，或者標榜實驗的學者枝枝節節做一點形式的工作，可以達到目的的。我惟有不自量力，不識時務，向困苦艱難中竭力做去，再期以二三年，完成這小問題的實驗。知我罪我，我是無容心的。

《開封十小試行二重制報告》序①

余草二重制，僅及於初步建議，不深論教學改進問題。並此制之運用於複式教學中，減少組別，亦未論及。十小實施以來，因添班與改革建置，關於教育行政無由表現此制究竟如何。然如編制便利，固同人所共認者也。至於分團雖便，欲期其效率圓滿，此則涉及課程改造。學者競談分團組織，而升降級仍多困難者，職此之故。周慶光先生謬相推許，在《江蘇教育》上發表一文，題曰《二重制之理論與實際》。文後附列九

---

① 原載《開封實驗教育季刊》第 1 卷第 2 號，1935 年 4 月。

個研究問題，其中（1）（3）必須教育行政解決之，與此制本路無涉。（4）（5）（8）（9）係當然事實，亦非此制之缺陷。惟（2）（6）（7）三個問題，殊有待於辨明。

原問題（2）謂學生分部更迭上課，身材高矮恐和桌椅不易適合，每個作業室的桌椅，似宜略分高矮分別設置，並略分前後坐次。

此制初步建議，本爲多級而設。既爲多級，則分部更迭，無身材與桌椅不適合之慮。通常桌椅，分初中高三種，依此制分部，一上、二上、三上、四上、五上、六上；與一下、二下、三下、四下、五下、六下對比；或一三五，與二四六對比，以此配置通常之三種桌椅，並無違悟。

原問題（6）謂因作業室時常調換，發生物品遺失和偷竊的問題。一方面應注意場所的分配和設備，一方面應注意訓練的方法以謀補救。余以爲訓練兒童必須置於有社會性的動境中，而後可養成其正當習慣。假如遺失和偷竊確因作業室時常調換而始發見，正足以證明現在學校之維持秩序，皆爲獨佔性之伸張，此制實大有益於訓練之改革也。

原問題（7）謂試行的八班，各科增加了一千三百二十分鐘，原來目的每日可抽出四五分之一的時間，自行研究，事實上未能做到。

余以爲此種事實，非此制之理想不能實現，而係未如原問題（3）（8）（9）而實施。總之勿論施行何制，必一切隨之改造，而後可正確判斷其適當與否也。十小報告編印既畢，適病，不暇深思，拉雜寫此，以質諸慶光先生，並爲造峨校長及全校同人進一言，是爲序。

李步青廉方識於開封教育實驗區

答客問二年半修畢四年課程標准①

客有問於予曰：四年制小學可以減少年限修畢，國內實驗者，有廣

---

① 原載《開封實驗教育季刊》第1卷第3、4號合刊，1936年1月。

州中山大學與江蘇教育學院所進行之工作，余有惑焉。

（一）彼等之表白，謂由測驗之經過，與其他小學比較，可以如期達到目的，惟其所比較者，係原有學校教學現況，不必即爲部定課程標准，則減少年限修畢之說仍有疑點。

（二）彼等所進行者，係延長學齡及廢除或減少假期而在其他學校同學習期間內增加授課時數。是否由此辦法即可減少年限，且其辦法是否適當，不無疑問。

（三）彼等之編制教材及其教法，在學習經濟方面無絲毫之特殊表現，而其統計之數字，則實驗級遠過比較級，令人無從摸索。

開封教育實驗區標明，以一般小學學齡兒童二年半授課時數修畢部定四年課程標准，實洽鄙懷。今讀子之方案並參觀兩校實驗，對於教材教法，一掃已往陋習而空之，甚覺有趣，惟於二年半修畢部定四年課程標准，未審其詳，請子示其大略。

余聞之頗興奮，撮取要旨而告曰：以二年半修完四年課程之實驗，本出臆想，惟臆想係根據已往經驗之推測，作改造實驗的企圖。非編制硬形課程，以強注爲能，強注是戕賊兒童也。非延長學齡，抹煞兒童教育，或變更課程標准，另取減少年限之學習成分，如此皆非學習經濟，而近於蒙惑社會者也。茲試就所推測與所企圖者言其大概。當先明瞭已往一般學校所浪費時間之狀況。

（一）從課程產生者。見於分科者爲國語、常識、算術分立，國語課須附帶爲常識之解釋，常識須附帶爲文字之解釋，算術更附帶爲文字與常識之解釋，重複混淆。見於合科者，不問單元本身如何，強合各科而分配教材，或者單元失之零碎，往往附益多少無意義之學習。見於虛設科目者，如勞作、美術、樂歌、體育等，無適當教師或設備，但敷衍其教學時間，以求合於部定科目。

（二）從課本產生者。此約有兩種體式：（1）爲讀文體，即通行之教科書體，國語讀本全用此體，即常識教科書亦用之。（2）爲指導體，常識課本間用此體，以問題爲中心之讀本則參用之，廣州中山大學進行之實驗讀物以此爲主。二者大概形式雖不同，要同爲一致而且固定之教材，同時學習，則學習時間上即發生過與不及之嫌。

（三）從教法產生者。此在普通教學，可分授課與自習兩方面情事言之。從授課言，因爲在一齊授課之下，勿論問答、提示、練習，大抵發生兩種現象：其一，全課在進程內必有一部分的課業浪費時間；其二，全體在同時間內必有一部分的兒童浪費時間。從自習言，不外課外作業與溫習兩種：溫習係特定時間，不與各項課業適相銜接，多爲無目的之學習；課外作業雖有一定支配，如爲附隨正課之作業，離開直接指導，易加重學生之負擔。如係隨意作業，與自習無關。至於學級教學，徒以出聲不出聲爲分配功課標准，其不在直接授課時間內，大都少有心得。

上所論列，雖不能以數字指出浪費時間各有若干，然以明眼人觀察各校教學情事，則時間之浪費，無時不有表現。此從消極方面言則然。再從積極方面求之，可使學習經濟者，當如下述：

（一）從轉移作用求之。此可第就作業手續求之，勿論爲新授或練習，各校一般情形，往往在進程中有同樣之說明。如果將作業類別，分別注意開始之訓練，培養其習慣，則繼續作業，即可省說明之手續。

（二）從基本練習求之。勿論何種作業，莫不含有基本成分，在初學尤爲重要。若應適當進程，而抽取基本成分，先作特殊示範，則以後次第作業，學生皆可應用示範之練習，自求了解，減少不甚重要之提示。

（三）從工具訓練求之。此自以閱讀所需要者爲最重要，不惟屬於國語本身，即常識、算術亦有相當關係。工具已備，則文字可以自讀，所需乎講說者，僅屬於內含之一小部分。

（四）從興趣激引求之。此以使學生感覺需要或愉快爲主，又能由方法而引起動機而且維持注意。因爲興趣濃厚而且恒永，不覺厭倦，自易熟習。

由上之兩方面觀察，覺得現在一般小學四年所達到之部定課程標准，實可減少時期而取得同樣進度，因以此作爲本實驗一個目標，可使教學效率，得到明確結果。

客曰：減少時期，確定爲二年半者，抑有説乎？

余曰：此本出於假定，然非虛擬也。試考察外國優良學校，初小二年以上讀書分量等作文成績，較之我國小學一般學生的四年進度多有遜之。再證以我國未改學校以前，從良師受業者，中材以上之八九歲小兒亦然。僅憑讀書作文方面以此推求，雖減至二年，未始不可。惟小學全部課程，常識範圍較廣，不可僅以讀書爲限；算術進程較難，開始一二學期僅宜於養成識數觀念，非多延一個學期，不足以完成部定標准。蓋學習事項，從橫的方面，可儘量爲適當之擴大；在縱的方面，則進程太多，或嫌躐等。以二年半爲限，則兒童已達到九歲，距十歲發達之程不遠。即使預期或有未周，而優秀及實年超過學齡者可無問題。

客聞言沉思少許，進而問曰：然則了以何法避免消極之浪費，取得積極之推進？願問其旨趣。

余曰：善哉此問。余蓄此念已二十年，近三年來專集注於此種改造，時廢寢食以圖之者，即在於此。試申其説。

在未提出旨趣以前，當説明所以進行之普通概念。凡教學上所企圖之任何一個目標，與教育整體之任何部分或任何方面，無不有相因相需之關係。即所企圖改造者在此一個目標，而其他部分或方面，不貫穿其所應改造之理想，則所改造者爲片面作用而不足以完成其企圖。抑且目標所包含之事項，各自分立以謀改造，而無一個融貫理想以統合其作用，則頭緒紛繁，無從措手。余之創製方案，着意此點，其要領如下：

（一）認定文字在初學爲一切學習之工具，中國文字與拼音文字尤不當取同一學習方式。因此，分學習期限爲三個步驟：第一步驟爲正式閱讀前準備期，即第一學期由單元活動進程之發表段內，進行文字認識，集注於觀念、視覺之培養，一掃舊時讀法種種之陋習。第二步驟爲取得自學工具期，即第二學期，擴充增進前步驟之活動，兼使對音符、部首、音系、標點之認識，植立其基礎。第三步驟爲完成自學功用期，即由第三學期至第五學期，以讀書爲主要作業，絕對不用授課方式。

（二）認定語文由活動而產生，故須統一此種工具於知識之下；又以取得知識必須以直接感覺爲出發點，而後所學習者適應實際需要，且容易領受。故前兩學期以單元活動爲主，分爲環境與季節兩種活動，環境單元分爲我的學校、我的身體、我的家庭、我的鄉里四大單元。以調節活動爲輔，分爲兒歌與故事畫兩種學習。所有各個科目，皆集中於此種活動。後三個學期以讀書活動爲主，將純文藝與常識兩種兒讀讀物，分別階級配置。補充以單元活動，注重於季節單元，間參環境單元，以完成小學必須之基本知能。

（三）認定低級（前兩學期）學習，必時常有身體上活動，而後不感疲勞，且守秩序。因此身體活動，必期與課業學習，發生交互關係，達到訓教合一之旨。其一，學習方式，多方變化，在任何一上課時間內，必有四五次之變換學習，不惟同日之學習方式，不宜重復，即接連數日間亦常變化。同一學習事項，必有多種方式練習，一種方式未習熟者，即易一方式以習之，再未習熟，又易一方式以習之，務使兒童視學習爲遊戲，而不感疲倦。其二，任何學習，必須由身體活動而進行，其方式即由活動而變化。活動稍不合式，即足妨礙其學習，並且妨礙他人而不糾正他人，皆能感覺其影響於自身活動。中級以上宜發展自動能力，充分開拓其求知欲，自由閱讀之逐漸擴張，即所以達此企圖者也。

（四）認定學習知能，須適應個性各別之度而發展，以革除一齊與固定教學所發生之流弊。因此單元活動，在從環境佈置上，使集注於事物之較廣大的對象誘起問題，不爲解決某問題而作單元活動。讀書活動則依階級與目標而配置加倍之兒童讀物，使閱讀不限於同時間與同種類，則學習時可以各應興趣，進展時可以各如分量。故程度稍有參差，不妨其同班學習；因事告假若干日，亦無讀本授課所感召之繁難。

余言至此稍停頓，復繼續而言曰：茲更就學習進行之旨趣，撮取要點言之。

（一）單元活動，必由觀察與談話，進而爲文字練習。尤其最初識字，開始由實物、動作、圖片等對照字片而提示；第二步則由圖片之眉標，使對照隔位字片，移轉其注意於符號與符號之間；第三步則撤去眉標而徑作字片練習，並以發字片進行其普遍練習，其未熟習者再作種種遊戲式之復習，因爲以字片作活動練習，對否不惟自己可以尋求，全體亦可一望而知。而且一人活動，與全體兒童發生連鎖關係，一個字片對照，亦與全部字片發生連鎖關係，故教室活動空氣極濃厚，而熟習恰至適度而止。又其活動程式，用"看口令"，以文字代語言，教師不說話，而兒童表出各別活動，尤爲本實驗之特點。第二學期爲識字過度於讀書之關鍵，其提示、試習、復習之過程，亦立於活動工具之上。

（二）讀書活動亦有二個之特點：第一特點爲讀物配置，本實驗絕對不用教科書，亦不自編教材，盡量選取出版界兒童讀物，根據學習興趣，分段排列，常識讀物並以部定完全標准爲據。

1. 開始讀物，以謎語作熟練音符準備，以反復故事作熟練檢字準備。

2. 普通讀物，分爲四個階段：第一段爲緊接反復故事之讀物，內容純屬於想像生活，圖畫與文字參見。第二段爲開展閱讀之讀物，大部分以純文藝發展其想像生活，小部分參入常識之物、語體讀物，插圖亦多。第三段爲充實閱讀能力之讀物，主要讀物集注於實際生活，以童話故事爲調節，參以笑話、寓言，並及於陶冶人格之傳記、史談。第四段爲進一步之讀物，純文藝稍重文學之藝術面目，並進讀長篇至萬餘字以上之書；常識除完成目標所未及者，並進讀高小讀物。

第二特點爲教學過程：第一步當使如何而讀，第二步當使如何作筆記，第三步當使如何作表述。所以能達到圓滿地位者，最要爲學習指引片，其中含有標示、抽提事項、問題、途徑啓示四項，每册讀物皆揭示一個指引片，應默讀筆記表述等，以書面指引之。至於直接指導，亦有兩個原則：其一在直接指導外，多方爲控制自習之啓示，減少其個別需要指導之事。其二常使個別指導，能影響於全體或大部分，減少其重復講説之事。

算術教法與他校亦不同，前兩期完全容納於單元活動以內，養成識數觀念，至第三學期始特定時間學習，多由了解環境事物而進行計算，以三個學期修畢初小標准。其他科目，本無一定限度，並不須强與單元混合。雖然國語、常識、算術三科目未完成全部課程，但此三科目能在二年半修完標准，在農村小學固已適用矣。

客肅然起立，向余言曰：吾國小學，動曰低級用"設計式"，中級以上用"道爾頓制"，若詢其表見優異成績，則瞠目無以對。至"設計式"所以用於低級，作中級以上之"道爾頓制"爲如何準備；以及"設計式"在合科上之種種缺陷與"道爾頓制"與學習所發生流弊與指導困難，曾無一校有正確辦法。今聞子言，爽然若失，並深信減少年限，不從讀物與教法求改造，是爲無的放矢者也。遂告辭而別。

致各界熱心改造小學事業人士的信①

先生賜鑒：

茲謹以吾國小學教育必需改造之關係，及作者自創之教學法，而以一般小學學齡兒童二年半學習時數，修完部定四年課程，確立民族復興之基礎，經實驗可以證明者，約略陳述於賜閱者之前。

國民教育必以小學爲本；今日以後之國民教育，所企圖夫普及者，非祇量之比率，尤在質之因素，是否足與一切强國競勝。明言之，即此基本國民所受者爲如何教育；與教育所增益於國民者，能在時代進步上得到如何明效。

國人競言教育破產，大都對於中學以上之呼聲，而不知小學實爲厲階，尤以浪費精力戕賊本性爲致命傷。試觀察一般入學兒童，往往初小一、二年級比未入學時爲活潑，及三、四年級以上，即漸浸染社會不良習氣，與年俱進，視未受教育者爲甚。以及由學業之進修勸懲，養成其誑語、怠工、狡賴、争奪、迫脅、失望等心情，幾於無事不然。其標榜新式學校者，務爲種種組織、種種裝飾、種種章則，於實際修養無與。

---

① 原載《開封實驗教育季刊》第 2 卷第 1 號，1936 年 4 月。

或者侈談訓育，或者誇飾社會活動，放棄正式教學以爲之，實效未收而學業減少。此眞可爲痛哭流涕者也。

吾國以往小學教育之缺陷，莫顯於硬性課程與形式設計。如果認定民族復興，必以小學教育爲根本企圖，即不當僅僅加重某部分教材或訓練，仍從已往途徑求出路；亦不得謂除唯一仿襲外國外，別無更有效的方法。況如吾國現處環境之迫，國民經濟與實力之絀，在小學教育方面迎頭趕上，自非建築於學習經濟之上，未由奏效。所謂學習經濟者，必其在教學方面取得敏速、實用、興趣之效率；在設施方面取得簡易之效率，與短期義務教育僅計數量而不計教育價値者不同。國內亦有一二處從事縮短年限者，顧其所爲不出上所言二個缺陷之途徑，惟以變更學令，增加時數，使應入學者先成爲失學兒童，然後期待此縮短年限之教育，此期期以爲不可者也。

作者歷年從事小學教育之改造，過去新法均經嘗試，深覺吾國小學教育之最大難關，以先解決文字學習爲唯一要圖，因此認定工具與常識必須統一。中國文字與拼音文字不可用同一學習方式，又其知識技能之取得，必取途種種實際生活活動而後可以進行，即訓育不越乎實際教學程式以外。本此旨趣，建立極詳密方案，在開封教育實驗區兩個小學進行實驗，結果與預期適合，其詳載拙著方案及開封實驗教育報告。前兩期方案早經刊送，茲奉上第三期方案，大體略具，希冀賜閱者注意以下之請求：

1. 本方案之理論與方式，出於作者創見，皆有實驗證明，與世界學者所言多有異同，究竟孰是孰非，可以對勘。務希儘量批評，但斷章取義或籠統批判，非所樂受。

2. 以不變更學令，於二年半修完四年課程，而成績或過之，此關於民族復興之根本企圖甚切。苟所陳說毫無讕言，此外又別無明確途徑，似不當拘守成見，故步自封。應如何對此加以切實提倡，責在政府有司與社會熱心諸君子。

作者以匹夫有責，自盡分所當爲，而曉曉陳詞者，非僅以自作介紹，而在喚起廣大的改造小學教育之同情，以建立民族復興之基礎。
　　敬請
　　賜閱，並示批評。

開封教育實驗區李廉方
二五年一月六日

以一般小學學齡兒童二年半授課時數修完部定四年課程之試驗經過①

一、本試驗之旨趣

目的　非取強注與期待手段，而在順應兒童生活，減除從來學習時間的浪費，使其可能的進度與容量，達到必然的速率。

理由　先從從來一般學習時間的浪費而言，分爲三項：

（一）從課程上產生的浪費

1. 分科的浪費。小學課程占時間最多者，爲國語、常識（包含自然社會）、算術三科目。但授國語科必涉及常識，授常識科必涉及語言文字，授算術在名數與構題方面，必涉及文字與知識之了解。雖然編課本者，在常識與算術二科下，必稱顧及國語科已授文字，然任查如何課本，多有出入，而在此出入限度中，因各科分授，彼此即發生學習上重復與疏略之情事。重復之爲浪費，人所盡知，不待申述，疏略大抵屬於關係成分，其實關係成分往往影響於本身應用，不當簡易而簡易，使所學得者徒勞罔功，與浪費無異。

2. 合科的浪費。吾國所稱合科者，大抵循設計教學之途徑。試檢過去教學，最明顯之缺點有三：（1）不問單元本身如何，皆統合各科目而分配教材，使合科成爲形式，問題解決不能保持其自然進程，徒附益多少無意義之學習。（2）單元零雜，徒集注於每個問題的中心，而拋荒各

---

① 原載《教育雜誌》第26卷第4號，1936年4月。

科目固有之必然的程式，所習者繁簡先後，多失其次。（3）特殊練習，不能適應科目必然的進程，時有畸重畸輕之失。所以較好之設計教學，雖有部分兒童極表現其活動，究竟實效如何，無從度量，而全部成績並不能超過於其他教法，甚至較爲低下。由上之三缺點，可知其浪費時間不少也。

3. 虛設科目的浪費。此最顯著者爲勞作、美術、樂歌、體育等科目，虛設情形有兩種：（1）無適當教師；（2）無適當設備。各小學爲求合於部定全部課程，不問科目應達到之效率，但敷衍其學習時間者，比比皆是。

（二）從課本上產生的浪費

課本爲授讀式下之產物，與專供自由閱覽之兒童讀物不同。勿論課本如何改良，總爲授讀而用。教式必從授讀而成立，則自動、自由、互助之精神，皆無從而培養。既用課本，不便兒童選閱，即非出於授讀之途不可。地方不同，個性不同，當時興趣不同，一律範圍於同一課本之下，於是不樂讀者不得不強之讀，所欲讀者不得不禁其讀，學校成爲監獄，教師成爲獄官矣。若謂課本之用，於統制教育與統一國民性有關，其實統制之作用，不在課本一致與否；即言統一，則所統一者在目標而不在教材。假令同目標，即城市與鄉村，山地與海濱，教材各自不同，不因生活殊致而異其目的。如必以同教材始爲統一，又何解於適應環境之說？所以因地增損教材，實由於因襲課本之使用，演爲具文，非通論也。因爲限於課本形式，徒使兒童拘牽於文字讀講，與無關活動需要之誦習，消耗精力，虛擲時間，無興趣，鮮實用，可爲浩歎者也。

（三）從教學上產生的浪費

1. 授課的浪費

（1）問答的浪費。啓發式所以必需問答者，在啓示其疑與難。然而國內教學，多喪失其本旨，並問題形式種種之禁忌，習常違犯而不自覺，幾使問答成爲敷衍時間之捷徑。在預備段往往費若干分鐘，其用爲引致目的之指示，並非由此目的而構成活動進程，故所指示者不過虛浮之簡括言語。引出新觀念於舊觀念之基礎上，使所問答者爲所憶及，即不問答而自能資以理解；非所憶及，雖一再問答而不必有效。在練習段約亦費若干分鐘，因爲口問只能一人作答，如不能集中全體注意，至少有一部分兒童任意荒嬉。吾國設計教學之討論進程，亦有同樣情形。

（2）講解的浪費。對全體爲同一講解，淺深詳略，頗難稱乎各個之要求而適如其度。所以教室中誨爾諄諄而聽爾藐藐者，成爲極普遍之現狀，並非兒童本性之真頑與真惰也。

（3）練習的浪費。此之最顯明者莫如讀講，如讀用於齊讀或分組讀，其隨讀多爲盲從；用於個別讀，聽者不必皆肯集中注意，講之情形與個別讀同。

總之，授課式必發生兩種現象：其一，全課在進程內必有一部分的課業浪費時間；其二，全體在同時間內必有一部分的兒童浪費時間。

2. 自習的浪費

（1）普通教學。此有兩個顯明之點：其一，課外作業，各科作業是否相稱，各個家庭是否可以自習，以及作業處理後得到如何效率，教師概置不問。但以成績簿之多，加重負擔，爲裝飾外表的工具。其二，課表規定自習時間，自習須與直接教授相銜接，時間固定，已成問題。若自習只爲減輕教師授課之別徑，則自習徒以拘束兒童，其效率無可言也。

（2）單級教學。此純以出聲不出聲，爲分配各組功課之標准，非真正的自動習慣之培養。故其流弊所極，在不直接教授時間內，大都一無所得。

綜上所列，不外於教材組織與教法進行兩方面。其浪費時間，達到若何限度，雖不能以數量表出，然大約有三分之一或四分之一的時間屬於浪費，可斷言也。設計教學雖改善課程，而未變學習態度。道爾頓制之學習態度固已變矣，而課程又未改進。德可樂利教育雖於教學上開一新途徑，而學習與年俱進，殊少發見。小問題實驗所發見之正確結果，足使學習經濟，然不能影響於全部課程。國內小學教育，關於教材組織與教法運用，尚無出於上之途徑以外者，而乃欲延緩學齡，廢止假期，變更教育因子，以圖縮短年限，勿論事實上疑義已多，亦且縮短年限，非真由學習經濟而取得也。

所以本試驗之企圖，深鑒於歐美現行教育，尚不足以袪吾國已往教學之失。因而細審教育理論所詔示吾人者，不少未完成之方式。如教育必與生活適應，教與訓必須合一，學習興趣不由外爍，設施宜求簡易，以及熟習時數與領受容量必適其度等，多僅有理論或斷片例子，並無徹底與一貫的系統方案。此次試驗，抓住要點，融合無間，先從主要課程入手，逐漸完成。其最要者有三個條件：

1. 統一知識與工具。此在合科教學業已明其旨趣，但教學過程仍不免失之分離，設計式最爲顯然。德可樂利教育分爲觀察、聯繫、發表三段，又止適於初期活動，而不足以貫徹全部進程。因此本方案分爲三期：第一期爲正式閱讀前準備期。第二期爲取得自學應有技能期。第三期爲完成自學功用期。或將疑此似有偏重讀書傾向，非也。語文爲進行一切學習的工具，此而濡滯，影響將及於全部。然語文非能獨立者也，離開一切活動，即無由產生切合實際需要的材料，尤其初識符號，必由事物之瞭解而取得觀念。所以本方案第一期之識字，必由環境事物之接觸而來，是爲統一知識與工具之始期。第二期雖亦循此過程，然從練習中分析單字，作自由閱讀之基礎，是爲統一知識與工具之開展期。第三期將常識與純文藝讀物，依序分別配列，使常識切合部定目標，讀寫作完成部定作業要項，不足者則以單元活動補充之，是爲統一知識與工具之完成期。

2. 認定中國文字不當採取拼音字的學習法。此在提倡廢漢字者必以爲不值研究，不過漢字一日未廢，如何使全國入學兒童，在使用工具上取得學習經濟，仍爲迫切問題。並且漢字是否比拼音字難於學習，並非盡如提倡廢漢字者之臆斷。茲舍此不論，惟所謂與拼音字學習不同者，在開始識字，建築於觀念視覺上，不輕用讀，此不惟與漢字各個獨立相應，亦且能引起種種練習活動。第二期單字分析，關於筆畫、筆順、體別之基本書寫，不過兩月餘而即植立基礎；部首、音系、音符，由辨形、拼字、注音之基本練習，亦只二三月而取得自學技能，並且此種機械練習，多從遊戲動作而出，亦感興趣，經此準備，再加數周整理，除古籍含有聲之轉變成分外，絕無兒童不能自讀之書。吾知必有人曰：已往學生，往往受教育十餘年，尚多別讀別寫，或者不熟於檢字；此經年餘之教學，具此能力，似未可信。本區實驗小學，經二學期、三學期者共有四班，可以往查。其原因無他，惟此基本準備與自由閱讀之二個途徑，有以啓之。

3. 認定低年級學習，必時常有身體上之活動，而後不感疲勞，自守秩序。然而身體活動，若與課業學習不發生交互關係，仍爲孤立活動，教與訓合一之爲空言。職此之故，故本試驗方案注重兩點：其一，學習方式，多方變化，在任何一上課時間內，必有四五次之變換學習，不惟同日之學習方式不宜重復，即接連數日間亦常變化。同一學習事項，必有多種方式練習，一種方式未習熟者，即易一方式以習之，再未習熟，又易一方式以習之，務使兒童視學習爲遊戲，而不感厭倦。其二，任何學習必須由身體活動而進行，其方式即由活動而變化。活動稍不合適，即足妨礙其學習，並且妨礙他人與不糾正他人，皆能感覺其影響於自身活動。

二、本試驗進行之概要

（一）活動單元之構成

以環境活動爲主，分爲四大部分：（1）我的學校；（2）我的身體；（3）我的家庭；（4）我的鄉里。四個大單元各含若干小單元，前兩期周而復始，從空間時間兩方面分期擴大，不足者輔以季節特別活動，至第三期則單元活動爲輔自由閱讀之所不及。總之，出發點建築於直接感覺之上，並確立基本的知識技能道德之領域。至其活動程式，關於手工、樂歌、體育等科目，不輕於結合，算術雖常相需用，但仍保持其特定時間之系統學習，以避免從來設計形式之流弊。

單元活動之教學過程，用德可樂利視察、聯想、發表三段。常識從四周之大自然、大社會而取得，文字則由所取得之常識而提授。故提授文字無須另加解釋，而文字練習又足以復現其取得常識之觀念。其教學過程，在第一期由實物、動作、圖片等而對示文字；繼由實物、動作、圖片之眉標介紹，引導注意於符號與符號之間；進至於撤去眉標，而辨識符號。至此分發字片，由全班之連續活動，領取已認字片，結束初步練習，並開拓種種建築於遊戲上面之復習。而且教室內種種動作，皆由教師示以口令片，故練習中幾於不發一語，而活動變化，層見迭出。

第二期大體同前期，不同者有二：（一）教學程式演進。(1)以撮要語句為主要材料。(2)練習方式，在試習中有對問、對照、對拼、對演四種句片練習；在復習中有辨形、拼字、排句、拼音符、綴寫五種單字分析，與圖畫聯、計算聯、製作聯三種命題練習；在綜合練習中遊戲方式比前期更多。（二）開始特殊練習，如書寫、計算之初步練習，在課首抽出若干時間或特定時間行之。其中成效最顯者，為文字學習：(1)歸納筆畫為二十四例，起筆為四例，統合於單形字；合體字以二形相並相疊；三形相並相疊；三形以上及外包字共為三類；此種基本示範練習，不及半學期，基本習慣即可成立。(2)部首與音系，在單字分析與書寫示範，因形似音近之混淆，以及字之拼合，分別指導，數月中亦可確立基礎。

練習占教學時間最多，本試驗之活動，立於有計劃之遊戲上，輔以簡易教具，進行其普遍練習。所謂普遍者有二個方面：（一）全班必同時多為有意的活動：(1)個別活動必發生全班連續關係；(2)教師命作一種活動，必有多數人皆須用記憶或思考而後可以表出，而且有輔助之教具，同時資以活動。（二）全部材料必每人皆有練習機會：(1)用迅速方式輪次而及；(2)變換方式分別活動；(3)任作一種活動，須自己從全部材料中選用。凡從前隨聲讀與聽他人言語、看他人動作之虛泛的注意，以及支離的、機械的、無意識的種種練習，極力減除。

（二）自由閱讀之讀物與其進程

此與道爾頓制不同者有數點：(1)係應用前兩期基本準備，逐漸完成自學之功用。（2）混合國語與常識，以讀書式的課程與非讀書式的課程對立，無同時開放作業室引起之困難問題。（3）讀物絕對不用課本，而且選擇自由，足以表現其真正興趣。（4）學習指引較爲明確，可以減少個別指導之繁難。茲分別論列其要點：

1. 讀物配置。根據學習興趣分段選擇讀物，常識部分並依據部定完全目標而定。

（1）開始讀物

甲、謎語。此爲試讀教材，藉以熟練注音拼讀並作檢字準備。

乙、反復故事。讀文較長，則興趣大；字多重復，則檢字無須多費工夫，便于速讀。此項讀物讀在二十册以上，即可進讀普通讀物。

（2）普通讀物

甲、第一段爲緊接反復故事之讀物。內容純屬於想像生活，圖畫與文字參半，篇幅視較複雜之反復故事略等。選用書册爲大東《小童話》六册，大衆《二個小寶貝》四册，《三個小寶貝》九册，新中國《中級文藝》若干册。選讀十五册已通過者，進讀第二段讀物。

乙、第二段爲開展閱讀能力之讀物。篇幅視第一段較長，大部分以純文藝發展其想像生活，小部分參入常識之物語體讀物，插圖亦多。選用書册爲新中國《我的童話》十一册，中級《自然》《社會》若干册；大衆《兒童訓育叢書》十册；大東《看圖講故事》十册；兒童《半角叢書》《看看圖》《猜猜謎》三册；良友《小童話》二册；北新《中級常識》若干册。選讀二十册已通過者，進讀第三段讀物。

丙、第三段爲充實閱讀能力之讀物。篇幅比第二段又較長，插圖較少，主要讀物在集注於實際生活，以童話故事爲調節，參以笑話寓言，並及於陶冶人格之傳記史談。選用書册爲北新《中級常識》及《小朋友叢書》；中華《我的書》；兒童《半角叢書》《講講故事》《發明家》《故事叢書》《兒童故事叢書》；大東《兒童故事叢書》；良友《自然科學叢書》。本段時間較長，選讀須在五十册以上，關於常識讀物，合前段須達到目標三分之二。

丁、第四段爲進一步之讀物。純文藝稍重文學之藝術面目，並進讀長篇至萬餘字以上之書；常識除完成目標所未及者，並得進讀高小讀物。選用書冊，除上列未讀之書外，計有北新《兒童幸福叢書》；商務《理科叢書》《小學生文庫》一部分；新中國《常識小叢書》；中華《小學生叢書》及《小朋友文庫》一部分；良友《蘇聯童話集》；以及單行本若干。

2. 學習指引。每冊讀物皆揭示一個學習指引片，將默讀、筆記、表述等以書面指引之，依進程與類別而別。

（1）標示。同於道爾頓制導言之功用，語較簡要。

（2）抽提事項。大約爲難解詞語，省略部分，與他書關聯點，補充或修正處。

（3）問題。此爲筆記之主要工作，須次第作答。

（4）途徑啓示。大約爲附帶作業、記憶事實、推究要點、整理工作等。

3. 閱讀進程。統一工具與常識，從學習方面，依步驟達到企求標准。

（1）開始閱讀。查寫生字難語，依指引摘記主要語句；復述時依標點符號，爲有節奏之會話式的朗讀。

（2）初讀普通讀物。摘記喜讀語句；依指引作答；進而寫出主要人物，了解其活動事情，以及依原文爲簡要之復述或表述。

（3）進讀普通讀物。純文藝讀物，於事項外，依指引提出之點，節要記述事實，寫答文中關鍵，以及擇要表演。常識讀物，則以寫答問題與節要記述爲主，並依指引而進行其附帶作業。

（4）經過以上進程後，於寫答問題節要記述以外，得進而指引其組織事實，如分項歸納，作表解等，並寫讀後感想。尤其常識內容，有須觀察現象或實在事物，以及證驗工作，描繪地圖等，應特別指引而致於實用。

至其教學過程，所資以爲控制自學之具者，當如下之進程。

（1）第一步，當如何而讀。閱讀必需多遍，且須分布。欲使應歷程中之需要，由閱讀產生各別效率，惟有在每個歷程中，有附隨閱讀而表現成績之適當工作，而後兒童自然必讀，且恰如所需應閱讀之遍數。故開始歷程，在文字之認識與了解，以記生詞難語並查得音義爲表現的成績；其次歷程爲解答工作，進行第二回閱讀，以答題及摘要爲表現的成績，最後歷程爲表述準備，進行第三回閱讀，以復述或報告爲表現的成績。

（2）第二步，當如何而作筆記。讀的前兩個歷程，皆表現於筆記。惟解答工作之筆記，因讀物進程而進展；其有命題以外之作業，亦須記錄者，皆須視指引而進行工作。

（3）第三步，當如何而作表述準備。表述之用，不僅可資考核，且可交換知識。大約分爲會話式朗讀、分段述概要、表演式的復述、報告式的口述或筆述等。

4. 直接指導。此不外介紹、示範、答問、討論、講解、訂正五式。其原則不外兩點：

（1）如何在直接指導以外，取得多方啓示，足以控制其自習，減少個別需要指導之事。

（2）如何使個別指導，常能影響於全體或大部分，減少其需要重復講解之事。

因此從表現而言，不當專以言語指導，而當利用文字，即如答問與訂正，隨時揭示小黑牌上，使最先一人所問者，後讀者可不再問；最先一人所誤者，後讀者可以免除。從情況而言，不當專用純粹的直接指導，而當利用間接方式，如以先讀者指導後讀者，優生指導劣生，同時讀一書者相互商榷。蓋前者以工具爲移轉之用，此則以對象爲補救之用，由互助而減輕教師之負擔者也。

三、結論

河南開封河道街教育實驗區小學依方案實施，開始入學者已有兩班進至三學期，前兩期識字之數，已達到一千四百字以上；第三學期自由閱讀已完成普通第一段，閱讀書册字數多者四萬餘字，少者亦近二萬字。

其曾受他校教育約一年左右，中途依方案進行者，亦有一班進行自由閱讀約十二學月，閱讀書册字數皆在三十萬字以上，從未發現一人在閱讀中有怠工或抄寫他人筆記，如從前施行道爾頓制情事。因此斷定修滿一般小學二年半學習時數，其成績必可超過四年級程度以上。

算術教法與他校亦不同，前兩期完全容納於單元活動以內，養成識數觀念。至第三學期始特定時間學習，多由了解環境事物而進行計算之運用，以三個學期修畢初小標准，亦不成問題。部定課程標准謂年稍大者可以二年修畢四年課程，此則稍變更教法而進行，集中時間以習之者也。其他科目，本無一定限度，惟視設備與教學如何，不具論。

國語、常識、算術三科目，雖未完成全部課程，然此三科目能在二年半修完部定標准，其他自易解決。至如何而得到解決，則課程之混合，一出乎自然。教材與教法，全反從來授課式之所爲，而取得自發活動之明確完整的途徑。國事如此其危，財力如此其窘，部定短期義務，實施尚有困難。不自揣量，謹以一得之愚，作企圖民族復興之貢獻，敬希明教。

開封教育實驗區的兩個小學①

開封教育實驗區爲人力財力與環境所限，自不易使最進步的教育理想完全實現。即創立方案，亦未能充分實施。然推翻傳統觀念與方式之一切錯誤，以及避免形式標榜之種種塗飾與模仿，而力求在一定期間有必然結果，可以實證，庶幾知所以自勉矣。茲分爲教學與編制二方面，陳述概要。

關於教學方面，係由本區創立之大花園、杏花園兩處實驗小學依照創立方案實施者。兩校背景，一爲極窮苦之農村，十分之九爲佃農兼以負販謀生者；一爲極窮苦之小手工業集中地方。該處多數兒童，時常因家庭工作而缺課，其不清潔與無秩序之習慣，極難矯治。因之影響於教

---

① 原載《兒童教育》第 7 卷第 4 期，1936 年 6 月。

學，更較繁難。然本區專擇該處實驗者，以為對如此環境能謀適當解決，其實驗方法之結果，自更便於他處推行也。抑吾人所以從事此種教學實驗工作，先認定有三個信念：

（一）國民教學，不僅是量的問題，尤以質的問題更為重要。如果但期教育普及，而不問普及者如何教育，仍不能養成今日世界競存之國民。

（二）短期義務教育，與四年制初級小學並行，一方因辦法不同易形成教育上之階級性；一方因年齡延展將使救濟失學變為製造失學之起因。

（三）縮短小學年限不是變更事實的問題；以及不增費而多收學生，亦不是加重教師負擔與減少或變更兒童正當學習的問題，二者皆屬於學習改善的問題。

求三個信念之發生功用，曾體會如下之情事：

（一）一般對於教育之切要的要求

1. 教育須適應生活。

2. 教育不當僅是知識授予，而當是全部生活之了解，或整個人格之培養。

3. 學習須為適度的經濟。

（二）已往的教育之錯誤與缺陷

1. 課本誦習。從來教育之最大障礙，以用傳統的教科體式，供給讀物，為閉聰塞智之唯一關健。蓋其弊害，專重文字誦習，實違反兒童接受知識之心情。固定固不合用，自編亦屬徒勞。彼標榜生活教育或大單元教學者，組織教材仍歸宿於習讀課本，是猶換湯不換藥耳。此而不根本廓清，所謂課程救濟，內容變更，皆枝節也。

2. 科目授課。兒童對於世界之觀感具有整體性，日常生活亦非分科應用。分裂經驗而以論理方式傳授知識，實不適於兒童學習。不過科目之具有連續性者，有時或需乎獨立練習。單元活動之正學習與副學者，各有一定分際，違反自然之聯屬以混合科目，學習亦不適當。故小學課程，先須了解應學習者為何，以及所學習者應至若何限度，然後可以論組織教材。其涉及科目分合，則須於組織中權衡至當。不顧及課程之先決問題，遽然討論科目時間應否變更，是之謂本末倒置。

3. 班級教學。人類智愚本不平等，況各校編制，學年與實年並不一致，即推測之心理生活已有參差。班級制同等學習，抑智掘愚，直接戕賊個性，間接損害社會。欲免除教學時間之浪費，以推翻班級制為先決條件。

4. 形式趨新。固陋之小學，一望而知其不良。惟趨新者專務形式，勿論在行政設備教學等方面，均引入歧途，浸成一般風氣，世人多不知察，或誤認為進步，實為可懼。試舉其最顯明者，其由於無目的或不徹底之因襲者：（1）教段之機械分析；（2）支離破碎之廢話的啓發；（3）單調的記誦；（4）授課與訓練分離。其由於專務外觀之塗飾者：（1）徒苦兒童之課外作業；（2）專供玩賞之學校園與飼畜；（3）無具體實施之規程與課程綱要；（4）不求結果之實驗；（5）數倍於職員人數之行政組織；（6）專供花樣點綴之新式練習；（7）專訓練極少數的學生，由運動或講演，博取學校名譽；（8）不適應實際生活之強制的衛生與儲蓄以及服飾；（9）不增進學習效率之例考。

因此本徹底改造之旨趣，期於實驗有一定結果，且容易普遍實施，雖不能全現最進步的教育理想，而確能植其始基，可以逐漸改進。於是創立三個目標，試列於下：

（一）期以一般小學的二年或二年半之學習時數，修完部定四年課程。

1. 年限減少而學業達到同等地位。
2. 從改善學習求速度，不變更事實求速度。

（二）教育期與生活相應。

1. 由了解環境確定基本的知識技能道德之領域。
2. 不由書本上授予生活知識。
3. 避免國內從來設計教學無範圍的浮泛之學習。

（三）教與訓期其合一。

1. 注重副學習。使由正學習之進程中，了解人與人及人與物之關係，而控制其動作。

2. 注重開始學習。由新的正學習之開始，尋求有如何新的副學習，施以基本訓練。

3. 注意副學習之延續活動。使已經訓練之新的副學習，再次復演，成爲習慣，或者發生轉移作用。

爲使目標所企圖之功用易於實現，因而注意於以下之二個條件：（1）使一般教師稍受訓練，即能推行。（2）教學上之設備無需多費，即能充分自由活動。

對於教法之改進，與普通方式迥別，其主要原則如下：（1）使分裂趨於統一；（2）使呆板進於變化；（3）變靜止爲活動；（4）變被動爲自動；（5）馭繁碎而歸於簡易自成統系；（6）以注視改變其喧擾。

於是進述本實驗小學之課程，其主旨在由正學習保持科目各別連續性的系統之進程，由副學習盡設計法現實活動之用，依下之二個原則而配置之：（1）統一知識與工具；（2）結合出於自然。

課程分文藝、勞作、遊戲、特別練習四系，文藝包含國語、常識、圖畫三門；遊戲包含體育、樂歌二門；勞作包含服務、實習二門：服務分整潔、記載、傳習三類，實習分技能訓練、科學試驗二類；特別練習則由上三系之作業部分，抽出練習。算術進至技能完成期，獨立占時較多。

課程既以統一知識與工具爲主要目的，文字工具尤與其他科目更有密切之連屬關係，即一方面離開一切活動，無從產生切合實際需要的文字材料；一方面則文字爲進行一切學習的工具，常識、算術最爲最顯。並且中國文字與外國拼音字根本不同。本國語言不能廢，即以音符代漢字，必不可行。其採用簡體字，仍須如原來構形之意，以音系與部分結合爲字。是則歷來文字教學所感受之困難，不能因字改簡筆而即可解決一切問題。舊學者雖有深通文字學，以不了解兒童學習心理而不知變。新學者忘其本來，徒襲取歐美研究文學之式例，標榜其所謂科學方法，而不知基本已誤，於是文字測驗、文字分析、讀法心理，以及選字與文法程式等，幾無一不爲歧出之成見所囿。所以文字雖不可爲中心學科，而以與他科目之連屬關係，此項教學不得解決，一切皆致停滯。蓋課程具有整體性，僅某科目教學改進，決不能改變其全部生活。且其他科目或可完全採用他國改進之式例，文字教學則非僅一實質變換而足以達到其改進之目的者也。茲所以不自量力，而孜孜於此以企圖根本改造者，勢有不得不然，非矜言創造也。

因此，本區小學實驗課程之進程，分爲三個大階段，並各依應需時間而定期限。

（一）第一階段一個學期，爲正式閱讀前準備期，亦可云識字時期。此期不習書寫，將常識、算術、遊戲、圖畫等，統合在觀察、聯想、發表三段裏面，以單元活動爲中心，觀念視覺爲練習基礎。換言之，即由事物了解進而認識其文字，更進而由文字練習，而加重其事物之印象觀念也。算術與此相應，重在養成其普通數量觀念。

（二）第二階段亦一個學期，爲取得自學應有技能期，即由識字過渡於讀書時期。單元活動一如前期，惟常識之範圍與分量皆漸推廣，文字則重在語句練習與單字分析，並且字之筆畫、筆順、整形等，皆集中於極短時期中，由鉛筆書寫而領會之。音符檢字之爲自學工具者，亦附帶於語句練習中學習，或特定時間學習之。算術與此相應，重在基本法則之初步學習。

（三）第三階段爲完成自學功用期，即正式讀書期，其期限可以伸縮，由一年至一年半。以自由閱讀占文藝主要課程，與勞作、特別練習並行，而輔以單元活動。算術與此相應，完成其實用技術。

單元活動之構成，分爲環境單元與季節單元兩種。

（一）環境單元分四部分，每一部分爲一大單元，每大單元分若干小單元：1. 我的學校。2. 我的身體。3. 我的家庭。4. 我的鄉里。

（二）季節單元皆爲獨立單元，約如下之種類而分列：1. 紀念日。2. 偶發事項。3. 特別研究之教材。

前兩階段以單元活動爲整體活動，以環境單元爲主，季節單元視高級活動之引起而酌量進行。第三階段單元活動爲輔助課程，關於環境事項，即包含於季節活動以內。如此配置單元，可以解決現在教學上從未得到正當解決之問題。

（一）生活教育，非憑課本上之文字，可使實際需要問題得到解決。即舍此不論，所謂分南北中三部編輯課本甚至省縣自編課本，亦不盡與地方適應。若以補充教材爲救濟，對於原書取捨，殊費考慮，且慮改換太多，無力自編。苟了解統一國民意識與培養同一知能，係在達到同一目標，非限於取同一教材，即國慶紀念，亦可因地方特殊情事而不同教材，是共同教材與補充教材，已無絕對分明之領域可言。但使依照確立目標，從環境觀感所及，循可能量度而伸展至空間時間，自然與實際生活調協。換言之，即由了解環境而控制環境以企於改造環境，是爲國民必須之知識技能道德，離環境即不知基本所在也。

（二）廢除課本，或引以爲慮者，其一，由傳統觀念之習染太深，以爲用課本尚有不知如何而教者，廢課本將至無材可教。其二，由國內設計單元已往教學，大率各個單元不相係屬，作業成績多不甚佳。本實驗課程之單元活動分四部分，有一定明確範圍，又分期演進，可以完成其學習需要。因之取材之領域與程序，隨時隨地而不感缺乏，又不致於零亂無序。凡普通教師在本區從事一學期者，莫不同此感想，可以證明。

分段進程，所資以實驗者，稍有具體規劃，茲撮要陳述。

甲、第一階段學習活動——第一學期

（一）旨趣。從正反兩方面估定之

1. 正面屬於預期。（1）須學習量加多而且敏速。（2）須學習正確。（3）須學習實用而且有趣。

2. 反面屬於過去教學之缺陷。（1）耳食誦習毫無文字之印象或觀念。（2）常識與國語科目有別而教學情形混同。（3）小筋肉未發達，結合書寫而識字徒增困難。（4）筆畫繁簡與生字多少無正確標準。（5）無意義與散亂的練習。（6）認識常爲課文所拘束。

（二）出發點建築於觀念視覺上。視覺爲接納知識之門户，在人類生活中最爲重要，尤便兒童練習。觀念視覺，則統一知識與工具之基礎也。

1. 實質。從環境之整個學習活動，使藉事物及動作之認識，而取得傳達此事物及動作之工具。

2. 形式。由學習活動之用詞與用語，而使認識文字以應用。

（三）單元活動之學習

1. 活動內容：（1）實物之表現。（2）動作之表現。（3）標貼之表現。

2. 活動歷程。此係本統一知識與工具之原則，依直觀或實物或鄉土之教學旨趣，構成活動歷程，亦即混合課程主要部分之進程。並非將各種知識由國語介紹給兒童，爲一種變相之書本授課，亦非以語文爲中心，兒童文學更無可成爲中心也。故開始必由事物之觀察爲起點，聯想則結合於語言方面，進於發表段，即如以下之步驟。

（1）對示。以實物或圖片對照字牌，由辨識而習音讀。

（2）查眉標。始由實物或圖片之眉標介紹對置字牌，引導注意於符號與符號之間。進至於撤去眉標，而辨識符號爲何。故其使用方式，由取置而進於錯綜。

（3）發字片。由兒童領取字片，爲一種大活動之練習。

（4）字牌練習。經過（1）（2）之練習，即發字片，則此項練習，兒童可以各自領得字片，依照看口令而爲種種活動。不過教學用之一套，仍占活動之主要地位也。

A. 對圖。對置用教學之一套，對照則用領得片子。前者重在連續活動，後者重在各別在共同機會中活動。

B. 讀字牌。此時完全脫離圖片而辨認，不但要讀得熟，還要讀得快。

C. 演字牌。以字牌之詞語含有動作意義者，令照所示字牌而表演。

D. 抽習及綜合練習。此可用閃爍式或擇取以上各式混合行之。

以上練習方式，得依下所列舉者行之：

1. 對置式。在放置字牌處作移動或還原之活動。

2. 對照式。不必放置而以分給字牌使相照應。

3. 比賽式。

4. 抽籤式。

5. 遊戲式。

6. 設計式。此專用於抽習或結合練習，亦取遊戲旨趣，惟將字片分別歸類，依方式爲一種目的活動或中心組織，如開商店、遊園、請客、換名片等，是其例也。

（四）看口令之運用。看口令者，不用言語指示其活動，而以文字標示之也。

1. 口令功用。易口說爲標示，不但兼使識字習語言，且可沉靜教室空氣，增進注意效用。

2. 口令類別。

（1）通用口令。有象徵者，例如起立、停止等；含潛在性者，例如這是什麼、怎樣讀。

（2）各種教式需要之口令。

（3）取遊戲運動之口令作識字練習，例如向右看、向後轉是。

（4）等於口令之標示。例如今天星期幾、缺席多少人是。

3. 運用步驟。初次用某種口令，於示讀中說明其意義。下次教學需要此種口令，即示以口令片，如有未熟習者，須促其注意。以後在發令處揭示口令，當依照所示而動作。

（五）調節單元活動之學習。專從事於了解現實生活，而不培養其想像力，必使兒童形成一種乾燥寡味之人生觀，故依下二種方式調節之。

第一，以讀兒歌確立正式閱讀之基。須用引讀尺使兒童依尺之指引而讀文。

1. 選擇標准：（1）形式取其句子不長，語句重復或不多。（2）實質取其適於一種手勢或身勢之單純動作。隨歌唱而表演，所演者又與兒童生活相應。

2. 教學步驟：（1）介紹歌詞演唱。（2）令兒童念歌詞，逐句書於板上。（3）兒童讀全文。（4）辨認單句。（5）辨認單詞。

第二，以讀故事開綴文之途徑。

1. 應爲如何故事：（1）短。（2）單純。（3）連續演進。（4）有趣味。

2. 故事應有如何圖畫：（1）須按進程段落而表出動態。（2）圖畫之表出，必與圖上所注文字相照應。

3. 故事畫上應如何加入文字：（1）可作爲搜求內容之啓示。（2）產生單純動作之主要語言。（3）標示一個歷程之中心動作或其結果。

4. 應如何作教學的準備。就《兒童畫報》《我的畫報》《小朋友畫報》等之連續畫，採取合以上條件者用之，惟將附注文字加以修正。如原書圖幅太小，須照式另繪。

5. 應如何而教學：（1）概覽全圖。（2）分讀各圖。（3）講述故事。（4）練習圖注文字，同兒歌教式。

在此期學習活動中，關於文字認識與普通教學特異者，有如下之重要兩點：（1）練習以單詞、單語爲主，使兒童對於符號之認識與聯想相結合，亦即與觀念視覺相應。不惟容易記憶，而且數量增多而有興趣。（2）非至相當進程，不輕於出聲讀。此在使音讀與印象相結合，並可減少浪費之時間。

乙、第二階段學習活動——第二學期

（一）目的

1. 擴充前期活動

2. 培養自學技能

（二）學習事項

1. 延續前期之單元活動。大單元題目一如前期分四部分，但內容不同：

（1）因季節而不同：如前期爲秋冬季，本期爲春夏季，環境事物隨時令而發見或轉變。

（2）人爲上之新增事物：此視內容與數量如何，爲成立單元之條件。

（3）推廣範圍：屬於內容，即前期所未及或其省略者。屬於空間，由所接觸而推及他處。屬於時間，由現在所見及而引致於已往人事經驗。

2. 獨立單元之擴充。前者單元題目同而內容不同，此則單元題目亦爲新增者，如紀念節日及自然現象與事物，有可作爲獨立單元是。

3. 自學技能之培養：

（1）注音符號。此項練習未有特殊方式，惟在本期中間，每週四五次於課首學習十分鐘左右，至拼讀時亦可酌增次數。此次實驗，有三點足資參考：其一，學習不感困難，不過每次練習，占時不可過久，且須時寓於遊戲中行之。其二，練習期限，以集中爲要。與其次數太少，難於遍習，不如次數多而時間少，較不易忘。其三，學習開始，宜在識漢字之前，抑在認漢字之後，而認漢字至若何限度授之，此實爲一個嚴重問題。民十以前，此問題頗有激烈爭辯，惟以各蓄成見，又不作有計劃之試驗，迄成空言。當時反對音符者，主張自第三學年開始，其開始之年誠不足據，然以授音符與查字典須相連屬，不無理由。音符自學之必需工具，余固定主張早授者，不過入學之始，先認音符，後認漢字，似應考慮。何也？歐美以音符拼合成字，根本不同。日本課本第一冊多用假名者，因彼以漢字爲輔，非假名所不足顯示者不用漢字也。我國之用音符字，係作漢字注音之用，假使非以用音符字即爲廢漢字之企圖，先授音符，已失憑依。若注於漢字之旁，兩種字體並授，既淆視覺，又增學習上之困難。若單授音符，不由讀語句而認音符，則學習了無意義，爲初學所最忌。必由讀語句而認音符，此音符字既須集中於數周内授畢，則語句多難與實物對照或以動作表出，即使文爲故事，其興趣亦不能移轉於字之本身上。蓋兒童對故事有趣者必其聽講或自讀；不能自讀其文，興趣即無自而生。反復故事所以便於初學者，正以摘示幾個新詞，兒童即可自讀而發生興趣也。本區實驗，在第二學期中間開始，兒童於識音符後，即使就已識之漢字而拼音符，或拼音符而使識新授之漢字，再進則查字典，由注音而讀書。凡有學習，皆由需要而發生功用，並因需要之運用而達於純熟地位。此於學習經濟與學習興趣，均甚顯然。

（2）檢字。查字典爲自學之最要工具，但如何能自檢字，先須有適當之準備，故本期對於部首與音系，在通常學習中使之了解。其一，在單字分析時，因形似音近之混淆，需要指導時分別示之。其二，書寫練習，尤其示範與應用練習，在示範時示例，在應用時作歸類練習，亦用集字練習。

4. 開始鉛筆書寫

（1）特別練習與附隨練習。特定時間示範，是爲特別練習。在授讀過程中書寫，是爲附隨練習。開始書寫，必須特別練習，經過初步有系統之結束，而後進行附隨練習。

（2）基本練習。將筆畫歸納爲二十四例，起筆歸納爲四例，統合於單形字，分爲承接、直貫、交叉三大類。承接又分相承四例、相向四例、相包六例，共作七次示範練習。直貫又分直筆貫五例，直帶鈎貫三例；交叉又分五例，兩大類共作五次示範練習。合體字以二形左右相並上下相疊爲一類，三形相並相疊爲一類，三形以上及外包字爲一類，此三類各作五次示範練習，如每週四次，七週即可結束，繼以若干時日之應用練習，或稍加多示範次數亦可。依實驗經過，此種基本習慣，約半學期即可成立。

5. 文字練習之演進。以撮要語句爲主要材料，與德可樂利第三階段用簡單語句同一意義，惟因中國文字學習途徑不同，故時期與方式較爲繁複。其提示材料全依單元所接觸事物，應活動之需要而來。或根據談話，或取參考教具，或用搜集品物，或選記憶畫，補充內容。故無編制課文之難，而應當前需要，由經驗以取得工具，足以開各種活動練習之路。

（三）練習程式

1. 試習

（1）初步練習。立於觀念視覺之基礎上，使由語句而體會文字，以對句牌、讀句牌爲練習，其方式規定十一個例子，俾前後單元之練習不同方式，或某方式隔若干日而重演，庶不致屢作而生厭。

（2）題牌練習。此在避免筆述、口述之形式而找答案，雖有時用讀，而在取得答案以後。其方式分對問、對照、對拼、對演四類：對問之答案牌，係斷定語或説明語；對照以圖與句牌交互相答；對拼係二個字牌之語，合成一個整語句；對演無答案牌，以動作表演作答。配置練習之方，有指名、機會、分類、混合四式，並另設若干命令片及姓名片，以補助練習。

2. 復習

（1）抽出練習。就試習中常誤語句用上法抽出練習。

（2）單字分析。有五類：其一，辨字形，採用一對二誤之測驗例式。其二，拼字，將字之部首音系的小片令兒童拼成整個字。其三，排句，兒童就所領字片組成句子。其四，拼音符，以音符片與字片對照。其五，綴寫，有選答、選填、填空、圈誤四式。

（3）命題練習。由命題產生新工作，以命題文字爲練習，以新工作助興趣，其方式有描畫聯、計算聯、製作聯三類。

3. 綜合練習

行於若干單元完成後，其方式於對照對演外，另有三種：其一，看畫填寫。其二，散片閃爍。其三，集字練習。集字又分同部首、同音系、同音符、形似、音同、形異六類。

4. 補充練習

此備復習綜合練習的調節之用，皆含遊戲意味，常用者換位、圈字、猜字、送信、坐火車等。

丙、第三階段學習活動——起第三學期而完結於第四學期或第五學期。關於單元活動，取設計教學方式，不贅。其學習占時較多者爲自由閱讀，茲陳述概要於後。

（一）自由閱讀之新意義

1. 與普通教學比較。普通教學之課外閱讀係正課以外之作業；複式教學之不直接授課，以不妨礙他組爲限。本實驗對空間時間之事物及其關係，爲小學所必需，而直觀不及，或足以補充聞見者，皆賴此滿足其欲望，作爲正式課程。而各別同時閱不同書籍，彼此毫不相妨。

2. 與道爾頓制比較。自由閱讀，爲道爾頓制所提出之目標。不過彼在閱讀前並無基本準備，作業仍以普通教科書爲根據，其自由殊未盡其用也。

3. 與文納特卡制比較。文納特卡制附隨故事所用之字，從故事鑰而出，功用止於復習。課文用自編本，若改變故事鑰之文，附隨故事即須改編。本實驗以閱讀工具爲鑰，既經準備，凡有兒童讀物，苟適應其目標與進程，皆爲我用，惟不採教科書體式之課本耳。又其處理閱讀，雖亦間用測驗，但通過已讀之書，則專重教師直接考詢與核閱筆記，視其依照該書之學習指引，作至如何限度爲斷。與其多費工夫於測驗工作，似不如集中精力於學習指引，較能直接有助於學習，即閱讀能力亦無不可以發現也。

（二）自由閱讀之讀物與進程

1. 旨趣　從兒童課外活動與圖書室閱覽情形而觀，凡有足誘致兒童自學者，無不生氣勃然，較之在教室上課，一般呈現煩悶苦惱之神色者迥然有別。可知企圖兒童學習，必須使其身心自由發展，個性充分表現，實爲一定不易之理。讀書亦當如是。

2. 標准　學習係含有一種繼續性者，欲使學習興趣，始終貫徹，則程式亦爲必要，因此預立如下之標准：（1）依據教育家所發現閱讀興趣之分年結果作爲配置讀物之進程。（2）依據部定課程標準之教學事項，作爲閱讀應取得之知識與工具。（3）依據自學技能之準備與進步，循序以讀容易自學之讀物。（4）依據以上情事，確立目標，選取各書坊非教科書式之兒童讀物，分配爲若干階段。

3. 進程

（1）開始閱讀之讀物

A. 謎語。此爲試讀教材，以注音拼讀，即可藉此而熟練音符拼讀，又可作檢字之準備。謎語語句簡要，自具首尾，故爲最宜，約需時一二週。

B. 反復故事。此爲初步閱讀教材，讀文較長，則增興趣；語多重復，則生字少，檢字不須多費工夫。惟反復故事之形式，亦須變換形式而讀之。因此分爲四類：其一平疊，分爲散列式、連屬式，散列又分獨語、對語、記叙三例。其二演進，分爲承轉式、順次序式、連鎖式，承轉又分反正、轉變二例。其三循環，分本疊、演進二式。其四遞加。此類讀物，如各書坊初級讀物之圖畫故事、連續故事畫等附列具有首尾之課文，以及兒童文學讀本二、三、四册，均尚合用。經此一月，普通兒童皆可自讀十餘課，等於普通學校一個學期國語讀本之數量，檢字漸已熟習，便可進而讀普通讀物矣。

(2) 普通讀物之進程

A. 從兒童文學言，除日用文不論外，其爲散文體者，當以童話與故事最便於初級。分言之，則爲神話、物語、傳說、笑話、寓言、史談等，實話亦占一部分，皆可以童話或故事統之。由此而進，小說、傳記、遊記、雜記等，亦爲兒童文學應具有之體式。不過所謂兒童文學者，係就所有讀物，勿論語文與常識，皆爲兒童所能讀、所樂讀，而且讀之可以開展其閱讀能力者也。上所列各種體式，即爲供給初級讀物之兒童文學，實話所以爲初級讀物者，即以物語體式，傳達現實生活之情況也。目今頗有對物語持異議者，如反對内容有怪誕太過、迷信太重或危險性太甚，此則不屬於物語本身，不當僅對物語而發。若以物之擬人爲非，則詩文寄託，往往如是。群經諸子，亦多此例。如《詩經・鴟鴞篇》全托鳥語，《碩鼠篇》全托於對鼠說話，《攓兮篇》全托於對樹說話，孔子且不刪之。其實寓言即物語進一步之文學，不反對寓言而反對物語者，大率以兒童讀物輒爲貓狗之語，其實此正爲兒童生活習見之狀，試一觀十歲以下兒女之嬉戲，可以恍然。俗人不了解兒童心理，譏評兒童讀物，太昧於兒童文學之真義矣。抑兒童讀物，但使所含意義，不以怪誕迷信以及危險性等引起不良影響；而情節與語句，爲兒童所喜者，即爲優良之兒童文學。若以載道之文或有物之言衡兒童讀物，試問歷來名家詩詞，幾於全集無一句載道與有物者，徒以其修辭美妙，爲世人所誦。由此以推，可以知兒童文學之真正價值矣。然而出版界之兒童讀物，僅貌襲體式，即論語句，去文學之意味抑已遠矣。茲就文體所表現者析其進程如下：

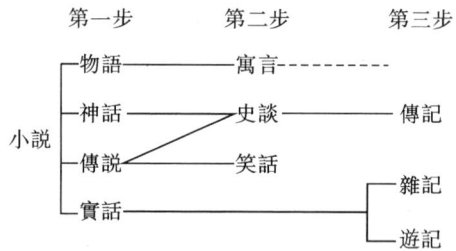

B. 從教育家所發現閱讀興趣之結果言，兒童讀物之意象，約可分爲想像世界、現實生活、奇特事蹟三類。以文體係屬之，如下表所列：

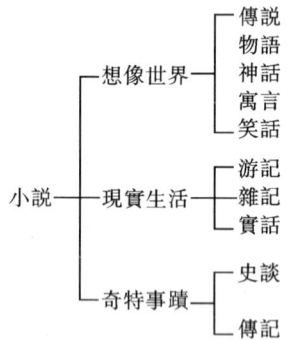

以意象言，約如下之步驟：第一步，完全想像世界。第二步，由想像而漸傾向於現實生活。第三步，集注於現實生活。第四步，由現實生活漸傾向於奇特事蹟。第五步，集注於奇特事蹟。

C. 從書坊出版之兒童讀物言，依上二者之程式，選取已出版之兒童讀物，量予分配。最近參用者，大約第一步取中級短篇及副課本讀物，第二步中級長篇，第三步兼及高級讀物及副課本。再依語文與常識分類，其步驟如下：語文分爲三步：第一步，小童話、小故事、小叢書等。第二步，童話及故事。第三步，科學故事及小說。

常識分爲二步：第一步，日常生活事物及直接經驗情狀。第二步，特殊事物、直觀所不及事物以及抒情說理情狀。

綜上（1）（2）兩種進程之標準，分配三個學期或二個學期所選定讀物，其書目不及詳列。

（三）處理

1. 教者必需準備：（1）依標准選置讀物；（2）製指引片；（3）訂閱讀規則。

2. 學者應有手續：（1）取書；（2）閱書；（3）換書；（4）筆記及報告。

3. 教者應有手續：（1）陳列及增換；（2）選文示範；（3）共同及個別指導；（4）記載及統計。

其中最重要者爲指引與示範兩項。指引片之標示，有似道爾頓制之"興趣囊"，但以極簡要之語句表示，引起取閱心理，目的不在提要也。進於普通閱讀，指引片之背面，須作學習指引，有似道爾頓制之命題，但目的非專爲作答，而在使如何領會其讀物也。大約語文期於能復述體要，常識期於能說明內容。故初步在使如何取得綱領及其特別應注意之處，漸進則須能寫讀後心得與引致閱讀其相關之讀物。問答練習雖不可少，不過非指引之主要目的耳。選文示範用於自由閱讀者只其一部分。大抵讀物種類不同以及復述筆記報告漸求進步，於某類讀物開始陳列時，選印一篇，作閱讀示範，亦即對於學習指引之應如何而進行，循序爲公同之講示也。

此外，習字、作文、表演等，方案尚未確定。算術教學標准傾向於實際活動，亦有效率。惟教材及方式尚待由實驗而構成具體方案，不贅。

勞作係以傳習爲服務之一種重要工作，本區小學，兒童進至第三階段，經過自由閱讀一個學期，閱讀及書寫能力均能自學，即由教師指導其在課餘教家庭或鄰里之人識字，每兒童自行認定數人於閒暇時教之，並由教者抽時考察，教材均由學校印發。

辦法行爲三個步驟：

第一步，就調查環境四周所有品物，製成字片。每次分給三片至八片不等，視學者學習情形而定。一分給學者，一分依該家所有實物放置於上，一家數人者，可以共用。經一次對實物認字授音讀，學生即可隨時對照練習，俟離開實物仍能閃爍認讀，即取得先置之片，另加新片。漸進而使識家人姓名年歲與身體以及環境事物之名字，並及於該處簡要之標示。

第二步，就已識字片，附加動字、形容字，使讀短語。進而附加副、助、介、連等字，就日常生活用語，綴成語句使讀之。凡已識字與未識字，區別顏色，使易辨認。

第三步，以已識字爲主，編成故事，或採用課本，旁注音符，一面授讀，一面授音符，並集中時間練習音符之拼讀，使能依音符而自閱書報。書寫練習，即照本區鉛筆寫字程序製練習本使習之。音符必待第三步教之者，蓋以對於窮苦人民之識字，只有往教爲宜。既屬往教，必須使其能自練習，然後彼此可省工夫。若開始即授音符，單授則不感興趣，又不能自動練習；對照則無可拼讀，又易混淆。而且漢字未廢，除印刷品外所有書寫文件，皆須注音，勢不可行。音符字只於自學有益，目前當無裨於社會實用。往時學習代數，必待方程解題而始知應用，初學加減乘除莫名其妙，易致厭倦。民眾識字開始習音符，即同此情，不可不考慮也。

大花園小學丙團十六人上季依此辦法傳習兩週後，學者即能認七十餘片。該校教師分途考察，約計確能認識人數爲五分之四。一月後，又往考察，認字亦未減。嗣因本區改組，暑假未能進行。現在農忙將畢，即當繼續傳習。杏花園小學亦於最近一週開始工作矣。

兩校實驗，期限尚未結束，其已有經過之效率已超過普通小學，茲述於下：

大花園小學在開封城東三里許之大花園村，原有縣立學校一所，有名無實。本區接收校址以後，於去秋開始實驗工作，編學生爲甲乙丙三團，甲團爲初入校新生，約二十餘人，完全採第一期方案進行。乙團學生亦二十餘人，約已受教育一學期。參合第一二兩期方案行之。丙團學生不足二十人，程度極參差不齊，受教育一年或逾一年不等，徑依第三期方案而實施。開始實驗之先，教師曾作相當準備工作，大多數學生亦須秋忙過後，始能入學，故該校於二十三年九月十七日始行開學。寒假較遲，時爲二十四年元月二十四日。共計約十八週。星期日及例假並不廢除。該村居民多爲貧苦佃農，兒童稍長即必須分任家庭中若干操作，請假缺課，幾無日無之。綜計該校學生一學期間在校時數遠不若城市一般小學之多。

第一期終了，曾將各團學生學習結果作一測量。計甲團認過字數爲五百六十八。測驗結果，發現學生對於已習詞類之認識能力平均在百分之八十三以上。查一般小學第一學期採用國語課本，所有生字大都在二百以上三百以下。以彼衡此，約成二與一之比。但此僅就數量方面而言，至於由閃爍片練習而形成讀字之敏速，由遊戲與變換教法而養成其認字趣味之濃厚，以及因學習基於觀察而造成記憶字義之確實，未有精密測量。然當時杏花園小學尚未正式開始實驗，仍用一般小學課本教學，以同法測驗，結果平均數爲百分之七十二，亦稍可以證明已。乙團認字數目爲一千零三十，約相當於初小第一、二、三、四各册《國語課本》所有生字之合計數。該團在最後兩星期中，曾闢若干時間，取商務出版之《初級文藝讀本》第一、二、三册中反復故事，令學生利用字典自動閱讀。試讀結果，每篇遇到生字數目零至一者七人，二至三者八人，四至五者五人，而且均能於字典中自己檢出其音義來。此即證明其已粗具自動閱讀之能力矣。算術採貝爾滿算術測驗，平均每人於二十分鐘內做對題數爲 22.7，以同一材料曾測驗與其受教育期限相等者，得平均每人做對題數爲 17.6，相差數爲 5.1。丙團自由閱讀，在十四週中，閱讀數量最多者達四十册，七萬餘字，平均每人每週約可讀中級兒童讀物兩册，較諸普通學校之於一學期中唯讀教科書數册者，誠不可以道里計。算術用貝氏測驗，平均每人於二十分鐘內做對題數爲 41.7，他校受教育年限與此相當者，平均每人祇能做 35.4，相差數爲 6.7。

以舊曆年節與鄉間習慣關係，第二學期於本年三月四日方能開學。至六月間，因本區改組，六月三十日即行放假。中間除麥假兩週外，上課時數尚不滿十五週，然學生於此十五週中之進步，已遠超出普通學校之一學期以上矣。此學期間，甲團採用二期方案繼續進行。乙團已由二期方案進渡於三期之自由閱讀。丙團則仍本原有辦法實施，惟讀物程度循序加深。

學期結尾亦曾作測量。甲團學生新識文字約爲四百，平均每人能熟練其已習詞類之百分之九十四。而且拼音及檢查字典能力亦均植有相當基礎，下學期略加練習，即可開始閱讀。乙團已進至反復故事之自讀。閱讀速率略同前期丙團。綴寫測驗題數共六，平均每人能做到 5.9 題，辨字形題十個，平均每人能做到 9 題多。此種測驗方式本爲學生平日所用以作復習者。其測驗結果之優異固無足怪。然而學生語句說寫之純熟與夫字形辨認之真切於此可見。算術方面仍用貝氏測驗，學生每人平均已能做對 45 題多，而且完全爲八分鐘內所做者。丙團閱讀速率與前期無大差，計十二周內（麥假兩週，單元活動用時一週，共三週，不計），閱讀量數最高者達三十四冊，平均仍爲每週兩冊，但每冊篇幅比以前所讀字數增多。此外尚取各書局出版初小教科書第四至第八冊令學生連續閱讀，應有練習亦須做，最後結果，發現平均每冊大約一週工夫即可徹底讀完，實無須耗費一個學期之時日。算術仍用貝氏測驗，得二十分鐘內平均每人做對題數爲 68.3，較前期增 26.6 題。

杏花園在城內杏花園鎮，亦係一原有學校，二十四年春季開始實驗。學生亦編爲三團，每團各二十餘人。甲團曾受普通教育一學期，參合一、二期方案進行。乙團曾受普通教育一年，由二期方案進於閱讀。丙團學生曾受普通教育二年，仿大花園丙團辦法進行。

學期終了時，甲團已識字數爲六百八十一，乙團已識字數爲九百九十。丙團閱讀冊數最多者已達四十六冊，平均速率略等於大花園丙團。算術方面用貝氏測驗，乙團在未開始實驗前，每人於二十分鐘內平均僅能做對 17.6 題，此時於八分鐘內已能做對 18 題多。丙團於未開始實驗前每人平均僅能做對 35.4 題，此時已能做對 44 題多。

本學期大、杏兩校又各增一團，專收初入校之新生，再從一期方案做起。結果如何，容俟異日報告。

總之，兩校自採用方案以來，各方面學習進步之速，迴越往昔或一般小學。且兩校環境不同，而實驗所得結果，彼此若合符節。本方案適應性之廣大，概可想見。

　　再者，兩校環境雖不相同，然其惡劣程度，則彼此相等。多數終日難得溫飽，家庭教育不良與經濟困苦等。凡此種種，俱能給與學校教育工作之推動上以相當困難。且本校之收容學生，大抵爲來者不拒，並無嚴格之挑選，以義務教育人人有得享受之權利故。至學校設備，惟除教室必需外，皆極簡陋，蓋期其將來能普遍於我國一般貧窮之農村也。目今一般小學，其背景均遠優於大、杏兩校，苟採此法而用之，其結果必更爲優異，可斷言也。

　　關於編制方面，創立二重制，供多級小學編制之用。其最大利益，在倍收學生可以省費。從教室分配言，可以一教室供二班之用，因爲每班整日入課至六小時以上，且有一部分作業不在教室或非本教室上課者。其次則適應能力分組自由配置，即同性質之作業，如國語、算術等同時上課，師生皆不受他課目授課時間之牽掣，隨時升降，均甚便利。況且添班不添教室，即可移普通設備的增置費，用於有效之教學設備，不加重普通費用而改進一切也。通常二部制、分團制所感受之困難與缺陷，於此可以完全解決。辦法分爲三項：

　　1. 學生分部。例如六個學年，將學生分上期爲甲部，下期爲乙部；或一、三、五年級爲甲部，二、四、六年級爲乙部。

　　2. 作業分類。歸納部定科目爲三種，不同地方授課，即第一類爲普通教室作業，即國語、算術、社會；第二類爲實習場所作業，即自然、勞作、美術；第三類爲集合場所作業，即公民、訓練、衛生、體育、音樂。惟自然一部分，亦可在普通教室授課。如此第一類與第二、三兩類可以對立，成爲甲乙兩部對換之課。

　　3. 調換上課。甲部上第一類課，乙部上第二、第三兩類之課，調換上課亦如之。調換時間以九十分爲單位，在單位時間內，得因作業性質分爲兩節或三節，如第一類多分兩節，第二、三兩類多分三節。各科時數，比部定酌爲增减，期其調換之時數成爲對比，但以酌增爲主，上下午每部上課調換一次，但每日上課節數，低級得省去二節，中級得省去一節。

省立十小採用此制，對於分團便利，已有詳細報告。開封省立一師附小採用此制，添招三班，不加添教室，而功課仍得集中，不加多教員鐘點，而不用間接自習，亦有明效。本區小學因班次無多，無從表出二重制之精神，以此制係由鄙人建議河南教育應改進省立小學編制者，故附於後。

《民衆娛樂調查》序①

本區未改組以前，關於民衆教育研究，先就本地社會從事各種調查，再決定可能教育的任務。當時曾委託張履謙君擔任調查事宜。相國寺調查，原分讀物、娛樂、伎藝三種，《民衆讀物調查》早經刊行。委員會去秋改組，原有計劃未克實現；即前年底編成之娛樂調查，亦與其他積稿擱置架上，迄年餘而始克付印，其抱憾爲何如也！張君原編，致力頗勤，內容連類而及，間有涉及過廣之範圍，亦即原編精神集注之點。惟本項調查係有一定目的之準備工作，乃以己意點定，囑東旭疏理，對原作或不免割愛之嫌；然取材立言，較有限制，律以編述之例，固較當也。刊既竟，謹以數言敬告於國人曰：今之民衆教育不少設施，其成效究竟何如，殊難斷定。已施者如是，待施者更可懷疑。推其主因，不外兩點：一、新設者不揣與原有學校建置有何連屬關係，但期新頒教育，有大量數字可以統計，以致奉行政令，惟具形式。二、不揣地方俗尚，因勢利導，引進於適合現代之精神，惟以歐化途轍，鋪張揚厲，每每鑿枘相牾。夫民衆教育，惟集中於學校方式以謀普及，或文盲未掃除而爲進一步之文化設施，已成嚴重問題。參以前因，勞倍而功不及半，固意中事也。本區實驗工作，所以異於他處者，即在此點。終以牽於事實，不克具舉，

---

① 原載張履謙《民衆娛樂調查》，開封教育實驗區 1936 年 8 月。

茲所調查，可見一端，若僅以此作裨史方志之貢獻，則非編者之意也。是爲序。

廉方二十五年八月識於開封教育實驗區

廉方教學法筆順基本練習①

第一　筆畫

筆畫有三種形式：

1. 單畫

橫——　一短橫　一長橫

直——　丨正直　丿斜直

撇——　ㄋ橫撇　丿斜撇　丨直撇

點——　丶頂點　丶左側點　丶右側點

捺——　㇏斜捺　㇏橫捺

挑——　ノ橫挑　亅上挑

2. 帶鉤

ㄱ下鉤　亅左鉤　乚右鉤　乚上鉤

3. 折

ㄋㄗㄑㄣㄥㄥㄱㄋㄋㄋㄣㄜㄗㄥㄥㄧ

起筆分橫、直、撇、點四種筆畫，點僅有頂點、左側點，其帶鉤或折，皆從橫直起，平挑同橫，式如：

ㄧㄋㄋㄋㄋㄋㄛㄗㄥㄥㄥ

承筆於起筆外，有斜直、捺、右側點，上挑帶左鉤右鉤，式如：

ハㄟ丶ノㄐㄐㄣㄥㄥㄣ

筆順以上下左右相承，因筆畫交錯，須就字之整形，含有相接、相

---

① 《廉方教學法筆順基本練習》，開封教育實驗區出版部 1937 年 9 月印行。

貫、相交、相包等定形，先審量其分割部位，再依各自部位，求筆畫次第，而後上下左右之序，分明易見。下承右承，純爲筆勢便利。因筆畫上出下引與左右行之交錯，相承之式亦變化不一，總以筆勢便利爲主。

第二　相接

相接爲筆順全部主體，其因起承構成分明定形，另行提出。此析爲三類，凡貫串、交叉、對分之特例承筆，均不列入。但任何一個分割部位，與另一個分割部位，合成整形，其連屬處之筆順，仍依相接定律。

第一類重疊，依同形無間隔的筆畫之上下行左右行，以次相承，每形重疊至二畫以上類推。

1. 橫疊——式如二，先上後下。
2. 直重——式如，先左後右。
3. 撇重疊——式如夕，先上後下。如刂，先左後右。
4. 點重疊——式如冫，先上後下。如冖，先左後右。

第二類對稱，自成一分割部位，任有其他筆畫間隔，不變連接相承之序，先左後右。

1. 捺或右側點稱撇——式如八 丷。
2. 短撇稱點——式如丷。
3. 直折稱撇——式如八 儿。
4. 右側點稱左側點——式如丷。
5. 橫帶鈎稱左側點——式如一。
6. 橫折直稱直或撇——式如冂 冂 冂。
7. 直折稱——式如凵。
8. 複形對稱——式如 氺 业 此 臼 八 門 非。

第三類相支，分上下、左右兩種支法，其形錯綜不一，不如上兩類在起承上含有分明的整齊部位。

1. 分上下，在下爲承。

橫承筆畫——一 二 上 工 王 ヨ 彐 ヲ 亐 ラ 丆

直承筆畫——丁ㄒ厂丁丌ㄗ亻ㄏㄈㄒㄐㄅㄜㄎㄈㄖㄕㄥㄐㄣㄢ

撇承筆畫——ㄏㄒㄏ

點承筆畫——ㄟㄑㄣㄣ丫

2. 分左右，在右為承。

橫承筆畫——ㄥㄅㄗㄆ

直承筆畫——ㄌㄨㄇㄠ

撇承筆畫——ㄚㄕㄗ刀

點承筆畫——ㄅㄨㄧㄒㄚㄥㄟㄥ

3. 其他承筆

挑承——ㄩㄇㄧㄚ

捺承——ㄟㄑ

折鈎承——心

起筆必在最上，如上方有多種筆畫，以最左之畫為起筆；承筆分下承、右承兩種承法，故筆順先上後下，先左後右。

橫與其他筆畫相接，有種種定律。

橫為覆者必在上。左上角之橫，與其他筆畫相接，橫為起筆。例如，ㄏ之筆順，為一丨，厂為一丿。左上角之橫不為覆，亦為起筆者，如下例：

1. 左方之直，下引而連屬其他筆畫，直等於對稱中橫折之橫，變為上下承，例如，ㄷ之筆順為一ㄴ。

2. 右方筆畫帶左上鈎右而左向，又支左方的直之上截，以先右後左為便，例如卩之筆順為ㄱ丨，阝為ㄋ丨。

3. ㄱ之橫折直，與左方下引之直或撇相繫之畫，分割而成上下承部位。例如，尺之筆順為ㄱ人，已為ㄱㄴ。

凡整形或其一個部位，在中心筆畫左右夾有同形之畫或體，從正中之畫或體起。例如小永。

對稱部分如一ㄇ冂几，以橫連繫，位在左上角似覆。因橫右行下折，或帶下鈎，與左相稱，故以左方之畫為起筆。

複合對稱，以一個對稱形中隔其他對稱形，兩對稱形筆順，必緊相連接，例如，兆之儿㐅，並之丷い。

對稱之橫直相承，因筆勢便利，變更左右承次第。如丷之左部先直後橫，右部先橫後直，非之左部亦先直後橫。

捺與右側點，爲各個部位之收筆，頂點、左側點不爲收筆。其餘筆畫因各部分成形自爲起訖。

點在左上方爲起筆，在右上方爲末筆，例如弋、犬。

形似短撇覆於直撇之上，而直撇不爲承。例如，升以䒑與刂爲上下承之分劃，先䒑後刂。帖書升爲卅，移丿於左作丶，變爲刂與十左右承之分劃。

第三　連貫

連貫先橫後直，直突出橫上，必寫在橫後，由此生相同之例。

1. 十　2. ナ　3. 寸　4. 才　5. ⇁　6. 七　7. 圡　8. 乇　9. 卄　10. 力　11. 匕　12. 于

直貫橫如十，有上貫、中貫、下貫三式，上貫、中貫者底必載後寫之橫，下貫者接最後之橫而寫，式如土之筆順爲十一，王爲一十一一，干爲一十。

撇貫橫如ナ無中貫，式如古之筆順爲ナ口，チ爲一十。

筆畫較多之字，直或撇頂橫，如爲下貫，不爲承上橫之畫。下貫者非橫之單畫，必視間隔爲如何分劃之形。例如雨ヨ，連貫者爲對稱形冂丨丨所屬之橫畫，非橫之單畫，必合連貫與對稱兩定律而相承。冖以左點隔，故直貫橫緊相連接。口以右直隔，故撇貫橫之承寫在右直後。

直之左右有對稱筆畫，直不貫畫者先直，直貫橫者先對稱之畫。例如，光之筆順爲丨丷一儿；米爲丷十八。如其直引長者，亦用連貫定律，例如卄爲丨丨。

子乎同爲曲鉤亅，乎上平撇，同橫，中承對稱丷；其下橫與曲鉤相貫，故用下貫定律。子之曲鉤承橫折趯，不容有間隔筆畫，故橫須在曲鉤後。

才之左方必有對稱之畫，如丨或丿，成空下相包形，其左右對稱筆畫須連接而寫。所貫之橫，等於相包內形筆畫，故後寫。

第四　交叉

交叉以撇捺爲主，先撇後捺。撇左下行，起右落左。捺右下行，起左落右。由此生相同之例。

1. 八或丶丶如乂乂
2. 丿丶如又
3. 丿乚如九
4. 丿乚如七
5. 丿八如七
6. 丿乛如五
7. 丿丨如歹
8. 屮丸如爲、飛
9. 夕如互

九七因乙乚折向右，筆勢同丶、一亦然。力以折之上截斜筆與撇交叉，異於連貫之力。丩以起頭曲處與撇交叉，異於連貫之才。尹九以點爲中心，爲撇所承，故橫折成爲承撇之筆順。夕以兩畫起點相承同交叉，其折後兩畫相交，爲應不爲起承。

交叉與連貫橫不能貫在叉點以下。如交叉之形不變，兩種筆順定律亦不變，例如丈。交叉之形變，筆順亦變。例如女母，く乚合交叉之撇捺爲折，右畫丿丶相承，成一分割部位之主體，夕同對稱，母同相包，故連貫之橫須後寫。

撇穿過直，必非整形初承之畫，而爲空餘地位之補筆，形式似叉，而筆順用連貫後撇定律，例如身戈。

相接、連貫、交叉三種形式結合成字，筆畫愈複合，即須互用，由分割部位而定起承。例如成之厂不用左上角相接例，而當分割左右承部位爲成，我栽分割爲二小戈，與土木戈。即如步之丿雖不變承橫之例，但不接寫而筆順成爲ㄨㄩ，因ㄩ爲對稱，故後於丿。

第五　相包

相包以上空、下空定內形、外形之先後，分內形、外形而用以上定律爲筆順。略舉數例，餘可類推。

1. 空上者先內後外，例如，凶之筆順爲ㄨㄩ，巡爲巛ㄟ。
2. 空下者先外後內，例如，同之筆順爲冂口，癸爲癶天。
3. 周包及空左右方者用空下定律，最後寫底載之畫。例如，匡之筆順爲匚王一，囚爲冂人一。
4. 形似包而用左右承定律，例如，匙、赴之左方爲成形字，筆畫較多，占地位亦大，故不用空上定律而分左右承。

各形含有一部分對稱之形，惟對稱屬於一個分割部位之筆順先後，相包屬於一個分割部位所占整形先後。

第六　基本練習

根據以上四種定律，選定基本筆順字九十六個，製成練習片，分試習、復習兩種，試習片練習字六個，每字連寫五個。行首印筆順數碼照寫，以下統照注筆順數碼，然後照寫。每週練習二片，每片連習兩次，每次時間十分鐘左右。復習片每片已習字廿四個，每經兩周，連習兩次。第一次復習由教者取一片注筆順數碼揭示，每字照注筆順數碼後，再寫；第二次復習，照寫時自注筆順數碼。合計練習八周，復習二周，共十周，即二個半月完成基本練習。但每經第二次復習，發現不熟習之點，當繼續補習。

補習亦有一種練習片，係每單字一片，行首印有筆順，以下照寫並逐一照注筆順數碼。查兒童如有某字未熟習者抽出練習。如有特殊情形，教者並得示範說明，或取有關聯之字同時並習。如缺補習印成之練習片，教師可分發白紙一片，令照已經練習片照注數碼寫。

練習字有作比較用，有作反復用，連類而及，不盡屬基本字，凡以使兒童循一定範圍而書寫，自然領悟規律之常變。

字中雙鈎之畫，系表明筆順必須注意之筆畫或其部位。

依練習式例，大體粗具，苟知其意，自可觸類旁通，運用咸宜。

廉方教學法習字基本練習緒論①

本法繼筆順而作，止於筆畫練習。筆順並非習字，其以影寫行之者，在使兒童便於自習，教者便於考察，且能一一發現其誤也。然因此而使正式習字，減少同時兼顧之煩，並給予進程便利，已有絕大功用。何也？筆順不顛倒，則寫字得因勢成畫，筆法較近自然；又不因先後失次，浪費時間。習字時但注意點畫如何運筆，別無牽制，自易見效，此筆順練習，所以必須先做也。

本法之用，專重筆畫，抑又何故。則以習字之法，首在執筆，由執筆進於運筆，實爲基本。二者不經相當期間之正當練習，而專摹字形，即使布置停勻，皆成死筆，毫無舒轉自如之致，未有不意味索然者也。

茲所論之執筆運筆，固必藉字之整形而表現，然系由寫字以執筆而運筆，不在整形如何布置。故其用影本摹寫，只在各個筆畫之運筆，且非此即無從練習，與通常所稱影寫用意不同。若執運之基礎確立，以後徑行臨寫，對於範本筆意之俯仰向背與其輕重疾徐，自能稍稍體會，得心應手而寫之。此在執運初步練習完成以後，其效必與日俱進。

於此必須釋疑者，初步僅求相當合適，亦須經三四月練習，始能漸成習慣。世人必以爲效太迂遠，不如率意徑寫，數月或可期其仿形而書。至其最後成功如何，所不計也。夫習字之法，中國積千餘年之有效經驗，陳編累牘。雖陳義不無過高之處，然其大體淺易方法，爲童蒙所必由者，固無以易也。俗師不知，沿用近出小學習字教法，竄入枘鑿不相入之西法，抹煞一切成法。尤其矜爲科學方法者，進行其習字根本歧誤之等組

---

① 選自李廉方：《廉方教學法習字基本練習》，開封教育實驗區 1937 年 10 月。

試驗，如所謂大楷小楷比較，影寫臨寫自由寫比較等，公然倡其可靠性結論。舍本逐末，積非成是。習字雖屬小道，即此一端，亦可見吾國一般小學教育之陋矣。

　　本法之用，並非於一般小學習字課程增加若干時間，惟其分配練習與其進行程序具有本原。茲於分項論述前，先須說明者，即本法惟取兒童毛筆習字開始所必習，而爲教師先須了解者，撮論旨要如教師對所論述，率意讀過，視爲難解，而不悟其從前誤於俗師，不復深究，則非予所欲言也。

　　一、本法立腳點，屬於坐書，且爲有限度之大字。大抵小楷必須坐書，四寸以內之字，皆可坐書。兒童初學習字，尚不得逾二寸也。康有爲曰："作書宜從大字始。"《筆陣圖》："初學先大書不得從小"，然亦以二寸一寸爲度。蓋太小則筆勢不能展開，無從示以運筆之方；太大則兒童無此氣力。蔣和《書法正宗》："初學先宜大字，勿遽作小楷。從小楷入手者，以後作書，皆無骨力。蓋小楷之妙，筆筆要有意有力，一時豈能遽到？故宜先從徑寸以外之字，盡力送足，使筆筆皆有準繩，乃可以次收小。"豐道生《學書法》："學書先大字，八歲即習大字，十餘歲習中楷。中楷既熟，然後斂爲小楷。小楷既成，乃縱爲行書。行書既成，乃縱爲草書。"豐氏分配年限較長，即古人專攻文字，非欲成爲書家，亦不必如是。茲取古法程序，分配於兩學年間。開始毛筆書寫，以寸餘大字影本練習筆畫三月；次影寫或臨大字月餘；進而兼習中楷月餘；再進而兼習小楷三四月；以後以小楷爲主，大楷或中楷練習時間約占三分之一。

　　二、本法專論筆畫，非謂小學習字，止於筆畫練習已足也。誠以運筆成畫，已正其基而知其用。進求間架結構，或摹，或臨，自易爲力。摹臨碑帖，應習何體，原可不拘一格。教者自擇一種論書法之書閱之，確定趨向，指導學生練習，無施不宜，故略而不論。又其字畫練習，由整形之字，分習筆畫，逐步推進，取便兒童。此中步驟，於古無徵，所立程式，不當以書家眼光視之。

　　三、本法專爲兒童初學而設，多方探求古法，加以體驗，更期其適應學習心理之旨趣，使在一學期間能得其秘，兩學年間能適於用。故其旨趣約有如下之數點：

1. 匯探古法，自成體系，頗有增損古人方案之處，然以不失本意爲主。

2. 列舉陳説，必以證明本法側重主旨爲歸宿。間有異同之點，俾便教師參考。

3. 依論述規定範本，在教師示範具有根據，兒童則純由練習而得其妙用。

康有爲——清末廣東南海人，著有《廣藝舟雙楫》。

《筆陣圖》——晉衞夫人作。夫人名鑠，字茂猗，晉衞恒從女。

蔣和《書法正宗》——和字仲淑，號醉峰，清舉人，江南金陵人，著有《書法正宗》。

豐道生《學書法》——字存禮，原名坊，後更名道生，字人翁，明嘉靖進士，著有《豐考功筆訣》，《學書法》文載《筆道通會》。

包世臣——字慎伯，清嘉慶戊辰舉人，著有《藝舟雙楫》。

中國古代的小學教育[①]

這篇文稿，本是應某雜誌的請求在某書坊出版。因爲實驗工作太忙，無暇將中國小學教育完整寫出，僅作成古代小學一章，且係初稿，未加整理。中國自興學以來，極多歧誤，由於學者們只知有人，不知有己，並不知如何適應本國歷史與社會，以求途徑。此文雖述中國古代，因爲洞察世界教育之情弊，叙述較有斷制，而對中國教育史實，比他人或較知之真切。在國命如縷中如有覺得教育破產，此文或可發人深省。恐日久遺失，姑以付印，藉作文獻參考。

---

① 《中國古代的小學教育》，開封教育實驗區 1937 年 10 月印行。

一、概論

教育的設施和社會背景有關係的,社會背景又和遺傳風習有影響的。吾國學者談古,常有很矛盾的意見:一是盲目稱贊古代制度,一是任意批評古代事實。這兩種心理,在任何制度變遷過程中,都足以使新的建設引入歧途。現在要說的,只是古代的小學教育,把未廢科舉以前總稱古代,時代長遠,事實自多。這些事實,分載各書,互有發現或互有出入,不是可以任找一點材料,望文生義。必須網羅群籍,考訂整理,才見精審。要從整體材料中,抽叙部分事實,使閱者得到完整的概念,更是一件難事。不過我是極力在這個方向排除繁難,抽出觀點罷了。

二、三代以前的小學教育

《通考》附載《禮書》曰:"四代之學,虞則上庠、下庠,夏則東序、西序,商則左學、右學,周則東膠、虞庠,又有辟雍、成均、瞽宗之名。上庠、東序、右學、東膠,大學也。下庠、西序、左學、虞庠,小學也。《記》曰:'天子設四學。'蓋周之制也。周之辟雍,即成均也,東膠即東序也,瞽宗即右學也。"① 又曰:"項氏《松滋縣學記》:有虞氏始即學以藏粢而命之曰庠,又曰米廩,則自孝養之心發之也。夏后氏以射造士,如《行葦》《騶虞》所言而命之曰序,則以檢其行也。商人以樂造士,如《燮》與《大司樂》所言而命之曰學,又曰瞽宗,則以成其德也。學之音則校,校之義則教也。凡侯國皆立當代之學,而損其制曰泮宮,凡鄉皆立虞庠,凡州皆立夏序,凡黨皆立夏校,於是四代之學,達於天下。"

《孟子·盡心篇》曰:"夏曰校,殷曰序,周曰庠,學則三代共之。"②

《王制》曰:"五十養於鄉,六十養於國,七十養於學。……"③ "有

---

① 《禮書》,宋陳祥道作,凡一百五十卷。——原注
② 庠、序、校,鄉學也;學,國學也。——原注
③ 鄉,鄉學也;國,小學也;學,大學也。——原注

虞氏養國老於上庠，養庶老於下庠；夏后氏養國老於東序，養庶老於西序；殷人養國老於右學，養庶老於左學；周人養國老於東膠，養庶老於虞庠，虞庠在國之西郊。"①

上面所引，何謂大學，何謂小學，是各有專名的。只是有的國學和鄉學對舉，有的國學專指小學而言。這點混淆，因爲三代各有大學、小學，周朝並設三代之學，所在地方不同。統合大學、小學稱國學，是別於鄉學而言，所以說學則三代共之。專稱小學爲國學，因爲虞夏小學是在國中，所以養於國和養於學並稱。

周代學制記載較詳，現在就小學教育，分國學、鄉學二類，徵引事實。

——屬於國學有下面記載：

《王制》曰："諸侯……天子命之教，然後爲學，小學在公宮南之左，太學在郊。……命鄉論秀士，升之司徒，曰選士，司徒論選士之秀者而升之學，曰俊士。"②

《通考》附載《禮書》曰："諸侯之學，小學在内，大學在外，以其選士由内以升於外，然後達於京内故也。天子之學，小學居外，大學居内，故文王世子言凡語於郊，然後於成均，取爵於上尊，以其選士由外以升於内，然後達於朝故也。"

《大戴禮》曰："太子少長，知妃色，則入於小學。"

《尚書大傳》："使公卿大夫元士之嫡子，十有三年，始入小學，見小節焉，踐小焉義；二十入大學，見大節焉，踐大義焉。"

《内則》曰："子能食，教以右手；能言，男'唯'女'俞'；男鞶革，女鞶絲。六年，教之數與方名；七年，男女不同席，不共食；八年，出入門户及即席飲食必後長者，始教之讓；九年，教之數日；十年，出就外傅，居宿於外，學書計……十有三年，學樂、誦詩、舞勺；成童舞

---

① 皆學名也，上庠、右學在西郊，下庠、左學在國中王宮之東。周立小學於西郊，東膠在國中王宮之東。——原注
② 學，太學也。——原注

象，學射御；二十而冠，始學禮。……女子十年不出，姆教，婉娩聽從，執麻枲，治絲繭，織紝組紃，學女事，以共衣服，觀於祭祀，納酒漿、籩豆、菹醢，禮相助奠，十有五年而笄，二十而嫁。"

《學記》曰："比年入學，中年考校，一年視離經辨志，三年視敬業樂群，五年視博學親師，七年視論學取友，謂之小成；九年知類通達，強立而不反，謂之大成。"

《文王世子》曰："凡語於郊者，必取賢斂才焉，或以德進，或以事舉，或以言揚，曲藝皆誓之，以待又語，三而一有焉，乃進其等，以其序。"

《周禮》曰："師氏，以三德、三行教國子。保氏，養國子以道，教之六藝、六儀。樂師，掌國學之政，以教國子。大胥，掌學士之版，小胥，掌學士之徵令。……師氏居虎門之左，凡國之貴遊子弟遊焉。"①

由上所記載，當時稱爲國學的小學教育，可考見的有數點：

（一）小學爲直接升大學的預備，包括今日中等教育在内。這裏必須辨明的，就是小學入學究竟爲若干歲。《大傳》作十三歲，《大戴禮》及《白虎通》作八歲，二説不同，這由就學與入國學分别來説，便可明白。所謂八歲入小學，指已當就學年齡而言，天子之子和凡民之子無别，不過天子之子有保傅教於宫廷，凡民之子則教於家塾罷了。所謂十三歲入小學，指貴族子弟入王國小學而言，王國小學即天子之學。《内則》規訂學程，至十有三年即不分年，是一個很明顯的界限。所以必列十三歲入小學，《通考》按文亦説得明白："公卿已下子弟年方童幼，未應便入天子之學，所以十年出就外傅，且學於家塾，直至十五，方令入師氏所掌虎門小學。"證以《大戴禮》"知妃色"一語，亦當爲十三歲而非八歲。入小學的年歲已明，《學記》所指小成即指小學畢業，大成即指大學畢業，小學受業年限共有七年。由小學升大學，必拔取俊秀入選，"凡語於郊者，必取賢斂才"，即爲升學而言，因爲王國的小學是在西郊的。所以

---

① 小學在虎門左。——原注

小學爲直接升大學的預備，不是一種蒙學。蒙學不由國立而學於家塾，爲未入小學以前的教育，合蒙學、小學並稱爲小學教育，也可以的。證以漢代設四姓小學，後魏宣武時，詔營國學，樹小學於四門，大選儒生以爲小學，都是爲升太學的預備。當時去古未遠，當和周代小學相近。

（二）小學專爲貴族子弟而設，古書說到國學，往往連帶而說世子，或說公卿大夫元士的嫡子，因爲這些子弟，都是生來具有治人資格的，必須入學才懂得怎樣治人。《周禮》敘述師保職掌，更可知國學是國子入的學校，國學是有天子立的小學在內，國子就是具有治人資格的貴族子弟，即公卿大夫元士的嫡子。因爲小學在虎門左，師氏所居。來遊的明說是貴族子弟，和師氏教國子互相證明，便可知樂師掌國學之政以教國子，是合大學小學而言，猶如前清初設管學大臣，主管大學堂，兼轄全國學務。師氏掌小學，教國子，這些國子，是預備升大學的，猶如前清京師管中小學堂的八旗學務處。不過樂師師氏等系以職守所掌，才可爲人師；後世作教師的不一定是管學的官吏，卻又不同。更有一個有力的證明，鄉論選士，司徒拔取優秀的徑升太學，不經過王國小學一個階段。所以太學尚有普通人民的子弟入學習禮，不過選取優秀罷了。《禮》所謂凡民俊秀皆入學，就是指選士之秀升太學而言。猶如科舉憑才取士一樣。由這些證明，當時的王國小學，仿佛成了貴族的義務教育，也可說是特殊階級的唯一教育機關。至於學有定程，見於《內則》十有三年語中；歲有考校，見於《學記》小成語中；升有等差，見於《文王世子》進等語中。

——屬於鄉學有下面記載：

《學記》曰："古之教者，家有塾，黨有庠，術有序。"①

《說文》曰："閭，巷門也。"《爾雅》曰："門側之堂謂之塾，東西牆謂之序。"

《尚書大傳》曰："大夫七十而致仕，老其鄉里，大夫爲父師，士爲

---

① 術，遂也。——原注

少師。穮鉏已藏，祁樂已入，歲事已畢，餘子皆入學；距冬至四十五日，始出學，傅農事。上老平明坐於右塾，庶老坐於左塾，餘子畢出，然後皆歸，夕亦如之。餘子皆入，父之齒隨行，兄之子雁行。"①

《漢書·食貨志》曰："於里有序而鄉有庠，序以明教，庠以行禮而觀化焉。春，將出民，里胥平旦坐於右塾，鄰長坐於左塾。畢出，然後歸，夕亦如之。入者必待薪樵，輕重相分，斑白不提挈。冬，民既入，婦人同巷相從，夜績女工，一月得四十五日。是月，餘子亦在於序室，八歲入小學，學六甲五方書計之事，始知室家長幼之節。"

《周禮》曰："州長春秋以禮會民，而射於州序。"《黨正》："以禮屬民，而飲酒於序。"

《禮記·王制》曰："命鄉論秀士，升之司徒，曰選士；司徒論選士之秀者而升之學，曰俊士。"②《禮記·鄉飲酒禮》曰："主人拜迎賓於庠門之外。"

《鄉飲酒義》曰："主人拜迎賓庠門之外。"

《周禮》曰："大司徒以鄉三物教萬民而賓興之，小司徒受教法於司徒，退而頒之於其鄉里，使各以教其所治。三年大比，而興其賢者能者。""州長正月屬民讀法而書其德行道藝，族長月吉屬民而讀邦法，書其孝弟睦姻有學者，閭胥凡春秋之祭祀役政喪紀之數聚衆庶，既比則讀法，書其敬敏任恤者。"

由上所記載，可知鄉學有蒙童教育和民衆教育兩種，正式稱爲鄉學的爲民衆教育。

（一）蒙童教育，如《大傳》及《食貨志》所說皆是。學程如內則十有三年以前的規定，大概以洒掃、應對、進退的禮節爲重，兼及書計。後世儒家論幼學，都是遵循這樣軌範；孟子所謂易子而教，亦是本於十年出就外傅的意義。學塾是村莊合設的，略具公立性質，以致仕的鄉老

---

① 上老，父師也；庶老，少師也。——原注
② 習禮於太學。命鄉簡不帥教者以告耆老，皆朝於庠。朝，會也。——原注

充教師，不過非爲義務而由於資望信仰所取得，後世的私塾，就是鄉遂廢後的自然變相。

（二）民衆教育，這裏應該了解的，就是設立鄉學的意義和鄉學是怎樣的設施。說到鄉學設立的意義，從上面抽繹國學的事實，凡民必是俊秀，纔能和貴族子弟同在太學受業；貴族子弟也必須在特設的小學裏學有所成，才能以序進等。所以如是的，因爲國學設立的目的，在求治人的學業，不是後世用選舉和科舉，藉養士開一條利祿的途徑，更不是今日設學校要替學生籌什麼出路。所以貴族雖然占有治人的特殊地位，凡民俊秀在太學學成後，也同樣的去作官吏；但是根本上是爲國家如何求治，不是把官吏當作一種職業。那麼國學所學的治人工具，就和修身的工夫，成了合一的路線，也就是孔子所說的"大學之道，在明明德，在親民，在止於至善"一種意義。治人既沒有愚民的心理，又不是牢籠知識分子的政策，那麼人如何得治，最低限度也須了解政令，和政府合爲一體，才能夠化行俗美，絕不是民可使由不可使知的一種誤解。因此國學以外，就有專爲人民設立鄉學的必要。說到鄉學是怎樣的設施，政制上規定了致仕的鄉老施教，又有拔取俊秀升學的獎勵，在當時耕織自給的社會，人民自然有餘力來設學塾。關於日常生活必需的書計技能和尋常禮節，人民在十三歲以前，大概在學塾裏業經習過了。政府所注意的，只是政令設施如何推行盡利，不可不有一種教育，這是所謂政教合一，也可說是民衆教育的方針。當時社會較爲簡單，教民以政，自不必像預備升大學的小學一樣的設施。所以鄉學設施，以庠序爲中心，董仲舒所謂"古之王者設庠序以化於邑"便是。它的功用和小學相似。因爲當時所謂學，只是德行道藝，藝不過是樂舞射御，只有德行與年俱進，必到成童才能確定，所以，貴族子弟升太學要在小學預備多年，普通人民太多，不能像貴族子弟，盡量收納到小學中，嚴格訓練，只是定期集合，作一種示範演習，年月積久，自有特殊出衆的人才表現出來。因此鄉得以舉秀士升於司徒，司徒舉選士升於太學，仿佛有歐洲雙軌制的意義。所以庠序施教，沒有學程，沒有誦習，只是定期讀法觀禮，使民衆因時因事得到觀感，親賢、尊長、尚有功，對政令能夠推行，化民成俗；並藉種種集會，官府拔取俊秀，有一種親切的考察。因爲鄉師、鄉大夫、州長、黨正等治民，不只是發號施令，而是以政教民，事事都是上行下效。《詩經》說道："赫赫師尹，民具爾瞻。"又說："敬慎威儀，惟民之則。"這不是官樣文章，像後世贊美政府，只作文字的宣傳；而是官師合一中以政教民的典型。所以庠主於養老，凡耆老集會和鄉飲酒，必在庠中舉行。序主於觀禮、鄉射、鄉飲酒，就是使民興禮的。因爲序有堂無室，便於射和習禮，所以鄉遂都有序。

到了周衰的時候，禮壞樂崩，政令廢弛，國學廢了，貴族衰微了，鄉學也不舉行觀禮讀法了。所以鄭國子產議毀鄉校，其實庠序早已廢了。鄉學既廢，俊秀自然無從升學，且無學可升，童蒙教育因此也沒有鄉老施教了。自此以後，官失職守，民間殘餘的學塾，不足以成德達材，於是有道學者，以講學號召生徒，成爲後來私人設塾授課的張本，政和教分，官和師也不同途了。尤其小學教育，在未有西式學校以前，完全由私塾傳授，並不純粹是講學意義。

總括來說，有三點值得注意：

1. 政府設學，是從整體的人民着眼。王國小學和太學是教練所，鄉學是感化所，所以成均和庠序看作同等重要的設置。

2. 學程惟有道德和技能，尤其道德更爲注重。怎樣學就是怎樣去做，使身心能夠和諧。治人工具如此，被治的工具也是如此，所以禮樂爲當時教育的唯一工具。

3. 等於現在小學的蒙學，不在政府設學範圍以內，卻很注意人人入學。貴族有能力來教子弟，只限定正式入小學的學年。民間蒙學，卻有塾的規定，就是閭有門，塾在門側。閭里有門，在漢代猶有遺跡，史稱石慶入里門，是一個證據。

三、選舉時代的小學教育

漢以秦皇焚書坑儒爲戒，於是優禮老儒，傳習經書，這自然是創國立業的一件首先要做的事。不過古代設學立教，主要目的不在養士。到了漢朝，以養士爲唯一政策，另開選舉一途來取士。所以開始興學並不設校，只是以通經最多的爲博士，擇民十八以上儀狀端正的補博士弟子，郡國有敬長上順鄉里的，亦得由地方官送來受業（武帝）。這樣一來，升大學的預備，用不着像古代設什麼小學了，這是如何省事省費的一種取巧辦法。後來仿古制建修明堂辟雍靈臺（光武），成立了堂皇的大學，只是點綴太平花樣，並不是以學校爲治化淵源。因爲教育要建設在整個社會裏面，只爲養士，自然惟有專設大學最是合適，那麼學校就是利祿的唯一製造機關。雖然廣置學官，郡國稱學，侯國稱校，校學設經師一人；鄉稱庠，聚稱序，庠序設孝經師一人（平帝）。只是推崇儒術的倡導，沒有具備學校形式，像古代鄉學歲時集會，能使人民有實地觀感。所謂以庠序爲學，不過用古時名稱罷了。雖然爲四姓小侯開小學，置五經師（明帝），也不是古代王國小學爲全體貴族子弟預備升學的遺意。總之小學和等於小學的鄉學，都可不設，是選舉和學校分途的原因，也就是重養士而不重教民的結果。還有一點必須說的，就是國學設在京師，地方的學和國學分立，不是爲升學預備，只是地位不同，覺得比國學要低一等罷了。

三國六朝，沿襲漢制，人才不必由學校出來，升學預備不需設置，民衆教育全然沒有；以致選舉流弊，形成了九品中正一途（魏文帝）。徒爲本地方在政府有地位的人們，假藉清議，樹黨營私，造成一種禍國殃民的士族——上品無寒士，下品無高門，鬧得中原鼎沸。僅有後魏立太學，樹小學於四門，郡分大中小立鄉學，尚稱頌一時，然已不是古代設小學和鄉學的意思。

四、科舉時代的小學教育

隋唐以後，更貫徹了取士養士的傳統政策，因爲從前選舉的路太走不通，改用科舉取士；由這制度產生的流毒，足足一千三百年，至今還洗不清哩。這不在本書範圍，不詳說。他們設學，也是拋開了小學一條路，拿不必有校的地方學當作鄉學。隋煬帝開庠序國子郡縣之學；唐代地方的學，都督府大中小，州縣分上中下，規定師生額數。可注意的，就是各州都設醫學。宋在各州學外設書院，學才有校而不是官署，元明清相沿不改。宋神宗在京師立小學，徽宗推廣爲十齋，八歲至十二歲入學的近千人。明設社學，呂坤爲少司寇，訂有社學規約，功用和朱子《小學集注》相等。然而一般的教育傾向，隨科舉風氣爲轉移；入塾讀書，便帶着爲科舉預備的色彩；就是書院挂着講學招牌，也要作舉業工夫。朱熹《學校貢舉私議》謂"掌其教者，不過取其善爲科舉之文，而嘗得雋於場屋者耳"，說得很明白。

總之，設立學校，作爲粉飾或利用政策，就使依照古來制度，也是利少害多。如果取古來制度的精神，那設施和内容盡可隨時代變遷，不必拘守一定程序。從來設學，都是誤在形式上復古，没有取古來制度的精神，作時代的運用，所以一切設施和議論，不是走不通，就變成利用政策。因爲古時官與師合，是官都可爲師，不是把師當作官做，政與教合，是政必依教而行，不是把教當作政看。這個意義，呂東萊已經說過。水心葉氏有言："漢以後傳經師章句而已，材者由於學則枉以壞，不材者由於學則揠以成。教之無本而不行，取之雖驟而不獲，則學之盛衰，蓋未易言也。"這幾句話，可謂深切透明極了。

至於教育有一個古今不變的原則，就是如何由教育達到利民的工具，這裏自然有個程序，完成這個工具，在高等教育，亦可說是大學。樹立這個基礎，就在普及適應的初等教育，亦可說是小學，小學實包括兒童和民衆兩部分。不從適應和普及方面做起並推動，高等教育就易變爲利用工具，或者是剝削平民的工具。小學不是適應的教育，就使普及，也没有什麽用處。古時初設學校，了解這個意義，所以可貴。到了時代變遷而不知改進，所以終於毁滅。由漢到今，把最初設學的意義完全失掉了，只是拿利禄來獎勸，選舉和科舉，固然流弊無窮；如果學校是科舉變相的目的，恐怕要和九品中正制度一樣，進到"上品無寒士，下品無高門"的地步，小學教育不過爲那些逼到下品的人們找飯碗罷了，大家看看近來趨勢，也該反省吧。

五、歷代的學塾概況

上面說漢到科舉未廢前的教育，都是政府方面的設置，幾乎看不出小學教育是怎麼一回事。因爲蒙學部分，最初已劃分出來。自漢以來，政府只是用養士取士的政策，來提倡民間教育，凡是有志作士的和跟着士來學的，都成了民間學塾的任務。這裏範圍很廣，有牽涉到成人學業的，不過蒙學全包在內。蒙學原不劃定年限，但最古小學，是以十三歲以前爲蒙學的。朱子論定程董學則，陳宏謀稱爲十年出就外傅以上的事。陸桴亭論小學，從十五歲前後分割階段，謂十五以前，多記性，少悟性；十五後，多悟性，少記性。程端禮規定分年讀書日程，也是把十五歲以前劃一階段，這和孔子十五志學的話恰相印證。蒙學年限，不必管他。若問兒童在蒙塾繼續若干年，純看塾師學問如何。我是注意兒童初入學讀書的事情，搜輯材料的。友人孟憲承教授編《中國教育史》說道："民間的家塾的課程和教法如何。材料非常貧乏，這是我們今日寫中國教育史最感苦悶的。"這是很誠懇的話。其餘的人，不知從那裏找材料，隨便抹煞，竟有把殘餘不堪的私塾，當作寫真，未免不符事實。我說這句話，並不是替私塾辯護，是感慨一般趨新的不徹底和攻擊舊的不徹底，具同一淺陋的見解，滔滔皆是。所以不憚煩瑣，把我所聞的、見的、身受的事實以及記載有論及或可推及的材料，摘要記述，並且提出微旨，或者在教育史上也可作文獻看吧。

（一）課程方面

這是記載上較有考證的，似乎和現代課程沒有什麼比較作用，不過從沿革損益的陳跡，尋出一條線索，很可作史料的研究。漢去周代不遠，蒙學所習，當然爲幼儀和書數，書尤注重，這是古代六藝流爲注重文字學習的一個轉變。《漢書・藝文志》以《弟子職》附《孝經》，特列小學一門，匯輯六書書目。太史試學童能諷書九千字以上，才得爲史；又試以六體，最優的作尚書御史、令史，吏民上書字有不正，便舉劾。史遊

《急就篇》，專爲童蒙識字而作；北齊李鉉九歲入學，書《急就篇》。讀經書正文，當亦從漢時漸成風氣，不過書無定本，亦不限讀何經。漢魏以來，十二歲以下通經爲童子郎的頗多。因爲書籍經秦火以後，傳習經文，最爲重要。兒童記性最强，稍稍識字，從師口授經文，事亦甚便。所以初學讀書，用口耳，重記誦，或爲主要學習，在當時是事實不得不然；後代習爲常例，那就成了問題。由識字進於寫字，以至練習楷書，作小學課程，當在魏晉以後漸盛，至唐最盛。因爲紙在後漢才發明，書法則晉人多有論述。唐人多工楷書，爲歷代冠，國學列書法爲專門，科舉有明字專試。寫字本爲初學易習的事，一代風氣所趨，當更重視。唐代學校分五經爲大中小三類，《孝經》《論語》爲兼習。童子科十歲以下通一經及《孝經》《論語》誦文十道，予官，可見以《孝經》《論語》爲初學必讀，而且比五經要先讀的書，當從唐始。又初學讀經數部以後，兼看史書及類書，亦當自唐代成爲風氣。這由科舉中有開元禮史科等專試，可以推想而及；尤其專爲兒童作蒙求的類書，見於史志書目，自唐以來，多可見。這件事和歐洲創教科書體教小學有點相似，用途等於現今補助讀本。所以通人不取的《千字文》《三字經》《百家姓》等，皆宋以前所作，普遍於後世私塾以內。唐以後無大變更，惟宋熙寧以後，科舉以《論語》《孟子》爲兼經，於是四書五經成爲初學通讀的書。宋儒講理學，對於蒙以養正，頗爲重視。朱子以小學配大學，搜輯傳記，作《小學集注》，把日常實踐的行動，從書本上玩味體會，即是以口耳的收獲，供滋養身心的食糧，和古代習禮樂以了解儀節，已不能相提並論。不過要從兒童生活裏探索，作爲讀本的資料，他和作蒙求的人們，業已略知其意了。明陸桴亭有一段話："文公所集，多窮理之事，近於大學。又所集之語，多出四書五經，讀者以爲重復。且類引多古禮，不諧今俗，開卷多難字，不便童子，此小學所以多廢也。愚意小兒五六歲時，語音未朗，未能便讀長句，竊欲仿明道之意，採輯《禮經》中曲禮幼儀，参以近禮，擇其可通行者編成一書，或三字，或五字，節爲韻語，務令易曉。俾之即讀即教，如"頭容正"，即教之端正頭項；"手容恭"，即教之整齊手足。"宋陳淳的《小學詩禮》，就是這個意義。四書五經以外，還有許多蒙學用本，大部分見於記載的，有的是目錄稱爲蒙學用本，有的我見學塾作爲用本的。至於記載不錄，只是我見學塾作爲用本的，都寫在下面。

這些用本，可分爲文字、幼儀、史事三類，都是清光緒以前的所作，可以說是距今六十年以前編的補助讀本。作者見解，大概有三種理由：（一）經書文句不便蒙童誦習，所以這些册子多用韻語，或者語句較短。（二）經文意義深奧，或偏於成人方面，不易影響於童子日常行動。（三）經書語多抽象，不盡適於工具的應用。但是經書又不可不讀，所以編些蒙求册子，作爲補助。猶之現在教科書不適於兒童誦習，另編補助讀本，有同樣情事。現代人看了這舊時學塾用本，一定看作同經書一樣無味，其實現在補助讀本何嘗不同教科書一樣無味。後之視今，亦猶今之視昔，可惜人的惰性太大了。

最早的一書，當推史遊《急就篇》。《弟子職》雖爲《管子》一篇，仍系後人僞作。莊述祖作集解，王筠作正音，洪頤煊作義證。舊多單行本，學塾用作讀本。

《千字文》 梁周興嗣撰，陳智永和尚用楷行草三體書八百份，分贈長江一帶寺廟，今尚有不同樣的數種原拓本行世，舊時多由塾師照原文自書影本。

《初學記》 唐徐堅等撰，《唐書·藝文志》載元宗事類一百三十卷，《初學記》三十卷。注曰：張說《類輯要事》，以教諸王，徐堅等分輯，清內府有刊本。

《李氏蒙求》 晉李瀚撰，陳振孫《書錄解》稱有徐子光補注。《書目答問》列爲童蒙幼學用本，稱後唐李瀚撰，宋徐子光注，鄉塾難得，川省仿印，楊迦擇補注亦可。

《忠經》 原書題漢馬融撰，《崇文總目》始列名，《四庫提要》斷爲宋人僞作，清代坊本附刊於《小學集注》後。

《十七史蒙求》 宋王令撰，《書目答問》列爲童蒙幼學用書。

《兩漢蒙求》 宋劉班撰，仿李瀚體，取兩漢事編成韻語，取便鄉塾誦習，見《四庫提要》。

《小學集注》 宋朱熹撰，内篇四，外篇二，共六篇，皆幼儀的故聞與格言，自序稱搜輯以授童蒙。元明清政府視與經書並重，今通行本尚多。

《朱子治家格言》 《朱子文集》不載，但坊間多印成小册，清陳宏謀稱成童可讀，列入《養正遺規》。

《朱子童蒙須知》 凡五項，見《養正遺規》。宋程端禮《讀書分年日程》，謂宜貼在壁上，飯後記説一遍。

《少儀外傳》 宋吕祖謙撰，採輯舊聞，體例和朱子《小學集注》相似，《四庫提要》稱爲訓課幼學而設。

《童蒙訓》 宋吕本中撰，朱子《答吕祖謙書》，引舍人丈著《童蒙訓》論詩文事，《四庫提要》稱爲家塾訓蒙本。

《續千文》 宋侍其良器撰，取周興嗣《千字文》未有的字，編成四言韻語，見《四庫提要》。

《姓氏急就篇》 宋王應麟撰，仿史遊《急就篇》，以姓氏各字排纂成章，頗便記誦，見《四庫提要》。

《家範》 宋司馬光撰，雜採史事，與朱子《小學》體例小異，用意略同，見《四庫提要》。

《北漢字義》 宋陳淳撰，以四書字義分二十六門論列，大旨與字訓同，見《四庫提要》。

《三字經》 相傳王應麟撰，私塾作爲初入學讀本，明代已然。吕坤《社學規約》，規定八歲以下必當先讀。

《百家姓》 姓從趙起，相傳宋人作，舊時學塾初入學時習字，多用原文，明代已然。吕坤《社學規約》，規定八歲以下必當先讀。

《千家詩》 宋劉克莊編，舊時學塾讀書一二年後，即有選讀，吕坤《社學規約》列爲讀四書以前的讀物。

《性理字訓》 宋程端蒙撰，程若庸補輯，仿李瀚《蒙求》，以四字爲句，但不葉韻。《四庫提要》以爲淺陋，斷爲村塾學究托名。但程端禮與端蒙同時，他著的《分年讀書日程》，定八歲未入學前讀性理字訓。又趙汸《答汪德懋疑問書》，稱字訓爲初學而設。

《小學詩體》　宋陳淳撰，輯《少儀》《內則》所說，編爲五言韻語，以便童子諷誦，原文見《養正遺規》。

《純正蒙求》　元胡炳文撰，《四庫提要》稱："是書集古嘉言善行，各以四字屬對成文，自注出處於下，所載皆有裨幼學之事。"

《六藝綱目》　元舒天民撰，取《周禮》六藝之文，因鄭注標爲條目，編爲四言韻語，《四庫提要》稱條析詳明，《書目答問》列爲童蒙幼學用書。

《廣蒙求》　明姚光祚撰，見《續通志》。

《幼儀雜箴》　明方孝孺撰，凡三十則，見《養正遺規》。

《小兒語》　明呂近溪輯，原文見《養正遺規》。

《續小兒語》　明呂坤輯，原文見《養正遺規》。

《人譜》　明劉宗同撰，集古人嘉言懿行，分類輯錄，詞多平實淺顯，《四庫提要》稱爲主於啓迪初學，《奏定章程》定爲初小修身用書。

《儀禮韻言》　清檀萃撰，取經義編爲四言韻語，注解明白。《書目答問》稱："童蒙未讀經典之先，令熟此編，他日讀儀禮亦較易，即不讀亦知梗概矣。"

《聚課瓊林詩對》　《四庫提要》曰："不列撰人名氏，以淺俗對句分類編次，每類又分一字、二字、三字、四字等目，蓋村塾課蒙之作。"我幼時在學塾中曾看過這樣相似的讀物，但書名已不記憶了。

《三才略》　不詳何人作，分恒星圖、步天歌、地球圖、輿地略、歷代統圖、讀史論略等，《書目答問》稱"上海新刻最佳，不惟童蒙，凡學人皆不可不一覽"。

《文字蒙求》　清王錄友撰。

《龍文鞭影》　明蕭良有輯，楊臣諍增訂。

《幼學瓊林》　程允升輯，周梧岡補。

《千家姓文》　清崔冕撰，以村塾所傳《百家姓》，語無文義，因取史傳復姓三十四，單姓九百七十二，連屬爲文，見《四庫提要》。

《六言雜字》　就宮室、食品、用具等，編成六言，和《百家姓》《千字文》《三字經》等同樣爲私塾通用。

《增廣雜字》　舊時粗識字的成人多喜讀。

《鑒略妥注》　從上古至明的史鑒要事，編成五言，我幼時在學塾看過。

女孩專讀的書很少，大部分和男孩讀書相同。據我所見，世俗通用的有兩種：先讀的爲《女兒經》，仿《三字經》體。次讀女四書，這是仿刻本，匯輯古人所作，計有《女誡》，漢班昭作；《女論語》，唐宮師宋若昭作；《內訓》，明仁孝文皇后作；《女範》，清王節婦作；《陳氏教女遺規》，更有蔡中郎《女訓》、呂近溪《女小兒語》、呂坤《閨範》、王孟箕《家訓》、《溫氏母訓》、史搢臣《願體集》、唐翼修《人生必讀書》等，鄉塾不易見。又宋伯益有《訓女蒙求》，以四言韻語，類輯婦女事跡，語皆習見，見《四庫提要》。

讀書分配次第，舊時學塾極不一致。據我所見，鄉間一般學塾多是開始讀《三字經》，次讀四書，後讀五經，經書都是只讀正文的，大約先讀《詩經》，以後次第，便不一致，《禮》多有不讀，即讀只讀《禮記》，不讀《周禮》《儀禮》。因爲當時府州縣考試以試四書文爲主，五經試題，鄉試才用，然亦看得不甚重要，可見民間讀書，是隨科舉風氣爲轉移的。至於真正讀書人家，稍有區別。現在從《養正遺規》所匯輯的，摘要錄出，以見一斑。

唐翼修的主張——三四歲即用小木塊方寸許四方者千塊，漆好，朱書《千字文》。每塊一字，盛以木匣，令每日識十字或三五字。後令其湊集成句讀之，或聚或散，聽其玩耍，則識認是真，如資質聰慧，百日可以識完，再加以《三字經》《千家詩》等書，一年可識一二千字。從師入塾，以五六歲爲率，讀半年小書，便可讀四書。讀四書時，即逐字逐句講，如俗語一般，使知書如說話。讀經有暇，當與調聲葉韻，講解故事。

程端禮《讀書分年日程》——未入學前，日讀《性理字訓》三五段，代替世俗蒙求《千字文》；又以《童蒙須知》貼壁，飯後記說一段。自八歲至十五歲前，《小學》習畢，次讀《大學》經傳正文，次讀《論語》正文，次論《孟子》正文，次讀《中庸》正文，次讀《孝經》，次讀《書》正文，次讀《詩》正文，次讀《儀禮》《禮記》正文，次讀《春秋》經並三傳正文。日止讀一書，自一二百字增至六七百字。大抵終日讀誦不惟困其精神，且致習爲迂緩，以待日暮。法當才讀數遍，即暫歇少時。

小學習寫字，必於四日內，以一日令影寫智永《千文》楷字。如童稚初寫，先以子昂所展《千文》大字爲格影。寫一遍過，卻用智永本影寫。每字本一紙，影寫十紙。止令影寫，不得惜紙於空處令自寫，以致走樣。如此影寫千文足後，歇讀書一二月，以全日之力，通影寫一千五百字，添至二千三千四千字。影寫之後，又使對臨，以全日之力，如此寫一二月，他日方能寫多，運筆如飛，永不走樣。用筆之法，雙句、懸腕、讓左、側右、虛掌、實指、意前、筆後。

陸桴亭的主張——自五歲至十五歲當讀書：《小學》、四書、五經、《周禮》、《太極通書》、《西銘》、《綱目》、古文、古詩、各家歌訣。

（二）設置方面

當學制未頒行以前，據我所見，當時任何村莊，不設學塾的很少。任何勞苦民衆的子弟，不上一二年學的也很少。這樣的學塾，大概分爲三種：

1. 家塾　是仕宦和有錢的人家設的，費用由東家獨自擔負，請的先生比較有名，學塾和先生住處，就在東家的宅內或特設學屋。戚友或鄰居的子弟，經東家允許，可以附學；且有約窮家聰明子弟，供給夥食來附學的。因爲他們希望自己子弟學問上進，不只要明師指導，還要益友輔助；而且藉此得到提攜後進的美名。原來將相本無種，富貴不是有錢有勢的人家獨享特權，由國家建制，構成了社會的一種普遍心理。所以往時許多名人，因爲附學得到資助，才造成他的學業。

2. 私塾　大概係未入仕途的生童私自設立的，學塾多半設在他的家裏。這是要收學費的，不過窮富不等。亦有學生特別聰明而家太窮苦，先生料到這學生將來定有出息，圖他將來報答或照應後輩，不收學費，這樣事實也是很多。

3. 義學　這在城市有同行幫或同街坊而合設的，在鄉間有同族或同村而合設的，都有固定基金或財產，可供學費；凡在設學範圍以內的子弟，都不收費；但殷實之家，或者額外另送先生的束脩。亦有私人捐款設立義學，專爲窮民子弟不納費入學的。義學請的先生，多數不佳，因爲義學經費，大半不多，收學生又有限制範圍，如果先生能力，比較能招來學生，仍以設館授徒，覺得方便。

這三種學塾，自是私塾最多。私塾所以易於普遍設立的，因爲科舉制度不限制習舉業的場所和年限，和現在學校畢業的規定不同。科舉是一經考取，青雲直上，就入仕途；考不取的，到了試期，總可應試。所以這般未入仕途的讀書人，多是在家設館授徒，並不一定要有公家房屋才可設館，更談不到學者們所定最低限度的設備了。他們一面教蒙館，一面自己自修，準備下次應試；或者從大館的名師問學，兩不相妨。並且在家設館，可以兼理家事。有些讀書未通，自信不能應試的，在沒有較好學塾的地方，也招幾個生徒來教，收點學費，補助家用，這是往時三家村塾常見的事。總之，學塾是家長擇師教子弟，不是學校限制收學生。先生全靠教學的勤惰和良否，自然取得社會信用；不是靠資格和政府的威力來成立學校，更用不着督學官來考核。還有一個原因，就是招收生徒，不是施行什麼班級制，人數多少和程度參差，不成問題，因此很小的村莊，都可設館。那稍稍殷實的人家，縱然沒有獨設家塾的能力，卻可聯合起來量力分擔，維持一個蒙館先生的歲費。那窮家小户，隨意湊幾個錢，就可把不能操作的小兒小女，送到學塾，省得自己來管束；最窮的人家，七八歲以前上學，最爲合算。或者希望子弟顯達，必須讀書，也易從節衣縮食裏供應得來。所以，不論貧富貴賤，都可入學，就是學塾設置，多是由有錢的人自然擔負，不用強迫，也不用籌公款啦。

（三）教學方面

學塾沒有學級編制，沒有教學程序，方式止於講解背誦，可以說是簡陋極了。正惟其簡陋，走不上虛浮的道上去，倒還直截了當，不像現在班級制用齊一的課本和進度，以及啓發式的形式過程，用得不正確，走入虛浮道上，產生了許多人爲的拘束和浪費。試舉數點：各讀各的書，例如開始讀書，有讀四書的，有讀《龍文鞭影》的，有讀《鑒略》的，家長可以自己意思指定，這是第一點。各依自己資質取得進步，有半年讀數册的，也有讀不及一册的，彼此不相牽制。那升級降級所招的惡果，不會發生，更沒有什麽開除的事實。如果特別聰明，入學兩三年，就讀了十餘萬的書册，作數百字文章，國文和史地，有的比現在高小初中的成績還好，這是第二點。歐陽文忠曾有一個計算："今取《孝經》《論語》《孟子》及六經，以字計之。《孝經》一千九百三字，《論語》一萬一千七百五字，《孟子》三萬四千六百八十五字，《周易》二萬四千一百七字，《尚書》二萬五千七百字，《詩》三萬九千二百三十四字，《禮記》九萬九千一十字，《周禮》四萬五千八百六字，《春秋》《左傳》一十九萬六千八百四十五字，止以中才爲準，日誦三百字，不過四年可畢。"更是一個有力的證明。先生就各個當前所需要的分别指導，不説空話。學生就當前迫切來問來聽講，不聽不相干的話，這是第三點。課程固然不合，但做人工夫和用世工具，學習時很融合，應用時没有矛盾，這是第四點。

以上抽舉事實，並不是推崇古制，而是針對現代教育而發，使保存國粹的或徹底歐化的人們，都要從制度的精神上體會，不要專在形式上講求，這才是編者的微旨。

編輯兒童讀物應有的認識[①]

本文共分四章：第一，讀物體裁。第二，讀物進程。第三，常識要

---

① 原載《教育通訊》週刊第 1 卷第 17、18、19 期，1938 年 7 月 16、23、30 日

目。第四，編輯要則。

第一，讀物體裁

兒童讀物，以易讀、樂讀爲目的，其一，必取適合體裁。其二，必循一定進程。由體裁言之，明儒呂新吾有言："小兒皆有語，語皆成章。"又曰："言各有體，爲諸生言則患其不文，爲兒曹言則患其不俗。"所以兒童文學，端重童話。童話要素有三：一、兒童言語。二、兒童生活。三、兒童思想。此與通俗文學，異流而同趣。通俗文學有三：便於唱誦曰歌謠；由談笑中取得教訓曰滑稽；增進人事經驗曰小說。三者皆古代文學所由起，歌謠勿論矣，《史記》所載《滑稽列傳》，皆善諷諫者也，《齊諧》專紀新奇事實，其餘緒耳。《漢書·藝文志》："小說者流，蓋出於稗官。"如淳注："王者欲知閭巷風俗，故立稗官使稱說之。"自文章專成爲文人學士欣賞之物，書籍惟取其藏諸名山，傳之其人，于是世說野乘，爲政府與士流所不屑道，所以牖民與啓蒙者日遠于人事，讀書幾爲初學最苦之役。一任取悅俗好之本，不入士大夫之目者，流傳民間，與公家所講習者背道相馳，蓋數千年於茲矣。間有好學深思者，鑒於經文之不便蒙讀，別尋途徑。自唐以來，如《蒙求》一類，不少作者，然補救亦已微矣。迨西式學校代起，所編小學課本，專襲形式。語其體要，近似古之類書，爲通人所羞稱。論其功用，則兒童亦不喜讀。所以致此之由：其一，產生于授課式束縛之下，任何作者無以溝通前後，抒其妙腕。其二，文字數量問題，學者不知求之漢字本身，而乞靈西藥，每以編輯字典之手續，作爲識字根據。尤其混合課程，純屬學習問題，非可于課本求混合，亦非國語包含常識之謂也。

明乎以上之癥結，欲使讀物爲兒童易讀樂讀，不外三種特點：

（一）音調諧合，即古代文學歌謠一類；

（二）事實能引起興趣，即古代文學小說一類；

（三）意味能引起娛快，即古代文學滑稽一類。

三者各有特徵，皆須原本童話，蓋言語不接近兒童，雖叶韻而不易成誦。生活與思想不接近兒童，事實雖真，不能引起興趣，意味雖善，不能引起娛快，童話所以成爲兒童唯一文學，意在斯乎！試分析體裁如下：

（一）由傳說組成的童話——以質朴之語，表出不可思議之信念，或以真摯之情，表出愛戀畏懼之內心，實爲產生文學之源。不僅情節與意味，易爲知識幼稚者所接受也。凡二類：

1. 神話——係初民信仰及生活之反映，與神怪小說駭人聽聞者有別。

2. 世說——代表初民習俗之傳說，以其專談人事，故別于神話。

（二）由故事組成的童話——由自然情節構成具體事實，真實性之成分較大。即非實有其事，亦必歸宿於人事，爲其可有的事實。凡五類：

1. 神秘故事——目的在由想像而有所感動與安慰，非以說怪聳聽。間或涉及神幻，必係引人入勝，取得教訓，與《封神榜》《西遊記》《子不語》之造意不同。

2. 滑稽故事——以供娛樂爲主，大抵分愚諷、刺謬、巧妙三類，可以引人發噱。有用事實演成者，亦有專用言語表出者。惟語不嫌俗而忌粗鄙，或者言之過謔者，亦不宜用。

3. 兒童故事——專取兒童行爲有趣者，可分二類：其一，採記述之名人幼年故事可以動□者，不專重示範也。其一從兒童生活出發，摻入激引心靈之情節，不限於採之記述也。

4. 勇敢故事——包括愛國、武俠、冒險、偵探等事實，與兒童好奇好勝之心理相應。雖事不出於兒童，亦兒童所喜者也。初步取其稍含神秘意味者，年齡稍長，則以切近實際人生爲要。

5. 科學故事——分二類：其一，摘取發明家在發明過程中特殊事實，足以使人興奮，與傳記表出全人格不同。其二，事物人格化，將無情變爲生命，靜的呈現活躍，爲物語變相的故事。雖取日常事物，然重在表出物理之現象與功用，非爲物語以假託而表現人生也。

（三）造作的童話——此不取固有傳說之故事，真實故事組成之童話，亦有不盡取固有材料者也。

1. 物語寓言——係一種自然物擬人談話，專從普通生活現象，表現其習性動作，或將人事經驗，藉物之談話而表現其意義；或仿效對物戲語態度，而發抒其情感，總之，含有幼兒之神情與口吻，結構多與故事相近，或即附見於具體故事中者也。寓言為物語進一步的文學，固有記載，不少與笑話同其趣味。惟目的不在引人發噱，而在誘起想像與聯想。其情節或意旨淺顯者，頗為兒童所喜，亦滑稽之支流也。茲以寓言附於物語下者，以簡單寓言雖有趣而不成一篇，如為長篇，屬人者可並入滑稽故事，屬物者則附於物語，因寓言多托物而發也。國人近多反對小學勿用物語，幾成為一般人口頭禪，誠然，書坊讀出版物，多不了解兒童文學，專務形式而失旨趣，有以致之。然物語在低級讀物中，占主要部分，且便於使讀者有自覺即得到常識與教訓，實為文學上最大價值。反對者如反對內容，有怪誕太過，迷信太深，或危險性太甚，則不屬於物語文體之本身，不專獨對物語而發。若以物之擬人為妄，或所語者非物之本身應有的事實，則舊文學家詩文寄託，往往如此，群經諸子，亦多此例。如《詩經·鴟鴞篇》全托鳥語，《碩鼠篇》全託於對鼠說話，《籜兮篇》全託於對樹說話，孔子且不刪之。其實寓言即物語變相之文學，不反對寓言而反對物語者，大率以兒童讀物，輒為猶狗之語。不知此正兒童生活習見之狀，試一觀八九歲以下兒女嬉戲，可以恍然。

2. 反復故事——分平疊、演進、迴圈、遞加四類，段落雖變化而詞語多反復，其體例蓋由詩歌重言與申言連珠之例蛻化而出，初無義旨可言，而兒童甚好之，為初步閱讀唯一讀物。式有十三，參考本部《實驗教育訓練班講義》及《開封教育實驗區改造國語課程方案》第二卷。

本以上旨趣，求進一步的讀物，體要如下：

（一）短篇小說——此為純文藝讀物，係故事擴充體，稍有結構假想之迹，即童話進一步的讀物，而進於藝術品質，視普通小說取材於廣泛人生者有別。其不曰小說曰短篇小說者，非以篇幅長短為限也。蓋其結構在產生單純感想，以確定目的，提煉複雜事物，凡與目的無直接或間接關係之材料，悉予擯斥。每一段落，皆表現其動機。各句各語，皆互爲發明，同以中樞思想爲歸宿。至文之長短，惟視以想像而連貫之事實，能表出其目的與否，故短篇小說有止於十餘行者，亦有長至數十頁者，安徒生童話之《幸運的木屐》《醜小鴨》，即其例也。

（二）實話——係切近實際之談話，目的在傳給常識，而體式與物語爲近。主要關鍵在用如何結構與如何方法，成爲談語。非謂止於用問答體記述，即易使讀者體會已也。如安徒生之《孩子們的閒話》《一個母親的故事》，即開此例。此在開始閱讀常識記載，最適用之。由實談體演進，讀雜記體讀物，自無困難。雜記不拘體格，或叙一種事物，或叙多種事物，分合可以從便。叙法有抽叙、綜叙之別，抽叙者叙事物某部分或某方面，綜叙者叙事物全體，皆以提煉事實、適合理解爲要。姚鼐以雜語之體，大小事殊，取義各異，遊記亦屬雜記一類。

（三）史談——故事體由形式方面演進爲小說，由内容方面演進則爲史談。其異乎故事者，故事純以兒童興趣爲出發點，將興趣析爲多方面，某一類教材，即適應某一方面的興趣。史談所取教材，其出發點必與現時代所共感覺之情事發生連屬關係，以便適當時動機提供之或各自以當時興趣而選讀。一方面仍本傳說的童話之意味，使對材料能激引情感。其體式爲一實話之例，用談話體爲宜。亦有記述一事始末，分列題目，或者分篇各叙一事，疊訂成册，與雜記同其形式，此則爲較進一步的讀物也。與史談並列者尚有傳記，故事以事爲主，此則以人物爲中心，由其所表出事實，能激發其心情與志氣，認識時代次之。猶之《四庫提目》不以形狀爲限之意，與姚氏傳狀類異趣。

（四）兒歌——此不限于造作，世俗流傳有趣者亦宜酌採。在形式方面，每首語句不多，句亦不長，以六七句以内爲最宜。如一歌數段，每段詞語以多重疊或復現爲宜。在内容方面，歌詞意義必適于以一種手勢或身勢之單純動作，隨歌唱而表演，所表演情節，又與兒童生活相應。

此外，附及者有三：

（一）實用文——此當適應當時動機而學習，然可適應中級、高級作文能力與其應用需要，列舉式例，就書信、箋帖、日記、報告等，分訂專册，俾便參究。

（二）短篇散文——兒童進至能用文字發表時，亦需要短篇散文。選文不在多，而在敘事、寫景、說理各種體式，各具若干篇，從兩方面選輯，用活頁訂之。

1. 兒童作品——此在鼓勵兒童自作，非在示範，宜記年級。坊間刻本，多非兒童自作，反不如教育書籍中附譯者爲適合。

2. 作家散文——此宜精選，亦可假定標准，從二年級起，分別選輯。每篇對於不易了解詞語，宜在篇後附加注釋，俾便自讀。

（三）圖表——此專備閱讀中參考之用，分類編制。圖分動物、植物、生理、天文、地理、全國名勝、花卉、農產、藥材等，附以圖說，其中動物亦可分鳥獸蟲魚家畜等；植物分①；表分歷史、政治、生活等提綱列表，附以表解。又自然社會分類之通名、專名，亦可列表稍加注解，附載讀物内。

第二，讀物進程

由進程言，可分四個步驟：

第一步——取便于運用工具，進行開始閱讀，兼培養其閱讀興趣。

此以反復故事爲唯一讀物，内容純屬想像生活，形式不在多插圖，而以每段詞語先後反復，無需多查生字。每册字數由百餘字進至六七百字，字體頭號，楷書。商務印書館著編《文學讀本》二、三、四、五册較適用。其餘出版之圖書故事可選用，但讀者不多。參考開封教實區《改造小學國語課程方案》第三卷"閱讀興趣反應章"。

第二步——開展運用工具進行閱讀的能力，兼增進其閱讀興趣。

讀物形式有二：

（一）短篇童話故事——間有插圖，每篇字數百餘字至四百字左右，

---

① 原文有脱文。

可合數短篇訂成一册，但篇數亦不可過多。故事每篇重自然程式，不重分段，詞語反復，讀故事亦不以憑藉看圖爲主。如兒童書局陳潘合編《兒童故事》，商務印書館編甲乙種《故事讀本》，近于此例，但是其中反復故事宜刪去。新中國書局中級《文藝》有一部分可用，參考開封教育實驗區《改造小學國語課程方案》第三卷"評價章"。

（二）連續圖書故事——通常所稱故事畫，專作幼兒看本，在以圖表出故事，間綴簡單詞語，非圖文對照也。又坊間題名之連續圖畫故事純用反復體，均不適于閱讀之用。此當採舊時連環圖體式，每册爲一個故事，分若干段，每段圖文對照。大東書局《小童話》六册爲可用之本，最近董任堅編譯《圖畫故事》亦適用。文用叶韻者，如中華書局《月媽媽》，大眾書局《二個小寶寶》，亦可用，字數六百至二千字左右，字體與前者皆用頭二號，楷書。

第三步——開拓閱讀能力，並發展其思考力。

宜于純文藝外，參入小部分常識讀物，二者分編小册，不相混合。文藝以故事爲中心，大東書局譯《看圖講故事》十册爲最適宜的體例，新中國書局譯《我的童話》亦多可用。常識以實話體屬於淺近實物者爲主，如北新書局中級《常識叢書》用實話體編者可用，《雲雨風》其較佳者也。新中國書局中級《常識叢書》有若干册可用。大眾書局《兒童訓育叢書》亦可用。文藝讀物字數可多至五千字，常識讀物可多至二千字，字體三號，楷宋從便。

第四步——從多方面充實閱讀能力，作應用與發表的工具。

文藝讀物於繼續讀故事外，進讀由童話演進之小說，兼及短篇散文與實用文。此種小說，大體仍近於童話，即以兒童思想與生活爲中心。如中華書局《我的書》《猛猩姐姐》，大東書局《故事叢書》，開明書局譯《木偶奇遇記》等爲較適用之本，兒童書局《小姑娘》《萬里尋兄記》，則程度較高者始可讀。延續常識讀物于繼續實話體讀物外，進讀史談、雜記、傳記之讀物，史談叙一事者，例如良友所譯之《白紙黑字》匯訂成册者，例如北新《小朋友史話》。雜記如兒童書局《半角叢書·自然故事》第二册，又單行本《人體旅行記》《法布爾科學故事》；良友譯《室內旅行記》及《兒童自然科學叢書》，其表概狀者，如新中國《熱地人生活》，北新《兒童幸福叢書》《自然界的春》，傳記例如兒童書局《發明家故事叢書》，皆為較適用之本。又中華書局《小學生叢書》亦本步驟常識可讀之本。每冊字數二千至萬字以上，字體三號。惟此步驟所用時間較長，約一個學期至二個學期以上，當視篇幅長短與內容深淺，斟酌配置次序。

第三，常識要目與配置旨要

文藝與常識之讀物配置，上已略舉其要。惟常識內容頗繁，必須分別要目。茲綜合部定初小常識課程標准作業要領，加以重組，以便分類，且稍有補充也。分列如下：

——自然教材要目

（一）自然現象——晝夜長短，寒暑變遷，空氣、風、雨、雷、電、雲、霧、霜、露、雪、雹、霞、虹、日月蝕。

（二）自然景物（係隨時令所表現之概狀或其特徵）——動物之生育換毛與蟄伏，草木之萌蘖與枯落，以及候鳥、鳴禽、鳴蟲、候風、梅雨等。

（三）習見之生物——原野與水中的動植物繁殖，動植物之營養與自衛，家禽與家畜，益鳥與害蟲，有毒動植物，動植物本體之部位，如動物之外殼、觸角、翅、鱗，植物之瓣、蕊、苞、芽。

（四）土地形勢——山鄉、水鄉、平原之異狀，地方山川之險要以及名勝及其利用，全國主要山水，地球水陸分佈與寒溫熱三帶。

（五）身體——人體與器官，疾病與傷寒，衛生與健康。

——社會教材要目

（一）區域分劃——地方區劃，政治分劃（如城、鎮、鄉等），住址分劃（如街、巷等），設置分劃（如城寨、溝堤等），行省區劃，商埠，國防疆域，各強國領域。

（二）建置——古跡，官署，公共文化及娛樂機關，關隘。

（三）交通——道路橋樑，水陸空的幹線與用具，郵電。

（四）政治——建國綱要，行政與自治，賦稅，國防與兵役及武器，產業與貨幣，公共衛生與保安消防，宗教與風俗，禁毒。

（五）史事——紀念節日，革命大事，本國進化史談，愛國與抗敵史談，模範人物，鄉賢，中外偉人，中外發明家，國恥，國際形勢，本國民族演進，世界民族分布。

（六）生活

食類——農產，蔬菜與瓜果，調味與飲料。

衣類——原料，服裝與附屬物，縫紉與洗濯。

住類——材料部位（如庭院、園圃、牆壁等）。

用類——文具、教具與運動具，職工用具，農具，傢俱與寢具，裝飾品與花草，燃料與光。

其他——畜牧與林，礦與漁鹽，工商，災害。

要目如上，進言其配置旨要：

（一）要目類別之運用，當注重者有二點：

1. 題目頗簡略，編訂教材，當記述其多方關係。屬於生物者必及於習性、發育與功能，非生物者則及於品質、功用與製法或用法。其屬於抽象或概狀者，則以表出特點或說明意義爲主。

2. 目各獨立，多有相互作用，組織教材，或分或合，亦有變通。

（二）配置原則有三：其一由具體漸及於抽象，其二由淺近漸及於深遠；其三由簡單漸及於複雜。開始取具體而淺近且簡單者，次取淺近或簡單者，再次則爲具體之較複雜或較深遠者；至抽象宜在最後，如政法一類，即全屬抽象者也。

（三）內容之表象，可分爲表人、表物、表事、表概狀四大類。初期讀物，以表人、表物之具體與淺近者爲主；次及于表事，以及表概狀之較簡單者；再次及于表人、表物、表事、表概狀之較複雜或較深遠者。

第四，編輯要則

（一）此種讀物，便於兒童自讀，段落須分明，記述須清晰，語句須流利，取授課制的教科書體，其開始閱讀能力，約相當於普通初小二年級程度。

（二）編輯讀物，須依照上所規定之體裁、進程、要目等種種方法，如課外讀物之例，以分篇裝訂小冊爲主。

（三）開始閱讀之讀物，宜分段插圖。進度愈高，圖漸減少，然亦視內容而定。

（四）讀物每篇之後，宜將難詞、成語附加注釋。

（五）讀物冊內不附練習題目，惟每冊須另編學習指引，作兒童閱讀、解答、練習各種工作之指導。式例參考本部實驗教育訓練班講義及開封教育實驗區《改造小學國語課程方案》第三卷。

（六）關於史地、政治等讀物，適於初小兒童閱讀者，極不多見，圖表可供參考者尤缺，應特加注意。

（七）同類或同目之讀物，宜依體裁與進程各編數冊，俾便閱讀者自由選擇。

（八）過去讀物缺點，應予矯正。茲撮要分列於下：

1. 童話及故事，多爲譯品，即爲名著，而事實非本國所常見，與夫名詞累贅，皆予兒童以不快之感，至於選擇不當，譯文晦澀，以及任意點竄、增删，每失原意。

2. 自編童話，除極少若干篇近於短篇小說外，大抵惟以荒唐取笑，離奇取悦。甚至雜取極惡劣之俗說，如某出版兒童讀物，例言託爲不避神怪，而各篇最上者不過《封神傳》《西遊記》之斷片情節，刺謬百出，即號稱作家者亦問不免。尤有一種通病，關於結構方面，多以得妻得財致貴顯爲結局，在外國因取古代傳說而然，多譯已爲不合，改造之作如此，似與時代相遠。關於情節方面，大抵屬於盜掠、吃人、報仇、殺敵、虐待季女少弟幼妹良善、國王王子公主的遭遇，如其材料非出固有，此種譯本似不宜屢現迭出。關於文字方面，往往茶曰咖啡，酒曰白蘭地，席曰大餐,捕人曰巡捕,處處爲上海居民之洋習,凡此極不宜摻入兒童讀物者也。

3. 談話體本適用於兒童讀物,惟用此體者每取形式,而忽視用此體之旨趣。其一,在物語方面,不顧物的本身生活習性如何,專藉物而發抒感想,使讀者顯然知能假託,不感興味。其二,專藉問答取便説明,非問答由結則而產生,且所問者亦非出於自然程式,使因此一問而説明便覺清醒,徒以問答敷衍成篇,殊無意味。其三,問答中間有野語,如混帳、滾蛋、放屁等,此在話劇中因表現某種野態,不便廢去,然兒童話劇則絕不可用。至於通常問答,本可不用,如《岳飛傳》某作者亦尚知名,竟有非對降將,屢出此種野語,未免太不倫矣。

4. 中級以上作品,常有三種通病,爲新文學家所共犯,其一,不注重情節與結構,惟尚詞句之濃妝豔抹,例如"坐在青草地上",本甚簡明,作者偏云"在又軟和又平坦又新鮮像綠絨織成大幅毯子似的上面坐着",如何隱晦累贅!其二,太注重文法,往往一句長至十餘字,雖用字同於口語,而語句組成,非口語所慣用,以致兒童讀之頗不順口。其三,襲西式語法,例如"雖然……"或"雖是……"必置於末句之類,與通常説話相反。

5. 讀物的材料方面、語句方面、意義方面,頗嫌成人氣味太重。尤其常識讀物,記叙失之平實,不用藝術描寫,乾燥寡味。訓育材料,不從結構注意,使於過程中自然流露其教訓意味。惟以直叙與肯定抽象語爲訓,不留玩味餘地。

合科教學法[①]

一、以國語常識合科表現的學習經濟

這裏對於合科的意義,要鄭重聲明幾句話:合科和綜合教學不是完

---

① 原載《教與學月刊》第3卷第8期,1938年10月。

全同一意義，綜合教學是出發於學習程式，合科是出發於科目本身的關係。所以合科不一定要全部課程混合，才算合科。然而合科也和聯絡教材不同，聯絡教材是性質接近的估計，凡合併的科目，可以互爲主從的。合併是基礎統一，可以互爲因果，而不是迭爲賓主。

合科意義既明，才可說到國語、常識合科的價值：

（一）根據過去的教學經驗

分科教學，惟國語、常識兩科，浪費時間太大。因爲文字表出的觀念，必由常識取得；常識含有時間或空間的成分，又多要在記載上去找，而且心得也要用文字來整理。這樣互相聯繫的課程，分離學習，當然兩失。但是設計或綜合教學，因爲求多種科目混合，往往有不自然的學習，或需節外生枝的補充練習，易於喪失科目的固有價值。並且一般教師，不盡兼長技能科目的教學，如果綜合教學要藉助其他專科教師，就不易配置適宜時間。若是徒爲形式上結合，又不免減少學習效率了。

（二）體驗自然學習的分野

人類的知能學習，確有兩條主幹線：其一，不限於文字介紹，且無需用文字練習，如技能科是。其一，必由文字介紹，且用文字加以練習，如國語、常識兩科是。算術命題練習，也稍稍合了這樣成分在內。常識包含自然、社會，凡他科目含有常識成分者都屬這類。

（三）兩科目結合自然成爲課程中心

這不僅是占課程時間最多，作業成績便於考核，實以任何科目構成具體教材。從原料言，無一不取資於自然和社會；從所得知能言，無一不藉助於國語工具。所以這兩科目在基本學習中占主要地位，亦惟兩相結合，而後知識和工具確立統一的基礎。其他科目，依教師便利，進一步可以任其在中心課程下，循自然而結合，不然就各保存它的獨立價值，這是合科最易見效而且最可靠的教學。不過這種合科，是要從學習上求途徑，不是教材合一，所以合科教學法的初步學習，在從知識方面取得工具，進一步便不能永久停滯在知覺領域，即當由已習得的工具來求知識，並培養運用工具的能力。

二、以分三步驟立學習經濟的基礎

（一）目標

談學習經濟，必要從國民教育整個基礎上着想，才是正當目標。現今推廣教育，暴露了兩個大缺憾：其一，不問簡易或短期小學，總以念完若干書本了事。書本所含材料，應有盡有，並且同樣作文、寫字。至於應用達到如何限度，毫無標准可言。甚至期限更短的民眾學校，也復如此。像這樣教法，學生人數雖多，恐是有名無實。其二，初等教育分許多學校種類，給予行政上不少困難。並且學校和社會都把簡易和短期小學看得很輕；教師和學生，彼此更相歧視。這種現象值得注意。要消弭以上兩大缺憾，只有從教學進行步驟上打算才是。合科教學法就是針對這點，加以努力。茲揭出所企圖的目標如下：

（1）第一個目標是使修業年限不同的，同在一起學習，彼此不相牽制。這年限，學校是並不劃分的，不過也有一點限制，就是修業年限必滿二年，年長的萬不得已，也須一年，至於二年以上延長至六年，皆可循同一軌道前進。這並不是說正則和短期兩種小學，一定要混合，而是事實上必得混合，庶不致因課程各別，發生困難。

（2）第二個目標是使兒童年齡和智力參差的，同在一起學習，各得到適度的發展。這裏也有一點限制，就是開始入學的兒童，必須專編一級，一齊教學。這專編一級的兒童，如果大多數都在八九歲以下，自然儘量充實準備。這少數年長兒童，可在第二學期中稍稍增加時間，另行調整，使他們早一點進到自學領域。如果大多數都在八九歲以上，少數年幼兒童，當使他們遲一年入學，以便活動教材，專求適合年長兒童的需要。

（二）步驟分割

教學的新生命，在如何引導兒童進到自學領域，不過過去所行的自學輔導方式，是站在班級教學立場，而且以使用教科書為根據的，當然不會有很大的效果。為要貫徹上述的兩個目標，便要加以根本改造。茲就步驟分割，說明要旨。

（1）第一步驟是自學初步——習慣和工具的準備。

（甲）習慣　這固然是隨着教學進程而培養的，不過初步習慣，是建設許多習慣的基礎。始基不正，影響極大，這是教學的基本問題。

（乙）工具　這在初步學習中有兩個必須注意的條件。

A. 要使符號所表出的觀念，從認識中了解。這是初識文字的唯一關鍵，文字的實質來源便在這裏，也是文字和知識兩種教材的相互關係。舊時教法先識符號，後講意義，實在根本錯誤，所以學習極不經濟。

B. 要使對於符號的各個形體，具有一種輪廓的認識。這純屬符號本身問題。所謂各個形體，並非每字的形體，而是以數月期間，從種種不同的字，得到種種不同印象，自然可以類化。因為兒童往往能誦全文而不盡識字，所以主張國音符號，不在入學之始教學，而在第一學期末進行。如果開始就由拼讀識字，便易養成上說的弊病，而且開始使用兩種符號，亦易混淆觀念。

在這個步驟裏，不論兒童年齡如何，必須經過一個學期，然後字的分析、字的書寫才覺便利，這是學習中國文字的必然步驟，也是學習經濟的原因。

（2）第二步驟是培養自學工具的能力——這是由識字過渡於讀書的工作。旨趣有二，是相反而相成的。

（甲）不要開始讀教科書體的課文，而以從活動中多識詞彙、語彙作準備。這種方法德可樂利已經多次實驗，證明可以經濟時間一年。在拼音字讀法猶且如此，中國文字的學習自更適用了。不過自學準備期間必須更長，才能達到我們的企圖。

（乙）要使兒童進到讀書即能自學。一定有人說，開始數周學會國音符號，不是就可自行拼讀嗎？要知道這裏所謂自學，是包含習慣、知識、工具三個因素，三者缺一，是不夠自學的。即以工具論，中國文字有形、聲、義三方面。由注音識字，只屬於音讀方面，形義便不能理會了。所以要進到讀書即能自學，須先在培養自學工具的能力。

這自學工具，包括音符、標符、檢字、作寫等基本練習，約需一學期。所謂基本練習，就是字能照寫，文能綴句，音符能拼讀，標符能解用法，檢字能辨識大部分部首。至於運用自學工具，完成一切功用，還要靠閱讀一步一步推進的。

　　（3）第三步驟是完成自學功用。

　　（甲）既已進到自學步驟，無論兒童的年齡、程度、智力如何參差，都不增加教學上的困難。

　　（乙）由自學程式進行，兒童必須運用工具以求知；又須發表所已知的，使運用工具的能力隨而增進。這種連環式統一知識和工具的學習，效率當然較大。附隨的作寫機會，在自然情境下數倍於普通教學，能力自亦增進。

　　（丙）兒童可以各為適度的發展，則閱讀數量較之用教科書授讀，聰明的不止數倍，遲鈍的也要超過。

　　（丁）這步驟伸縮性極大，正則小學可以延展至高小畢業，二年制的短期小學，除常識未能修完初小課程標准外，正式閱讀數量比得上用教科書的四年初小。工具的應用可以進到無師自修的地步。就是作寫能力，也比較授課式的三年級強。

　　（戊）可以減少單級分組的配置，譬如一班四個年級，單級須分四組，這裏只分兩組。因為一、二兩個步驟，是一年級前後兩期，循序而進，當占一組；自學合種種複雜程度，自成一組。授課每節四十五分，每日抽三節，每節三十分鐘教前一組，十五分鐘指導自學組，又專時指導兩節，技能科合組一節。如果沒有一年級，根本即不需分組。這樣教學，教師不增加煩勞，單級教學的種種困難，也不會發生。

　　　　　　三、學習經濟的單元活動

　　（一）活動意義

　　這裏所謂單元，專指在開始一個學年時，為達到前兩個步驟的企圖，在不用教科書授讀下，對於基本的知識和工具，得到一個小小的結束。

雖然名稱和設計法的單元相同，但是組織和程序，不盡相同。單元只是教材所占領域，具有一定範圍，且受一個中心觀念的控制，並不一定要依設計式的組織，才能成立活動的。

（二）單元出發的領域

本直觀教學的原則，要在開始一學年間，使兒童取得基本的知識和工具。一切教材，必由環境所接觸的事物為出發點。於是依據環境的自然和社會，分割四大領域，即我的學校、我的身體、我的家庭、我的鄉土是。凡有關國家和世界的教材，為兒童所能了解的，就連類而及。因此空間及於四周，時間及於四季，分則各自獨立，合則自成為完整的系統。在國民需要範圍以內，由環境調查所得的教材，就可建立一個初步基礎。所以構成單元，是循一定場所，體驗生活，尋求事物，不限於解決某個問題。因為場所指定後，當然有一個中心觀念，同時旁邊的反應也可攝入在內，這在初年級開始學習，是比較適宜的，而且還有兩個優點：

（1）由體驗生活而了解何者為生活，不論年齡和智力如何，各自反應不同，不相妨礙。而且由觀察所得，各自發表，交換知識，莫不有話可說，最便於初步的說話練習。

（2）因為攝入旁邊的反應，對於詞彙、語彙的觀念，可以大量增加。

（三）教學過程

由具體活動求自然程序，力矯從前階段式、設計式陷入形式的弊病。在觀念視覺的途徑上，分為兩段進程。

（1）第一段進程取得常識。兒童沒有活動，就不能取得知識，依這觀察、聯想、整理的自然程序，可以得到一個結束。

（2）第二段進程練習文字。兒童未從所得知識構成觀念，就不得抽習文字。申言之，兒童一經認識文字，便會觀念再生，用不著講解意義，這是觀念視覺的獨有創見，也是文字學習經濟的根源，尤其是初認中國文字必須如此。還有一個重要問題要附帶說明的，就是常用字和生字排列的先後。前者因環境不同就多變動，這裏教材全出發於環境，當然係當地生活必需認識的文字；後者因教材配置和學習環境的關係，也不易固定，這裏所認文字，係從當前已得觀念中抽出來的，當然沒有一點阻礙。教師在可能範圍裏，能夠與其他科目混合，如唱遊，就在前段預備練習時先作練習，以便進行活動中應用。如工作，就在前段已結束時進行，增進後段練習文字的觀念。至於數的觀念和數數，要儘量在兩段活動中應用。

（四）練習段的詞語和句子

第一步驟爲詞語，以用實物或圖畫或動作表現具體觀念爲主。第二步驟爲語句，以注意字的用法和主要事物的表象爲主。皆需各自獨立，不取語句連屬成文。雖然也重組織，只是用中心觀念來支配，使教材和單元本體相應罷了。有時旁邊反應的詞語，也得插入。這是以觀念視覺爲出發點，便於各個語句分開練習，仍具有獨立觀念，和舊時用課文授讀，偏重聽覺記憶者不同。

在偏重聽覺記憶的讀法下，課文語句組織必須相屬成文，便於理解；或者每句叶韻，便於唱誦。其實後者兼含有前者成分在內。要知道語句相屬的課文，在讀法上唯一益處，只是輔助理解意義和連續誦習，並不能輔助認識符號，這個問題和學習經濟的關係太大，茲再加說明。

（1）從過程上研究：

（甲）在提授中，詞語或句子係由當前活動已得觀念抽出來的，這個觀念很真切，用不樣相屬成文的聯念來輔助理解。

（乙）在練習中，各個詞語或句子，自以分間練習爲便，不應當每一練習即讀全文。這時候相屬成文以輔助理解或補習的益處，完全無用。並且非獨立語句，沒有完整觀念，便變成無意義的練習。尤其第二步驟不便每句變換形式，使由練習得到進一層的理解。

（2）此外的功用：

（甲）各個語句獨立，可以多含詞彙和字彙的用法，增加文字學習的數量。舊時每課若干生字，是沒有正確標準的。而且生字含在課文以內，每課學習的難度，就不是單純的生字多寡的問題。

（乙）便於臨時增損變更，以求適合兒童口味，不受上下文牽制。

（丙）便於各個兒童爲適度的學習，就是資質遲鈍的，偶有一二語句不甚熟習，也不妨礙學習進程。

（丁）便於教師選取當前活動教材，自編或共作語句。

（戊）可以用種種形式不同和意味各別的語句，得到多方興味。

在習慣了課文授讀的教師，或者要覺得不相連屬的單詞、單語、單句，沒有文藝性。其實兒童初學說話，都是由單詞、單語，漸漸進於單句的。研究兒童文學，還要從單詞、單語單句起，才了解什麼是兒童言語。僅僅相屬成文或者叶韻，並不算具備文藝性的條件。由初學說話的情境，用作初識文字的進程，在學習心理上，比讀課文還站得住些。

（五）文字練習的活動程式

（1）要從分明進程中使教學兩方面，都在當時得到證驗。這在具備形、聲、義三方面的中國文字，是不當用拼音方式來學的。這裏分形、聲、義三個因素，每個進程以一個因素爲集注目標；每進一程，遞加一個因素，和前面練習相結合。那麼反復練習，含有新學習的成分在內，資質聰明的非經過若干進程，不能全會；遲鈍的因爲和前面練習相結合，也可漸漸達到熟習地步。

（甲）第一步，由新觀念識新符號，因爲字的意義，是從知識或動作表出觀念而產生的。了解字所代表的意義，然後對於形的認識、音的誦讀，具有一個觀念。在這裏授音讀，只需一二遍，過多就妨礙以下分步練習進程。

（乙）第二步，以認識字形確立記憶基礎，這是矯正舊時盲讀的流弊。所以在字形的練習中，不要音讀。

（丙）第三步，對準字形而讀音，經過以上練習，一經學會音讀，便不致再有誤認情事。這步練習，開始時必須注重授讀。

（丁）第四步，進一層的理解，這是第二步驟加入的工作，因爲自學工具，要容納在文字練習進程裏面，所以在試習中最後步驟，變換原來語句作練習，並使了解字的用法。在復習中單字分析，就是附隨取得自學工具的準備。

（2）藉教具輔助使個別練習能適度反復練習並多變化。這教具很簡易，却是擴大並改進了閃爍片的用法和範圍，效用很大。現在略舉數點：

（甲）兒童完全用動作來學習，正學習和副學習是結合一致的。就是一切活動，建築在訓教合一上面。

（乙）在四十人一班中，除共同活動外，每節每人必有三四次個別學習。

（丙）進行任何一種練習，在同時間內，舊教法只容一人活動，這裏必有全班四分之一或五分之一作活動準備。

（丁）在練習初步，能從部分學習中，對全部有相當的認識。

（戊）每個單元從開始到終止，皆由不同方式進行，前後單元也不全用同一方式，並且每節必換數個方式。教室裏動作不停，時時充滿了緊張精神。

（己）調節活動，這在一二步驟都有兩個情境適用調節。

文字練習段內，當兒童疲乏或不安靜時候，以及教師整理用具時候，命兒童唱演熟習的歌詞，這是和正學習的本身無關的。

每進行三四單元活動後，做一個等於單元的調節活動。其一，讀兒歌，是培養想像力的；其一，讀故事畫，是培養思考力的。這兩種活動程式，未進到文字練習，旨趣同於取得常識，但方式各不相同。

四、學習經濟的自由閱讀

（一）程序

因為自由閱讀是"道爾頓制"所用的名詞，教室作業也像"道爾頓制"的形式。所以談到自由閱讀，便有人懷疑到僅僅經過一學年的準備，尤其是在正則學校內剛進八歲的兒童，如何有自由閱讀的能力？其實這裏的自由閱讀，係循自學輔導主義的步驟前進的。不過不用自學輔導方式，而以培養運用自學工具的能力為手段。這種能力的培養，固然在第二步驟中作準備，實則延展到第三步驟第一、第二兩閱讀階段以內。因爲必須進到閱讀領域，才有正式練習應用自學工具的機會。

在懷疑兒童閱讀能力不足的先生們，最注重的是作文寫字，合科教學法又何嘗不同樣注意？關於寫字一項，創製有兩種基本練習。因爲中國文字難寫，尤其是年齡太幼的兒童，細筋肉尚未發達，更不耐用毛筆書寫。所以對於字的書寫，和識字一樣，分爲若干因素。各選定基本字，特定時間練習，一步一步的來進行。從第二步驟學期開始，用鉛筆習筆順基本字；第二步驟學期中間，用毛筆習筆畫基本字；以後特定時間範寫和速寫，一直進到第三步驟各個學期。這兩種基本練習未完成前，不給遽作附隨練習。這樣不浪費一點時間，比普通教學寫字實在嚴謹得多。關於作文一項，以附隨練習爲基本工作，從表現兒童的心得而自由發表。因爲爲作文而練習作文，效率是很低的。所以第二步驟附於單元活動，提示語句並採其作法，試習中有找答案的練習，復習中有排句和綴寫的練習，在讀兒歌時還有標符應用的練習。第三步驟附於閱讀，有摘記、解答、附帶作案等種種練習。至於說話練習，第二步驟在使常識中觀察、聯想、整理，都有各別適度發展的機會；第三步驟閱讀過程就是表述，公開表述，每人每兩週輪值一次。

現在再就閱讀工作的程式，分別說明：

（1）在讀物配置方面，分兩個階段：第一階段讀反復故事，參入繪圖的連續故事。開始讀的篇幅，和普遍二年級讀本差不多，不過普通教法是授讀，這裏是自讀。第二階段讀淺近文藝讀物，生字雖沒有反復故事配得均勻，但是情節具有自然程序，是很容易讀的。如果全班都是年幼的兒童，盡可增加這兩段讀物，延展到一學期以上。那麼資質遲鈍的兒童也可讀到三十多本小冊，一年半以上的識字數量，合共當有兩千字，還怕自由閱讀的能力不夠嗎？

（2）在兒童筆記工作配置方面，是依着學習指引進行的。第一、第二階段中命題形式，用單元活動找答案的例子；命題次序，本啓發式問答旨趣，次第啓示，由自讀來了解內容。所以解答很簡易，且有線索，作寫都不很難。只要教者在前兩步驟裏，完全依照方案教學，進到閱讀時候，稍稍調整，斷沒有不會的。即可摘記，從第二階段開始，就是顧及年齡較小的兒童，然而這也不阻礙有能力的兒童前進。進到第三階段以後閱讀時，命題解答工作，還要按能力進步情形，用循序漸進的程式進行。

（3）在指導方面，公同的直接指導，有介紹、示範、講解、討論等，個別的直接指導，有答問、訂正等，都有詳細規定。如果正則小學教師，不易放棄傳統觀念，盡可在示範時多授幾篇選文；或是講解方面，多做一點共同教學的工作。如果教師能力充實，又富於新教育的研究，亦可用設計式或多方興味中心法，增加單元活動，但是這些都不可超過自由閱讀時間三分之一。不然，前者就易回復到授讀教科書的舊路，後者就易流入從前的形式設計，這是不可不預防的。

（二）效用

（1）讀物

完全選用坊間出版的兒童讀物，二十四年以前出版的一千餘種，選定了二三百冊；二十四年以後出版的，隨時陸續選定。選用的標准，文藝讀物依據國語課程標準附件一分類，常識讀物依據常識課程標準作業要項分類。再依製定分段程式排列次第。閱讀限度，由多次實驗結果而定。在規定範圍以內，兒童依照進程，隨意選讀。這些讀物的內容，誠不免有未盡妥善處；但是大體上敘次詳明，多少帶一點藝術意味，兒童頗喜閱讀，因為各種教科書課文，只知力求形式勻整，選取的材料往往剪裁得不成樣子，自編的更是率爾操觚，太缺乏文藝價值了。就是全部常識，雖還未充分完成標准，然而比任何常識教科書的內容，已較完備。

（2）學習指引

這是啓示兒童自學，並減少教者直接指導的一件重要工具，每本讀物，都附一張指引片，內容比"道爾頓制"工作綱要周密得多。測驗片即從指引片產生出來。

（3）學習過程

分閱讀步驟為三個進程，一步一步的進行，前一步即為後一步的準備。每個進程都表現一種具體工作,便於證驗,這也是控制自由閱讀的一個有效方法。這裏附帶要說明的,就是在前兩步驟兒童不過識一千二百個生字。其餘的生字,可在這過程第一步閱讀記錄檢查出來。每週就生字和熟字同音和不同聲的,以及形似和義近的,用小黑板揭示出來,並加練習;每學期終了,查應該加習的字,作補充練習。

(4) 記載

最重要的是閱讀反應記載,規定詳密事項,教師和學生各填出作業中所發現的情事,不過學生填的是心得,教師填的是評判。這種記載,對於教學改進是很有關係的。作業室記載亦很重要,據此作為每週每月比較統計,很可以鼓勵兒童各自努力,並檢查已讀、未讀的書和應該達到的目標對照。

(三) 補充活動

因為知識教材,有些不是憑書本可以取得的,所以在自由閱讀外,加入補充活動。這補充教材,約有四類:

(1) 適應紀念節日的活動,增進必須了解的史事;並且前兩步驟所未作的紀念單元,也要繼續分期完成。

(2) 本地特殊事物,必須深加體驗和研究,才能加強愛護鄉土的觀念,而且適應生活上的需要。

(3) 從當時新聞所引起注意事件,便對日前大事都能了解。

(4) 試驗作業,就作業要項含有理科成分的,分類歸納,每類給以一次共同試驗,便兒童經過試驗得以理解。

因此補充活動,是要分配單元來學的。不過這裏單元活動,不適用前兩步驟的活動程式,僅可採用設計式,或是多方興味中心法,但也不是每個單元都要用這樣方式。只是目的同於設計,程式必須活用。譬如(3)就可利用報紙作剪裁和編輯的工作,或者徑用講述。如(4)用普通教學的理科試驗方式,但不做零星試驗,而是定期分類試驗。

在適用設計式或多方興味中心法的活動單元時,每個單元都要命題作文,使兒童儘量用文字發表。因為這種不常有的活動,給予各個兒童發表的動機和材料，是太好了。

五、結尾説明

這裏應説明的有幾個要點：

（一）合科教學法是因爲感到普通教學、單級教學、分團教學、自學輔導式教學、設計式、"道爾頓制"等實施的困難和缺陷，以及打破科目、打破年級、適應生活、訓教合一等問題，想求一個簡而易行的總解決。這在實驗中已找到分明而且有實效的途徑。

（二）過去教學法中好的進步的程式，或者教育理論和學習心理上好的進步的原理原則，以及教育書籍介紹的各種好的進步的提授和練習方法，凡是能貫徹自學企圖，而不是資產社會才得實施的方式，一一儘量收納於合科教學法，設法配合，構成一個新系統。華虛朋稱讚德可樂利教法，能夠把近代進步的教育方法中許多良好的要素，連合在一起，並可使已有的教法和教材得以改進。合科教學法的建設，頗有這樣企圖。

（三）合科教學法有許多理論和方式，不同於其他教學法，甚至相反。這不同和相反，是經過多種試驗比較得來的，不是故作新奇，或翻花樣。

（四）合科教學法的程序和方式，比任何教學法分明而且詳密。誠然方法需要活用，不過必須在一定條件下，才得增損或變更，是不可隨意去取，或用傳統觀念來判別的。不然，就會抹煞原來的精神。

（五）合科教學法的內容，當然有些還未完成，有些尚待改進。不過未完成的部分，要看站在甚麽立場來説，因爲有些事情，不是合科教學法本身一定要做的。改進也是永遠沒有止境的。

（六）合科教學法對於通常認爲極重要的事件，如常用字、文法、尺度或標准測驗等，雖不多費工夫去做，但並非漠視這些工具，只是製定這類工具難得大家滿意。就是現有不大完好的作品工具，也有相當用處，但是用處只是參考，並非沒有這些工具，合科教學法就不能進行，或者進行就得不到可靠性。

（七）合科教學法在整個課程上，是不用等組試驗來比較的，因爲内容太複雜,沒法控制因數。只可在適當時期內,找普通學校超過一二個學期的可靠成績來作比較,或者令兒童試讀各種教科書,考查能力究竟達到如何普通限度。不過在較短期限裏,凡是因數可以控制的小問題,都可用等組來試驗。

(八) 實驗課程止於國語常識合科,工作誠未完全。不過一種工作要徹底實驗,一點一滴都要顧到,而非簡率從事、單憑空想、好高騖遠可以成功的。我們所以集全力先幹這點工作,其原因在此。

卡片教學與三個研討問題①

本文係就所提出的三個研討問題,逐題解答,藉以說明卡片教學的概要。

現在先說明本法命名的緣由。開封教育實驗區爲了本國產業和文化落後,想在基礎教育上找出一條學習經濟的途徑,以較短期間達到最有效的結果。因此對於小學全部課程,特別注重工具培養,國語和常識如何學習,遂成了集中研究的路綫。尤其中國文字特別,以及文字所表出的觀念又和常識不可分離,在開始學習應如何建立基礎,實爲唯一關鍵。經多方實驗,開始學習必從具體活動中已得知識的觀念,抽習詞語;進至文字練習,用教具補助活動,學習才能經濟,到了工具已有相當基礎,就要變換程式,運用工具來求知識。凡是由讀書可得到的知能,必須把兒童完全放在自學領域內,而後可得到真正的自學能力。就是運用工具,也須從應用中來熟練來增進。依此一步一步的推進,本法遂以確立。

本法確立後,並未立何名稱,有依所在學校稱名,有依創作人稱名,亦有依課程表分配稱名,如稱爲合科教學法是。此次教部設小學實驗教育訓練班,命名卡片識字教學法,因爲本法在單元活動中,有字牌、字片、口令片、拼字牌等用具;在自由閱讀中有學習指引片、測驗片等用

---

① 原載《教育通訊》第 2 卷第 5、6 期,1939 年 1 月 28 日、2 月 4 日。

具，此外還有種種練習片作特別練習。這些近似卡片的用具，固然是本法的特點，但是本法所以表出效率，不完全在此。

卡片教學和《教與學月刊》所介紹的《合科教學法》名異實同。已介紹者不復述，惟以解答所提出的三個研討問題爲主要說明。原文結尾說明內，曾經聲明"合科教學法有許多理論和方式不同於其他教學法，甚至相反，這不同和相反是經過多種試驗比較得來的"。所以不同和相反，先要有一個根本的認識：

（一）中國文字和拼音字構造不同，專就外國輸入的國語教學程式來衡量讀法、寫法、綴法，總不免有些隔閡的。

（二）語文教學，文字本身固然要緊，如果離開了課程整體或者活動全程，專從本身來談實質和形式，或者求讀法心理，應用到實際教學的複合情境上，不見得就成爲唯一原則的。

以下研討，都是注意到這兩點來說。因爲科學化的表出，很容易被零碎的形式的程式，以及抽象理論和傳統見解所淆惑的。現在爲研討方便起見，把原來散列問題重組順序。這樣排列，前一個問題說明了，後一個問題便省卻許多語言。

第一研討問題——文字練習從義到形，最後到音，和語文學習原則義音結合後認形不同。

這個原則恐怕是教科書授課式下形成的慣例，不一定是語文教學程序的原理，而且是中國小學教學上的傳統慣例。通常用課文授讀，進行練習，從文中找句子，再從句中找詞語，更從詞語中找字，這不外心理學從全體求分析的原則，就是分析文字形式，先要有一個具體概念來幫助理解。這原理是對的，不過應用到低級的讀課文，純是教科書授課式下產生的結果。至於談到形、聲、義，只是單字分析，而且惟有中國字，才必如此分析。所以研討這個問題，先要認清以下事實：

（一）音義以外，還有認形，這問題就不是學語而是識字，專研究語言學者解決不了這個問題。

（二）中國字形，不像拼音字那樣簡單，專憑外國的國語教學原則解決不了這個問題。

（三）現在所研討的，是基本單元所用，專在第一學年進行的，不便用廣泛的讀法理論來研討。

現在研討語文教學，何以從義開始？廉方合科教學法關於文字練習的步驟只是一步一步的推進，每步都是同樣語句，分步各有專注。不是通常國語教學，專就單字的形、聲、義作孤立的分析，而是以觀念視覺爲原則，在授讀時候，只是觀念再生，不用講解意義。這意義是在文字練習進程前取得常識中，由兒童活動得來的。就是俄理威（Olivier）所謂不懂的不要叫兒童讀的緣由，懂了才讀，有何意義還要解釋。因爲所讀的不是不懂的語言，而是不識的字，要用讀來熟習。就是不識的讀到能識，不是把不懂的讀到能懂。要不識能夠識，已經不是單靠讀了，假使字的發音，必須加以練習，這純屬音素問題，和意義無關，並不因結合義來讀，有什麼幫助。

試體察幼兒學語情境來說，他所以會喊爹爹媽媽，是先從種種情境裏認識了爹爹媽媽，所以到能說話時候，一經告訴他怎樣稱呼，他就立刻這樣稱呼。其他語言，也都從活動中自然熟習的。因爲意義附在事物本身和實在活動中，必須憑視覺來領受的。初學語既如此，爲什麼初識字，一定要用教科書課文授讀，專靠聽覺來結合義音呢？

即應用心理學從全體求分析原則來說，既是單元活動，在活動中取得概念，所得都是真實的、具體的、整個的。再從已得概念中，抽取語句來習文字，用不着從課文上先求概念。這和心理原則並不相反，而且可避免要靠語句連續來求意義所發生的枝節練習。至於說到義音結合，也不像教科書授課式一定要從讀課文來結合的。因爲文字練習中的語句，係取得常識中活動所有的概念，當時雖然也發出音來，但不是讀的練習，而是活動的自然表出，純是求知識所表出的觀念。

從義開始，不是一種分析見解，而是所習文字，從取得常識的活動已構成的觀念抽出來的，這個理由業已說明，那麼先對字形加練習，然後練習音讀的緣故，可以接連來說了。

（一）因爲過去教學，有幾種事實值得注意：

1. 是兒童對課文已經能讀能講，但是離開課本，還有許多字不能盡識。

2. 兒童讀的時候，只是循聲來讀，並不一定注視文字。讀得對不對，他自己是無從證驗的。

3. 要兒童對準書來讀，除非用手指點着讀，這樣一字一字的讀，不是正當的讀法。

4. 結合音義來認形，假使不加書寫練習，是不會鞏固記憶的。這就發生以下問題：

其一，細筋肉沒有發達，寫字太早，有礙生理。其二，開始接觸文字，就要依課本生字，每個一筆一筆的照寫，很感苦痛。其三，每課至少有五六個生字，每字須連寫五六遍，且須分佈二次以上，纔能鞏固記憶。這樣書寫，費時很多，就要減少讀的數量，這對於能早自讀就有阻礙。

（二）字的認識程式

初級讀法，重在識字，有字才可以讀。字是有形體的，音和義附在字上，三者本是不可分離的。所以要加分析，爲的是練習得熟。不看着字，就沒有讀的，不讀就沒有體驗的意義，這是一種自然程式，爲什麼要顛倒來結合呢？過去用教科書授課，惟教而後有學。教又是專憑聽覺記憶來收效，只有音可教讀，義可教講。談教學法者在西洋的國語讀法中，找不着認形的方式，於是讀講就成了國語學習的唯一教法。雖然有在提示後說到部首和形似等，好像是專作形的分析，這只是過程深究比較中可有可無的工作，和認識不發生密切關係。中國字具有形、聲、義三種作用，缺一注意就不算認識。其實教讀教講的時候，注意的兒童，看着書來聽，已經有認形的意識了。不過初學時字尚未識，如何能看？說到看着書來聽，必是已能自看，或者憑着指示來看才行，這已是認形在先了。歐美近來讀法，多有每課提取新的詞語，用閃爍片作練習，確是含有認形的作用，但是只能用在復習中。因爲要結合音義來練習的，這就發生兩個問題：其一，學校無力在課本外另製一套片子，只憑課本復習，太少變化（固然可照本法用字牌但未有）。其二，有了閃爍片，對於開始教讀教講，還是要用別法使兒童對着字看。所以認字開始，是從形來讀音；讀後復習，是從讀音來認形。總之，形可結合義音來認，沒有義音結合然後認形的道理。

本法所以先對形、後讀音，不僅是讀法程序當然如此，還有重要原因，而且先後還有錯綜。

（一）本法練習文字，在認識時，沒有義的講解，只有形和音的集注。音是要附在形上來讀，讀才有着落，才能自證，才能知道是否確已認識，不致浪費時間。到了讀得不誤，字就沒有不識的了。

（二）本法不用課本授讀，開始認識就用字牌進行活動，在視覺裏進行的不僅是方式多變化，且不容有沒着落的盲讀。要爲讀減少錯誤，說明記憶，且容易自己改正，不從對形入手，就不能達到企圖。

（三）本法提授語句，必分別循讀一二遍，次由對到讀，以後尚有種種復習進程。對的進程，只是認識的第一個步驟，並不是分析研究，也不是專靠這個進程，把形要記憶到牢固的地位，而是作對着字來讀音的預備。這個對的方式，是用字牌來找同樣語句的眉標或揭示，只憑視覺就找得到的。假使不先做對的練習，試問結合義音來讀什麼？所以要先對後讀，分作兩個步驟，理由如下：

1. 注意必有專屬，既要對字來讀，字又是未曾認過的，那麼同時就要有兩個新的同等注意，這是學習心理所不容許的。先對，那麼兒童專注在形的辨認上面。後讀，雖是結合形來讀，但是形已經認過的，讀就成了專注的唯一目標。由視覺進到聽覺，而且必視而後知道所聽的是什麼，這是當然的次第。

2. 練習進程，必須每進一步逐漸加一點難度，然後可使一般兒童不斷的努力，而且進程可在一節以內時間分割，聰明的雖能早熟，因爲進程分割各有難度，就不致久閑無事，發生厭倦。對形只是憑視覺尋找，不像音讀要憑聽覺記憶，先易後難，先具體後抽象，這也是分配難度的當然次序。

中國字各個獨立，是部首、音系兩體合成的，獨體字極少，部首、音系又各有一定的統攝，輪廓是很分明的。對時不要加以分析，只要從大體上得到一點輪廓的辨認，在學習上是很有效率的，所以在音讀前特設這個進程。

現在還要聲明的有兩點：

（一）取得常識過程，對於構成觀念，如果活動無興趣，或者不充分，那麼在文字練習過程中，不講意義，就發生問題。反過來說，活動中取得觀念分明，練習時不講意義，處處都有觀念再生，是極經濟的學習。

（二）提授語句，循讀不可在二遍以上。教學要訣，是要一步一步的推進，前一步可作後一步的預備，後一步又可兼復習前一步所學的。每步各有集注要點，所集注的只是要他認得清楚，知得確實，不是每步都達到熟習地步，熟習是最後步驟完成的。如果每步做得過分，不惟占時太久，而且妨礙依次推進的學習，減少興趣。提授時所以必須循讀，是要兒童知道所授的是什麼，不得不讀，並不是正式教讀，正式教讀要在讀的練習開始。在提授時循讀遍數太多，到了對的進程，就有些讀出音來，忽略形的注視。讀得不準，當時又不便矯正，這是很有影響的。僅僅循讀一二遍，聰明的還是不能自讀，就可循序而進了。

第二研討問題——提授時各個語句獨立不相連貫，與近代語言學家如葉司潘遜等主張課文語句必須意義連續相反

研討這個問題，當從問題中分成若干問題來說：（一）兒童語文課程，是否一定要孤立學習；（二）語文教學是否一定要用授課式；（三）兒童是否入學開始就要讀書；（四）識字是否一定要從讀書中來學習。這裏要鄭重聲明的，課文語句要意義連續，是當然的。只是初學年是否一定要讀課文，這主張就有研討必要。

談到（一）的問題，語文符號所代表的意義是什麼？當然屬於事物方面。事物從哪裏來了？當然屬於自然社會方面。不認識事物本身，能從文字本身了解意義嗎？不能。既然如此，兒童要了解事物本身，就應該到自然社會的環境裏去，那麼學習語文，也應該在這裏找詞彙、語彙了。勿論根據怎樣的中心觀念，在廣大場所上，事物總是紛然雜陳。綜上所說，初學年的語文課程，就不當以孤立學習來編制。如果要取得多方面的詞彙、語彙，必限定語句意義連續，編成課文來讀，那是不可能的，而且不是應該的。

談到（二）的問題，要知道這所談的是國語。兒童到入學時候，不是有話不能說，而是不識所說的作何字，寫成文，或者說得有些不大合式。這些工作，都是要由自己活動產生的，而且要自己練習的。教者必須適應當前活動，隨時隨地取材來啟示兒童，那麼授課式就不是適宜的教法，也就不一定要用課文來教，還講什麼語句意義連續不連續呢！

談到（三）的問題，讀書是必有的工作，只是入學開始，是否就要讀書，卻成問題。因為書要靠講解而後能讀，是不感興趣的。字如不識，就需授讀，授讀就每課不能有多的生字，那麼課文就發生問題，長了生字太多，短了情節無味。國語讀本所以沒法編好，和用讀本授課，學習數量總是不大，就是這個原故。所以德可樂利用觀念視覺法，做初學年語文學習的依據，逐漸進到讀書，據所實驗，能夠經濟時間一年，確是近代教育的讀法大發現。這樣看來，兒童初步語文課程，用課文來讀，根本就有疑問。即論課文，不注重教材的情節和結構，只在形式方面，講究語句意義連續，在進步教育的立場來研討，似乎沒有多大價值。有些國語讀本在第一冊開始，編印幾個故事畫，內列簡單標題，認識文字，稱為書本前閱讀教學，這樣準備工作，確是適合兒童閱讀心理。但是中國文字各個獨立，不像拼音字經過一二週，就把拼讀做了很多工作，可作讀課文的大大幫助。僅僅幾個故事畫的標識，和正式讀課文關係很小。每見用讀本的小學，兒童開始讀故事畫，非常高興。可是故事畫讀完了，興趣也就截止了。由這個事實證明，語文學習不當開始就讀書，認識文字更不限定用語句意義連續的課文來讀。

談到（四）的問題，初步語文學習，當然重在識字，假如古代除了讀課本外別無識字方法，這問題就不必研討了。但是混合課程盡有不用課本讀課文，識字興趣還較濃厚。我國過去流行的設計教學，雖然自編教材，仍然用讀本體式，那是走入了歧路的。如果語文學習，建築在混合課程上面，從整體活動中隨機學習語文，就是單詞、單語，只要適應當前需要，都有價值；而且興趣濃厚，可以加大數量，和習方塊單字根本異趣。

葉司潘遜等主張，是爲用教科書的課文授讀說，不是初步學習語文必走的途徑。由上所說，可以了然。至於本法提授語句，必取語句獨立。

第三研討問題——絕對屏除教科書，而專用坊間出版的兒童讀物

這裏要請閱者注意的，不要專從形式上就教科書和兒童讀物作比較，要從本法自由閱讀的立場來推究原因。從上面第一、第二兩個問題研討，可以明白本法的立場，根本作反抗授課式的教法。所以反抗，因爲是以教者主觀抹煞了兒童本位，以一齊授課抹煞了個別活動，以教材和時間的固定抹煞了需要和興趣。所以學習成了被動束縛的工作，因之兒童得不到真正心得，並且各個適度數量也減少了。

怎樣教纔怎樣學，這是授課式習非成是的傳統觀念。教科書係授課式下唯一產物，勿論編者如何求新，但是套上了授課式的鎖鏈，就無法自脫，因爲教科書是備授課用的，不是備兒童自讀的。試約略提出幾點，都是編者苦心經營，然而結果適當其反：

（1）有些選取很好的材料，因爲牽就授課情事，或是把原來的情節和語句，加以刪減；或是加入生字，把原來許多單詞變成合詞；或者插入不必要的語句。在編者認爲意義沒有什麼出入，然而在學習情境上就大變了。

（2）因爲前後課文要取連續，或者詞語要便復習，當然只在文字上

設法，不是無中生有，就是勉強湊合，成爲沒有意味的語句，甚至整篇課文毫無意義。縱然文章明潔，絕對不發生學習的興趣。

（3）前一、二、三冊，過去都是數句一課，除了謎語詩歌外，簡直不成文體。最近有用反復故事體，可謂極盡能事。但是實際教學，每一課文，要分數課來教。課文雖是連續的，授讀還是要分段的，這種學習有什麼效率？而且這樣體式，不可讀得期限太久，整個學期且不可，何況是一二年的期間。試問教科書前一、二、三冊，除了反復體外，還有什麼方法延長篇幅？

如果僅就片面來說，教科書須經嚴格審訂，編者亦有大費經營的。兒童讀物十分之九是潦草塞責的，較佳的大半是翻譯來的，其中材料和譯文，還有要加斟酌，除了極少數的名著，沒有比得上教科書費力。假使拿教科書的精力改編兒童讀物，一定有許多佳的兒童讀物出來。吳研因先生說"教科書體例嚴謹，好像科舉時代試帖詩一樣"，可謂比喻得極其真切。不過作試帖詩誠然極難，但是詩到成了試帖體，簡直汨沒人的性靈，把作詩的旨趣完全消滅了，由此推及教科書的課文，是不是有同樣的感想？

本法專用坊間出版的兒童讀物，因爲沒法自編，而且這樣大的工作，不是草率可以從事的。好在出版物還有五千餘冊，縱然從沙裏不易淘出金子來，但使選出的讀物只要瑕不掩瑜，或者不是整體頑石，比讀整冊教科書總要見效。據實驗經過，成績尚不甚差，並且兒童都願意讀這些讀物，不願意讀教科書，屢試不爽，這有種種原因：

（1）兒童讀物是小冊子，數日或數時即可讀完，時常更換新書，很合兒童心理。

（2）兒童讀物在初步數段，都是圖畫較多，封面也多美的圖畫，就是以後各段，插圖也比較教科書多，足以引起閱讀興趣，尤其書中附圖，可作綴文資料。

（3）每一種兒童讀物，概是說一種事物，內容說得很詳明，不但易讀，而且成分比較豐富，適合求知心理。

（4）兒童讀物的文字，不受任何限制，大體紓徐，就使不及教科書課文明潔，比較過於整齊的還是易讀。

（5）兒童讀物，雖然好的很少，但是作品數量較多，又有種種不同體式，便於選取。

（6）兒童讀物種類多，作者也多，讀者可以接受多方的心靈。

（7）每段備閱的讀物，都是超過應讀的三分之一以上，分開陳列，各種各樣都有，又不限定同時讀同樣的書，兒童可依需要、興趣、能力各方面自由選讀。

（8）陳列讀物，依進程分段，多半是適應時令和需要，便於兒童選讀，這也要用兒童讀物，才便配置。

教科書第二冊以上，不是沒有可選讀的課文，但是不能全用。因為連續印刷，不便分訂成冊，所以未選，並非有意屏除。至於每種讀物開始，選文示範，我們就多用活頁文或選教科書課文油印，可見選擇讀物，惟求學習便利。

這裏就高君珊先生《影響於兒童閱讀興趣的因素》一文，介紹蓋茲研究結果，便可證明本法種種程式無不相合。蓋茲氏式例，早經國人論兒童文學者摘譯，本法已注意到此。如所研究六種性質結果，在自由閱讀分段選擇讀物，即用為最要條件。如所建議國語生字密度，每六十字一生字，所得較多。最好的方法，是供給長的文字，每生字平均重現二十次。如材料過短，只能重現十次，其餘十次，用別種方法溫習，成績必較差。高先生因而論及我國小學第一冊國語課本生字的密度為十以下，有待研究。據我們調查，第一冊生字復見數最多者，首推《復興國語教科書》，課文全字數一六六九，生字二零九，平均次數七又小數九六，加入練習課字數四四三，才得平均次數十又小數一。次為《國語新讀本》，課文全字數一八六四，生字二四三，平均次數七又小數六七。加入練習課字數四五〇，才得平均次數九又小數五。這兩種讀本湊足十的密度，已含有蓋茲不贊同的別法溫習成分，去他所建議的二十次尚差一半。並且這平均次數，是合全冊計算的，如果分每課計算，前半冊每課生字重現次數，就大大減少了。

我們爲了閱讀中生字難度問題，作過種種調查統計，例如本法一段讀物，專選反復故事，每篇不同字重現次數，大半平均爲三倍，最高的不過六倍，和二段非反復故事的讀物不同字重現次數相差不多，至於三段讀物，每篇不同字重現次數，就多至八倍以上。由統計結果，證明了文藝每篇字數在三四百以上，即不有意求詞語反復，不同字自然重見多次，篇幅愈長，重見次數便愈多。但是入學之始，用讀本授課，絕對不能用很長的課文，尤其是中國文字如此。課文不同字數重現，無過於反復故事，入學便讀反復故事還是極感困難。只有用華虛朋故事鑰編法，才可以求合蓋茲建議，然而在編輯與學習兩方面，還是有些問題。因此本法不用讀本開學教學，而由單元活動進習文字，又爲避免單提生字練習的缺陷，分成種種不同進程，由對到讀，由讀到認領字片，由領字片到對字片。雖然不是用生字重組課文，但是每一進程，都用整個語句，練習進度。隨方式變化逐漸加增，和增長全文字數減少生字密度，殊途同歸。每一單元整套練習，皆在二十次以上，費時亦無多，這是很明顯的事實。

到了自由閱讀階段，依上所舉一、二、三段的讀物，每篇不同字重現次數，由三倍到八九倍，應該加以說明。就是閱讀時，兒童已認識一千二百字以上，這裏所謂不同字，並非都是生字。這不同字成分，一部分是虛字，幾乎每篇大約相同；一部分是實字，和已習單元有聯屬關係，至少有若干詞語爲已識的字。據實驗經過，所有分段配置每冊讀物，在一段中，總在十字至二十字以上有一生字。在二段中，多在二十字以上才有一生字，在三段中，往往三十字至六十字以上才有一生字，也沒有一冊在百字以上才有生字的。惟其如此，假使不從各種兒童讀物中找書，便沒法分配了。

最後還有一點要說的，就是本法並非襲取西方近五十年來所倡行的直接教學法，這也不是輕視直接教學法，像專用教科書授讀，連直接教法的效率還得不到。因爲本法分單元活動、自由閱讀兩個大階段，單元活動是爲自由閱讀的準備，雖然主張是一致貫徹，但是學習程式前後不同。就主張說，有點取自學輔導的精神，但是完全不用過去自學輔導的方式。就單元活動說，似乎以直觀教學原則爲主，但是憑藉整個環境，爲取得基本知識和文字的根據，不是有了直觀，就成教材。活動情狀，有點像設計教學，但是以國語、常識爲合科的本位，各科混合只是一種活動手段，不是目的，因之過程也不同。以國語、常識爲合科本位，有點像德奧某種合科情事，但是合併學習是互爲因果，不是互爲賓主。教學過程，有點像多方興味中心法，正是教材配置不同，而且確立了兩個進程，便於融納各種新的方式。就自由閱讀說，有點像道爾頓制，但是本法的自由閱讀，是從單元活動作進步的開展，而且不是分科作業；作業是依學習的進度逐漸開展，各有適合的指引，不是純依科目本身來進展的。作者曾聲明"合科教學法是感到普通教學、單級教學、分團教學、自學輔導式教學、設計式、道爾頓制等實施上所詔示的困難和缺陷，以及打破科目、打破年級、適應生活、訓教合一等問題，想求一個簡而易行的總解決"，這就是本法所尋求的途徑。

中國推行義務教育應有的基本認識[①]

義務教育是一國的基本教育，在復興工作上更當重視。可是現行法令，和實際隔閡太甚，且有許多抵觸。義教從哪裏表現出來？實在找不出答案來。我不欲一一批判，只提出幾點來說。

一、小學教育規程。爲推行義務教育起見，小學外得設簡易小學短期小學。義務教育施行細則完全側重短小，課程和普小（即初小）不同；開始辦一年制，限定招收九足歲失學兒童。又規定人口約一千人設一短小，五千人至一萬人逐漸設一普小，缺乏小學區先設短小。由這樣規定，發生以下問題。

1. 短小和普小分立，由於年齡的限制，這在中國鄉村裏收納就學兒

---

① 原載《教育通訊》第 2 卷第 49、50 期合刊，1939 年 12 月 23 日。

童，是極不便利的事。

2. 普小設校，既以五千人以上人口爲單位，中國許多省份，都是山嶺橫亙，人煙稀少，往往數十里不滿五千人口。是大多數兒童，只有短小可入，豈不是推行義教，先要兒童失了學，才得入學嗎？

3. 普小不是短小升學機關，而且因年齡和課程的限制，在短小畢業後，也無法插入普小相當班次。那麼大多數兒童，因爲沒有普小，或者普小不敷容納，才入短小，豈不是推行義教，把一切可以繼續入學的兒童，都推到門外嗎？

4. 各國推行義教，在小學法上規定課程和時間，因地方特殊情事，多有例外但書。這只是同一系統下的變例，吾國舊法令也是如此。現所規定短小辦法，和初小兩不相容，是違反但書意義的，那就窒礙太多了。

二、施行細則。定短小師資，校舍設備，都比普小低等。一年制暫行規程規定短小受普小指導，短小教員兩班設一人。在推廣義教期間，訂些權宜辦法，未始不可。不過離開普小專爲短小單行規定，那就有點歧視，成爲推行義教的障礙。所以普小教員，誰也不願意當短小任務。尤其短小附設在普小以內，連兒童對短小也十分輕視。社會方面更覺得自己子弟，和其他入普小的兒童同等，寧使他失學，不入短小。

三、法令對於義教應該怎樣推廣，以及怎樣達到規定限度，並無切實規劃。甚至規定一年後根據實施情況公布義教法，以及懲罰條列，並公文也沒履行責任。那麼施行細則第二章強迫入學及緩學免學的規定，豈不是成爲具文嗎？

四、各地小學，因爲仰給義教費補助，報部名爲短小，實照普小進行；附設在普小的，多有空挂招牌。所以實施義教第一期已到末年，所謂全國受教育的兒童，依規定至少應達到百分之八十。就使據有名無實的報告，恐怕還不到十分之一。

五、依一年制短小過去實施情況，有三點最明顯的事實。

1. 一年制短小課程標準，是整個小學的縮影。所頒課本和教學法，教者學者都感困難。

2. 期限太短，在應用上得不到明顯效率。

3. 受教育的兒童在城市流轉無定，在鄉村難以湊足人數。尤其依課本一齊教學，更要減低效率。

什麼是義教，以及義教應該怎樣辦理？只就義教含義通常說法，便可推得一個結論，通常談義教有三個名稱：一稱普及教育；一稱初等教育；一稱國民教育。這三個名稱不同的含義，自然是相互聯繫的。在泛論上沒有什麼異議，可是從體系上細究，便有些分歧，因此實施上也發生裂痕，所以我特別提出來說。

先從普及教育來說

普及的意義，是人民個個都要受的教育，也是政府要使人民個個都得受的教育。像我們憲法草案教育篇第一條規定人人都有受教育的機會，就不是普及的意義。因爲機會是人人都有，卻不是人人一定可以得到的。譬如買彩票的人，人人都有得頭彩的機會，但是頭彩只有一張。部頒法令規定全國學齡兒童，於十年內逐漸由受一年制二年制達於四年制之義務教育，這條文在文字表面上是很通的，在實際上便多疑點。

一、義教年限增加，是要在已規定年限的義教，業經普及或普及到了相當限度以後。假使規定年限的義教普及沒有達到限度，即行增加年限，就要妨礙普及。法令固然明定第一期實施一年制，第二期實施二年制。不過法令規定達到限度是百分之八十，還有百分之二十不得受教育，而且所指的百分之八十，並不完全是學齡兒童，已受教育的數目，就要把已設的增加年限，這是值得考慮的。

二、各強國義教年限，沒有少到一年的，我國經濟落後，不得不減少年限。但是減少年限，也要有相當限度。因爲義教是國民教育的基礎，這基礎也應有一個標准。試問由一年制進到二年制，這是得到一個什麼標准的基礎？我們寧使普及逐漸完成，決不可實施毫無成效可言的國民教育。

三、由一年制進到二年制，二年制進到四年制，各分割爲五年。姑就一年制來說，實施一年以後，這班經費，就當作爲另招新生的用途。試用兒童就學，路遠即不便利，一千人口的地方，五年間每年一班新生，那有如此許多兒童。如果移設他處，那麼新的校舍和設備，都不能用，這是如何不經濟的事？

現在把義教年限暫且擱下，專從怎樣才能普及，提出實際問題來說。

（一）經費　這是普及首要解決的問題，部定小學規程第三章全未提到經費怎樣籌措，義教施行細則説到分擔補助提出指定等，亦無具體規定，是不會對普及前途發生效用的。義教經費，自以地方籌出爲主，但是各省地方財政，由財政廳統制，連原有學款，且難儘量維持。就是地方願意爲義教加稅，財政廳以稅收限制，多予批駁，這是各省今日最明顯的事實，我以爲政府果真急於推廣義教，即應仿照保安或修堤的辦法。

1. 依該事項在該年度內應需用款，核定各地方擔籌數目。

2. 義教款項，在劃撥稅收不敷時候，得按照各户私有財產所在地的比例，分別負擔。

3. 政府過問的，只是收款有無情弊，支用是否適當和核實。至於如何籌出，當由各地方官紳因地制宜。

這裏附帶要説的，就是吾國未廢科舉以前，鄉村兒童不入學讀書一二年，是很少的。當時學塾有三類，私塾是先生自設的最多，其次爲家塾和義塾，是請先生來教的。義塾不收學費，凡有關係或附近人家的子弟都可入學。私塾收費，是量各家貧富來收的，多的比少的超過數十倍、數倍不等。家塾是富貴人家獨自請先生來教自己子弟的，每每就近選貧户子弟品貌端正或資質聰明的來伴讀，有的還供給伴讀的用品和衣食；中户人家也有數家合請一先生的。總之窮人子弟讀書，出錢少，或者不出一文。興學以後，學校要由公立，校數太少，窮人子弟固然是難得入學，就是富貴人家的子弟入學，有時還要請托，這是一件很值得考慮的事。

（二）責成

最重要的關鍵，是學校和地方自治及自治機構的聯繫作用。現因聯保主任兼任地方小學校長，在某處推廣地方小學，試行有效，遂成為一種風尚的主張。其實所謂有效，畢竟是政治上切實推進教育的表現，不一定是聯保主任兼校長的制度得來的。不見有些地方，聯保主任兼校長，有名無實，或者更壞嗎？如謂地方小學，不得不藉重聯保主任或同等的力量，那麼在保甲制或自治制上，規定他們應有的職責，並把他們的考成，以該地方在年度內應設的校數和應有的實效，為主要事項；甚至地方議事備選人員，因該地方教育事業未達到程限，暫時不得當選。這樣辦法，或者比聯保主任兼任校長，利多弊少。況且校長是不可挂虛名的，如果校長都要過問，聯保主任有此兼顧力量嗎？假使聯保主任不懂教育，能保他不濫用職權嗎？如果分別職責，聯保主任只限於某種事項，那以外的事項，又由誰來主持呢？即如學校教職員，究竟由誰聘請才得適當？也還成為問題。

要使義教普及能夠切實推進，除上面事項外，還應注意二項：

1. 機關問題。部定機關，分為主辦、襄辦兩種。義教既需普及，事務是如何繁重，而且和普通小學及師範教育多有聯繫，也有應變通的地方。關係不明，那已成的便成為新設的障礙。責任不專，所訂章則便不會深切體察實際。部定主辦，只是一句籠統話，不過在原有職務加了一個事項的名目罷了。那襄辦的義務教育委員會的所有委員，都是延聘的，形式上是很重視，實際上等於一種名譽職，多半不負責任。

2. 主辦人員考成。這又分為兩種：一是普通行政官吏，和推行義教有聯屬關係的，一是主管教育人員，自中央至地方，各有應負的責任。現在義教第一期已到末年，對於法令規定應達到的限度，連十分之一都未做到，主管方面仍然漠視無睹。那麼明訂考成，是不容再緩了。

（三）師資

關於通常事項，這裏用不著討論，現在要說的有三個事項：

1. 要就本鄉現有知識份子，適應實際情形，分別給以相當師範教育。申言之，就是地方小學，必須儘量由地方人來擔負。非必不得已時，不請外鄉人來當教師。即令暫時藉用外鄉人，亦應多方培養該地方的知識份子作爲預備。如果本鄉全無師資，就當先行培養。這樣辦法，第一，生活便利，但使月薪足以維持在該地生活，就可安心從事。不過像現在大多數地方教師，所得月薪，根本不能維持生活，卻是先要解決的問題。第二，教師們和地方息息相關，不惟兒童就學，不致發生隔膜，而且民教事業，也容易打成一片。第三，國民文化程度，不致許多地方永遠降落在水平線以下。

2. 每年度各地方應需如何師資以及名額，必須和各地小學需要兩相符合，不是辦師範教育的人可以任意定標準和名額來招生的。有了這個限制，那麼養成師資，就不致人浮於事、事浮於人，或者用非所學、學非所用。

3. 師範教育。除了上面二個事項以外，還要注意以下數點。

（1）因各地需要不同，完全制和簡易制，何種緩急，何班增減，隨時應有變更。

（2）課程內容，勿論完全或簡易，必須適應當地情形來定。尤其教學方法，要和實際改進相應。

（3）短期師範，不當拘守固定的簡易標準，要適應推廣計畫，規定速成班、進修班、塾師訓練班、特別訓練班等辦法，尤其學員各自需要不同，也應適應各別學習。

（4）實驗不一定是師範必有的工作，但爲改進起見，以及適應複合情境求得最有效的方法，卻是普及最重要的工作，需要多方從事實驗。

（5）師範主要課程，須以經驗豐富、技術熟練並能革新前進的人員擔任。

次談初等教育

這是指普及的國民教育所建築的基礎，就是全國兒童入學的始期教育。所以能用劃一的規定，確定學齡的限制，實施強迫，依户口來估計就學概數，依就學人數來定逐漸推廣計畫。這種教育是必須平等的，必須統一的，必須全國人民公同負擔的，而且必須用學校式教育來達到標准的。

吾國關於類似學齡兒童的初等教育，有同時需要普及的企圖。現在分列於下：

1. 年長失學兒童九歲至十六歲法令規定在義教範圍以內，為短期小學和初級小學對立。

2. 年在十六歲以上未受教育，法令規定有民眾學校。

3. 識字運動，以全國不識字男女為對象，六中全會有決議案。

由上三種應進行的教育，我覺得有三點值得考慮：

1. 僅僅學齡兒童教育的普及，在國民經濟上已感困難。如果三種同時進行，是否有可能的財力。我不是說三種不當同時並進，而是考慮怎樣進行，才容易達到目的。

2. 這三種教育，不少相互關係，短小和普小有關，民校和短小有關，識字運動和民校有關，如果各成系統來推進，就不免有許多分歧問題了。

3. 普及教育，只是規定的學齡兒童，才便計算。那失學的年長兒童和成人，轉移性很大，如果不是很短期間完成普及，數目出入就太多了。

我以為求有效辦法，先當劃去相關度的分歧，這裏仍分三項來說：

（一）短小問題

我以為短小名詞，絕對不可成立。因為短小和普小對立，是違反三民主義政治的教育。在全民政治和平等原則下，似不容有這樣辦法。法令上種種歧視，前面業經談及，不用多說了。至於如何使年長失學兒童來受教育，可由法令上得到解決辦法。小學規程兒童入學學齡，得展緩至九足歲。民眾學校規程年在十歲以上失學者，得入民眾學校。是年在九歲以下十歲以上，都有收容處所。如果為相當年齡分班起見，在人口繁盛地方，小學一年級和民校可以多招班次，依相當年齡分班。人口稀少地方，就是普小短小民校並設，還是爭收學生，用不着顧慮了。如果為目前義教期限過長難以普及，那麼把小學劃分為兩級或三級，以初級為暫行實施義教年限，似無不可。兩級分初級、高級各三年，暫行實施義教期限三年。三級分初級、中級、高級各二年，暫行實施義教期限二年。總之一年制義教，是得不到什麼效果的。如果以為兒童年齡較長，可以短期多學一點知識。究竟八九歲比六七歲是否學得多以及多到如何限度，並無明確標準。要知道年長何以失學，不外兩種原因：一是窮，兒童年齡較長，家長便不許他入學；一是沒設學校，因救濟過去的失學，便把以後的兒童到了學齡，都要失學二三年，這是很大的損失。

（二）民校問題

這是從各國補習教育脫胎出來的，不過各國補習教育，是為義教終了給以補習機會。部定民校，為未受教育的民眾設的，那就情事不同了。像部定二百小時，連識字能否達到應用程度，尚成問題，要以普小完整科目來教，那就難說了。假定認為有設置必要，應該儘先厲行識字運動，使民校教育建築在文盲掃清以後的基礎上面，才可以規定若干時數達到如何目標的限度，並且這種教育，所需時數，是否限定在短期以內，還是不劃一期限，只是限定習完時數；以及學習是否一定用學校式來教，似乎不必有劃一的規定，民眾才便於學習。所以社會教育設施和普通教育設施，在形式上最大的區別，就是普通教育以用學校式來教為主，社會教育以不用學校式來教為主。如果完全要用學校式來推進的教育，割歸普通教育行政，那就系統分明，容易減除分歧了。至於民訓和職業補習，民訓和政治聯繫，不是民校本身的主要工作。職業補習和專門學校、職業學校等聯繫，單由民校設置，是很不經濟的。

（三）識字運動

這是和義教同等重要的工作，先應注意的有兩點：

1. 知識份子應當全體動員，限定很短期間完成工作。

2. 識些什麼字，怎樣識法，以及怎樣使他應用這工具，必須對識字教育有深切研究的專家，詳細計畫，訂出方案，才可進行。

以上歧點，如不劃清，義教是沒有辦法的，再過十年，根本上談不到普及。我不知道法令規定受短小或相當教育之兒童，至少達到學齡兒童總數百分之八十，是怎樣估計的。學齡依法令規定是六足歲，短小係年長失學兒童，從八歲到十六歲，不知有學齡兒童的總數若干倍，假使學齡兒童教育不普及，勿論短小教育如何推廣，那大多數學齡兒童依然失學。這個規定，實在有點不可思議。

再談國民教育

一方面要知道學校系統的初等教育，包括不盡國民教育應有的知識、技能、道德；一方面要知道小學重在建築國民教育的基礎，這點基礎，還要看期限長短和兒童可能範圍來建築；卻是要使國民教育整體的知識、技能、道德，都得建築在上面，太缺乏、太微薄是不行的。所以一般所謂國民必需的知識、技能、道德，要適合實際，不要看得太籠統太呆板，還要參合縱的方面橫的方面一切可得到的教育，來決定某單位應給予的教育。只是這個兒童的初等教育，是國民教育的本位，不得不成立一個有系統的教育。如果期限太短，是不能使國民教育建築一個可靠的基礎的。現在教育學上的理論，對這點似乎尚沒有深切的認識，因此討論國民必需的知識、技能、道德，就有許多似是而非的意見。於是訂定課程或教材，不是有些走不通，就是有些彼此意見分歧，連各國定的課程標准和編的課本，都有可議，關鍵全在這裏，吾國是不用說了。

根據國民必需條件，在初等教育成爲問題，約有三個主要事項：

（一）語言文字，尤其是字。

現在只就國民必需認些什麼字來說，這和國人選字稱爲通用字，具有同樣作用。不過哪些字是國民必需或是通用，很難得到一個嚴格標准。國人選定的通用字，號稱較有價值的約有二種；一是選定通常讀物多種，合計出現次數較多的字爲當選；一是匯輯各家教科書，取共用或共用最多的爲當選。就前者來說，通常讀物，如《水滸》《紅樓夢》，當然讀的最多。其中李逵、林黛玉，當然是這二書常見的人名，然而逵、黛兩字並不通用。如以出現最多次數爲準，那麼逵、黛兩字，一定當選。就後者來說，原編教科書用字，並無正確標准。即使各家共見，有的出於偶合，有的是互相抄襲。把幾個教科書編者用字，作爲基本根據，期期以爲不可。假使依這樣選定的通用字，定爲國民必需認識的字，必致有些各人要識的字而不得識，不必識的字而强使他識。而且限定用字來編課本，如果没有周興嗣才冠一時，決得不到《千字文》那樣作品。至於分年規定用字，更是一種嚴重錯誤。其實字數最多的只有名字，幾乎占總數十分之九以上。那些名字最爲國民通用，因地因時便有不同，且有因人不同的。餘如動字、形容字，是可以分别性質，省去些同義和不通行的字。那無形象可擬的一切虛字，語文兩種不過數十字，且有若干字可以省去——這還是就字的本身來説。要知道初等教育中識字，不是數量問題，而是給予自學工具來識字的問題。如果了解這個作用，兒童能受二年以上教育，成人能受半年以上教育（掃去文盲的識字另當别論，但識字方法仍當相同），縱然在受教育期限以内，識字數量却有限度，但是不識的字，無師可以自識。不過怎樣識字，一方漢字應有特殊學習的程式，一方要和常識結合。依據歐美國語教學式例，是永遠得不到有效結果的，這裏不及詳細説明了。

（二）常識

這因各人主觀不同，甚麽是國民必須，更難有一致的共同意識。這個問題，不在確立幾條抽象原則，而在詳訂具體項目。如果了解上説兩方面的旨要，那麽從自然社會裏面搜求知識，不在認識整體輪廓，也不在應有盡有作粗淺體會；要在整體輪廓中，來取得可能體會的知識和能達到的限度。所以進行手段，必須知識和工具統一起來，就是文字和常識結合來學習，這算是混合課程中一種主要功用，但不是可用混合課本來進行的。這進行程式，開始要從常識的取得活動中來抽習文字，所以要依整個環境來配置單元活動，不可用課本來教。進一步要運用已習得文字和自學工具，逐漸發展自學能力來求知識爲主要功課，現行教科書是不適用的。這種學習，是最適應學習心理，而且是最經濟的。拙著《合科教學法》説得很詳，不在這裏多説了。

（三）公民道德

在初等教育中，不在灌輸知識，而在培養習慣，且係當前活動必需的習慣。所以應注意的有三個要點：

1. 凡是廣泛遠大，不能構成具體行動和不能在當前行動來表現的，不當列爲主要目標，所以德目是不適於作目標的。

2. 訓教合一，是要把訓育容納在教學程序以內，由種種不同作業構成的活動習慣，助長學習力量，所有特別訓練，勿論爲普遍的或特殊的，都是由學習進程中抽出來訓練的。

3. 在兒童開始入學一個學年中，要把當前作業應需要的習慣，一一培養成功。然後一切習慣，都可從這些基本習慣開展出來，這是一件不可忽視的事。

這三個名稱的含義和聯繫作用，由上面所説，可得到義教應有的其本認識。由這基本認識，對於現在義教推行，應該有下面許多問題。

1. 現有的普小短小應該怎樣？
2. 現有的學校應該怎樣？
3. 現有師範教育應該怎樣？
4. 現有的教育行政系統應該怎樣？
5. 地方的保甲或自治對於地方小學應該怎樣？
6. 對義教有關係的官吏應該怎樣？
7. 義教法令和有關法令應該怎樣？

我不欲對上列問題作結論，只是希望政府和社會人士對於我所陳説，加以考慮，自由分別提出結論來。義教是一國的基本教育，也是復興的基本工作。語云"其亡其亡，係於苞桑"，我不欲再説了。

初小習字範本説明書總論[1]

説明書何爲而作也？探究本原，窮極幽微，將以闡明作述之精意乎？

---

[1] 選自李廉方：《初小習字範本説明書》，教育部國民教育司、國民教育輔導研究委員會 1943 年 4 月。

非也。分程立式，具列顛末，將以備學習者之參究乎？亦非也。嘗感於習字迂流之習，衆多小學，徒有定時習字名目，無一定程式，無分明效果，懵然而不自覺。所以尋歷來變遷之跡，求今日致失之由，窮源溯委，昭示寫法，爲初學植立根基，給予進修各科工具之資助。於此而明是非，正名實，及今殊甚切要也。

開章明義，有一先決問題：即漢字是否當廢，與是否改造簡體字（前者參閱獨立出版社出版拙作《異哉中國文字拉丁化運動》，後者參閱本書第四編第五章的行書）。如其不然，茲所作範本，始爲必要，且必如是學習，始有明效。

今之小學習字，所以每況愈下者，蓋有三因：

第一，迷罔於西法形式，對於固有產物，不知籇揚而輕於遺棄

歐美學術日新月異，其精神誠當效法。惟文字根本構造不同，彼此絶無可溝通之處。夫習字必以古帖爲本，如何習法，惟有從歷來書家積累經驗中，推陳出新。如以方式比較難學，或己所未知，不揣其本，因非西法所有，相與糟粕。所以談國語教學法者，多有將習字課程並合於讀法教學以内，不別立習字作業之名。其劃列獨立項目者，亦惟標榜趨新，謂摹寫有妨自動；習大字無裨應用；帖文陳舊不當習——倡爲諸如此類、似是而非之濫言，舉古來正當程式而概遺棄之。至於習字依何法度，則一無所有。此在拼音字之寫法容或如是，漢字則不可行也。試就上舉三項論之：如第一項之說，夫教育上所謂自動者，係指動力泉源所從出而言。所貴乎自動者，係掘發其動力泉源而引長之。所以自動，係教師能誘致兒童而自動，初非惟依兒童己意而自作，始爲自動也。蓋兒童自作，不過自動中之一種表出形式而已。假如摹寫而真有妨自動也，是一切事物所有規矩皆應廢除，烏乎其可！如第二項之說，蓋見夫日常書寫，皆用小字，而不解習大字爲一切書式之基礎，遂專從片面形式而觀察，遂以爲習大習小，作用截然不同。假如用小字必需從小字起，是

猶謂學養子而後嫁也。如第三項之說，夫讀文與習字，本爲兩事。習字在專習字之寫法，無需以讀文爲預備。亦不爲讀文之預備。是帖本原文陳舊，與寫法工作絲毫不生影響。使字之法度，不限於帖本中求之，雖字帖何害。正惟不知法度臨帖而存在，遂亦不解寫法與讀文無關。誠如所云，是不啻因噎廢食，直等於畏暑喘月而已，有是理哉？

第二，不明晰習字課程與其他課程相關度及其分割領域

大抵任何一種課程，與其他課程，皆有相依相助之關係，而又自具其獨立存在性。惟其如是，其中分合之跡，每含有混淆成分。所以混合學習，而獨立存在性，有時失其固有價值；分別學習，而相依相仿之關係，因其因果之程限不濟，易生枝節。習字在國語獨立科目中分割領域，與讀法、作法更爲密切。內含關係愈密切，斯表出形式愈多混淆。通常談教法者，多從片面觀察立論，而問題每涉及整體。於是論點雖甚切要，因爲不明學習領域之分割程限，依所配置，遂妨學習。語云："毫釐之差，謬以千里。"斯之謂也。所以今之習字課程，最感混淆者，有兩個最要問題：其一，識字與習字，因爲世俗識字教法，唯藉助於書寫以鞏固記憶。使將習字工作，並合於讀法教學之中，則寫法之用筆結體，需時費力，重損讀書趣味；略其用筆結體，又不足完其習字功用。若其另劃獨立時間習字，似此同時兼進，而書法之用筆結體，自成體系，無從以所習者作應用書寫之基礎。其二，正式習字與應用書寫。應用書寫爲一種附隨作業，必以正式所習者爲依據，名實始能相稱。若識字與習字同時兼進，雖然正式習字，另定有獨立時間，而工作內容，將成爲應用書寫之附屬品。此於習字本身，完全失其獨立價值，倒果爲因，其謬孰甚？所以習字教材，世俗認爲宜就已識之字，編成有意義的句子。統計日常易誤之字，配成有組織的材料，以及書寫之字，先擇其形、音、義等，純屬於讀法範圍所應注意之事。舉而加諸與習字本身無關之工作上。遂使用筆與結體，不能成爲有體系之練習。甚至因此限制而廢帖不用。此在本書第四編第五章言之較詳。茲惟撮其旨要於篇首。於以見習字成績

之壞，其由來漸矣。

第三，輕用籠統理論作根據，而不解在實際上如何運用以及有何究竟

此以關於教材爲主，如上所舉之有意義的句子、有組織的材料，在習字上用以代替帖本。而論者持之有故、言之成理者，其理論根據，最流行而且有力者：一爲教育旨趣須與生活聯係，一爲心理學習原則必成有意義的練習。就與生活聯係言，惟設計式作業，由實在活動方面取得教材，頗能實現旨趣。然而此之需用教材，係工作手段所取資，非其目的，亦無取乎預定。但如工具練習，是否能如此進行活動，大成問題。若夫普通教式之預定教材，勿論如何有意義、有組織，其號稱與生活聯係，非空即假。退一步言之，亦不過編制教材者主觀設想，與學習者當前生活決不一致。寖假而取廣泛觀點，所謂與生活聯係者，惟取其出發點，建立於應用基礎之上。然而調整已識之字與當誤之字，對於習字進程之用筆與結體，在當前應用上，不惟不能聯成一體，而且不甚相容。是生活聯係之意義，根本已不存在。就有意義的練習言，所謂有意義的句子，惟限於讀文之便誦習，易記憶。於字之用筆與結體，絕對不產生若何效用。所謂有組織的材料，惟適於識字上辨似正誤，亦與書法之筆畫練習毫無補助。若以基本練習爲應用基礎，則無取乎已識與常誤之字，而且不需編成有意義的句子，配成有組織的材料；正無在而不與生活聯係，無往而非有意義的練習。惟不體察其實際活動，而執此內外目標，從教材形式繩之，則格格不相入也。此種錯覺觀念不打破，斯習字之正當程式，無由建立。

以上所論，凡無正確實際經驗者，習慣於形式論理研究者，對於教育觀點，最易犯而且必有之如此錯誤，習字特其一端耳。茲欲廓清一切習弊，先不得不辭而辟之。抑孔子惡鄭聲亂雅樂、孟子不得已而辨之意也夫。

抑又言之，國語之用，爲補助各科進修之工具。習字之用，爲補助

國語讀法、作法之工具。民族復興，以國民教育爲基礎。國民教育之推進，以培養工具爲基礎。此工具之工具，爲藝雖微，所關匪輕。語云："其作始也簡，其將畢也鉅。"欲求整個課程之學習經濟，習字又烏可不致意耶？

惟是中國字體，主於衍形，用筆結體，具有法度。古今書家所論，詞旨宏深，非蒙童所易學步。俗師傳習，多失宗尚。迄今小學習字，談教法者厄言日出，矩剞蕩然，逾閑既衆，養正綦□。是之作依課程應有範圍，根據書家有得之言，由科學方式，建立體系，分察程式。非師古以爲智，不苟同而取容。知我罪我，以俟來哲。

識字數月，尚不宜遽習書寫。然用鉛筆描形，專習筆順，作使用毛筆預備，因而對字之成形，獲得大體概念，工作固不繁重也。叙筆順基本練習第一，即習字第一種基本練習。筆順與筆畫配置有關，執筆運筆，必借書寫而習熟。以此次於筆順練習之後，體驗八法初步，可以植立寫字根基。叙筆畫基本練習第二，即習字第二種基本練習。用筆既識，進求結體，作臨寫預備，則基本練習之體要，於以確立。叙間架基本練習第三，即習字第三種基本練習。

依上立進程與方式，規定範本，習之一年，明效可見。兩年之後，習字成績，當可改觀。雖然，今之小學習字，教者習於苟且，學生習於疏誤，舉世滔滔，惟日歎其成績之日下，而不悟所習之非是；積習已成，矯治談何容易。使範本無具體規劃，摹印備用，則範式已有缺陷。師資不根本訓練，洗滌舊染，則指導將流於敷衍。以此而求實效，非所知也。

黃　　河①

挾七千八百餘里之迅流，貫入秦隴晉豫齊魯諸州域，浩浩巨浸淤爲

---

① 原載《湖北學生界》第 2 期，1903 年 2 月。另載《萃新報》第 3 期，1904 年 7 月 26 日。

泥沙，曾不足以開駛航路運輸文明之潮，惟是土質粗鬆，水勢漂忽，炎夏雨行，隄防屢傾盖。不知其耗損幾千萬經費，埋葬幾百萬人類也。地理學家莫不道黃河爲中國之憂，然則今之黃河胡爲作也。

曰世界人口，凡十五億餘，吾族占其四分之一，漲力之發達如此其大者，實以黃河爲奠定之基礎，則種族上之黃河不可不作，主權者司國家之鎖鑰者也。吾族歷來之主權，大牛寄於黃河流域之間，則國家上之黃河不可不作。

種族上之黃河

黃河之歷史，吾族最名譽之歷史也。從洪荒未奠之世，播殖文明於大陸。日張日進，侵入異族境內，獨遂其物競天擇之能，其人文固蔚然可觀矣。然地理上之人文，恒緣地交爲影響，則欲考吾族依黃河所建之事跡，不可不知黃河關於吾族之情勢。中亞細亞之高原曰帕米爾者，爲世界人類發生地。黃河與揚子江，皆導源中亞細亞之東部。吾族初祖之東漸勢力何以必循黃河而下？洪荒之初，舟楫未興，一水之隔，一谷之限，輒碍進步。揚子江之上源，若鴨礁江，若瀾滄江，若怒江，諸流平行其間，谿谷交錯隔絶行道。黃河則自出伏流以來，無巨浸之匯入，迤河岸而南，所注者皆涓涓小水，不足阻文明過渡之路。川無大小，必有盡處，兩河之間，不無餘壤。揚子江之上源，峻嶺插天，若大雪山，若雲嶺山，若素龍山，脈胳連屬，橫亘諸大河間，黃河則循中崑崙山山脈之東麓，曲折以入本部。賀蘭陰山二山皆讓入黃河之北境，岷山山脈之支嶺，又不能遮斷於東南。當昔游牧時代，人民逐水草爲轉移，故結隊而進者，得以循序蕃衍於河濱。今試歷數中原之文化，何一非自黃河流域發生者乎？人類第一級之進化，必由遊牧進於土著，農業者土著之根原也。黃河一帶平原彌漫，蒼蒼無極，支流細川之貫輸，皆足資灌溉之利，其適於農業者一，地土以泥沙湊合而成，又時受沉澱之浸潤，所在肥沃，最宜耕作。其適於農業者二，黃土積於兩岸，多至千八百尺，可爲糞田之料。其適於農業者三，農業既興，居必定所，作必合力，於是社會之團結以固。是以神農製耒耜,藝五穀,使人民經營生計,脫遊牧而進於土著時代。黃帝遂承之而併部落,四征入討,驅除異族,遷其溫和者於鄒,屠其兇猛者逐之北方。迺畫野分州,置左右大監,監於萬國以奠定吾族之基礎。

熱帶之地,生物繁殖,人民易於謀生,不復事事,遂養成蠢惰之習慣。黃河雖適於農業之區,而廣漠荒寒,氣候懍烈,兩岸沙磧數里,偶有漲溢,千里腴壤,悉成澤國。盧居受其漂沒,財産盡爲子虛。上古之民,知識未具,方慶目前衣食之幸福,忽遇意外可驚可愕之事,於是不得不勞役力作,冀得免於流離,以震怖於地理上現象,孕育此勤儉耐勞之特質,傳遺而無替,雖以無古無識,處今日文明世界中,猶足與白晳人種戰爭於優存劣敗之塲,其蔽也專,其恐怖畏懼之念,束縛心思,閉塞理想,人人有幸免之智慮,而無獨立之精神。吾族後世之滯於進化,安於屈服,何嘗非此現象之所感召?則夫唐虞之以洪水氾濫,組織部落爲國家者誠吾族之一大紀念時代也。凡物之憑藉也,小則其膨脹之力必微,黃河流域,遠接揚子江,幅員數萬里,實握本部之地一平原,中無大山大河爲之隔障,聽人民以自在之力。次第發育於其間,其占地廣,其取物博,直若造物之故,設此一絕大平原,以胎養龐然無二的民族。其性質被其影響,遂成一種自尊自信不崇拜外人之人格,故雖以數千年之獨夫民賊所壓抑箝制,不得自由之身。當今日之內界如斯摧殘,外界如斯驅迫,尚不能定其前途之何如,地理之關於人事,顧不偉哉?

國家上之黃河

檢二十四朝史,凡夫詞臣珥筆,諛媚皇室頌曰美哉山河!洵帝王之所居者,曾有幾何不在此黃河流域之內也。夫黃河土不其豐,水不能航,何足爲吾國重。然今昔時勢不同,錮蔽時代之黃河,不可以概開化時代之黃河;交通時代之黃河,不可以概鎖國時代之黃河。

自皇古以訖有周,爲吾族開化時代,其時自中亞細亞移住而來者,以黃河爲根據地。王者奠都,必宅中以握形勝,故伏羲都陳,帝嚳都亳,殷都亳，周都洛，皆在今河南地。神農都曲阜，少昊都穹桑，皆在今山東地。唐都平陽，虞都蒲畈，夏都安邑，皆在今山西地。自周季以托今朝中葉，爲吾族鎖國時代，其時根據已固，人民於逸豫易，進取爲保守。國家之勢力，雖日益發達，而民族之思想，反日束縛而不自由，朝廷以防民爲主義，都會所在，必擇山河形勝之所，以易於憑險而守，或沿前朝舊都，就施其馴制民族之術。交通之利便與否，所弗籌慮也。綜計大都會之地有三：曰洛陽，東漢西晉所都也；曰長安，西漢隋唐所都也；曰汴，五代宋所都也。此外不依黃河建都者，惟明祖驅逐胡元，定鼎金陵，餘皆偏據一隅，無有握我本部之全權者，則雖謂中國一部歷史，全由黃河流域上組織而成可也。

其在黃河河系所延之平原上建都者，更有燕京一所，負嵎北方得居高馭下之勢，梟雄外族，嘗竊據其地以臨中原。昔安禄山史思明，皆以崛起幽燕，用范陽盧龍之衆，踩踐中國以無道行之，其關係於全局之重輕，已若此矣。自有宋以來，全元都之以迄於今，豈非其地勢使然耶？天禍中國，強俄密邇，驅哥薩克之兵而南下，駸駸焉以黃河北域，爲其勢力圈焉，此有撫念時勢而憤不自勝者也。

嗟乎！黃河所貫之諸州域，曰甘肅、陝西、山西、河南、山東，孰非我黃帝子孫所移殖之地乎？甘肅僻在荒遠，無與交通之大勢者無論矣。此四省者，就今日已成之現象觀之，其在礦山，則陝西、河南爲英意二國所承攬，山西北部爲俄公司所採掘，英意亦握有開採之權。其在鐵道，則在黃河以北者，有自正定至太原之綫，俄所經營也。有自陶館至澤州之綫，英意所經營也。其貫黃河而南者，有北承修之蘆漢鐵路，英意敷設之礦山鐵路，英德合辦之津鎮鐵路，而山東一省，且全轄於德，載諸不准讓與他國之條約內。茫茫北部，不數年將舉不便交通之地悉進於文明，第不知所經營而建設之者，其有一爲我黃帝之子孫否也？回憶吾族初祖開墾洪荒時，與禽獸戰，與土蠻戰，不知絞若干之腦，流若干之血，始購得安全土，爲我輩今日衣食之所。後人坐而安之，習於文弱，自漢受匈奴降衆以來，人民無種族之觀念，北望蒼茫，忍合白種人次第闖入，演其亡國新法之慘劇，擴領土拓殖民地乎？哀我四萬萬同胞，豈意長瞑而不悟也？

中國地理與世界之關係①

今宇內各國能分土稱號者，僅五十有餘。其稍強者莫不目眈眈、心逐逐，謀所以覆吾國也。旁觀之士，昌言時局，又無不曰："支那其亡，支那其亡。"吁！二十世紀之世界，我中國地圖，其果變易顏色，如各國之所預期乎？夫固尚在不可必之數矣。即使國人奄奄待盡，如印度、如埃及無愛國心，無反抗力，而各國之勢力圈，其果能保守所定之範圍乎？恐亦未敢下斷定詞也。思之思之，群虎噬肉，必致互鬥。其勢相等，則爭擇肥美之肉而啖之；力苟不均，則強者並弱者而攫之。以今日之現象，懸想將來之變局，惟吾國自立，庶可挽二十世紀於和平。若長此終古，日漸月減，或爲強者所並，或爲各國所分。皆必舉全世界種族之頭顱之血肉，同潰裂於歐風美雨之中以釀成至激烈至慘酷之競爭。一髮之掣，猶動全身，況吾國之位置，固與全世界有密接之關係也乎。

斷然持專制之手段，行帝國主義而不稍依違者，惟俄羅斯。以彼雄長北方，與吾國三面聯壤乘勢南下，如高屋之建瓴焉。其辟疆土、擴界址，無各國干涉之嫌，而中原之爲十目十手所集注者，彼亦思染指其閑，蓋得中原則足以駕馭群雄而囊括宇內。故其對待東方，挾全力以經營之。往者不復言，試問今日西伯利亞之鐵道，竭全國之財而不恤者，果何爲也？東清之鐵道，亦以次竣工；蘆漢之鐵道，又暗爲所掣肘。有事兵戎，徵調之卒，克期可到。其在西方，則西藏與新疆，悉受其羈絆。茫茫禹域，將大半爲其兵力所及之地。英德諸國即據有地權，而欲與爭雄大陸上，吾慮其遙不能制矣。

然則日本其可無唇亡齒寒之懼乎？疆域之隔，盈盈一水間耳。同居亞洲，同爲黃種，芸芸者族，比比者國，既相率隸屬於白人矣，中國而

---

① 原載《湖北學生界》第1期，1903年第01期。

無自立之一日。日本雖後起爲雄，而北鄰強俄，其勢力所及之朝鮮，與俄所佔據之滿洲，壤地相錯，世變無常，惟力是視。彼遼東之已爲所據者，尚能迫其退出，況朝鮮之爲共同保護地乎？其南方新領之臺灣，則又與美所強服之菲律賓僅隔巴西水道。今尼加蘭奈運河，已由美人決議開通，太平洋航路爲之一新。論者比之西伯利亞鐵道，中國位太平洋競爭之中心點，彼野心碧髯兒，紛紛結隊由此道而東來者，日本實當其衝。中國未分之時，其風潮之所簸蕩，尚有一落千丈之態。中國既分以後，而欲以絕東一島國，長保其同洲同種之名譽，亦危險之甚也。

英吉利抑日本之次也。夫英俄不並勝之國也，二國之勢力，全視於所占中國之權而定。而中國之存亡，尤與英有莫大之影響。今且勿論英主通商，中國之被分於各國也，有礙其開放門戶之利。試比較二國近來所施於中國之政策。山海關至牛莊鐵道，其利權之已爲英人所攬者，且舉而歸之俄。遑論俄之占旅順、據大連，英之抗議爭之者之徒爲虛言也。比利時所擔保之蘆漢鐵道又爲俄所主持，他日有事中原，俄可以雄兵徑達漢口，而據中國之中心。長江以北一帶，英雖有之而不能安也。且英之患，不徒在所占中國之範圍，尤慮牽及所領之印度。鄰印之境，若阿富汗，若俾路芝，在英國勢力之下，制俄政策，尚得任所欲爲。中國之西方沿疆，俄人之領土，日逼日近，使帕米爾東南諸地入於俄手，則印度北境全受俄軍之俯瞰。而與俄同盟之法，亦可由暹羅進襲。在印度土人，近多違言，又不足以資防守。英乎英乎，其勿懼歟？

若德若法，皆與中國有直接之關係者也。黃河一帶，德經營地也。兩粵、雲南，法經營地也。法守聯俄之策而不變者，阻對岸英人之進步也。德雖捷足趨利之心勝，然亦以國邇於俄，稍親近英日，以處置中國。此益則彼損，勢固然也。故中國尺地寸土之喪失，凡在佔有領土諸國，皆有切身之利害，或爲保全，或行瓜分，悉審慎於己國之位置而定者也。

美以新造之國，忽鼓蕩於民族帝國主義之潮流，注全力於太平洋中，一舉並布哇，再舉收菲律賓群島。根據之地既固，於是謀開尼加蘭奈運河，以通兩洋航路。又獎勵太平洋航業，設太平洋海電，預備與歐西列強，於二十世紀中角東方之商力。乃開放門戶之局面，一變而以殖民領土爲實行政策。美人於中國既未指定某地方爲範圍，則闖入列強勢力圈內，以干涉利權，又勢之所必至者也。

其在壞俄諸國，若土耳其，若奧地利，若匈牙利，若巴爾幹半島諸國，皆當俄人南下之衝，而迫危在旦夕者。自俄人以其經營西方之力移注亞東，諸國惴惴疑懼之心，蓋不知陡縮幾何倍也。乃防邊之力甫松而東望大陸，眈眈列強如持其地圖而剖之。彼無厭之俄人，四顧無餘，舊欲未忘，其能勿捲土重來，以求滿其前日之所希望乎？吾恐東方之警報風傳，而此數國者饞焉如不終日矣。

此外，如歐洲以内諸國，有新起自立者，有國勢就衰者，有爲人保護者，莫不理内政、擴軍備，以適值同洲崛強之民族，膨漲於外方。忽有世界第一天然物産之國，供其香肴美饌。列強不惟攫取之而無暇他求，且切於同洲之觀念，不欲以蠶食本部，先損自家之力。故得乘其間競競自治，預謀獨立，然基礎未固，豈能經摧折於風雨？我中國而實被瓜分，枝葉已盡，將及其根顧瞻東邦。其存其亡，諸國亦不能無前途之感矣。

其最可驚可懼而有朝不及夕之慮者，無如亞洲諸國。西伯利亞、中亞細亞、高加索之已爲俄有，印度緬甸之已爲英有，安南之已爲法有，馬來半島之歸英領，大桑達列島之歸荷領，薄紐島之爲英荷共領，菲律賓群島之爲美領，無論矣。若所謂獨立國者，如朝鮮，如暹羅，如波斯，何以能存於今日，則以接壤中國，列強經營中國之始，必先於附近占一駐足所。以自固其勢力，而國於其間者，無彼無此，先得者勝，遂不得不互相牽制，使利益不爲一彼一此所獨護。夫互相牽制者，爲經營中國起見也，中國而不保所有，則此三國者，非獨據之，則分據之矣。博博大地，亞洲面積占全球三分之一，人口居全球二分之一。我中國固據此大陸之中心點，而數千年之主人翁也。今不惟不能援同洲之危難，且己國亦奄奄如風前之燭，而待命於白人羈絆下矣。展覽輿圖，吾欲攜同洲之熱誠健男子，奮決而起，以挽此餘生未死之劫運。

夫亞洲諸國，與歐洲以內諸國之處此情勢而不能相助也如此。壤俄諸國，自顧且不遑矣。美德法三國之關係，不過各在土地上爭權利，非有所顧惜於吾國也。惟日與英有密結之利害焉，夫相關之義深者，則相扶之力必大。日於朝鮮，英於土耳其，固汲汲焉竭全國之力以資捍衛矣。矧受於吾國之影響，如當日午，如應雷鳴，其感觸當更何如。若徒藉保全之名，以急目前之利，於大局庸有裨乎？吾不知彼二國之外交家持如何對清之方針也。

雖然依人圖立者必不能雄於宇內；望人相援者，必不能救其危亡。希臘之復國也，以恃英俄法之援應，故國勢終於不振。美利堅之離英也，以人人有獨立之氣概，而今且為世界雄矣。吾國土地如此之大，人民如此之眾，物產如此之饒，得人而為之，雖統一全球可也。顧乃舉國昏昏坐待臠割，十八省之地域，悉割為白人殖民地；四萬萬之同胞，猶多在黑雲慘澹中，望天日之無色。嗟予憂其曷極！非大有力者起而振作，其能洗滌數千年之奴性，與諸文明國同立於新世界乎？吾願跳身大洋中，湧歐洲十九世紀之潮流，貫注於揚子江上下，達漢沔匯五湖，而以其餘波南泛閩浙兩粵諸水，北入大清河口，衝激黃河流域，悉舉吾國地上之污穢而蕩掃之，以留此一塊幹淨土，為我黃帝子孫居游之地。國人有隨吾波而逐吾流者乎？其飲我揚子江一勺之水！

地理與國民性格之關係①

展五洲輿地志，視察民族情形相貌不同，風俗不同，言語不同，嗜好不同。就世界而言，則洲與洲殊；就每洲而言，則國與國異；或者同居一國，同係一種，而南北分處，若者強悍，若者柔靡，歧點懸絕。此非地理上之影響，其誰造此因哉？然以地學家之眼觀之，即關係於地理者，亦非一端。

---

① 原載《湖北學生界》第 3 期，1903 年 3 月。

其原因於地勢者：一曰山國之民，沙漠橫亙之中，高臺連屬之內，山陵起伏，無交通之孔道，張幕爲家，逐水草而轉移者，專以掠奪爲事。自開闢以迄於今，猶未進於人群進化第一期。組織一有主權之國家，其有被迫強族棄其守土，如生蕃，如苗□，竄伏深山而不敢出，洞穴聚處呼吸煙瘴，以養成殘忍之性。是皆率守上世未開之常，無可語於進化也。若夫國於大地，爲峻嶺所蟠延，天然之物力稍嗇，人事之交通無多。民族生息其間者，因以孕育質樸、節儉、能忍耐而涉於固陋之氣質。其不然者，必其所受之影響，非自一定之地勢而來。日本附島以成國，故國人自封之習強而有吸入文化之能力，愛國之情深，而無包舉世界之構造。瑞西附平原以成國，故東部爲條頓民族之所棲，其性情富於隱忍；西部爲拉丁民族之所棲，其建設移於奢華。總之，居山者多蔽於時事，故巴蜀之險，常爲他地之人據之以臨天下，然其性厚重而敢任。衡湘之士，所以爲天下雄也。

一曰平原國之民。世界無一繁盛之民族，偉大之事業，不根據於廣遠之地勢而發生者，惟其中亦稍有區別。其附於陸者吾征之於亞洲平原國。自太陽所從升之地平綫，與所没之地平綫；月所從出之山端，與所入之山端，曠野彌漫，四周無極。國人生於斯，長於斯，老死不與外人相往來。以此之故，抱惟我獨尊之妄見，守食古不化之陋風。渙散其團體，而種族之觀念以絶，大同爲主義，而國家之思想不深。於是競爭之起，不在異種而在同胞。非其族類者，遂得乘其瑕、伺其隙，以入據其土地。中國之所以屢受侮於五胡韃靼也。其附於海者，吾征之於歐洲平原國。港灣之所回環，島嶼之所出入，山嶺與溪谷交錯其間，在外便於貿易交通，在內適於分立自治。所據之地勢亦近宏闊，則所養之民族自皆豁達。而又經洋流之激盪，遂以鑄成活潑高尚獨立不移之歐魂。其民族常懷如海如潮之希望，而冒險之性質特強，靜鎮者受之而壯勇敢爲。德人之所以能聯合同盟而自立也，喜事者受之而奮不顧身。法人之所以能拼鐵血之身，爲世界購民權也。俄人所宅之平原尤爲廣大，故性質沉毅而深遠宏渺而不可測，其建造之偉業，獨雄於世界。

一曰島國之民。其爲海島者，如南洋群小島，爲火山與珊瑚構造而成，零星四散，不足以自立國家，土人日蹙於保種。聞前數年探險家言，僅存一老婦，是不足論矣。所論者爲陸島，若英吉利，若日本，皆以三島躍入海中，不與外境相連屬。凡世界占特別之原因者，必收特別之效果。故二國人民篤於保種，摯於愛國，能獨立而不渙散，尚義敢死之氣，著聞於天下。其距大陸皆不甚遠。其地勢亦足組織完全，以屹立一小洲。日受薰沐於海流，是以吸入文化，易於發揮而光大之。英首爲世界創憲法，日在亞洲政體上先放一綫光明，其明徵也。惟立基稍狹者，構造之規模必流於隘。日人之不脫島民根性，其國傑士嘗引以爲憂矣。英人固雄於世界者也，而取保守爲宗旨，抑毋爲地勢之所感應也夫。

其原因於氣候者，熱帶之地，物產滋盛，人民所需之材料便於搜采，所被之衣服不求溫厚，所居之家屋勿須堅致。謀生太易者，每難發達其進取之心，其性近於怠惰。寒帶之地，百物不繁，人民竭終歲之力，僅足以給生活，而無暇學問，其性近於愚曠。溫帶之地，寒熱適均，人民必須動作而後有衣食，其性勤敏而勇敢。蓋生人本來之物質，無一非稟受天然而來。氣候之殊異，實握性格偏差之關鍵。而因以覘世界進化之跡，同爲附於陸之平原國，西伯利亞則以荒寒之故，國民不適於發生，愚頑成俗。中國雖人民知識未周，迄於今猶鈐軛於專制政體之下，然數千年前即已組織國家，爲世界孕育文明。大抵人民之發達早者，其得天必厚。埃及、印度、巴比倫諸地，與中國同爲文明祖國，皆在溫暖之區，氣候之移人亦大矣。同爲附於海之平原國，法蘭西則以占歐洲最爽適之候，寒暑和順，雨量適度，足以涵養物產，遂啓國人浮華美麗之習。德意志氣候稍寒，人民忍勞耐苦，不拘拘於儀式，不屑屑於品物，其作事也思慮緻密，非法人之輕躁可比。且非洲四面環海，而爲黑暗大陸所至，人情酷薄，互相爭垢，其地悉隸屬於白種，土人俯伏其下爲奴隸，爲牛馬，日自殘以至於亡。歐洲不過一半島州耳，何以國無大小，人民莫不有愛國心、有團結力，異種人不得而征服之？則以歐洲氣候平和，人事易與天然之力爭勝。北歐寒威雖强，而爲大西洋灣流之所感，較之同緯度者温和爲多。非洲則大部位於熱帶乾燥之地，不能育善良之民族者。此自然之勢也。

以上所言，皆舉總部之概要，其有具大地之一體，而亦與人類有關係者，今撮其最大者言之。一曰河流。世界無一國國運之開化不資助於河流之功用。勿論人民之生產繁殖、知識發達，皆在沿河兩岸即此風俗異宜，人情異趣，亦往往隨水土爲區別。試就吾國而論，北方之黄河，水勢混濁，不可用於洗滌，又時慮氾濫，其間人民多不華潔，不清雅，而有强健豪烈之氣。燕趙悲歌，餞道易水，其性質之代表也。南方之揚子江，水流清冽，地饒名勝，其間人民瀟灑其懷，纖巧其性，富理想而缺實行，遂以流爲文弱之積習。攜手河梁，送客江浦，春潮秋波，情與往還。吁嗟，我國如此名川，數千百年來，徒産出詩畫之材料而已。

一曰火山地震。理性遁滯之民族，雖由於人力之薄弱，而爲自然之現象所阻者實多。即夫大河嶽大沙漠，均足使居於其間者，震於現象之殊異而生其恐懼。火山地震之感觸於人心，當更如何可怖也。而在日本爲尤烈，入乎三家之村，莫不膜拜香火，頂禮獸形。其所謂神社者，華表巍然，動輒連延數里。雖近來文明之思潮以次輸入，而下流人士多不能破舊日之迷信。蓋其心中時有一火山地震之災變，預懸爲想像，因不得不寄其祈禱之誠也。義大利、西班牙、葡萄牙三國在歐洲南部，火山地震較多，其國人迷信最深，教會之勢力亦强。以此類推，人民之宗教心盛者，與地理皆有直接之關係。此外原因複雜，臚舉匪易，姑略焉。

揚子江[①]

緒　言

展一幅赤緑綫文萬國輿圖，有所謂屬地，有所謂租界，有所謂條約

[①]　原載《湖北學生界》第5期，1903年5月。另載《萃新報》第四期，1904年8月9日。

港，有所謂勢力圈，有所謂某省開礦利歸某國人承辦，某省築路權歸某國人掌握，使人目昏心悸、寢食具廢者，非我中國之全部輿地乎？盜賊充斥於室內，健者已飽囊而去，我方津津焉計算我財產，鋪張我土地，其抱歉何如？菁華盡獻於他人，大局且難支持，我猶舉形式屬我、精神屬人之一部份以自雄，其抱慚又何如？今日之揚子江，實無面目出現於地理界中也。然讀日人國府犀東所著《揚子江航路記》與藤户計太所著《支那富源揚子江》，嘆彼外人之經營揚子江，且能編輯成書，飼其國民；我國之地理家叙揚子江者，又徒如以測量流域方向、考求道里遠近爲義務，未能發揮揚子江一切關係，俾讀者油然而生愛國心，此我國地理家之一大缺點也。於是揚子江問題忽從三萬萬個細胞腦界直躍入於二十世紀之舞臺之學界。

一、外人民族帝國主義漸及於揚子江

歐洲自十六世紀以來，其政治之變遷演出無限新世界，愈演愈新，愈新愈演，駸駸乎有不可遏抑之勢。全球因之受其影響，國於其間者，由弱而強，由強而弱而亡，令人歡迎悲送，發種種之思想，生種種之希望，具冒險之精神，奮進取之能力，欲使其名占歷史之特色，其國居世界之優等，其民族爲世界之主人翁，以從事於政界、學界、軍事界、商業界，紋腦筋勞心系而爭趨若鶩者，不外民權、民族與民族帝國數主義所運動而已。民權主義爲受虐之平民與專制之君主戰，脫壓力亭自由之時代，法蘭西所以革命，英吉利所以立憲也；民族主義爲同種之民族與異種之民族戰，脫羈縻成獨立之時代，希臘所以復立，意大利所以建國也；民族帝國主義爲優等之民族與劣等之民族戰，優等日益膨脹，劣等日益消滅之時代，澳太利亞所以見關，阿非利加所以見分也。茲數主義者，互相胎孕，互相過渡，各有原因，各有結果。至近世紀而民族主義之發達已由澳、非兩大陸直撲於太平洋中，電掣風馳，海倒山崩，忽抵我中國東南二面之海岸綫，一躍登陸，乘我睡獅之未睡、病夫之未瘳，舒其慘淡經營之手段，若廣州、臺灣、九龍、膠州、威海、旅順、大連諸要地相繼割讓，均受此主義之影響。然其精神所萃，幹綫所趨，則又排崇明島、入吳淞口以上湖揚子江之源，而行此主義者據飾其名曰通商，我國政府亦沿其辭曰通商。英、法、德、日猶屬舞臺之名優，蜿蜿一條水，移殖民政策爲通商政策。嗚乎！外人所謂通商者，乃愚我政府之美詞，而亡我國家之新法也。政府所謂通商者，乃乞憐外人之慣技，求免我國民干涉之實禍也。我是以不憚大聲疾呼，奔走相告，曰：揚子江者，非外人通商之航路，乃外人實行民族帝國主義之中心點也。揚子江沿岸之民族，其知之乎？中國四萬萬之民族，其知之乎？行尸走肉、醉死夢生之政府，其亦有感悟乎？虎視鷹聽、詭波譎雲之外人，其亦知顧忌乎？

二、歷史上之揚子江與漢族之關係

黃帝發軔帕米爾高原，造崑崙，率子孫南下，備根據地於黃河沿岸，進取中原，是爲吾漢族發達之第一原因。大禹奠山鑿川，大治水患，出河渡江，大會諸侯於塗山，權力及於江南，是爲吾漢族發達之第二原因。不然，亞洲東大陸洪水氾濫，猶是禽獸苗蠻交集之一塊荒土，吾漢族尚守老死不相往來主義，不知人間有滅國亡種之慘狀與夫天擇物競、優勝劣敗之公例，則彼白晳人種開闢此土，吾漢族不知；畫勢力範圍圈於此土，吾漢族不知；不待今日攘奪於野蠻囚長主人翁之手，已成非洲之宰割，吾漢族更不知。何必揮漢族之鐵，流漢族之血，與彼異族野種争生存於天演界中乎？東亞新天地與漢族關係如何？試問吾輩一飲一食一起一居，非吾漢族曠古窟起、造時勢之祖宗，灑滿腔熱血組織之、經營之，以留其子孫乎？橫亘直走，東大陸中央之揚子江與吾漢族之關係又何如？終春秋之世，吳都江南，楚都江北，皆恃此富庶流域，挾江淮之新漢族，與吾呂原之舊漢族互争雄長，朝聘盟會，雖漸染中朝之習慣，戎狄之號未脫也。迨漢族文化漸移而南，劣等民族不能不爲優等民族所吸取、所化合，而日趨統一之勢。今日外人之行民族帝國主義，與此適成正比例。秦復開通巴蜀，布勢力於上流。自是，揚子江上下南北皆爲漢族有。人物發達，遂以揚子江爲中心點，迄今檢歷朝戶口之數、賦稅之冊、生齒之繁殖、物產之殷富，歷史上占特色焉。悲哉！豎子談兵，創長江天險之說，啓吾漢族殘殺同種之心，長吾漢族苟且偷安之習。當中國割據時代，則用上游而控制下游；當外夷侵略時代，則由江北而遷都江左。周瑜戰赤壁，王濬下江南，實用揚子江以殘殺同種之代表者也；典午東遷，靖康南渡，福王建國，實藉長江以苟且偷安之代表者也。此皆我中國歷史最著之污點，雖洗盡揚子江之水不能乾淨者。嗟乎！周瑜之徒，素無種族思想印於腦筋中，我黃帝孫子若其人者殆難悉數，曾不若有如白水之揚子江，猶存吾漢族於外夷雜踏、異種蹂躪之際，使吾漢族得藉以苟延殘喘，待英雄再生，徐圖恢復。晉之東遷以後，能以數萬之師破苻堅投鞭斷流之衆者，非吾漢族之謝元乎？宋之南渡以後，能以一個書生褫金兀术之魄者，非吾漢之虞允文乎？今過肥水流域與采石磯，訪其父老，談當年軼事，未嘗不嘆吾漢族之熱於種族思想者，前代尚有人也。又未嘗不感肥水、揚子江之靈，能默助吾漢族也。所惜者當年君臣皆偷安江左爲得計，其光復革命之英雄，或遲至數十年而生，或遲至百餘年而生，或遲至數百年而不生，揚子江支持吾漢族之力亦稍歇。故晉亡，而漢族之天下仍歸於漢族之手；宋亡以來，而漢族之天下竟爲異族所竊取幾至百年而後還、而不還。此皆吾漢族有負於揚子江，於揚子江乎何尤！

三、揚子江開港通商之原因

今日之揚子江與昔日之揚子江異。昔日之揚子江爲漢族之功臣，今日之揚子江爲異種之奴隸；昔日之揚子江爲吾漢族與漢族或漢族與異種兵戰之要地，今日之揚子江爲彼異種與漢族或異種與異種商戰之市場；昔日之揚子江爲中國南北競爭之樞紐，今日之揚子江爲地球東西奔走之舞臺。故自吳淞以上至重慶通商之港凡八，上海在黃浦江流域，吳淞、岳州兩埠我國近年自行開放，故均不在內。曰鎮江，曰南京，曰蕪湖，曰九江，曰漢口，曰沙市，曰宜昌，曰重慶是也。汽船往來，停泊江心，絡繹不絕，洋屋櫛比，租界連雲，其握我利源、奪我主權種種現象，書罄南山之竹。嗟嗟，同胞應下亡國淚矣！

揚子江通商，以南京爲最早。道光二十二年（西曆千八百四十二年），與英訂《南京條約》，鴉片戰爭之結果，商港條約之始。而南京遂爲揚子江通商港八分之一。同時開廣東、廈門、福州、寧波、上海諸港。咸豐十一年（西曆千八百六十一年），與英、法訂《天津條約》，英法聯合軍之結果。而九江、漢口遂爲揚子江通商港八分之二，同時開牛莊、天津、芝罘、鎮口、汕頭、瓊州諸港。光緒二年（西曆千八百七十六年），與英復訂《芝罘條約》，而鎮江、蕪湖、宜昌遂爲揚子江通商港八分之三，同時開溫州、北海諸港。光緒二十一年（西曆千八百七十六年），與日本定《馬關條約》清日戰爭之結果，而沙市、重慶遂爲揚子江通商港八分之二，同時開蘇州、杭州諸港。以上所開諸港，皆係戰敗之後聽其要求，莫敢誰何，更不知擲吾民族若干之頭顱，耗吾民族若干之脂膏，以購此最腥穢、最慘淡之數十年歷史也。尤可駭者，英人於光緒二十四年（西曆千八百九十八年）要以揚子江流域不許讓與他人之約，得政府之承認。法、日法人要以雲南、兩廣不得讓與他人，日人要以福建全省不得讓與他人援以爲例，接踵要求，而勢力範圍問題遂喧騰於有勢力者之口。環球各國，其資格稍優於我者，莫不以得一染指爲快。蓋外人之瓜分中國，始終未嘗變其目的；勢力範圍云者，不過瓜分之代名詞也。故開港通商時代之揚子江者，實亡中國之介紹也。《傳》云："匹夫無罪，懷璧其罪。"吾則曰："中國無罪，揚子江其罪。"大禹九原有知，亦必弔其子孫之將盡，而有痛於"福兮禍伏"之一語。

四、揚子江之資格優於黄河粵江

雖然，揚子江關係漢族之責任，雖已放棄揚子江固有之主權，雖已見奪揚子江之資格，實於中國本部占獨一無二之地位。中國稱大水者三：曰黃河，發源於青海之札靈湖，東流入中國本部，經甘肅、陝西、河南、直隸、山東諸省入海，其支流最著者爲發源甘肅之渭水與發源陝西之洛水，位中國之北部者也；曰揚子江，發源於西藏之巴薩通拉木山，東流入中國本部，經雲南、四川、湖南、湖北、江西、安徽、江蘇諸省入海，其支流灌域最著者，於甘肅、四川有嘉陵江，貴州有涪陵江，陝西、湖北有漢水，湖南有洞庭湖及其湖內所滙之澧、沅、資、湘等江，江西有鄱陽湖及其歆內所滙之贛、盱、修、鄱等江，安徽有魯明、水陽等江及巢湖之支津，江蘇可由北運河以達發源河南之淮河，由南運河以達浙江之太潮，其流域灌域共經十二省。位中國之中部者也；曰粵江，有三源，曰東江，北江、西江。西江最大，發源於雲南，東流經廣西、廣東入海。三源於廣東合流之後又名珠江，其支流最著者爲柳江，通貴州爲桂江，其上流連湘江，出洞庭湖，達揚子江，爲滇江，下流由三水來會，上流經廣東之北境，出鄱陽東湖，達揚子江。位中國之南部者也。而揚子江之資格優於黃河、粵江者有二。一曰經濟上之資格。黃河之水勢如建瓶，昔人作詩云"黃河之水天上來"。潰決之患，史不絕書，兼之氾濫所經，化爲沙礫，農業日有退步之象，河身甚淺，輪舟不通，商業永無起色之期。戢此之故，黃河流域之人民轉徙於他省者道路相望，中部生活之品料運輸於北部者舟車不絕也。粵江流灌兼本流支流而言。雖亘五省，而土地豐饒惟珠江之一帶，輪舟航行以梧州爲終點。是農業商業之發達，不過廣東一省，廣西、雲南瞠乎其後。然查近輸入之項，指廣東一省言。食品最夥，自滿洲輸入者爲大豆及豆油，自美國輸入者爲小麥及麥粉，則廣東之農業不待問。自鴉片戰爭以後，商港日多，則廣東之商業不可知，而揚子江航路能達千里之遙，重慶爲極點。其影響於商業爲何如？四川之綿，兩江之絲，江西、湖廣之米，均爲出口大宗，其天然之農利爲何如？故以揚子江之農業，輔以揚子江之商業，雖與南北兩部不相往來，東西各部不相聞問，尚可以自給自養自立自强，無需一毫外助之力。此揚子江經濟上之資格優於黃河、粵江者也。一曰改革上之資格。大河以外，頑黨淵藪。其專制之熱度，河水爲沸；其奴隸之種子，逐流者皆布。故庚子之亂，持順民旗，執歌功傘，挺立街巷之際，以俟洋兵之至而稽首投降於馬前者，黃河流域所經之地之人爲多。是非燕趙之故土耶？而慷慨悲歌之士，吾不知自何世而絕跡於茲土也。粵江流域雖不乏茁起之豪傑，自洪、楊大事不成，英雄短氣；庚子機謀頓敗，志士灰心。近來不受壓制、具有愛國熱誠者，大半匿跡於海外，其不去者，則排外之心或消滅於習慣，獨立之性又見妒於外人。西江洗兵雨，恐終無撥雲霧見青天之一日。而揚子江之開化，兩湖以下，在幼稚時代；兩湖以上，在萌芽時代。開化幼稚時代之揚子江，尚武之精神雖未完全，而熱於政治思想、民族主義者已有如水就下，如蟻慕羶之概，故其昌言時局，痛哭流涕，亦可以爲喚醒國魂之助；開化萌芽時代之揚子江，其人最富於勇力，將來藉文明潮流於下游者，必付尚武精神之利息於下游，上下互輸，知識交換，爲揚子江必盡之義務，即爲揚子江獨立之基礎。此揚子江改革上之資格優於黃河、粵江者也。

五、揚子江之將來

過去者，揚子江之原因；未來者，揚子江之結果也。今對揚子江而叩以將來之命運，則茫茫前途，彼亦不能自決。要其結果，惟視揚子江今日之民族能自立與不能自立爲斷。揚子江之民族不能自立，則政府之割地賠款於外人也聽之，外人之敲膏吸髓於我國也聽之。鬼氣陰陰，幽囚長夜，酣寢醉臥於揚子江之旁，恐不數年，揚子江必與印度之恒河、埃及之尼羅河同爲亡國之一分子，吾四萬萬民族必以揚子江爲葬尸之穴也，可豫爲將來之揚子江弔。揚子江之民族如能自立，擊自由之鼓，江流無聲，揮獨立之旗，江水生色，脫家奴之羈絆，收外失之主權，腐敗破壞之揚子江忽變爲莊嚴燦爛之揚子江，則必與歐洲之地中海、北美之西斯比士河同產文明，占歷史上之名譽，而永爲漢族一大紀念物也，又可爲將來之揚子江賀。吾弔揚子江，弔吾漢族竟隨揚子江水以去也；吾賀揚子江，賀吾漢族能逐揚子江流而起也。吾漢族乎，欲隨揚子江水以去乎？抑欲逐揚子江流而起乎？敢爲漢族代表人決此問題曰：揚子江者，我揚子江民族之揚子江，我中國四萬萬人之揚子江，我黃帝血統孫子之揚子江。嗟嗟！四面楚歌，哀江山其誰主；滿腔熱血，對容與於中流。凡我漢族寧矢破釜沉舟之謀，不作楚囚對泣之態。佐漢族世世子孫飲一勺自由之水，亘億萬年居游於揚子江流域全土濚漭大地。噫嘻！禹域久沉，漢族應有同仇之慨；歌風不競，專制必無立足之區；黍禾故國之歌，被髮伊川之痛，望一萬一千里之域，誰得其鹿？昨夢游吳淞口門，聞揚子江之水與東海之水相擊成聲，宛如人語。東海之水曰："予即太平洋之特派員，要爾以獨立民權各條，如敢託病遲約，痛下哀的米敦書。大率太平洋最新式文明潮流隊，與爾數千年專制之禍水激戰於九團南滙綫内，更派支隊溯流窮追，洋溢膨脹，連結運河、漢水各大支流，氾濫全大陸，破異族頑鈍之巢穴，一洗而肅清之。"揚子江之水應曰："我亦獨立民權主義，惜供異族驅遣之死奴隸太多，洗之恐污吾揚子江水綫。以後予擔任運動員，飲死奴隸以文明種族水，助爾製造二十世紀初期之新江漢國。"予嘆曰："水猶有靈，吾漢族庶有豸乎！"

就開辦武昌共和編譯社致教育部、内務部呈並批①

（一）李步青致教育部呈（1912年8月）

具呈共和編譯社代表、前辦理安襄鄖荊善後事宜、襄陽衛戍司令李步青，爲呈請立案事：

竊聞世界文明，各國每年書籍出版之數，恒與其國進化之度爲正比例。蓋言論自由，學術日新，甲治一學，乙引而伸之，而其説愈明；此著一書，彼糾而正之，而其義彌精，理論之所濡染，政教因而轉移，文化之盛有由來已。吾國海通以來，社會日有變遷，西潮東漸，收效譯書弗可没也。然取我十年來刊印書籍，曾不敵列國一歲出書之數，相形見絀，進化遂滯。推究其故，全國印書之區，僅上海一二書館規模較大，蹄涔勺水，不能灌漑全國，一也；著書之士，大半寒酸，付印無資，因而退阻，二也；凡著一書必需參考，而坊間譯本，定價過昂，學者無力購取，以供參考，三也；著書貴合群力，一人響壁，成書彌艱，四也。

今民國成立，政體大更，從前言政言教之書，俱成芻狗，順時勢之所趨，本共和之精神，搜輯譯著，將有刻不容緩者矣。步青等期文化之

---

① 載中國第二歷史檔案館編：《中華民國史檔案資料彙編·文化》（第五輯第一編），鳳凰出版傳媒集團、鳳凰出版社1991年，第477—480頁。原標題爲《李步青創設共和編譯社呈並批》。另見《教育部批共和編譯社代表李步青申報該社成立緣由並附開辦簡章請立案呈》，《政府公報》1912年8月。

發達，通學界之津筏，宏發大願，勾集厚資，組織共和編譯社，建館武漢，九省通衢，與上海各書館桴鼓相應，負文化轉輸之責，則易普及於內地。凡有纂輯一得之長，皆爲代印流行，則寓提倡著述之意。定價從廉，破除市儈射利之習，使學者購書較易，而歲出之書彌多，延集通才，附設學舍，有講習討論之益，無嚮壁虛造之患，是則本社組織之微意也。至本社下手之初，胥注重於教育一方面，誠以破壞之業可燥發於崇朝，而建設之功必漸漬於歲月。目前之建設可以法律維持秩序，完全之建設，必以教育增益程度，故本社對於有關教育之教科書、參考書及通俗書，願先從事焉。凡一書之出，固將遠矚世界趨勢，近察社會情狀，體念國民心理，推究歷史習慣，斟酌完善，振勵俗尚，以期上副大部啓發民智之意，下慰國民喁喁向學之心。

所有共和編譯社成立緣由，除具呈教育部外，理合呈請大部批准立案，將來刊印各書隨時呈請教育部檢定，並呈大部備查。伏希批示，以重版權，而振學業，實爲公便。實至呈者。

附呈章程一紙，並教育部批示。

中華民國元年八月□日

共和編譯社開辦簡章

第一章　名稱

第一條　本社出版之書，以適用於共和國民爲主，故定名曰共和編譯社。

第二章　地址

第二條　本社設於漢口，各處分設發行所，現暫假法租界長清里十三號爲事。

第三章　宗旨

第三條　灌輸共和之精神，增進國民之學識，尤注重小學及社會教育。

第四章　辦法

第四條　本社分編譯、印刷、發行三部。但印刷部未成立時，暫由中外著名印刷所代印。

第五條　編譯部以編纂小學、師範專門各教科書及通俗書爲主，兼譯各國之法政、經濟、教育、實業、軍學各書。其有本國秘本尚未通行，或近人名著待梓行世者，亦得廣爲搜輯，選輯付印。

第六條　除由本社選聘專員編譯外，並購私家稿本或照本社購稿定章（另有專章），分別給價，或由本社代印，以售出之額平均分利，均聽私家自便。

第七條　私家售稿與本社所刊綱要選材定例不合者不取。

第八條　本社出版各書，凡關於教科之用，訂價格外從廉，與專事營業者不同。

第五章　經費

第九條　本社開辦，定資本十萬元，除由社員擔任五萬元外，另招股份五萬元（招股另訂專章）。

第六章　職員及任務

第十條　本社應置職員如左：

總理一員，規劃本社全體事宜，監督各部職務。

庶務一員，受總理之指揮，料理一切雜事。

會計一員，專司銀錢出入登記帳目。

名譽社長，凡以實力贊助本社，而學行爲衆所推服者充之。

名譽社員，凡以實力贊助本社者，均得爲本社名譽社員。

（甲）編譯部

經理一員，主管編譯部一切事務。

總纂、協纂各一員，規定編譯綱要，鑒核付印各書。

編譯若干員，分門擔任編譯事宜，由總纂分配之。

審訂若干員，以本部總協纂及編譯員公同組織之，討論編譯體例，評訂付印各書。

司書若干人，謄真修定稿本。

（乙）印刷部

經理一員，主管印刷部一切事務。

校對若干員，專核付印文稿。

司事一人，支配工人印刷，並考察勤惰，以素嫻印刷者任之。

（丙）發行部

經理一員，籌畫各處發行分配一切事宜。

司事若干，專司發行事宜。

第十一條　各部進退職員，均由本部經理商同辦理。惟編譯部經理與總纂分轄職務，其進退編譯員時，須由總纂會同經理協商辦理。

第十二條　本社規定職員，如各部事務擴充，得隨時酌量增設。

第七章　會議

第十三條　每月由經理召集任事職員會議一次，商榷改良進行事宜，每年由總理召集有議決權之股東報告出入帳目，提議擴充進行事宜。

附則：本章程不適用時，由發起人提議修改。

（二）教育部批（1912年8月）

教育部批：

據呈及簡章閱悉。該社以譯印書籍爲灌輸文化之資，注重小學及社會教育，爲增進國民學識之本。所擬辦法十三條，覘書畫分明，尚能實力從事，日起有功於教育界，所裨非淺，自應准其立案。至所請保護版權一節，應俟該社書籍出版後，分別呈由本部及內務部審定，再行呈請工商部、內務部辦理可也。此批。

（三）內務部致共和編譯社李步青批（8月10日）

內務部批：

據李步青呈稱，組織共和編譯社請予立案，並抄呈簡章及教育部核准原批前來，編譯圖書爲促進文化之先導，足徵熱心啓牖，深堪嘉許。

所訂簡章亦甚妥善，應即照準立案。至保護版權一節，俟該社書籍出版時，再行遵照著作權律，呈請核辦可也。此批

共和編譯社代表李步青
中華民國元年八月初十日

全國教育聯合會等團體代表致丁文江、胡適、王景春函①

在君、適之、兆熙先生台鑒：

同人等前於三月十六日對於英國處置庚款辦法曾有宣言，並依決議一度貢其愚誠於左右。倏忽兩月，未蒙正式函復，想係公務倥偬，未遑置意。茲謹再將本日集會決議並上次宣言及決議各繕一份，塵瀆清聽。同人等誠摯之念，深希執事於奔波南北、計畫經營之餘，稍加流覽。查英政府方面既欲藉處置庚款辦法圖中英兩國邦交之親善，而我全國上下亦咸祈中英兩國之感情藉此得以增進，想先生等愛國情深，必能遵從公意，保衛國權。同人等欽佩有素，喁望彌殷，不願犯言人兩失之訓，遂復作杞民過度之慮，仍盼不吝金玉，正式誨示。否則大錯鑄成，則蒙其害者固屬我國，想亦非英政府聘任先生等之初意也。暑天攝衛，不盡拳拳。專此。順頌

時祺

全國教育會聯合會代表：李步青、羅教鐸、趙乃傳、雷殷

北京各大學教授：高仁山、查良釗、朱經農、顧名、毛咸、王文俊、陳寶泉、徐治、譚熙鴻、呂复、馬叙倫、徐崇欽、張貽惠、孫柳溪、黃建中、湯茂如、陳寶鍔、林風眠、馮農、許繩祖、蕭純錦、徐淵摩

中國教育改進社代表：陶知行、凌冰

（此信約寫於 1926 年 5 月）

---

① 載陶行知：《陶行知全集》第 8 卷，四川教育出版社 2005 年，第 751—752 頁。原標題爲《全國教育聯合會等團體代表致胡適、丁文江等函》。

全國教育聯合會等團體代表致英庚款會調查團函①

英國庚款諮詢委員會調查團諸位先生大鑒：

同人前曾寄上對於英國處置庚款辦法之宣言一份，計已達覽，其重要兩點如下：

（一）反對英國政府所定關於庚款之處置辦法，以保國權；

（二）要求英國無條件拋棄庚款，如非無條件拋棄，無論以此款在中國作何種事業，均認爲伸張其行政權於中國領土，中國決不承受，並極端反對之。

關於以上兩點，諒荷贊同。近據報章宣稱，貴團主張採美國退款辦法，廢諮詢會，設董事會，董事人數中國得多占一席，此款暫由英外交大臣保管，云云。此消息果確，足徵貴團尚能虛衷採納各方意見。惟同人對此尚不滿意，因特再提出下列兩項主張：

（一）英國應正式聲明退還庚款；

（二）所退還之庚款，應由中國組織董事會保管及支配之。

此爲同人要求之最低限度，如蒙儘量容納，並據以向英政府建議，實爲中英兩國之幸，惟貴團實圖利之。專此。順頌

時祺

全國教育會聯合會代表：李步青、羅教鐸、趙乃傳、雷殷、姚金紳

北京各大學教授：查良釗、朱經農、顧名、毛咸、陳寶泉、徐治、譚熙鴻、呂复、馬叙倫、徐崇欽、張貽惠、孫柳溪、黃建中、湯茂如、陳寶鍔、高仁山、林風眠、王文俊、馮農、許繩祖、蕭純錦、徐淵摩

中華教育改進社代表：陶知行、凌冰

（此信寫於 1926 年上半年）

---

① 載陶行知：《陶行知全集》第 8 卷，四川教育出版社 2005 年，第 753—754 頁。

血鐘第一聲①

此次日本暴行，舉國官民，無智愚賢不肖，未有不主張抵抗者也。至如何抗日，則各人所處地位不同，見解遂異。嗟乎，因區區見解之異，本以萬衆一心對敵，終至萬衆萬心，國事竟不可爲。試讀朝鮮亡國史，能自憬然。故開章明義，不論如何抗日，而論救國先應解決之根本問題。

夫日本之土地與人口，皆不及我國十分之一，而敢於萌併吞中華之野心。今且陳師滿洲，並示威於我沿江沿海區域。我政府與人民，在同聲抗日中，彼此間仍留罅隙。所以然者，晚近國人之大患，由於功利之心過熱，而參以自我立場之鵠的。此觀念不消滅，則一致對外，終不可得。即今形式強趨一致，而政府之間，人民之間，政府與人民間，貌合神離，遇機即形潰決。《書》曰："兼弱攻昧，取亂侮亡。"我國之弱，弱於昧與亂也。何以昧，不能責人民也。誰亂之，果人民自召耶？深維兼攻取侮之由，應審弱昧亂亡之失，此則有領導民衆之責者，不可不先自檢查也。

抗日之舉，任何團體行動，必須在政府指導之下，整齊步伐，此在政府固自有深意。惟所謂指導，所謂整齊，重在實際，在精神，不在形式。在政府未對日宣戰前，果因内部準備，有訓練民衆之必要。正不妨採授意方式，培養其一致侮②之精神。今乃一切以明令行之，甚至義勇隊組織，皆須訓練總監之明文規定。至使日方藉爲口實，以排日舉動，由政府嗾使，因此取得國際宣傳之資料。若夫國民外交，爲革命政府所必循之軌道，今三次對日抗議，均未公表。一則曰政府自有辦法，再則曰靜聽政府指揮。政府如此負責，國民固無不信賴之意。然使日方知外交與救國運動，悉由政府直接支配，人民竟無餘地作後援，實予當局以不利。

---

① 原載《抗日血鐘》創刊號，河南大學反日救國會編輯委員會1931年10月18日。
② 侮，疑應爲"禦侮"。

無國民黨則無中華民國，又民衆行動，必受黨的領導，擁護政府，此中華國民，在國民黨政府統治下，人人應具有之心理。惟期國民具此心理，必須使國民心悅誠服而信賴黨，並信賴政府。年來黨之活動，往往隨政治勢力爲轉移，黨，黨員，政府，混爲一談，國民因之漸消失其信仰心。此非國民之心理無常，所以影響於心理之變遷者，必非無爲而然。

　　不此之檢查，假使本月十四日日本不依國聯勸告，有進無已。即或陽示撤兵，而要求條件，使人民唯一倚賴之黨政府，無以保持固有之領土與利權。無論當局如何抗日，終無以自解於國民。然而日禍如此迫切，政府竟不能竭全力對外。何也，則以兩粵和平，共黨內擾，各處組織義勇軍，尚勞其遲迴審顧也。

　　嗟乎，外侮日亟，內患乘之，以今日列國並峙之局，恐求爲小朝廷而不可得。惟有以放棄權利之鮮明表示，先消弭內部糾紛，進而與暴日相周旋。雖成敗利鈍，不可逆覩。然其爲黨爲國之大無畏精神，亦可昭示於國人矣。

　　茲述解決根本問題之意見如左：

　　第一，勿論宣戰與否，將各省所有軍隊，悉數調赴邊防，由地方自謀警衛。凡現設軍人，兼攝政權者，辭職，交給地方自治。如此則革命軍真正爲黨効命，爲國犧牲，不蒙勇於內爭而怯於禦侮之名。彼甘心劫奪權利者，自爲人民所共棄。

　　第二，各黨員年在五十歲以內者，一律集合，受嚴格軍事訓練，爲最先預備隊。如此則黨員具有國存黨存之信念，自能激起人民興奮，共在黨的領導下，聽候驅策。

　　第三，廣開言路，凡關於時事及政治利弊制度得失，許人民盡量指陳。但使行動不妨害秩序，言論必絕對自由。如此則有能與廉潔之政府，可期實現。

　　今者國亡無日，痛詆以前外交如何失敗，革命如何不徹底，無救於今日危亡也。侈言宣戰與經濟絕交，不足以激揚民氣也。思之，再三思之，日之何以能抗，與國之何以得救，全係於當局今後態度之變更。果上陳意見，見諸事實，國人聞風興起，有不爭先効命，共赴國難者鮮矣。

暴日雖强，其能盡燬我國民於炮火之中乎？

李步青二〇年十月十一日作於開封

《心音》雜誌題辭①

夫雲初出岫，能興雨於崇朝。水不擇流，自歸宗於大海。故前後喁于，極謳歌之韵事。左右采獲，成著述之鴻篇。心心社諸子，學異本原，文殊流派。冶中西於一爐，合莊諧而雜奏。雖非山水清音，得之絃外。亦有煙霞勝景，起於林間。涉筆成趣，堪擬作家之小言。擲地有聲，無須老夫之獎藉。

"開封"釋名②

開封，古鄭地，莊公築，以開拓封疆爲名。當兹外患憑陵，關外不祇日蹙百里。吾人念我祖先開拓封疆，貽諸後世子孫，今竟不能保其所有。試展誦法人都得《最後一課》之文，追懷越王勾踐生聚教訓之謀，有不聞風興起，思所以激勵國人者乎？

《説文》，封，爵諸侯之土也，引申之義如固。開，張也，張者，施弓弦也。吾國軍政已畢，一切建設，非鏟除封建思想，不足以滌污；非打破故步自封的觀念，不足以邁進。矧國難日迫，吾民族萬不能束手待斃，應如何開張之而使弱者强，開導之而使愚者明。苟不從教育之實驗入手，而專事宣傳，是之爲畫餅充饑；或教育一仍舊貫，惟求整飭，與夫標榜實驗，而枝枝節節以求之，是之謂緣木求魚。兹刊之作，名以開封，誠有矢在弦上，非無的而發。抑使讀者顧名思義，確信國家改造事

---

① 原載《心音》第一期，河南大學 1931 年 10 月。
② 原載《開封旬刊》第 1 卷第 1 期，1932 年 11 月 1 日。本文是李廉方爲其創辦的《開封旬刊》（出版 12 期後更名《開封教育旬刊》）創刊號而作，原文標題爲《釋名》。

業，惟小學與民衆之教育實驗，始爲基本工作。且比所謂空軍救國、科學救國、實業救國之類，實爲扼要，非只聯想及於地方已也。果由開封教育之實驗目標，喚起全國教育界對於民族復興之同情，共圖改造，胥四萬萬之同胞，由封閉而進於開明，恢我疆土，並進世界於大同，茲刊其嚆矢也夫！

黨承訓先生傳①

黨君林修篤行士也，從余游有年，爲余述其祖考承訓先生事略，且乞傳其言曰："吾家世務農，祖考承訓公十三歲喪母，十九歲喪父，煢煢孤立，里人有侮之者不屈亦不介意，生平好畜牧，秣養必親自奉至，儉約子孫，進甘旨必斥之，羊裘一襲，藏而不御，家人屢請，始泫然。"曰："吾父龘布糲食以終，吾所衣所食逾先人遠矣，年七十健步如壯，時家離城三十五里，往返無倦容，庚子歲大饑，粮運絡繹，一日入城拾錢囊，審爲前行車夫所遺，追還之。鄰人某質田價屢益，比贖，忘契所在，某僅認原價不與較，及檢得原契則焚之。"林修所述如此，嗟乎，今日世風尚競，迷惘於爲我之途，苟足以豐其所給，無不百計圖之，苟足以有利於己，雖致人於危難不惜也，其力誠足以起家甚或視祖若父之貧苦辛勤，方引以爲恥辱，復何追懷之？足云如先生可以風矣，烏可以不傳？先生諱振庭，字承訓，世居河南鄢城縣西北黨灣邨，生於清咸豐八年，以民國十九年十一月卒，享年七十有三。子三，長叙倫，河南高等學校畢業，獎給舉人；次叙功，務農；次叙典，中州大學選科生。女一，適臨穎張清和。孫十，長林修，河南中山大學畢業；林豐，許昌聖經學校畢業；林峥、林涵，臨穎甲種農業畢業；林洎、林曾、林芳、林蘅、林欣、林青。孫女三。

京山李步青廉方撰

---

① 原載《河南大學週刊》第15期，1933年1月3日。

對於中華民國憲法草案初稿之意見①

一、關於整體方面,以三民分編易分裂其連環性之作用。民族、民權、民生三者有連環性,在説明時可以分别立論,在實施時界限已泯。憲法條文在適於實施其根據三民主義,在條文之内含與其旨趣,並不在形式之以此分類。原文因拘於以三民分類,故在民族編不少空洞之條文,須在他編形成爲具體條文;而生計與教育,反不能於民生編表現其全部意義。鄙意憲法不必分編,惟概括規定大綱,一切詳細方案,均依此原則而生。如欲分編,當從組織與性質爲序,亦不必以三民爲形式之類别。因大體上頗有疑義,故不便逐條發表枝節意見。

二、關於教育部分,僅規定如何受教育而忽視受如何教育。原文因限於民生爲綱,以國民教育立章,遂以國民如何受教育爲癥結,此固極切要問題。然而國民應受如何教育,因爲傳統式與資産社會式所構成之現行教育制度與課程,現已完全破産。若不明白規定教育應取方向,即如原文規定者達到限度,則民族復興亦未可期。況在教育本身方面,國民教育與高等教育對待,或與中等以上教育對待,憲法上不確定全部教育之旨趣,而僅論及如何受教育,此則民權所應注意者也。兹對大體上之片面規定既有懷疑,故亦不便逐條提出意見。

《相國寺》序言②

城市之所以異於鄉村者,由於工、商與農之區别。欲使人類適應環境,進而控制環境、建造環境,先以瞭解環境爲主。所需乎教育者,即在使如何能瞭解其環境,尤貴於小學教育培其基。城市缺乏大自然之供

---

① 原載《河南政治月刊》第 3 卷第 9 期,1933 年 10 月。
② 原載李步青等:《相國寺》,開封教育實驗區出版部 1934 年 3 月印行。

給，因職業各別，人爲之表現，較爲複雜。處此複雜社會之中，而不從複雜之現象，以求學習生活，此教育之所以與社會隔離也。固知此種複雜現象，決非一二設計教學所能盡其用。苟爲社會中心所在，必爲教學上最重要而且最適當之單元。相國寺爲大衆、工商薈萃之所，具有悠久之歷史性；其遺留之古代建築，亦足以動人觀感。關於特殊事實，另有專編。其涉及教學上之參考者，屬馬靈泉君搜考調查，輯成若干篇，並加訂正，庶幾便於留心城市社會者之省覽云爾。

京山李步青廉方二十四年三月識於開封教育實驗區

范吉六先生六十壽序①

夫放翁清貧，獲康強之報；香山遠引，繪雅集之圖。古者名賢介壽，不廢祝言；初筵宴賓，以錫純嘏。蓋東華至妙之炁，化生木公；南陽如醴之泉，灌輸嵫景。惟仁者不損其容華，斯耆年可期夫國養也。老同學范君吉六，鳴夷世系，樊山望族。門第同於王謝，衣鉢傳自高曾。趨庭習禮，能肯尼父之堂；圜橋聽經，早入康成之室。及學已明修，材成俊秀。應西域請經之任，作東瀛泛槎之遊。轉轂回轅，八材用飭；省日試月，九年大成。於是青衿慕道，采文翁之聘車；白衣授郎，得范相之推轂。秩列春官，坐論夏序。荀羨之膺通顯，未見二毛；溫造之叙家門，已延五世。迨朝綱失馭，典守復官。綜鴻博之規程，六學競美，觀江漢之風化，滿城生春。迄乎初服既還，清望如故，固已碧山嘯傲，公車時停於門前；青箱繽紛，家學見推於江左矣。今屆東皇獻歲之日，正國老杖鄉之年。鬚髮未皤，腰腳猶健。垂堂可坐，夙秉訓於一經，緩步當車，不縈情於五斗。是以世稱雙璧，賈禎歎爲難能；庭植三槐，王祐知其有後。以此娛暮景，養頤年。信足享張蒼之百齡，不祇如啓期之三樂也。而況君實年高，會洛中之耆侶。真翁歸隱，聚四明之故人。時花共賞，

---

① 原載《河南博物館館刊》第3集，1936年9月。

今雨偕來。相與竹柏悦心，烟霞忘世。抑又哂霸城之老翁，幾經銅狄；揭靈台於我佛，共樂梵天者矣。然而福慧雙修，俗士以之相炫；林泉自樂，浮生亦覺有涯。以此壽君，我不爲然。觀其步趨鱣堂，驅策駑駕。脂膏不慕，器識爲先。公子無濁世之姿，少年有老成之目。曾參篤行以質魯而傳道；邴原達識，由遠遊而知方。此其在學之可重也。洒如崇實踐，謹細行。呐呐不出，克己已近於仁；休休有容，虛懷當止於善。本忠武一生惟謹慎之心，持正惠大事不糊塗之見。退讓不失之自卑，評衡務期於薄責。誠以接物，敬以持躬。此其立身之可重也。若夫錦裁合度，蔗味自甘。不矜不伐，猜爭爲之消弭；所視所指，批判必其靖共。龜山持肘以觀，未離卅年之案；德秀駕車而去，仍抱兩袖之風。此其從政之可重也。至於和神當春，摯情會友。隔雲泥而不爽，歷風雨而彌親。雷義之心交，可比膠漆；郭璞之神契，安知塵冥。所以有始有終，誼能耐久，相規相勸，客多希風。此其交友之可重也。考之詩歌景福，皆頌有德之言；禮無壽儀，分詳敬老之典。吉人天相，大器晚成。君之宜壽，有由來矣。同人等交自總角，義比親鄰。河山無恙，歲月更新。欣逢花甲之週，並有蘭馨之契。幸共葆其天真，靡自嗟夫老大。將以製菊銘，申桃詠。合九老以致辭，約八仙而赴宴，步青息壤在彼，祝史被推。千里懷人，惟秋水兼葭之可溯；四方多故，知寒歲松柏之後彫。同泛范蠡之舟，馳情遊水；遙吹李委之笛，獻壽今朝。

十九之夕①

叙述本文前，有必需闡明者：是晚首義各標營，惟工程營臨時有唯一指揮之人，隊伍配置較爲堅密，吳兆麟、熊秉坤尤有殊功，誠爲公認事實。惟各標營出動先後不同，各有特殊情事，不可混爲一談。最當使

---

① 原載辛亥首義同志會主編：《辛亥首義史跡》，1946年10月。署名"李廉方"。

後人明者，是晚進攻，是否止於工程一營，爲其初到楚望台集合之三百餘人。此外參加者，僅二十九標蔡濟民一排，亦未任圍攻督署之役。而城內各標營是否皆受工程營策動，其出動與否，亦以到楚望台與否爲憑。從另一方面言之，當時分攻督署者，馬雲卿傷於王府口，馬開雲傷於津水閘，闕龍傷於東轅門，胡春陽傷於督署大門前，王世龍死於鐘鼓樓前，紀鴻鈞死於門房外。雲卿二十九標，開雲三十標，闕胡王四十一標；紀未詳，皆有當時起義人記載可憑。此外，死傷佚其姓名者，不知凡幾，如胡石庵稱甘威於十九後不見其人，知其名而不知死之所在，竟無稱道之者亦不少。是當時在城內各標營，確已會師進攻矣。吾人當知十九晚間發難，固係應變猝發；然各標營士兵，多經共進會、文學社兩團體密謀組織，歷時有年。其發難計畫，已在十八日機關未破獲前決定，非專係於是日代表分途商也。而十八日阻滯未達之總指揮命令分別指定任務，是日亦爲各代表所周知。又其晚分路進攻，防綫甚長，後路駐守巷道，因任務未得移動，對於前綫情事，較常人所知倍難或更少，以故督署如何攻取，不甚知悉。但聞炮聲隆隆，火光熊熊，聽取督署攻下消息而已。又各標營代表，文學社與共進會非同爲一人，言者稱述不同，非有差異也。爲晰辨各別事實起見，因摘取以下記載，俾於事實輪廓，先有一主要觀念，或可減免各就所知與所聞見臆斷一切事實，任情抹煞也。

一、八月二十一日清廷上諭文曰："瑞澂電奏十八夜革匪創亂，的拿獲革匪，正在提訊核辦。革匪餘黨勾結工程輜重營（此指混成協輜重營，言混成協有輜重一營、工兵炮其各一隊，均駐武勝門外數里之塘角，民間每通稱輜重營），突於十九夜八鐘響應，工程營則猛撲楚望台，輜重營則就營縱火，斬關而入，瑞澂督同張彪、鐵忠、王履康分派軍警，隨時佈置，並親率警察隊抵禦，無如匪分數路來攻，其黨極衆，其勢極猛，瑞澂退登楚豫兵輪，移往漢口……。"（原文未增減竄改一字）此係敵人當晚報告，當係完全事實。所言既稱工程、輜重同時出動，則輜重營即先於工程營，決不稍後。都督府最初設秘書五人，不設秘書長，作者最初爲首席秘书。有一次黎元洪親向作者①先接輜重營管帶張正基電話以兵變，繼聞工程營兵變。塘角距武勝門尚有數里，是八時入城，其發難當在前一時許。又曰分數路來攻，其黨極衆，則當時革命軍之人數，較敵人軍警，即不與其數相當，至少限度亦當有其數分之一或三分之一，不然，瑞澂必不以爲衆。雖猛不衆，彼退登兵輪，亦不至移往漢口也。如三月廣州之役，革命黨百餘人即攻破督署，則由清吏猝不及防。所以督署雖攻破，終至失敗，何者？衆寡太殊也！武昌則敵於先一日破獲機關，業已調集軍隊在城内各處設防，與警察隊互相策應。如革命軍他標營皆不出動，僅有工程營舉義，即附近右旗部翔寰所率旗兵與憲兵營憲兵，其數已超過工程營數，可以抵抗，進而争奪楚望臺，尚何能進攻督署耶？

二、《湖北革命實見記》作者胡石庵，所記不寓疏誤。惟石庵皆述親自聞見之事；又作於民元二月，去首義日甚近。其略云：朱思武二十日來無報告，工程營據楚望臺及軍械後，未幾，二十九標三十標相應而起，後四十一標亦出，又有測繪學堂全班學生到楚望臺，思武與石庵同鄉，曾從之讀，當時爲工程營正目，所言如此，當可證實在辛亥首義後數月，漢口報紙上，通常會談中，從無有公説首義係某營獨有之力，與某人最先發動之功，迄民初猶然。今則武昌首義，早爲國人所淡忘，甚有輕視之者。當年同志，固可各自表彰其本營偉烈；然因表彰某一方面，而抹煞一切方面，即爲事實所或有，亦大可不必矣，況事實本非如是耶。

三、《革命真史》曹亞伯編，首義事據吳兆麟所給材料紀述，固偏於表彰吳兆麟，但其涉及之事，殊可參證。略云：兆麟接受指揮後，即曰：俟炮隊入城及各營同志響應後，然後一齊進攻督署。又於十點三十分下進攻命令，有曰據蔡濟民報稱三十標旗兵已逃，憲兵營亦爲我同志撲滅。又曰黎元洪聞蛇山炮聲潛走。準此則三十標旗兵，在十點左右遁走，其非旗兵部分與二十九標兩營，必可自由行動。黎於十一點左右離四十標，以下官兵及留守隊，亦必自由行動。當時在城内者有二十九標兩營及其

---

① 此處疑有闕文。

三營留守隊，三十標兩營，士兵旗漢參合，旗兵不過三分之一左右。是右旗兩營在城內者當有一千五百人以上；四十一標三營左隊開往岳州，尚有兩營之留守隊及混成協兩標士兵在講武堂受訓者亦駐此，亦當有五百人以上，合計二十九標、三十標、四十一標在城內者，當有二十人以上，即以半數人參加計之，亦當在一千人以上，數倍於工程營。兆麟爲臨時指揮，其開始進攻時間爲十點三十分，係其本人記錄。三十九標、三十標不待論矣，即四十一標出動稍遲，亦不過一小時耳。進攻歷五六小時，始下督署，何至數倍於工程營者，皆未編成隊伍，豈果各標營同志皆觀望不前耶？《六十談往》覺其過於疏漏，稍爲矯正，然亦僅稱應援，或將有數個人列其姓名而已。以當時同志心情，無不踴躍爭先，何至專讓工程營上前殺敵，而皆退處後方，如從楚亡秦之諸侯軍，皆從壁上觀，驚睹楚兵之以一當十耶？夫爲民族解放效命，凡爲漢人，具有同情。在十一點左右，各標營皆可出動，時所可行與力所能爲，而皆不爲不行，則城內各標營隊代表及其同志，尚有何面目於二十日晨會集於諮議局耶？又何以當日竟無人議及各標營未參加之微辭耶？

再以革命陣地言之，城內軍隊，駐山前東南，與督署鎮司令部遙相對峙，相距約三里以外。敵人在十九日間，已調認爲可靠之軍約三千人，警約二千人，在城內分處佈防，當爲革命同志所已悉。而革命進攻，集中於督署方面。督署在山前南樓南之大街西南，逼邇望山門，望山門東距保安門約一里，守督署必由望山門向東佈防至保安門與津水閘。保安門正街南沿城牆及其北面近街之巷道與隙地，亦須佈防。鎮司令部在大都司巷內，西出繞豹頭堤而至督署西轅門，故督署右側與後面，有鎮司令部防衛，地偏隘，民房密集，非用兵地。東出大街，南抵望山門，北至水陸街，即督署後院對角。大都司巷出大街，街東不遠爲王府口，由望山門至水陸街約一里，由水陸街至王府口約二里，爲革命軍西進通道。敵人守司令部，即以固督署後防，故王府口至望山門必佈重防。而佈防不僅堵塞其西口，王府口前哨，可分佈至紫陽橋；水陸街前哨，可分佈至小朝街。其時新軍附敵者惟第八鎮輜重營，駐平湖門外，是晚已分調至城内佈防，必由平湖門出入，經學宮街今大成路通大街。在王府口北，其中間三佛閣百壽巷之西口，亦當爲敵人佈哨所及之綫。革命軍進攻督署分爲三路：一由津水閘向保安門及其正街，一向水陸街；一由紫陽橋向王府口大街，其由北至南，前綫長三里餘；望山門由東至西，前綫長一里；而三路後防之綫不與焉。當是時，敵人軍警合計至少五千人以上，分派長官統率，必不至困守督署一隅。除散防於城內各街巷者外，臨時派李襄鄰、白壽銘爲兩路指揮，分防督署左側東面之南北，即在王府口水陸街保安門一帶，嚴陣以待。郜翔宸率旗兵潛伏山前，俟機出擾，未知所在。而革命軍分路前進，至閱馬廠紫陽橋以西，兩側巷道複雜，尤慮設伏。如三路進攻，止此三百餘人，每路僅百人有奇，以與節節佈防之敵軍接戰，應付恐有不暇。如其悉數前衝，後無援兵，亦無以控制此綿長之路綫，稍知軍事者當知其不可能也。

蛇山橫亘城中，截爲山前山後，東抵大東門，西抵黃鶴樓，長約五里，南北通徑甚多。蛇山爲我軍砲隊陣地，沿山徑道，皆須佈防，始可掩護。工程營全部分路進攻，王府口一路之北，尚距蛇山數里。山後則城內未有駐軍。郜營潛遁，並有警察分防山前後街巷，如此龐大防地，決非少數隊伍，得以掩護。郜營于二十日尚敢進擾諮議局，而是晚竟未一出而滋擾者。則以四十一標出動，自大東門至閱馬廠，爲其警戒綫。由後又因塘角工輜砲各隊入城，東至小東門，南至蛇山，分隊清掃。皆聲威震赫，迫之不敢稍動。不然，蛇山砲隊，僅以數十名步兵掩護，安得穩固陣地哉？

至於各標營出動之任務，惟有十八日延未到達之總指揮命令，並無集合楚王台之決議。吳兆麟爲臨時指揮，係工程營推戴，亦無約束各標營之權威。其出動各部，有往楚王台者，大抵往取械彈，如測繪學堂是也。蔡濟民、張鵬程早出，皆先到楚望台，其他間亦有之。亦有表彰個人，稱其進占楚王台者，則爲誇張之辭，非真事實也。雖各標營士兵，業經收繳子彈，但所謂收繳者，係繳存本標營之軍械庫。及事起，自可入庫取彈，苟非不足，可以逕自履行任務，到台與否，無必要也。

又如事後追論，多有謂十九事變，由於瑞澂、鐵忠等以滿仇漢心理，舉措過當，使其態度緩和，僅治首要，餘皆不究，當可無形消弭。至於事變已起，張彪始在保安門城上懸示自責，則已晚矣。並謂十九夕革命軍攻下督署，由□擁有砲隊發砲轟熝以及縱火延燒而然，非戰之力。不曰僥倖，則曰天助。局外人不明底細，可以妄言妄聽，但局中人亦有如是云云，不可不辨。武昌八月首義，經各革命團體多年組織，始達到成熟期限，即無十八日破獲機關之事，于勢必舉。蓋民族解放之使命，必至清室傾覆而後已，決不因清廷與當地官府之如何安慰，可以遏止也。至於砲轟止可助毀敵人陣地，火燒則視必要時機足以阻退敵人，有利我軍而後生効。敵人擁衆倍於革命軍，使非革命軍擊潰其衆已多，即使督署被毀，猶可轉移陣地相持，何至退出武昌，且將殘餘隊伍退至漢口郊外劉家廟待北下援師耶？故其電奏其黨極衆，其勢極猛者，蓋指實也。抑當時武昌方面軍隊可以革命者，雖不及敵人軍警之多，而實力已有二三千人。雖開始出動，不無若干觀望之人。然敵軍中亦必有思及我是漢人幫滿人打漢人之行動，而心不自安者矣。惟以扼於環境，不得退避。而謂其爲敵效死，如革命軍之有敵無我奮勇前驅，必不然也。至總指揮部多時籌備，遲迴慎審，未及早發者，則以六七月新軍外調太多，留駐武漢者抵抗清軍南下，力有不足。非對攻佔武漢竟無把握也。以故起事進攻，僅接戰數小時而據有督署，並無重大犧牲，豈真僥倖哉？豈專憑天助哉？

以上觀點既明，則以下本文紀述與以往各種紀述及個人稱述，不無出入者，其是非虛實，當易辨矣。

劉、彭、楊三烈士被殺後，瑞澂電奏邀功，略云臣不動聲色，一以鎮靜處之，因得弭患於無形，定亂於俄頃。一面提訊被捕黨人，術誘刑迫，澈究底細；一面分調軍警佈防城內街巷，其在營士兵，子彈一律收繳，並禁外出。以爲佈置周密，可以安枕無憂矣。其時謠言蜂起，多以搜去名册爲口實。有云由巡防營及警憲包圍，按册拿人；有云搜去者爲假名册，各標營漢籍士兵皆列有名。總之，可使人人自危。而革命同志，則決意即動，義無反顧。即一般漢籍士兵，亦無不同聲憤慨。昔秦末謫戍漁陽九百人，天雨失期，法皆斬。陳涉、吳廣謀曰："今亡亦死，舉大事亦死，等死，其死國乎？"辛亥八月十九之武昌軍界，殆有同一心情，或更過之。所以防範愈嚴，謀反愈急。如蔡濟民、吳醒漢于是日在右旗協議分攻；鄧玉麟、李作棟日暮繞道渡江至南湖，與孟華臣、徐萬年等議定，聞城內鎗聲即集合出動；胡祖舜見黃元吉、劉楨，商其與各營隊互通消息，一致行動；熊秉坤、李澤乾由于郁文盜取外出腰牌，往右旗與蔡濟民、王文錦、方維、謝湧泉等商洽，決定是晚點名後發難，以槍聲為號，各依十八日命令達到任務，並通知城內外各部一致行動。玉麟十九日下午六時許在南湖砲隊，即接到城內決議消息。見鄧玉麟《起義經過》。以及梁維亞冒險往漢口，王憲章往漢陽，密失同志，諸如此類者頗多。因為各營隊值日目兵，循例輪出採辦；平湖武勝各門，限時開放，俾居民取水；以故城內外得以傳遞消息，本晚點名後發動，秘密遍傳於各營，代表等竭慮準備，待時而動矣。

工程營在紫陽橋東南湖邊，與右旗二十九標及憲兵營接近，距左旗四十一標、三十一標亦不遠，先是十八日楊宏勝運來子彈，僅有兩排，為數過少。本營呂功超取其兄家子彈兩盒，分給同志，于郁文、章盛愷又竊排長方定國子彈五排益之，任振綱因此為排長曹飛龍看管。隊官羅子清，前日知會會員也。因革命風潮高漲，曾密詢熊秉坤，終以勢格，無所助力。見《六十談往》。惟排長陶啓勝反對革命最力，是晚七時巡查，見程正瀛持槍裝彈，金兆龍亦擦槍，問其為何如此，兆龍曰準備不測。啓勝大怒，厲聲曰：汝輩造反耶？隨扭住兆龍，正瀛急發槍擊啓勝，兆龍躍起大呼曰：反！啓勝負傷逃，時方興在營外亦擲一炸彈，聲震，玻璃碎裂，見《革命真史》。樓下林振邦、饒春棠、陳連魁等聞聲皆起，一時譁然。代理管帶阮洪發出面彈壓，發手鎗阻止，適啓勝過其前，復中鎗倒地，同志張盛愷亦受傷，衆遂擊洪發，洪發逃出，徐少斌要擊斃之。見《六十談往》。右隊隊官黃坤庸挽本隊士兵留營房內，士兵不從，呂中秋擊之，坤庸死，彈貫司務長張文濤，亦死。據呂中秋口述。于是熊炳坤放槍為號，集合整隊，總理所推重之熊秉坤一鎗，可以此當之。馬榮、羅炳順等守楚望台，聞本營鎗聲，立即放鎗以應，秉坤遂守隊馳往楚王台。《革命真史》。左隊司書周定原謂，既已發難，當速往楚望台，集合衆士兵齊唱一聲響如雷，已一哄而出，合計不滿三百人。《談往》則稱率同志四十餘人。

楚望台逼近中和門，軍械庫在焉，漢陽鎗炮廠所造鎗炮子彈及所購外國鎗械，皆儲藏其内，平時由工程第八營守衛。先是謠傳八月十五日起事，張彪派李克果、馬祖全、成炳榮、劉繩武、張策平等，會同總辦紀某負責監守，克果等即在四週設防禦工程，工甫竣而變起。克果見聲勢洶洶，不可制止，相率走避。見《談往》。炳榮士官畢業，爲同盟會會員，聲請參加起義。見成致和函送其兄炳榮事略，《實見記》則稱推爲軍械處總理。熊秉坤率隊到台，與守台馬榮、羅炳順等會合，遂占領台及軍機庫。見《談往》。隊官吳兆麟，是晚亦守台。《實見記》曰左隊隊官吳兆麟、二排排長鄭傑同守，居正《起義經過》群挾隊官吳兆麟至楚望台。熊秉坤、馬榮二人，本同志素所信仰之代表。臨時指揮，自無問題。惟秉坤等以兆麟在營資望頗高，軍事學識出其上，舉大事必需能者領率，始膺衆望。如此不自私不攬權之志願，本一般秘密同志同具心理，亦即武昌首義成功之表率，而工程營同志，首先實踐，洵可敬也。因是商推兆麟爲臨時指揮，《談往》汪長林於台西南牆下見隊官吳兆麟强，要至台與秉坤晤，遂被推爲臨時指揮；《實見記》推馬祖全臨時指揮，案祖全士官畢業，講武堂堂長爲監守之一人，或者有人提及未成事實。兆麟固辭不獲，申言宜嚴守紀律服從命令，違者必以軍法從事，衆皆翕從。於是重整隊伍，集合西南凹地，講說立時措置事宜並命令之。

一、本營東有三十標，西有憲兵營，多爲旗人，地位相逼，必乘其不備制之，馬榮、金兆龍各帶後一排，馬榮向憲兵營東南進，金兆龍向憲兵營西南進，即時出發撲滅之。

二、本台軍械庫爲我軍根據地，必需保守，曹飛龍帶兵一排防禦北端，黃楚楠帶兵一排防禦東北端，皆向三十標猛烈射擊。

三、砲隊在城外本有預約，宜促其入城助戰，熊秉坤率楊金龍、徐兆斌、汪長林帶兵一隊，先奪取中和門以便砲隊入城。

四、附近電綫一律割斷，程正瀛、楊雲開、孫元勝、羅炳順各帶兵六名前往割斷。

五、陳有耀帶兵三名往通湘門附近偵查，唐榮斌帶兵三名往中和門附近偵查。

六、城內各營分派同志二人分途前往送信。

七、其餘爲預備隊，在本台軍械庫西端集合待命。

八、俟砲隊入城及其他合營出動後，會師進攻督署。

九、今晚口號興漢。

以上見《革命真史》，惟第三項微有出入。

塘角混成協駐輜重一營，工兵砲兵各一隊，是晚七時左右見《六十談往》。再據陸德澤口述，是日五時渡江將往平湖門訪友，因風浪大，舟下盪至下新河傍岸，天已黑，又微雨，乃舍舟登岸行至其武勝門郊外往宅，坐未久，即聞塘角槍聲，派傭工往探，見輜工士兵正在拖砲出營，亦爲七時許，縱火爲號。居正《起義經過》：塘角輜重營李鵬昇、李樹芬、羅一安等，砲隊十一營晏伯青、符玉龍舉火起事。《文學社運動紀實》：砲隊代表晏伯青、符玉龍等與工程隊縱火燒營，輜重營響應。《六十談往》：李鵬昇、李樹芬等攜洋油燈一盞往馬房燃馬草起火，工程隊長張斌、黃士傑等立即附和，砲隊無動靜。《廣益叢報》八月三十日紀聞轉載《漢口報》：起事時尚未至武勝門外某家失慎營防口砲輜工信爲號火。輜重營即集合隊伍，向武勝門進，工砲兩隊繼之，破城門而入，見《廣益叢報》轉載《漢口報》紀聞，《革命真史》《談往》皆謂砲隊未回應，似有疑問，因攻督署時鳳凰山曾發砲也。當其由塘角啓行，砲車聲轉動，軋軋有聲，鄉民驚問何事？答曰：這是我們的事，驅滿興漢，老百姓不要驚慌。《陸德澤口述》。李鵬昇最先行，率數十人《真史》七十人餘，《談往》約百餘人。繞城至通湘門入城而至楚望台。見《革命真史》，《談往》謂趨南湖後再入城。蔡鵬來後亦到台。《談往》稱蔡鵬來被阻城內，據《鍾祥張一權函送鵬來事略》則稱帶砲六尊進城。余鳳齋率大部分指揮工輜隊伍，掩護砲隊，進占鳳凰山。三十年十月十日《中央日報》"雙十節紀實"：草湖門外舊凱子營三十標吳醒漢、徐達明、王藎章等，從城外圍攻鳳凰山砲台，當係塘角混成協輜工砲之誤，三十標駐城內無攻鳳凰山之事。二十九標與三十標同駐右旗，二十九標三營調往襄鄖駐守爲一營二營，尚有三標留守兵若干人。三十標一營三營駐城內，三營士兵滿漢參合。二十九標張鵬程，奉隊官吳長懷命，於是晚守通湘門。見採訪員在恩施張宅所錄《鵬程起義事略》。蔡濟民聞工程槍聲，即託辭巡街，率本排士兵出。居正《起義經過》。張喆夫、李達武、謝超武等，亦聞聲出。見《文學社運動紀實》。濟民率隊行至營門前，見有鎗彈從營外射入，當係工程營促右旗發動者，即大呼曰："打旗人！"營內各同志應聲呼"打旗人，打旗人！"三十標亦有應聲呼者，呼聲動天，旗兵無不人人慴伏，莫敢較。據當時起義人口述，已忘其人，或即濟民在滬時所告。濟民遂出，徑向楚望台去。鍾仲衡、盧雅卿、方維、謝湧泉、陳偉、馮中興、羅良驤、蕭國寶、陳復元等皆出。參照《知之錄》及其他記載。時旗籍官長守三十標營房，聲言管帶不准外出，各不相犯。吳醒漢趨前言曰，管帶命令固要服從，但不可不整隊防不虞，言時聲色俱厲。而四面槍聲，漸緊漸密，旗籍官長怏怏退。馬明熙、徐達明皆爲排長，吹笛站隊。遣同志闖入本標營軍械庫取子彈，氣勢洶洶，旗兵無與爭者。節取王嗣昌《函送起義三日記》原文，偏於表彰吳醒漢。又有人稱擊傷旗兵十餘人，但未演成分隊對峙形勢。管帶郜翔宸，固有智略者也，見力不能敵，徒犧牲無益，遂率旗兵百餘人，開西營門竄走。參照《文學社運動紀實》，又據成致和函述其兄《炳榮事略》，十八日午後，張彪令閉西營門獨開南營門。於是，三十標馬明熙、徐達明各率本排往楚望台，吳醒漢、方維、謝湧泉亦率一部去。二十九標杜武庫、高尚志、楊選青、夏一鳴、姚金鏞及留守胡效騫等各率一部往楚望台，《六十談往》。馬雲卿亦率一部與張鵬程會合。見居正《起義經過》《文學社運動紀實》。標統張景良、楊開甲皆走避，《革命實見記》稱：楊開甲被脅反正，管帶何錫蕃對士兵出動未有阻撓，但是晚亦未加入戰鬥耳。居正《起義經過》：督署下後，杜武庫、高尚志、夏一鳴、李濟臣、張達筏、徐友藩、李達挾何錫蕃反正。案以上各人皆於督署未下前至楚望台，會師杜武庫、楊選青、夏一鳴，且加入敢死隊。見《六十談往》，至《革命真史》稱是晚二十九標、除蔡濟民一排外。三十標皆未響應,又云何錫蕃將士兵帶至賓陽門內一菜園內,既不響應又不敢與革命軍爲敵。廿日,始由目兵帶至楚望台聽候輯制,案官長如姚金鏞、胡效騫、杜武庫、蔡濟民、楊選青,以及張鵬程、馬雲卿、高尚志等是晚參加,他書已有記載。《革命逸史》:工程營攻督署三十一標吳醒漢繼之,胡郊篤、蔡濟民復率二十九標會攻。四十一標與三十一標同駐左旗,卅一標已開四川,四十一標有三營之前右後三隊,以及一二營留守若干,又有本標與四十二標之講武堂受訓士兵近百人寄宿於此。參照王續承紀錄及口述。當塘角火起,其管帶張正基電話報告,元洪即命謝國超,嚴防本營士兵行動,適見有人從外來遞信,元洪手刃之,《革命真史》作周榮發,《知之錄》作周榮棠。又士兵鄒玉溪聞變,欲奪門出,亦爲元洪所手刃。《知之錄》皆有傳,《談往》稱手刃王姓兩人。及聞工程營占楚王台,黎復下令謂革命軍來,不開鎗,以好言相勸。後黎聞南滿砲隊變,又下令謂革命軍來,即避入營房。自此元洪亦離去辦公室,《革命真史》稱黎元洪聞蛇山砲聲潛逃。於是闕龍、胡培才、李文燦、鄒棟、王世龍、顧鴻梁、棟柳、柳滌凡、李必勝、鄭繼周等齊集操場。闕大呼站隊,右隊隊官胡廷佐應聲出,吹笛集合,管帶謝國超走避,二營留守廖湘芸、姚鈞與隊官李銘鼎同出集合,於是闕龍、廖湘芸、姚鈞、胡廷佐、李銘鼎率隊,由長街協攻督署,見《文學社運動紀實》聞據闕龍口述。楊震亞、胡春陽亦同去。《革命實見記》:冒險率隊進攻者楊震亞與吳兆麟、蔡濟民並列,胡春陽則於攻督署時受傷。《六十談往》及《革命真史》所記,似有疑問。《談往》:四十一標留守部隊受砲隊轟擊,由闕龍、岳少武、李宗義等率領出營參戰;《革命真史》:四十一標天明響應,又云黎元洪走,胡廷佐集合士兵帶至楚望台,吳兆麟命其搜索各街道旗人。三十一標留守隊,因被排長何少雄多方阻難,僅江光國、趙士龍等少數人出而參加;其餘於次日由排長胡廷翼率領改編。見《談往》並參考《文學社運動紀實》,但《革命真史》稱黎元洪見三十一標已變甚焦慮,《革命實見記》則稱未及時而三十一標衛兵某已於體操台上舉火爲號。測繪學堂在通湘門內,距楚望台最近,有學生八十名,當自習時,工程營槍聲爆炸聲並起,繼以群衆歡呼聲,學生頗驚懼,李翊東急起抗聲言曰:今晚革命黨起事,推倒滿清，我即革命黨之一，願從者同赴楚王台領取械彈。衆曰：諾。遂同往操場排隊，適方興自工程營攜軍刀二炳來，以一炳授翔東，曰：學堂有滿人者，請以此斬之。翔東曰：僅一松俊耳，不必殺。方以爲然，遂與翔東及朱次璋、向訏謨率員生馳赴楚王台。《革命實見記》：向訏謨、甘績熙、李翔東、朱鑄、馮國貞、汪震亞、李華模、朱作藩、方繩修、王仲烈等率全班學生至楚王台。《革命真史》：李翔東、甘績熙率全體學生往楚王台。《談往》：陸軍測繪學堂李翔東、方興、向訏謨、王經武等率百餘人，甘績熙、朱次璋、李華模、李南星、范義俠、閔燮卿、胡聯香、宋珍珊等已先至楚望台取槍械回校，亦來會合，南湖砲隊第八標是日下午，接城內同志起事預約，鄧玉麟、李作棟在營守候，已有準備，其晚八時城內工程營發動，二十九、三十標相繼而起，有若干部分，集合楚王台，公推馬明熙率隊，出中和門，往南湖迎砲隊入城。《革命實見記》：馬明熙、蔡漢卿、陳瑞蘭登出中和門迎砲隊，案蔡時在砲隊不在城內。居正《起義經過》：吳醒漢、胡劢篤到台扶馬明熙、鍾仲衡、盧雅卿等出迎南湖砲隊，明熙請砲隊入城助戰，孟華臣乃指揮砲隊入城。《談往》《革命真史》：熊秉坤、吳兆麟、汪長林等率隊出中和門促砲隊入城。鄧玉麟《起義經過》：八時聞知城內發動，即放鎗集合砲隊，率領進城。採訪員張鵬程《起義事略》：鵬程率有百餘人奪中和門出迎砲隊。《談往》：金兆龍率一支率出中和門迎砲隊，又率隊往促之。

　　復推金兆龍、馬榮率隊在中和門內外沿途掩護。而砲隊同志，自聞城內鎗聲，又見塘角火光，相率而起，蔡漢卿乃赤膊呼嘯，其隊官柳柏順出而阻止，漢卿飛腿蹴之，其他官佐皆退縮莫敢言。漢卿立與同志多人據標本部，繼開子彈庫，拖炮實彈威脅各營隊，集合者三百餘人，見《談往》。遂偕陳國楨、孟華臣、徐萬年、李慕堯、黃駕白、范鴻江、王鶴年、陳天寅、劉天元、謝荻南、閔少斌、鄒國勳、丁敬敏、金明山、史定邦，人名分見《談往》《文學社運動紀實》。率砲十二尊，向中和門進。耿伯釗有句贈漢卿云：俯視蛇山第一功。鄧玉麟、李作棟亦易戎裝同行，見《六十談往》。過長虹橋後，三十二標隊官楚英奉標統命，率隊追擊，馬榮、金兆龍即往擊之，楚英躍而退。《談往》：楚英率兵兩隊守長虹橋，金兆龍擊潰之。《革命真史》：楚英帶兵一隊追擊，砲隊至武泰閘，不敢前進，馬榮兵率擊潰，馬隊第八營距砲隊不遠，砲隊出動，向馬隊發砲威脅，促其運動。見《談往》。馬熠雲、徐國鈞、黃冠群，即起而率隊梭巡各城門。見《文學社運動紀實》，又居正《起義經過》：孟華臣、蔡漢卿等向馬隊壓迫，馬燮雲、徐國鈞、黃冠群等内應。《革命實見記》：砲隊八標入城，馬隊八標亦隨至。但《談往》：馬隊統隊喻化龍率所部走李家橋。又《革命真史》：馬隊八標未響應，又云未響應之三十二標統帶孫國安、馬隊統帶化龍將隊帶至李家橋。至二十日夜，宣言各人自便，始於次日天明響應。三十二標長官脅制較甚，及砲隊馬隊相率出動，楚英又退回，其氣焰稍敏，經單道康、孫長福等多方運動，始得集合隊伍，入城參戰。當入城時，保安門城上敵人防綫方撤退也。居正《起義經過》：三十二標單道康、孫長福率隊來助，大破督署衛兵。《文學社運動紀實》略同，但《談往》稱：砲隊金明山前往通報，砲隊已出動，統帶孫國安不願，率隊走五里牌，混成協馬隊亦隨之去。《革命真史》：三十二標未響應，餘見馬隊下。

各標營發動情事，具如上述，茲述進攻概狀。敵軍佈防，有輜重一營，臨時調入城内。巡防若干營，原駐督署一營，十八日又調三營。教練隊一營，消防隊一隊，機關槍一隊，憲兵一營，以及鎮司令部，督署衛隊各若干人，又有陸軍警察及警察若干人。合計當在五千人左右，皆由官長領率，郜翔宸所率三十標臨時竄擾之旗兵不與焉。革命軍在城内者不及半數，變起時，管帶以上皆未主動，即隊官排長亦多數未經參加，出動時間更先後不一。方工程營據有楚望台後，城内各標營到台集合者無多，吳兆麟與最先到台之蔡濟民、馬明熙、李翊東正在籌議，餘衆集于台之周圍未動。守通湘門之張鵬程亦到，抗聲言曰："長守楚望台，不速攻督署，天明，敵軍集，我輩無噍類矣！"衆韙其言，並主張先促南湖砲隊入城助戰，公推馬明熙率隊前往，時馬榮、金兆龍撲憲兵營之任務已畢，並推馬榮、金兆龍率隊往中和門掩護。未幾塘角輜工砲入城，占領鳳凰山，搜索山後各處，李鵬昇並率數十人到台，旋南湖砲隊亦到。於是派李鵬昇率輜工一隊，方興率測繪學生，分守楚望台軍械庫，及通湘門。《革命真史》：方興、任正亮率測繪生防禦中和門及通湘門，混成協輜工隊爲預備，由李鵬昇指揮。居正《起義經過》：翊東領測繪生防守楚望台及賓陽門諸要隘。砲隊分置於楚望台與蛇山二處，進而決定進攻，分爲三路；第一路由紫陽橋向王府口搜索前進，第二路由水陸街搜索前進，第三路經津水閘至保安門，向保安門正街搜索前進。據張鵬程所述，第一次進攻二百餘人，在保安門方面；第二次進攻五百餘人，在王府口方面。見張鵬程《起義事略》。大抵鵬程專指本人進攻路綫而言，故其所見人數止此。保安門距楚望台較近，且爲台之主要防綫，與敵軍前防接觸當較早，非開始僅從保安長進攻。亦走增援時齊集於王府口方面也。至《革命真史》稱是晚進攻者，惟有工程營，《談往》稱開始進攻惟有工程營四排，恐係專據工程營一方面之事實而言也。此三路進攻陣地，水陸街雖當中路，其西口之北對鎮司令部，南對督署，如北面第一路未出西口進至相當之地，或者衝破鎮司令部防綫，則第二路不敢亦不必衝至西口外之大街，只得停頓於西頭小金龍巷口一帶。因爲第三路之保安門正街，與水陸街平行之綫較近，敵人未退至京轅門或望山門一帶，是處交通必不撤防也。以故第二路僅爲策應第一第三兩路之進攻，必至適當時間，始得衝至西口外之大街，會師攻督署也。至於三路隊伍，何爲前鋒，何爲後援，今已不能一一證明。惟開始進攻，據各種記載可以證明者，時間當在十一時左右，《革命真史》十時三十分。各標營多已出動。進攻隊伍，工程營所分配者：第一路鄒杰，第二路馬榮，第三路熊秉坤，各率一隊。見《革命真史》。此外，第一路當尚有蔡濟民本排及兼領零星之隊。參照《談往》。第三路當尚有馬明熙本排，及兼領零星之隊。馬係推往迎砲隊入城，其後在第三路加入敢死隊。張鵬程、鵬程《起義事略》：開始在保安門方面進攻，退却後轉王府口。吳醒漢見《王嗣昌函送醒漢起義事略》。各一部，亦向第三路前進。當是時，敵人擁衆三千人以上，集中於督署方面分兩路防禦：一路之前防爲王府口，其西口入大街，由北至南直達督署；一路之前防爲保安門，其保安門正街由東至西，直達督署。派李襄鄰、白壽銘分統之。據守地點，在南樓與蛇山以南之西半部，其佈防必不限於王府口至督署與督署至保安門之大街，而當在其後方與側面，皆有部署。故保安門正街側面之津水閘、恤孤巷、崔家院皆派隊守之。王府口出口之大街北面，輜重營原駐平湖門外，既調入城內佈防，由平湖門入城，經學宮街通至大街，必有警戒哨兵。再南經三佛閣、百壽巷至王府口，皆爲通大街要道，必于街口向東布哨。又王府之東頭紫陽橋，控山前中心，南北有湖毗連，長一二里，東西街宅，至此中斷。敵人堵王府口，是處有設防必要。開始進攻時，我軍對敵人佈防實不明，砲隊亦未穩固陣地，加以前綫人數無多。故第一路鄺部，進至紫陽橋西，即遭嚴重襲擊，而退回楚望台。鄺因退回楚王台，爲衆所詬罵。實則其過不在退而在退回。所以紫陽橋有無戰事，與鄺部有無傷亡，無敢論及。使鄺部未遭嚴重襲擊，何至於退。王府口至紫陽橋有三里許，兩側房屋整齊，至紫陽橋爲止，紫陽橋南北兩側瀕湖，沿湖西岸，皆爲住宅掩蔽，大可防守。使鄺部非在橋西遭襲，即可退駐其處，何至退于楚王台耶？再證之是晚衛生隊長陳雨倉報告，紫陽橋一處，尸身最多。其時憲兵營及三十標旗兵，與革命無甚衝突，即有之亦不至移轉至此，則紫陽橋在是晚必發生戰事矣。蔡濟民部則與鄺部分道繞至三佛閣、百壽巷前進。因鄺部未達王府口西口，故濟民進至大街之善後局官錢局附近，不敢再進。他記稱爲被阻後退於此者，非也。第三路熊部伍正林所率支隊，進至津水閘被阻，三十標吳醒漢，二十九標張鵬程亦率隊出第三路者。醒漢率士兵余文家、張玉清、王起雲、馬開雲等數十人，行至津水閘，遇巡防連放排槍，擊倒數人，馬聞雲負傷。見王嗣昌《函送吳醒漢起義事略》。鵬程則抵保安門附近，遇敵軍不支而退，見採訪員張鵬程《起義事略》。於是各標營出動隊伍，一齊前進，以後繼續加入者爲後援，即所謂第二次進攻也。時則砲隊陣地已穩，向督署鎮司令部發砲，聲威震赫，且議定進至適當地點放火助攻，兼爲注視發砲之目標。蓋放火必在各路進至西口入大街，其火焰始得擾及敵軍守督鎮司令部之防綫。第三站出西口即抵東轅門，如在保安門正街放火，反而防礙我軍進攻。即第二路亦必出西口，在大街西側放火，其效始著。而且各路進展，不能一致，他紀有作三路同時放火者，非也。第二次進攻時，四十一標出三佛閣。見《知之錄‧闕龍傳》，夏世鑑□送《闕龍傳》亦同。見王府口以北尚有蔡部，遂分爲二部分：一部份由胡廷佐、左國楨率領，實踐十八日命令指定之任務，進占官錢、善後、電報各局，並攻取藩署。參照居正

《起義經過》。闕龍與王世龍、鄭兆周、胡培春、岳少秋、李宗義等鄺一部份，徑向督署方面進。工程營鄺部退，黃楚楠率隊向王府口進，二十九標姚金鏞同進。參照《談往》。張鵬程退出第三路，亦轉回王府口進，見張鵬程《起義事略》。皆出第一路。工程營馬榮仍在第二路，三十標吳醒漢、二十九標高尚志同向第二路進。王嗣昌《函送吳醒漢起義事略》：醒漢率隊在津水閘遭擊，頗有潰散，繞道從水陸街走回楚望台，遇蔡濟民與高尚志隊伍為之調整，又派馬榮前往蛇山維持掩護隊。案所云調整蔡高隊伍及派馬榮維持事，與事實不合，惟揣其內情似與高尚志部會合，而與馬榮同出水陸街。第三路熊秉坤擔任正面，其支軍徐少斌等，向恤孤巷、崔家院方面，搜索敵軍，進保安門正街。陳國楨帶山砲二尊，向保安門方面城牆上放列，由曹飛龍率一排掩護之。伍正林一隊，調往沿保安門城牆側擊，二十九標胡效騫、杜武庫、楊選青、夏一鳴等各部，以及彭紀廟、徐少儒各部，均出第三路。伍正林未至保安門正街，遭恤孤巷伏兵掩襲，未得進展。保安門方面城牆上山砲二尊，遂至放棄。參照《談往》。於是熊秉坤、伍正林、馬榮、杜武庫、楊選青、徐少斌、彭紀廟、胡效騫等商組敢死隊，《革命真史》百人，《談往》四十人。向保安門衝擊，馬明熙、彭紀麟、徐紹儒、陳振武、饒春棠、林振邦、陳連魁、胡效騫、徐少斌、楊正全、紀鴻鈞、張得發、孫松軒、趙道興、宋厚德、張斗熙、李自新等二十餘人，為前鋒，奮勇衝擊，敵稍却，杜武庫、楊選青、夏一鳴等遂進至保安門城上，與城下我軍相應。見《談往》。第一路方面我軍接戰甚猛，敵無砲隊助之，又見王府口以北通道，亦有我軍進至大街，不得已，撤去紫陽橋一帶防綫，退至王府口西頭，佈置陣地。張鵬程直衝至西口，與敵軍鏖戰，幾至不支，馬雲卿傷倒地，鵬程遂在西口覓民房縱火，當放火時，住户助之縱□，且有喜色，闕龍趁火起時，超至蔡部前衝擊，越過王府口，火勢漫延，敵難稍却。然鎮司令部在大都司巷內，其巷口稍北，敵排列機關槍放射。他紀有稱十五協同志林楚翹輪守司令時暗將撞針撤去，實則只撤去一部分，未能各架皆撤去也。闕蔡二部趁機關槍時作時息之際，息則前進，然已有死傷矣。會工程營一部前進者，有壯士二人，其名已佚，伏地蛇行，及至機關槍下狂呼躍起，先起者爲敵見，受刃立倒，次起者趁其舉刀之際，迅轉機關槍紐回擊，出敵不意，敵人乃如牆倒，死者十數人。參照居正《起義經過》及《革命實見記》。闕龍等復乘之，擊破大都司巷口一帶防綫，敵人紛紛向東轅門退。當時瑞澂已逃，退登楚豫兵輪，行時責成張彪固守，偕行者僅鐵忠數人，其眷屬更先走，督署守衛皆不知也。據瑞澂電奏率警察隊抵禦，逃時當係警察隊不能抵禦，其戰尚在長街，我軍未進督署後左之側，他紀稱其見砲轟而懼亦爲事實。及大都司巷口防綫已破。張彪見殘餘隊伍不能支持，督署難以久守，遂亦走出漢口。據清廷二十二日上諭，有張彪倉皇棄遙遥①出大千紀律之語。是張彪亦非戰至督署不守始逃也，瑞澂走，責張彪率軍警固守；張彪走，亦下令以下官長率領士兵死守。我軍水陸街之隊，進至西口之大街上，在傍督署後面商店放火，他紀有稱爲衣鋪，有稱商店自放，與第一路前進之隊會師，火既烈，督署目標爲砲隊灼見，發砲漸準，署內員役，群起恐慌，多有越牆而逃，墜傷者不少。惟教練隊由官長督率，固守督署牆垣，向外密射，因此一二兩路我軍不能湧進。於是專足分馳至楚望台與蛇山砲隊，告以轟擊目標，蛇山發砲向火光之南，楚望台發砲向火光之北，加緊轟擊，闕龍等遂衝至東轅門與敵人對擊，闕龍傷。王世龍遂攜取石油一罐，木柴數束，躍至鐘鼓樓亭前，且注且燒，不幸中彈身死。時則第三路敢死隊節節擊破敵軍，進展頗速。城上之敵，亦退至望山門而下城，向西潰散，及鐘鼓樓火起，照見署前二旗杆尖頂，我軍砲隊瞄準目標不斷的轟，轟！鳳凰山亦連轟二大砲，署內敵人固已心驚膽落矣。然爲掩護退卻計，敵退至轅門內，排槍齊發，大堂之敵，則以機關槍向外掃射，我軍頗有傷亡，胡春陽即被掃射而傷腿者也。馬明熙、彭紀麟、陳振武、林振邦、饒春棠、胡效騫、張得發、孫松軒、楊正全、徐少斌、紀鴻鈞等十餘人一擁而進，陷於半環式包圍。紀鴻鈞取石油一箱，亦躍進門房放火，繼王世龍而成仁，可謂壯烈矣。參照《談往》與《文學社運動紀實》。俄而火燎及大堂，敵乃鳥獸散，爭先逃命

---

① 遥，疑當爲逃之譌。——編者

跌傷踐傷者不可勝算。其未及逃者皆放下武器，垂手受俘，時天將曉，至此武昌光復，我軍預備之星旗，遂高插於黃鶴樓之警鐘樓，揚采雲表，與日月同光，為江漢生色，今已不見此光復故物矣。至於二十日以後壯烈事蹟，及十九日以前要事，以限於本題範圍，不及備述。

本文敘述整體事實，所知有限，必有疏漏與錯誤。盼當時各標營同志，確於是晚起義者，披覽本文，就親歷之事，加以更正或補充，函送湖北通志館，俾便逐一訂正，作為修志史料，使後人得有正確詳明之認識，有裨湖北文獻甚大，想同志當不我遐棄也。

作者附注

湖北倡導革命的幾個典型人物①

編者按：李廉方先生現年六十九歲，早歲參加革命，自最初秘密策動及武昌首義，皆躬與其事。李氏現任湖北通志館副館長，所編《辛亥武昌首義紀》二輯，旁徵博引，為目下記述辛亥革命最完善著作。

世人談到革命，莫不連帶想起民族英雄，究竟革命事業，是否純靠民族英雄造成的，或者有了民族英雄，然後能造出革命事業？假其如此，那麼革命純靠特出的個人來領導，革命事業也純靠特出的個人來造成了，這在過去歷史紀載，往往如是為個人點染，表現特有的光榮。我不否認革命過程中，總有若干個人的功勞特別的多、特別的大，然而革命成功，是否這幾個人獨自表現？如果真正從事革命而不靠革命吃飯，以及自認革過命就算是有功勳的，一定對過去一般個人紀載，只好付之一笑了。我因為素抱這樣見解，提出湖北倡導革命幾個人來，都是武昌首義前倡導革命很盡力的，在革命時泰然自得，臨事不懼；首義功成後，從不以革命黨自居，或表述自己功勞；政府亦從未有絲毫酬庸的，只是社會方面相知的人倍加敬仰而已。我所提出的人，一黃吉亭、二胡蘭亭、三李

---

① 原載《新聞報》1947年10月10日。

長齡、四殷子衡、五潘善伯，胡、李已死，黃、殷、潘三人皆生存。以下只得略述過去的事，作爲談資，至類此的或尚有人，不及備述。

黃吉亭 現年七十九歲，基督教徒，光緒二十七年即庚子聯軍入京後次年，在武昌府後街創辦日知會，陳列書報，開發民智。光緒三十二年萍醴案破，湖北緝拿日知會會員九人，吉亭奔走救護劉敬庵，未遭槍斃。在先一年司鐸長沙聖公會，黃興被捕，私匿於私宅數月，因得出險。

胡蘭亭 亦基督教徒，已死。光緒三十年武昌革命團體科學補習所失敗，適蘭亭司鐸日知會，引劉敬庵管理日知會閱報所，進行革命秘密組織。及同盟會成立，派余誠來鄂主持，藉日知會爲掩護，進行革命運動。其後事敗，劉敬庵被捕，蘭亭與玉吉亭奔走營救，不遺餘力。

李長齡 前清廩貢，光緒二十八年投門人四十一標三營管帶曹進爲書記，引致少年有志者入營當兵，如蔣翊武、劉堯澂、唐犧支、蔡大輔、王玄弈等，都受他的教誨。文學社一切籌畫及其變化，以及和共進會合力起義，多賴他的策畫。辛亥首義以後，對軍政府人員不甚謂然，隨季雨霖招討使赴安襄一二月。和議告成，家居茹苦，不問時事。

殷子衡 基督教徒，現年七十四歲，光緒三十二年偕舅吳貢三在黃州得秘密印刷機關，校印革命書册，密運省垣軍學各界分發，湖北革命潮流，傳播賴以普遍。後萍醴事敗，與劉敬庵等同案被捕，判罪監禁十年，《革命真史》載有日記。辛亥首義後出獄，回黃州與吳貢三領導獨立，籌畫人屬反正，改訂黃州臨時行政章則。及和議告成，家居不談時事。

潘善伯 現年六十餘，猶在漢口水電公司爲小職員，數十年如一日。在首義前，住宅爲革命黨人聚會處，時常供給食宿，米不足則向鄰居借米，用不足則典衣物，夫人尤賢慧，始終無一怨言。首義時雖曾效命奔走，但至合議告成不久，頗覺事與願違，抱關擊柝，與世無爭。

以上所紀諸人事實，看來都很平淡，算不了民族英雄，却是滿洲統治二百六十餘年，洪楊前後失敗的事不必說。但是甲午以後十餘年，革民黨領導革命何止數十次，都沒成功。武昌何以成功？純由七八年來宣導革命的人，多像以上諸人，埋頭苦幹，不標榜，不輕動，不借外援，盡其在我，到了機會成熟，雖以瑞澂的精明強幹，多方防範，終於寡不敵衆，遂由武昌首義而奠定民國基礎，這是值得談革命的人三思的。

《京山縣新志》序言①

大凡社會進化，重有賴於人類者，莫要於以前代之事教後代人，次之以地方情狀爲甲地或乙地之人相互介紹，其用亦宏。從來教育家以此爲唯一志願，歷史家則以之爲應盡職責。然必所教之事與介紹情狀，真實而且重要，有助於新時代人生之改進，始有價值可言。而供給此種材料，端資紀載。方志由圖經變演，成爲史之支流，具有史法史識，而異乎類書體制者，功用亦若是耳。

余夙治教育學，專究國民教育，尤致力於教材研究，而主張小學教材以鄉土爲基。曾慨夫爲一國人民，不知其國之歷史地理若何，而責望其愛國有方，其道無由。本此推之，爲一縣之人，有詢其縣之地方情狀與其文獻，而茫然不省，是亦虛有其籍而已。於此而思由教育以振之，則鄉土教材尚已，而方志實爲主要資源之一。然瀏覽舊志，又覺其編輯之旨趣與方式，不惟無以應教材之需，即作旅行指南，亦不甚適用；至由其紀載以推究其政制文化之得失利弊，更不足達其企求也。因是曾有重修縣志之意。辛亥首義，吾鄂成内防唯一重鎮，歷年由武人主政，不佞飢驅省外，無力及此。

抗戰凱旋以來，于役《湖北通志》，涉覽群籍，頗留意本邑文獻，期以公餘兼編縣志，未遑也。三十六秋，旅武同鄉開會，提議續修縣志，以之相屬，以事符本願，不自量其衰老而貧，慨然獨立擔任，抑以志事非止能文者所得爲，今邑之後進即能文者且難得，然此意未易爲俗人言也。時曹勉青爲縣長，蔡癡人同去，先後來函請任總纂，並寄購置文書費約合銀幣三四十元，即盡數置謄正稿紙與通訊紙，於是創立體要及其

---

① 原載李廉方：《京山縣新志》，湖北通志館1949年2月初版。

類目。及草例印成，勉青升調，癡人繼，亦寄草例印費若干，然僅足償其半數，此外未收分文。草例規定分三期出書，標明年月，印費由縣府負擔。是册早分送，衆所共見。未幾縣有變難，糧與款多下移，適同鄉開會，因便提及第一期印費，曹士杰指定某項臨時存息爲準備，其不足由縣銀行存款補充。當時初稿未完成，故未計及。其孳孳以圖者，惟如何約來省同鄉徵詢地方情事，與圖史志記相參證。計自去秋迄今爲期一年，朝夕從事，稿經數易，成輿地門凡五編，第一輿圖，凡九幅；第二沿革，文一，表一；第三山水，分目二；第四區域，分目六；第五名勝古蹟，分目八。稿於九月底付印，因印費不敷，預約券遭金圓貶值，而印刷所又違約拖延，逾限數月始得出版，其間經過，困難曲折，匪可言宣。僅得印成初稿之文，其輿圖十餘幅，內有沿革圖九幅，擬另刊專册爲卷首。尚有平時摘輯之文徵約六七百紙，詩徵數十紙，提要數十紙，人物抄錄百餘紙，係摘出覓人抄寫，間有自錄，皆最可寶貴之資料，爲舊志未及載者，再加整理，即可成編，分爲藝文、人物兩志，讀者試覽已印之輿地各編，而就舊志及世稱名著之各方志，取其類目相同者比較觀之，自得衡量其價值。如邑人對已出之本，尚感興味，其待印各稿，有力者捐資續印，或有志者倡議集款，或取被占公款部分續印，余當將此未完稿件繼續編印，至政治、經濟、社會三門必需時局安定，始得詳訂調查綱要，從事彙編，苟餘存稿件亦得續印，而余之精力尚能支持，亦不卸責也。

昔郭嵩燾卸浙撫任後，專修湘陰縣志，以創立新例，爲湘藩所詬病，幾於中輟，然卒不避曲議，毅然成書。今取郭編湘陰志讀之，視世稱名著之方志實超過之。茲編新志，草例爲海內識者所嘉許，其遭際似比郭氏爲優，然此卷後半印費籌集無力，幸賴同鄉會尹鳴珂、陳良屛、謝嘉航、高曉山、李尊柏諸君往返奔走，始得將文稿補印，然輿圖仍不得不暫時擱置，能勿慨然。

是卷編成，首宜感謝者，通志館給予工作方便，圖書館盡量供給圖書。其徵詢送稿者，復興鄉李邦慶，三陽鄉陳紹平、楊芝茂，平壩鄉楊松如，中山鄉伍祥麟，宋河鎮高丹山、曉山兄弟及汪光澤，財寶鄉秦守正，楊集鄉尹鳴珂、鳴琴兄弟，三橋鄉夏自紀、施秉善，孫橋鄉李芳樹，長灘鄉吳世東、鳳亮父子，中正鄉劉佩卿、劉安秀，金灘鄉李尊柏、江文藻、鄧飛鵬、張廣麟，包胥鎮張坤申、袁子和，曹武鄉鄧雲端，段章甫、鄧明理，陳良鄉易修叙、曾希孔，禮義鄉楊松僧。校對李尊柏、袁吉甫，日常往印刷所校對極辛苦。接洽印刷李尊柏、鄒勤甫、李東旭、袁吉甫。最後稿件，因邑人黎從武、石道明、鄧德文等供職省警局，由勤甫指令督工頗勤，武昌朱世杰亦抄稿多次。印費見卷末聲明。其初付印時，陸德澤協助銀圓二十五圓；其後印刷中停時，孫鐵人、桂香陔各匯來金圓券四十圓，縣長胡雲程撥送金圓券五百二十二元（均十二月十五日左右，金圓約三十八圓合銀圓一圓），稍得彌補籌墊之費，應特別聲明。

中華民國三十七年十二月除夕李廉方序於湖北通志館，時年七十有一

志剛先生以和子猷先生春興十六章見示賦此答之[①]

蒼生已被清流誤，赤手難將疊嶂開。杜老漫吟惟戀主，汴州遣興強登臺。不堪烽火淩空起，徒有瘡痍滿載回。渺渺天涯無淨土，問君何事掃塵埃。

消夏四詠酬詩社諸君[②]

飛 機

比戶無端恨晝長，無風無雨更彷徨。西關士女如赴會，不爲納涼倚綠楊。

---

① 原載《河南中山大學週刊》第31期，1930年6月9日。
② 原載《河南大學週刊》第32期，1930年9月1日。

汽　車

盡日街頭是望塵，不工趨避便戕身。一聲警號如飛過，半是英雄伴美人。

積　水

悶人天氣苦居留，久雨經旬暑未收。最是積潦深數尺，居然屋小已成舟。

蒼　蠅

棚頂窗沿慣隱身，安排食物便橫陳。遲眠未足天初曉，小撲輕噬更惱人。

修正前擬國歌詞（用ㄛ韻符填滿江紅譜）①

國民起來，古文明，今餘幾國。憑主義，和平奮鬥，整頓山河。內求民衆都平等，外把強權齊廢約。莫恐慌，踏著革命路，向前做。

政治權，休爭奪。農工業，要合作。限時期，實現大綱方略。建設遠追歐與美，行爲鏟盡腐和惡。看同胞，聯合全世界，同歡樂。

大花園實驗學校校歌詞②

我們的學校，在汽車路旁，看呵！世界文明，從汽車運到村莊。小小園地，都是農場；全村的智慧之花，從此一齊開放。全村的智慧之花，從此一齊開放。

---

① 原載《河南大學校刊》第 46 期，1930 年 12 月 8 日。
② 原載《開封實驗教育月刊》第 1 卷第 2 號，1933 年 11 月。

我們的學校，在省城東鄉，看啊！國民文化，從省城移到村莊。小小課堂，社會模樣；將來的新村建設，擔在我們肩上。將來的新村建設，擔在我們肩上。

兒童節歌詞①

（初級用）我們的節，真好！真好！花兒笑，草兒搖，鳥兒也叫。還有老人們，都拿些東西，嘻嘻嘻嘻嘻，送給小寶寶。

慶祝慶祝，熱鬧！熱鬧！敲敲鼓，吹吹號，接連放炮。大家問聲好，看新新世界，嘻嘻嘻嘻嘻，都歸我們了。

（高級用）紀念今朝，我們幸運多麼好。你瞧，左鄰右舍，有幾個能背書包?！這些年來，快槍大炮，瘟疫旱澇；像這小小生命，大人顧不到，糟蹋多少。

老年人，過去了；青年們，還得改造。我們呵！是綠苗，是嫩條。新生活從此開始，紀念今朝。

《河南教育日報》復活二週年紀念題詞②

晻晻赤氛蔽豫州，芟夷三載未全蒐。村經劫後無雞犬，野有孑遺似鶡鳩。眾志唯知綏我後，官方端在興民休。一編文教新刊佈，應是輶軒徇路遒。

漫　興③

浮沉世事幾居諸，細數龍鱗自著書。三載揣摩常寢廢，卅年積累豈

---

① 原載《開封實驗教育月刊》第 1 卷第 2 號，1933 年 11 月。
② 原載《〈河南教育日報〉復活二週年紀念專號》，1934 年。
③ 原載《改造小學國語課程第三期方案》扉頁，開封教育實驗區 1935 年 12 月初版。

饑驅。獻同璞玉誰相識，藏到名山用已虛。且作啓蒙新贈品，漫誇此物古人無。

秋　　思①

芸芸衰草隕秋霜，胡馬長驅古戰場。安得岳家軍屹起，四方猛士共勤王。浙江潮水正滔滔，如雪噴來百尺高。一斛千錢成底事，贏來士女看銀濤。遷客恨人感不禁，悲秋搖落意消沉。古來望月登高賦，半是人間靡靡吟。桂院菊籬景倍新，夜來玉宇净無塵。素心付與溶溶月，一片清光照世人。

秋夜聞蟋蟀有感②

燭影沉沉上畫欄，半閑堂内飲初殘。可憐鼓角沿邊動，雜入蟲聲起暮寒。時事感微生本是挺英姿，無奈清寒强自持。昔在郊原今在戶，漫漫長夜譜幽思。身世感淒淒切切爲誰鳴，斷續聽來夢不成。似報秋深寒露重，無衣未許賦長征。人生感

早梅七律八首③

其　　一

猶似清秋冷露侵，巡簷月影忽沉沉。花光先向枝南發，春色惟聞嶺上深。未到重寒砭玉骨，且從數點見天心。初冬便寫留香句，不卷垂簾

---

① 原載《河南博物館館刊》第4集，1936年10月。
② 原載《河南博物館館刊》第4集，1936年10月。
③ 原載《河南博物館館刊》第5集，1936年12月。

故故吟。

其二

報導幾株古色披，不殊東閣盛開時。薄寒初襲香還淡，芳訊載陽日未遲。豈有上林傳羯鼓，偏宜高嶺絢冰肌。長安驛使持歸去，説是江南第一枝。

其三

手栽秋菊未全摧，倏覺冷香送幾回。素蕊何心爲獨佔，孤山無主亦先開。傲寒又似迎春暖，請客不須踏雪來。莫道橫斜疏影少，百花頭上下瑶台。

其四

斗建亥宫日影斜，獨鄰修竹發春華。孤芳自賞詩人興，得氣最先處士家。才見暗香浮庾嶺，不勝遥憶起胡沙。點酥終藉陽和力，開到北枝有落花。

其五

淡妝冉冉下羅浮，籬落猶饒九月秋。鶴子也應來索笑，霜媒從此問前修。難分二本移江北，好折一枝寄隴頭。花信若爭先睹快，當年何遜定輸籌。

其六

丹桂飄香總不如，芳馨徐引味常餘。林間未盡千株放，萼下何曾一葉舒。簇簇嫩寒傾愛日，疏疏素豔映茅廬。天公有意催花發，故遣腰仙御電車。御電車，一作調氣嘘。

其　　七

清溪一樹玉玲瓏，張謂《早梅詩》："一樹寒梅白玉條，迥臨村落傍溪橋。"勝是紅羅襯後宮。李後主在後宮作紅羅亭，四面栽紅梅。豐致猶堪暄臘日，平生從不競春風。綠英紫蒂輩皆晚，黃菊丹楓色早空。未肯故矜寒歲節，三微初複已蒙蘢。

其　　八

草白木衰風欲號，誰家冷豔接秋高。非因厚植人無力，贏得先聲鶴在皋。素養具存天地氣，晚年始見雪霜操。爲嫌歲暮蕭條甚，蘊滿春光不自韜。

鎮平講演後憑弔彭公①墓②

與公相見七年前，今日弔公意惘然。誰使長城偏自壞，未完大業竟先捐。言行一卷傳三縮，陵谷四時有百妍。三十萬人同愛戴，靈光永護虎山巔。

應南陽羅專員東峰③約講畢賦贈④

臥龍岡北值郊迎，三顧道中挽轡行。拂面風來塵不起，使君故教馬蹄輕。

争道魯侯振泮宮，校旗一色舞春風。連朝不輟臨軒聽，管領員生自景從。

---

① 即彭錫田，字禹廷，河南鎮平縣鄉村自治領導人。
② 原載《河南博物館館刊》第 6 集，1937 年 2 月。
③ 即羅震，河南召人，時任河南省第六區行政督察專員，駐南陽。
④ 原載《河南博物館館刊》第 6 集，1937 年 2 月。

除夕有感　應梁園詩社值課①

世俗誰知實驗難，歲終檢討倍辛酸。頻年煉石天何補，容我傳薪路正寬。海內爭相求著述，老來猶自耐饑寒。今宵合共家人樂，待剪庭燎夜已闌。

春　　雨　應梁園詩社值課②

翠岫出雲薄碧霄，斜風先度綠楊橋。崇朝敷潤舒榆莢，十日催青上柳條。錫市喧闐塵盡洗，杏村遥望酒能澆。農家更喜一犁足，到處田間苗秀苗。

七絶·花園山③

花園山上聚同心，唤起千軍萬馬奔。引爆春雷成巨響，迎來紅日照乾坤。

---

① 原載《河南博物館館刊》第7、8集合刊，1937年4月。
② 原載《河南博物館館刊》第7、8集合刊，1937年4月。
③ 選自黃成平、黃松編著：《浩氣長存壯士雄——辛亥武昌起風雲英烈贊詩》，武漢出版社2011年6月版。

課外講義

《課外講義》係李步青記錄撰寫,原載《師範講義》(四冊),昌明公司 1903 年 3 月出版,編者收入時做了一些次序上的調整。

一、校長嘉納治五郎之演說

(一) 校長嘉納治五郎自吾國游歷歸，演說吾國教育事。吾國不能自謀而他人代我謀之，聽者有愧色焉，爰錄其言於左

美哉中國，地大物博，具有雄視宇內之資格也。一旦振興，當可與歐美各國並駕齊驅，其或凌而上之，亦未可知。惜乎內治腐敗，事事敷衍，不識世界，故步自封，遂有今日。自吾觀之，以改革行政機關爲第一要義。中國弊端不可枚舉，今藉新法以淘汰舊弊，豈宜留病自誤。惟當步步爲營，漸漸改良，決不可以一朝夕課其效耳。其最不可緩者，爲教育一事。歐美各國今日之強盛，實教育之結果。覘國勢者，莫不以教育之盛衰爲其強弱之比例差。其競爭劇烈如此，豈容有無教育之國永立於地球上哉？

中國古時本有學校，至科舉行而學校遂廢，其弊使學者腦力專注於利祿上而不能用之於各種學問。人人欲博利祿，則人人思爲官；人人思爲官，則人人從事於科舉之學。吾不知於國家當強果有何關係也？夫孔孟之道誠不可廢，然當存其精神，不當存其形式。今日施教育之方面，當合東西爲一冶，而趨重於實際，使人之爲學、爲國家富強起見，非爲科第起見，則教育始可行也。吾至南京，晤陸師學堂俞總辦，云學生紛紛請假鄉試，深爲太息。夫中國之弱，果因應科舉者之少乎，抑因應科舉者之多乎？惟以科舉之無濟實用，故設陸師學堂，而不謂處此學堂者仍趨於科舉之一途，則焉用此學校爲矣？吾向聞諸英人云，中國學者知有科舉，不知有國家。徵諸所見而益信。此弊不除，恐教育無由收其效

也。吾願君等養成高尚之志趣，而不爲科舉所累也。

又中國人向有自尊自大之習，今日風氣漸開，頗以不如人爲恨，漸趨於謙虛一派。吾謂謙虛與尊大當并用之。一味尊大，則不知取他人之長，以圖進步；一意謙虛，則震於外人物質之文明，不知己國尚有致强之道，必至心灰氣沮，不能自振。

諸君皆有教育國民之責，吾請爲諸君籌二方法：一當述他國之勝己，以生國人奮起直追之心。吾明治二十二年始游歐洲，觀其政俗，亦未能盡滿人意，頗怪先時自歐洲歸者讚美不絶於口，頗有夸張之處。繼而思之，蓋亦具有苦心。當時風氣初開，守舊者并起爲難，苟一聞外人之短，必將紛紛藉口，阻撓新政，而平日之持歐化主義者，亦將因外人之不足法而生其怠心，故不欲以一言阻國人之進步也。諸君歸國，本此義以行之，其庶有濟乎？一當闡本國之特長，以生其愛國之心。中國有四千餘年之歷史，文明制度發達最早，地球各國之所無也。其人民之衆、天然物之富，又爲外人之所欣羨，而非他洲之所及。日日宣此義，印於國民之腦中，則人人知愛國，而謀所以保之，豈欲其國之久居人下哉？諸君如欲施教育，必自此始矣。

（二）十一月十三日爲廣東、江蘇速成師范生卒業之期，校長嘉納治五郎爲言歸國後辦事之方法，以筆記之

余此次游中國，晤各當道及居中國最久之西人、日人，叩以中國之前途，知變法尚無頭緒，亦有泄泄沓沓、茫然不知法之宜變者，可異哉！中國爲文明最古之國，固東西各國所公認，而保守之心太重，不能因時勢而圖進步。且不惟無進步而已，舊有之文明反駸駸焉漸滅以盡，其存於今者，惟見爲種種敗徵，此所以不能與世界各國競爭也。

夫欲國家富强，不可無秩序。何謂秩序？則政治、法律、軍事、實業諸事之井井有條理是也。而教育又爲數者之根柢。譬如一工廠，資本家必須有統率之學固已，即勞力者分司各種機器，斷未可以不學而能者

也。又如陸軍，自形式上求之，則槍法、步法不過三年而技成矣。若欲練其精神，使有軍國民之資格、充兵之義務，豈可責之於倉猝哉？必自其少時將此義納之於腦筋中，而後可以收其效。泰西各國所由以小學校教法之善否，而判其國勢之強弱也。至於行政官，非少時進以道德教育，筮仕時豈能責其潔己愛民？各國之行政官，未有不受完備之教育者。中國官吏最爲腐敗，推其由來，自束髮授書，皆爲功名利祿之教育所薰蒸，以養成柔媚頑鈍之氣質，其不知有國家，不知有公德，又烏足怪也？總之，無論爲官、爲士、爲農、爲商、爲工、爲兵，欲求好結果，不可不下良善之種子。德國人數多於日，法國人數少於日，而富強皆出日本上者，以二國之教育較日本爲完備，其國民之程度亦較日本爲高也。夫國者，乃個人之集合體，個人之程度高，則國家文明之程度亦有進步。中國今日至於委靡不振，實由個人力量之微薄也。諸君既認定此點，則歸國後即當從此下手。雖新舊過渡，不免衝突之患，然苟忍耐奮發，犧牲一己之名譽利祿，以求達其目的，而又處之以和平，本之以至誠，必終有成功之一日。

中國教育，今始基耳，而各省已紛紛建大學堂。夫無中小學堂，大學堂學生將焉取之？學生且無，教習又將焉取？譬築牆而無基礎，登高而無階級，規模雖闊，絕無實效。且大學所以授專門之業，若於大學而教普通，適足貽笑於萬國耳。爲中國今日計，師範學校與小學校最宜急設。師範學校所以造教習之材，小學校所以造國民之一般知識。國民者，國之所賴以立。而小學校者，又國民之先導也。

次則實業學校。各國之實業學校，其程度與中學校等，中國此時尚不能企及，莫如設殖產講習所，視各地方之土產民俗而酌之，宜於農者則設農學講習所，宜於商者則設商學講習所。果推行之，必能收其效。

以言德育，實爲養國民資格之第一要義。中國所云德育，係孔子之經訓，本爲純粹無弊，惜學者嚼其糟粕而遺其精神，入於二十世紀文明之世界，輒扞格而不相合。非孔教之不可行於今日，學者不能活用文明之咎也。聞中國教科書皆用經訓，最爲迂緩無效。夫經訓至深，豈能責之於人人，豈能責之於童蒙？使孔子而生於今日，其方針固不變，其教育之方法吾知其必有異也。今日豈必於孔教之外別有所增加？然當活用，不當墨守。取泰西之新道德、新倫理而參酌用之，期無失孔子之意可矣。教授之法，泰西尚講解，中國尚記誦。夫專尚記誦，則其腦筋束縛，但知模倣他人，而不能發揮一己之思想，新機阻滯，爲害匪淺。此弊不除，雖設學校，恐亦不能大獲其益。

又一國之中，語言不一律，情誼不能聯絡，最爲團體之阻力。欲齊一語言，當自小學校辦起，或全國通用北京語。此亦一大問題，不能豫決，是在各處主持學務者留心攷察耳。

至於教科書，爲造就國民之種子。教科書一不善，則全國受其影響。中國現有教科書，非失之訛誤，即失之蕪雜，亟宜編輯簡易教科書。雖遲延時日，耗損經費，所不宜惜。如以事體重大，難以分辨，莫如各省聯絡一氣，庶全國之書不相歧異，名詞亦可一律。其有地方情形不同者，則多編數種，聽其自擇可也。編書之人，則中學深者，加以攷察外國教授之法，即可從事，不甚難也。

以言體育，今世界日進於文明，國民不可無活潑之精神，故各國學校中未有無體育者。中國文武分途，文人皆有一種柔脆氣習。夫人身體充實，乃能耐勞，耐勞而後有勇敢冒險之氣概。國民之力量增一分，則國家之勢力增一分矣。惟欲尚體育，不可不變通服制。吾於北京見管學大臣張尚書，語及此事，謂中國衣服於身體不相宜，於體操尤不相宜，學校中不可不另定一種制服。張云："吾國習慣恐不易改。"中國凡事皆坐此病，可歎也！更有衛生一事，亦當講究。中國街道汙穢，細菌麕集，傳染病由此而生。又井水弗潔，其上无蓋，細菌入其中，亦易受害。幸中國人慣食熱物，尚可幸免。然如今年各省瘟疫盛行，未始非衛生不講所致也。諸君歸國，若提倡衛生之學，其造福豈淺乎?！

（三）嘉納校長演說中國社會之積弊

余至中國，見社會之積弊太深，不力矯之，不足以有爲。今請以三事相勗：

一曰惜時日。貴國辦事，病在迂緩，徒尚縟文繁飾，不知實事求是。即一最要之公文，必經十數階級，而後能上聞。上又必延擱十數日，而後能宣布於下。有用之光陰，盡虛擲於彼此推諉、上下粉飾之中。方今世界競爭最烈，赴機貴急，今日所宜爲之事，遲至明日，則落人後矣；朝所宜爲之事，遲至日昃，則爲人所乘矣，豈宜徘徊遲疑、坐誤事機？若能奮起直追，以救火拯溺之心乘時，以求劇寇追亡子之心治事，一國之進步，豈可量耶？

二曰習勞苦。貴國人士多習於文弱，溺於晏安，而無勇往奮發之氣概。暑則畏日，寒則畏風，一舉步則以車輿，奄奄無生氣。若猝投以困苦難堪之境，骨脆精頓，豈能久耐？而投之重事，鮮不竭蹶矣。夫強健之精神，宿於強健之身體。身體必須常運動，而後能堅實。諸君如欲振刷精神，必自體育始矣。

三曰節用愛人。吾於貴國見官吏之出，其前後從者多至數十人。而此數十人者，皆市井游民，除供奔走充服役外無所事事。夫官吏飽食暖衣，不能爲國民造福，已屬耗財之人矣，又以一人之故，使數十人無所職業，終日坐食，國若之，何不貧且弱也？以予思之，官吏之出，僕從一二人，未始不可，其必需多人者，實以壯觀瞻耳。予所見貴人吸煙着履，均使僕從爲之。己非痿痺，何必事事需人，自長怠氣？若使其操有用之職業，豈不爲國家多生一分之財乎？既不節用，又不愛人，吾願諸君痛改之也。

（四）嘉納校長學校管理法講義

學校管理法，言之頗難。小學管理已有成書，中學以上尚無一定之則。日本與歐美用法略同，而議論頗多，故難定準。今就小學、中學之要法敘述之。

教育者何？人自有生以後，即有教育之關係。人之原力如腦力、身體力，生而即有者也。此後所見聞，則皆按教育之道理。或謂教育受自胎中，父母之精神多傳感於其子，然此究難考驗，不如言生即受教育之爲當也。雖然，此皆假定教育也。若有規則之教育，則世界各國皆自六七歲始。而教育者非徒增智識力量已也，實爲他日職業之地步。故人不能終身受教育，有受至三十五、三十、十二、十歲而止者，期限固種種不同也。

教育有二要義，一受領教師之訓，以啓導自己之智識力量；一自發揮己之智識力量，但受領不必太多，而發揮宜求其大。蓋受領時原爲應用計，己能發揮，則不須受領。若全不受領，則發揮必誤。故受領貴於簡要，發揮則由己擴充而光大之也。

今舉作文以譬之。讀古人文法，若但求受領而絶少發揮，則後來作文必不能出古人範圍，且必仍有一二部分不及古人者。蓋人有腦力，宜運用使達於極靈，乃能生新理想，否則不脱陳腐而已。此可悟發揮之宜多於受領也，但受領時仍不可不專心致志也。中國教授徒重記誦，其作文也限以一定之程式，此斷不能有所發揮者，然何以能文者亦不乏人？蓋學校未嘗教以發揮之方法，而自能尋種種之方法以發揮之，然已苦而彌少矣。吾以爲記誦亦不可少，必須定其年限，某時爲受領之年限，某時爲發揮之年限，乃於將來職業有濟。不然，終身記誦究何益哉？

作文如是，學校管理法何莫不如是？管理者本所以約束學生也，然非使學生事事惟我之命是聽也。必使自能用其新理新法，以自爲約束之。要而言之，非約束學生，乃使學生能自由約束而已。

使學生之自由約束如何？就最淺言之，如小兒折花。花之有瓣、有萼、有鬚，小兒即有自然之智識力量，一一拆視。管理者不可阻止之，且爲之詳説其理焉。此任其天然之自由也。若有毒藥瓶如此，小兒將以之入口，則當阻止之，且爲之詳説其不可入口之故焉。此用干涉主義，不得不然者也。

又如稍長之兒童，休息之期往各處之博物館、圖書館遊覽，此大有益於見聞者，管理者不可阻止之，且爲之勸獎焉。此亦任其天然之自由也。若往壞惡之地方，作不正之遊戲，則當阻止之，且爲之詳説其不可往、不可作之故焉。此亦用干涉主義不得不然者也。

管理之目的，在使全體之學生人人有自由之便利，人人得獲其所希望。其設爲一定之限制者，非所以束縛全體之學生，所以防一二人有害群之事也。此一二人之受束縛，即爲全體學生得自由之便利與希望之方法。故設限制之初，不可不依於全體學生之便利之希望也。如一國然，不自治者，未有能自由者也，欲求自由，必從自治始。尋常小學校必設一定之章程，使其受教有定時，遊戲有定節，規矩整齊，無使紊亂，皆所以求學生之便利之希望也。

就管理之法思之，則人多者宜詳，人少者宜簡；未開通者宜嚴，能自成立、有文明程度者宜寬。軍隊之規則所以必詳嚴者，一因其衆，一因中人道德之觀念恐有未深也。小學校之規則頗近此意。一校必有數百兒童且道德觀念尤淺，不可不略近於詳嚴也。

由上言之，則中學以上可不須規則乎？是又不然。今略言中學校之管理法。

中學校之管理法，議論尤不一致。或謂中學學生年未老成，凡事當以監督教習是賴。爲監督教習者，必加意防閑之。或謂事事待命於監督教習，不勝其煩，不如一聽學生之便。或謂學生專依賴監督教習，養成習慣，將來作事必乏獨立之性質，故學生不能依賴監督教習也。之數説者，皆失之偏。吾有適中之道焉，萬不可不加束約之事，從而約束之；其無大妨礙者，聽學生之便可也。

管理有二，一教室，一寄宿舍。中學校教室較小學校教室易管理，因學生近成年能守秩序也。若寄宿舍，不似教室之易於整齊，管理者較教室宜多加注意，總在寬嚴得中而已。無論何處中學校，必有數十學生，或數百學生，以二三人管理之，頗覺其難。蓋性情不能一致，未有一一皆如其意者也。故當從大衆之公共利便以爲管理之法，不可徇一二人之意見。若有一二人以爲不便，此亦無法不可不使此一二人曲從大衆之意見也。

管理之法，尤當使一般之學生受平等之管理。設有一學生如此，課業已畢，而欲出外，管理者信服其平素之品誼，故加寬縱焉。雖然，安得鑒別人人之優劣絲毫不爽也？故此法不可用也。苟用此法，則生出種種不平等之弊，管理法且因此而無效焉。

日本中學校學生，正課畢，必至自修室，自此至晚餐之中間，必有自修時限一小時半。再有暇，至運動塲運動或室外遊戲均可。晚餐後至就寢之中間，必有自修時限三小時半，且有至四小時、四小時半不等者。就教法上看來，自修時限不必過多，惟當自修時須專心而已。亦不宜勤學過分，運動時宜運動，歇息時宜歇息，眠睡時宜眠睡，不可自恃其壯而罔知愛惜之道。蓋中學之年，正身體發達之時，勤苦太過，有礙身體發達；歇息太少，有礙身體發達；運動不周，有礙身體發達；眠睡不足，有礙身體發達。管理者於此數端最宜留心者也。

平常眠睡，不可少過八小時。眠睡時不可用腦力。不能熟睡，或口數數目，或起身運動。運動不可過乏，以微汗而止。再睡可熟矣。再不能熟，必身體有病，當求格外保養之法。

飲食尤衛生之要，宜定劃一之時刻。不可過早，早則先食者未消化。不可過遲，遲則至於空乏。飲食物料，必取有滋養分者，多少亦有定量。

休息之期，有隨管理人一同出遊者，有大衆之學生一同出遊者，有歸省父母者，而皆有一定時限。

寄宿舍規則日本猶不爲嚴，最嚴者爲法德。法國中學校，學生群居一室，旁即舍監室，開窗注目以視察學生。德國中學校有寄宿舍者少，吾在德國曾見一有寄宿舍之中學，學生歸家必携一簿，舍監注明某時出門，至家父母注明某時到家、某時出門，而返呈於舍監。似此過於苛刻，萬不可法。故取法他人，取長棄短，最爲要訣。

要而論之，一切不可過嚴，而有一定適中之規則。學生但不失此規則，則規則亦可懸而不用，此最好之規則也。管理者能盡心指導，使不出此規則之外，則最好之管理法也。

此外談話會，大有助於管理法者。蓋管理者日日指示一切，或有不愜學生之意者。設如一二人不守規則,不必管理者當面束約,即藉同輩之勸諭,言尤易入也。又學生有自謀公共便利之事,得以互相商論,可不必經管理者之指示。又或一二人因勤學而致病,可藉同輩之勸喻,使樂於遊戲,不致傷損其身體。或一二人怠惰而廢學,可引之使知求學之益,自勇於發憤。其益尤多,不勝指數。吾管理學生甚多,於談話會一事最有經驗者也。

二、波多野貞之助教育講義

一國之進步，全視國民教育之發達。自存之心意者言之，曰理想發達；自發諸事物者言之，曰物質發達。理想之發達居其先，而物質次之。有國民之理想者，其於實業必能顧大局，聯公司與他國爭競，爭競極盛之時，即國家極盛之時也。無國民之理想者，競逐私利，不知保全公德。爭競極盛之時，即國家衰亡之時也。

國家衰弱時，教育不興，決無挽回之理。當十九世紀，德爲拿破侖所破，德國安特士達因謂，欲再造德國，非使國民知教育不可。一千八百七十年，遂復法仇。法既敗，亦從教育下手。教育三大綱，垂之至今弗改。（一）強迫。及年不入學者，罰其父母。（二）無月謝。入學者不納修金。（三）守中立之宗教。無論所從何教，一律入學，教以國民之義務，法因是復振。此教育之關乎一國也。

教育之關乎個人者，曰心理學。心理學之發達，如植物然。萌芽初綻，日以曝之，雨露以澤之，加以肥料，其生也勃焉。人之稟賦，則植物之萌芽也；人之經驗，則植物之肥料也。

教育之方法，曰知，曰感，曰意。三者之發達，即由經驗而來。藉前人之經驗，以發達己之本性，而又善於吸納世界文明，斯爲完備之教育。國民之本性，即國家恃以生存。國之所以教國民，不過使有團體理想而已。無團體理想，皆一人之私慾也，教育者以除此慾爲要。

本國教育未備之處，不妨取法於他國。羅馬取法於希臘，日本前取法於中國，后取法於歐美，採他人之長，以促一國之進步，其明效大驗也。惟取他國之所長固爲一義，發達本國之特長至於極點，亦一義也。

開化之國，面貌各不同，以人人思想發達之異也。野蠻之國，面貌相似，以人人皆無思想也。故觀一國人民之面貌，即知一國文明之程度。

亞東之國，致力於語言文字之間，未曾注意於實學，故其進步不如歐洲之速。

英人領地最多，因其女子皆有學問，能以遠大之志趣教其子，使有冒險進取之心。又以謊語為戒，故英人尚信。英國火車上，客人行季皆無憑單，不致遺失。此其教育使然，非一朝一夕所能致也。

世界進化，無不可教育之人。德國有教痴兒學校，凡常兒六歲入學，十四而卒業者，痴兒則六歲入學，十八而卒業，其程度與常兒無異，惟多四年耳。日本吉田金三，本啞也，後教之至能演說。教瞽讀書，用點字之法，則法人所發明之理也。

三、警察醫長山根正次演說

欲國家之強盛，不可無強壯之國民，則衛生之法不可不講也。衛生之法分爲二：曰個人衛生，曰公衆衛生。個人衛生者，節飲食，慎起居，寡嗜欲，保一己之康吉而已。公衆衛生者，所以使一國人民同享幸福而不受其災害。如自來水必須潔凈，牛乳必經警察試驗，街道須無臭氣，學校工場宜透空氣，溫泉有溫泉衛生，旅館有旅館衛生。凡國中瘟疫之少，皆由衛生之善也。

諸君所攷者教育也，請言學校衛生之事。學校爲造就國民之地，則不可不著重於體育。房宇宜寬，光綫宜直，棹几宜高低合度，以防背彙。地下須掃除净盡，以袪黴菌。加以體操，俾壯其身體。蓋學問雖精，身體不強，則不能運用。日本學校衛生，以幼稚園爲第一，小學校則稍遜，因其功課繁密也。及入中學校，講究體操，身體又發達焉。至於大學，則研究精深之學，而不以體操爲重，身體類多虛弱，不可謂非教育之缺點也。

凡人莫不愛其性命，而以病爲患苦。病之最可畏者，莫如傳染症。傳染症盛行之地，自個人言之，則賊其天年，耗其貨財。自全國言之，則各國皆稱爲瘟疫國，而裹足不前，商業因之衰歇，而國之體面亦失矣。傳染病有二：一慢性傳染，如肺癆、天刑病、花柳病等是；一急性傳染，如虎列剌等是。

地球上講衛生法者，首推英，次則德。英國三百年來衛生之法講求日精，故其生命亦長。以國中人壽平均計之，英可五十五歲，德四十八歲，日本衹三十八歲，較諸二國有愧色矣。

衛生之道，與國家有直接之關係。蓋有強國民而後有強兵，有強國民而後富於謀生之力，能爲經濟上之競爭。衛生實富強之根基也。以英徵之，英與杜戰三年之久，耗費三十二億萬而財政不絀、國力不減者，皆因國民身體強健之故。

　　凡人身體健，則全身筋絡貫通而腦力亦活潑，乃足以立於生存競爭之世。惟欲求身體之強健，當先去其害。爲身體之害者不一端，而酒居其一。東亞作酒，始於禹時儀狄，禹以爲亡國之物。印度作酒，在釋迦未生前，而釋迦、波羅門俱有戒酒之說。在古時已知其害矣。夫以酒醫病治毒，不無些微之效，而多飲之則陽氣奮發，舉動粗暴，而生種種不可思議之害。今略言之，曰精神之害，曰身體之害。精神之害：（一）言語無次；（二）舉動失措；（三）信用立約不能要其成；（四）機秘之事易於暴露；（五）爲侵侮他人之言；（六）爲敗壞風俗之言。身體之害：（一）侵犯人之身體；（二）害己之身體；（三）破壞物件；（四）礙他人動作；（五）爲敗壞風俗之事；（六）蔑視國家法律。惟其如是，故日本人似醉而犯罪者，一萬中有六千二百六十九；其犯大罪者，則酒量必大。曾於裁判處見有殺九妻者，詰其故，皆因醉酒，此其害之彰明較著者。且不唯此而已。凡人精神諸病，皆因酒後而生。國多醉人，則必無強壯之兵。余曾至土耳其，見其兵強健，乃由於奉回回教不食酒所致。那威禁酒甚嚴，途上有醉人則執之，故其地富。此二國可取爲法。中國飲酒之風或不如日本之甚，將來文明輸入，難保不染其惡習，不可不留之意也。

四、學生監大久保高明之演説

（一）學生監大久保高明演説衛生

上野之高阜，銅像巍然者，吾國人所最崇拜之西鄉隆盛也。諸君見之，當慕其爲人。吾尤願諸君見其軀體之偉壯，因之掃除柔弱習慣，鍊成一副銅筋鐵骨，以爲國民之模範。蓋今日文明世界，雖競爭以腦力，而腕力亦居其半也。欲身體之堅實，必自體育上做起。如晨起以冷水澆背，暇時持啞鈴運動，行之不怠，實足固人肌膚，長人精神。此事看似甚微，然諸君有教育之責，能一人行之，以爲一校倡，則爲一校之原動力，浸假而各校仿之，則爲振全國之原動力，其關係豈小哉？

衛生之道，不積極，則消極。積極有二説：一爲實觀的，即器械是也，此在外者也；一爲主觀的，即精神是也，此在內者。器械之訓練易，而精神之訓練難。凡古今大英雄、大豪傑，必有一種活潑潑的精神，雖其身已死，後人讀其書，觀其像，亦儼然有一活潑潑的精神在，此其所以難能也。然能鍛鍊其軀體，不使有一毫惰氣流露，則精神之訓練亦寓於是矣。一軍之中，必有一種耐勞苦之精神，而後可以成一軍；一身之中，必有一種耐勞苦之精神，而後可以存立。何也？人生天地之中，風霜寒暑，皆屬局外界之刺激，若身體柔脆，不能抵抗，則爲其所攻伐而苦於不能受。其實身體本有自然之抵抗力，惟愛護太過，不肯練習，故反不足衛其身體。若耐勞苦、耐寒暑成爲習慣，自有受之而不覺者。身體既能受外感，則有百折不悔之氣概，而後可以任事。吾願諸君識之，且力行之。

（二）學生監大久保高明演説幼稚園

　　幼稚園爲德國府路耶畢所創，各國仿而行之。其宗旨在使幼孩動自然之感情，一舉一動皆順其性而導之，以納於軌範之内，爲小學校下豫備工夫。保姆得人，則幼孩視爲樂趣，雖寓以學校之規矩、體操之紀律，而不覺其苦；保姆不得其人，則幼孩無一種活潑潑生趣，且視爲畏途而不來矣。故幼稚園養之之意多，而教之之意少；體育、德育之意多，而智育之意少。然所謂玩具，皆以練其手眼，又未嘗無啓發智識之意也。

五、溝口教習講德國教育大概

　　一曰幼稚園。入幼稚園者，乃三歲至六歲之幼孩。並非教以學問，惟導之遊戲而已。或戶外遊戲，或戶內遊戲。戶外遊戲爲一切有益之運動，戶內遊戲如唱歌、作恩物等事，總之以養其身體、練其五官、不使染一切惡習爲宗旨。在德國多工人，夫婦同作工於外，子女置之家中，無人監督，故送入園以教導之。中流以上之子弟，亦間有入者。德國柏林又有一種幼稚園，爲瑞典教育家別魯達妥、德國教育家府耳別魯所建，專教貧民子女。凡初生之小孩皆可收養，作工者晝則送入幼稚園，晚作工畢，乃取之以歸，每日需保育費五十錢。

　　二曰小學校。滿六歲者入之，八年卒業。課目爲讀書、習字、算學、物理、化學、博物、手工、地理、歷史、唱歌、作畫、體操凡十二門。歐美教育皆尚干涉主義，而以德國爲最早、最嚴。兒童不入學者，則罰其父母，故其教育能普及，國中幾無一人不識字者。德國寫請客柬，兼須作畫，而旅館中之男僕、女僕俱能爲客代書，可知其教育之程度矣。凡學校屋宇，皆石或鍊瓦砌成，少必三層，即小市鎮之小學，亦甚華固。伊耶納地戶口不過萬，而學校建設極爲完備。凡學校，地底一層設浴堂，生徒每周浴一次，並有賣珈琲牛乳者，以便學生購之。其貧者則由校中給予。

　　三曰高等學校。分三種：曰幾姆那吉蒙，學羅甸語、希臘語、法國語；曰列阿魯幾姆那吉蒙，學拉丁語、英法語；曰列阿魯朽列，學英法語及科學。在幾姆那吉蒙卒業者，勿論何校皆可入。在列阿魯幾姆那吉蒙及列阿魯朽列卒業者，則所入之校有限制。近年改章，可任入他科，惟神學科仍不能入。

　　高等學校，係小學三年卒業者入之。其不入小學者，則入高等附屬豫備學校，學期亦係三年。乃入高等，修業九年。入高等者，凡此二途。

近德人以此法不善，欲改良者甚多。蓋一因或入小學，或入豫備學校，其受教育不同，則入高等後，教授之法亦難於一律；二因入高等者皆富家，入小學者皆貧民，貧富分校則不能養其同情。貲本家與勞力家恒相衝突，同盟罷工之事必日見其多，此所以主合同之說也。

高等學校寄宿舍，或有或無，不一致。有寄宿舍者，一自習室約二十人，一寢室約七八十人，舍監恒與學生同處。基督教會之學堂多在寺中，因舊教多不結婚，故監督學生皆同居，其寄宿舍規矩最爲完善。

歐洲中世學校課目有演劇一門，因演劇用拉丁語，便於練習也。後此風漸少，竟不用拉丁語，但書其文字。余去歲遊德，曾於某校看劇一次，演時學生之父母及客皆集，演畢復至講室跳舞，其愉快不可名狀。學校演劇，於學問本無大關係，然有二善：一學校中人員與學生父兄可以聯絡；二使學生精神活潑，不至視學校嚴肅若軍營也。

高等學校，有器械體操、步法體操、無兵式體操。此外，有泳水運動，冬時則於室中置湯池，學生執器械運動於池內。

六、上原六四郎手工講義

世界上無出乎事、物二者，事之一邊，東亞講求頗盛，物之一邊，則不甚講求者也。不知事與物當並重，而不可偏廢。物之中有理化、博物等學，皆所以考究物之變化及性質者也。手工亦實驗，夫物者。西人以手工爲學校學科，始於四百年前，漸漸考究，至今而益臻繁盛。日本設爲學科，不過二十年，今猶淺近，吾之考究此學科，亦不過二十年。今試就其大略言之。

小學校之施普遍教育，要在視兒童之所好尚，及年齡之程度，教之以事物。日本小學之手細工即手工，一切剪紙、削竹、磨刀之類，皆屬焉。從來教育之施，僅及於耳與目，而不及手，今則兼練其手。譬如講銅鐵之性質堅硬，聞者、見者知其然而不知其所以然，猶皮相之談也，必用藥料、器械分析之、鎔煉之、錘製之，始明其實在之性質，此物必經手之明驗也。又如機器之發明，而得興火車、汽船、電信之利益，何一不從手之作用而來也。又如理化、博物等學，雖藉腦力發明，而試驗仍賴於手。不特此也。今之教授歷史、地理，必有測量、繪圖，亦不能舍手而專用耳目。古云："百聞不如一見。"今請更進一解曰："百見不如一試。"雖小學之普通教育，不克遽語乎此，然不可不先注意也。

兒童之喜勤動其手，殆其生性然乎？嘗見小兒每將器物顛撲，常人恒惡其主破壞也，不知非故爲破壞，彼蓋因不知器物之內作何情狀，故急欲一見之也。又小兒精神活潑，每不欲閒逸，嬉遊之暇，輒肖作諸物件，故順其性而導之，莫妙於手工之學也。

幼稚園本無所謂學問，不過教以順序之游戲而已，而於游戲之中，即導之使漸知物情。小學校之初教手工，亦略同於幼稚園，不能實有製造之能力。而已寓有製造之意味。如一紙縱橫交折，交折之中即點，又如橫木上立一直木，直木之兩旁即角，皆寓有幾何之基礎。又如將紙直剖而成纖維，橫斷而成小塊，即寓有物理之現象。又如撚紙成繩，順其纖維之性則緊，反之則鬆，即寓有製造絲麻之理。小兒習此，不覺其勞，惟覺其樂，積少成多，智識日以漸進，乃語之以竹木金土之性質，漸近於竹木金土之工。使稍知製造，則圖畫不可少者，或視已成之圖而製造各物，或仿已成之物而作圖，由淺而深，由粗而精，手工之進步、工藝之發達所由來也。故西國最重手工科，初僅小學校有之，近則中學校亦有之，英國且加手工科於高等學校矣。

　　手工科且有使人成完全學人之基礎焉。英之瓦特發明蒸汽機之理，自設試驗場，日考求之。後人用其法，以作汽管，不能增減焉。蓋其理想高尚，抑亦試驗之精到也。故世稱瓦特爲完全之學人，此非由手工而得哉？況今日之世界，工藝之競爭方盛，使人人以工理浸入於腦中，他日人人能作美尚之工藝，其便利尤無窮也。

　　然而無識者多謂小學普通學尚多，手工非小學校所急，不知各科專用腦力，兒童尚有以爲苦，惟手工兼用其手，既開其智慧，又振其精神，無有快樂如此者，其作此反對之議者，必腦中毫無工理之思想者也。但小學校教手工，亦不必列爲正課。小學正課約五小時，於此外加一小時或半小時，既於正課不妨，又免其在家爲無益之嬉遊，一舉而數善備焉。現奉文部省命，編手工教科書，將來日本全國各校皆可加手工矣。又大阪博覽會擬備學校手工成績品，吾任其事，備齊可往觀之。

　　且手工尤有助於體育。吾前定高等工業學校附屬職工徒弟學校之課目，普通學五小時，手工五小時，有謂手工課太多，恐學生不勝其勞苦，請少減之，吾不之許。三年以後，成績卓著，學生之身體、顏色遠勝於他校，此其明驗也。

七、那珂通世史學講義

歷史者，所以考已往之事跡，以定吾人今日辦事之方針也。若是則求諸近代可矣，似不必溯之古時。雖然，治水者必尋其真源，治病者亦參以陳案，知今者當通乎古情，則古史尚焉。支那之古史，稱詳備者惟司馬溫公之《通鑑》。戰國以來之事跡，吾輩得藉以窺其概畧焉。戰國以前之史，能如《通鑑》之詳備者，蓋未之聞。若劉恕《外紀》、胡宏《皇王大紀》、金履祥《通鑑前編》皆甚簡略，此何以故？蓋前人不知以古來事跡羅列於歷史，以備後人之考究也。《易·繫辭》《傳敘》，包犧、神農、黄帝之制作，亦語焉而不詳，而後出之緯書反有可考者。但緯書不足盡信，惟言黄帝作書契，與《易·繫辭》《傳》脗合，是可據也。雖然書契非黄帝自作之，乃命蒼頡作之。吾思蒼頡亦豈能一人獨作之哉？文字之起點，始於刻木。刻木精妙，乃悟出作文字之法。此必有數百年沿革、數十年經驗而後成者。不獨文字如此，即包犧、神農、黄帝之種種制作，亦必幾經沿革經驗，夫豈一時所能創也？且不獨制作之詳不可得聞也，即所載唐虞前之帝王，亦未可據為實錄者。考伏義、神農、黄帝、少昊、顓頊之名次，皆配以五行相生之義。伏義屬木，未有明徵。神農則稱炎帝，屬火。黄帝屬土。少昊稱金天氏，屬金。顓頊屬水，顓頊之後爲陳，《左傳》猶稱陳為水族。蓋著者值五行之説盛興時，故以之名五帝之次序焉。細為思之，其真假有無殆未可定也。唐虞三代之歷史，惟《書經》，且經歷代名儒之所編訂，故確有可憑，然乖誤亦復不少。後人群奉為經，遂並其乖誤者亦莫之敢疑，莫之敢議焉。如堯命羲和四子往四方測驗天時，羲仲於東測春，羲叔於南測夏，和仲於西測秋，和叔於北測冬。夫測候之事，須四方各測一時，或一方兼測四時，始能比較。吾意是時必係四人互相考究，必非一人專往一方，僅測一時也。又如二月東巡狩至岱宗，五月南巡狩至南岳，八月西巡狩至西岳，十一月朔巡狩至北岳。夫二月、八月猶不甚寒、甚暑，若五月正暑時，而往南方炎熱之地，十一月正寒時，而往北方嚴冷之地。古帝王縱不愛惜己身，獨不爲供應侍從者之困難計乎？前我國天皇亦巡幸北海道，但爲暑時，亦巡幸九州，但爲寒時。吾意古帝王不若是之拙也。蓋此二者，雖唐虞時事，而著書者在夏時，腦中已有五行思想，故強以五行配四時四方，豈真當日之實情哉？又如洪水滔天。夫水果滔天，禹烏得而治之？此顯見其形容之過辭也。考《漢書·溝洫志》，當時黃河汎濫，不循河道，掘之使循河道者，則禹之力耳。夫禹不過因其勢而導利之而已。《漢書》曰：「禹河乃傍西山作金堤，自大名經大陸澤入天津。」夫此非常鉅功，即在今日文明進步時代尚難爲力，況在當日，雖千百禹亦豈易措手哉？蓋水趨地勢，不能全恃人力。今之太平洋，漸低之地面也。當日之大名、大陸澤、天津，亦漸低之地面，故禹導之使趨，非實開此一大河道也。又如禹平水土、定九州貢賦，此則必有之事，但禹何能遍歷九州，似亦未免誇矣。又如鑿龍門山，夫龍門大山，豈易言鑿，亦可疑也。此外尤有人所不經意，而不知其非者。如堯在位七十載，以二女妻舜。夫舜三十而娶，則二女不過二十許耳，豈有七十在位之人有如此之少女者？恐七十必誤字也。又《周書》曰：「成王幼不能踐祚。」幼云者，必在十歲以內。夫武王崩九十有三，豈有九十三歲之人，長子猶不及十歲乎？幼字必因《金縢》篇「孤」字而誤。其實孤子非專指幼子而言，《左傳》此例甚多也。成王不能踐祚，必非因幼，殆因喪也。《論語》云：「高宗諒陰，三年不言……古之人皆然。」可知當日成王守禮，周公攝政，本事理之當然，以一幼字誤之，遂難解索焉。凡此不過舉例以言之耳。蓋著書者率意爲之，後人沿用而不深求，又以尊經之故，有所疑亦不敢道。坐此奴性，僅以守古爲唯一之宗旨，不惟不明古事而已。凡百學術，遂無進步，不其媿夫？吾所舉「成王幼」一條，本大名崔述之說。崔述字武承，號東壁，嘉慶二十一年卒，嘗著《考信錄》五十卷，辨明古事之偽誤者甚多，考歷史者不可不讀也。其書爲其門人雲南陳履和所刊行。履和字介存，爲金華知縣，貧不能攜版歸，存金華署，聞已被燬。其書印刷不多，閱之者亦少，頃從北京琉璃廠購得一舊本，已謀再版，此書不日可公諸世矣。

〔附〕

《師範講義》序

　　壬寅之夏，某等以學速成師範至日本，考其國學制之崖略及教授之方法。八閱月而畢，乃萃所聽講義，編次付梓。區區私懷，冀以此爲吾國教育之嚆矢，使凡有志斯學者手此一編，如遊各國學校，聽其教育家之言論，而與之俯仰周旋於其間也，又使有志斯學者睹此一編，群以教育爲己任，振興學校，作育國民，而與歐美、日本各國抗衡也。雖然，某等有説焉，教育之道，精深廣大，以彼教育家研究十餘年，尚苦其不逮者，而匆匆講習數月間，烏足窺其蘊奥？况居東日淺，語言弗盡解，假舌人以從事，既不無隔膜之弊，而倉猝筆記，遺忘者又十之二三，間取資於他書以補之。恒苦失其原意，重以編輯者非一人，彼此不無出入，體例不無參差，一切名詞半沿用東文，未暇譯其意義，具此數端，謂爲完善之書，誠不免有遺憾矣。然則持此以往，其遂足應用乎哉？且教育者因國勢民俗而異，其施者也，美不必同乎英，德不必同乎法，而謂採日本之制度，膠柱鼓瑟行於中國，無毫髮窒礙，尤非智者所敢信也。惟是吾國教育，今始基耳！方俍俍焉，如夜行之無燭，如瞽者之無相，勢不能不取法於人，以爲推行利導之具。日本，同洲同文之國也，其國勢民俗較近焉，取彼教育之陳案，以備參考，其於吾國學校之前途，或不無什一之裨益歟！梓人既蕆事，因弁數語於簡首，以質諸留心教育之君子。

光緒癸卯二月二十日湖北遊學日本師範生記

新制各科教授法

《新制各科教授法》，李步青編著，范源廉、姚漢章校閱，中華書局 1914 年 6 月初版，師範學校適用，教育部審定。據 1921 年 1 月第十二版整理。

編輯大意

本書各科次序，遵教育部小學校教則之規定，以便教授者參考條文。

本書各科要旨及材料方法，發揮教育部教則之旨，以便實際教授。

本書論教式教材教法，徵引東西洋最新之學說，旁搜吾國實際教授者之理論，參以編者經驗，務求精審，多他書所未發之論，與稗販勦襲者不同。

本書引用事例名詞，皆采吾國所固有者，其爲吾國特殊之教材。本教授之原則與實際之經驗，推闡立論，不爲削足就屨之談。

目　　錄

第一編　總論 …………………………………… 651
  第一章　教授之要旨 …………………………… 651
  第二章　教授之材料 …………………………… 652
    第一節　教材之選擇 ………………………… 652
    第二節　教材之排列 ………………………… 653
    第三節　教材之聯絡 ………………………… 654
  第三章　教授之方法 …………………………… 655
    第一節　教段 ………………………………… 655
    第二節　教式 ………………………………… 657
    第三節　溫習 ………………………………… 660
第二編　分論 …………………………………… 661
  第一章　修身科 ………………………………… 661
    第一節　要旨 ………………………………… 661
    第二節　材料 ………………………………… 661
    第三節　方法 ………………………………… 663
    第四節　教授用具及教授上之注意 ………… 663
  第二章　國文科 ………………………………… 664
    第一節　要旨 ………………………………… 664
    第二節　材料 ………………………………… 664
    第三節　方法 ………………………………… 666
    第四節　教授用具及教授上之注意 ………… 670
  第三章　算術科 ………………………………… 670
    第一節　要旨 ………………………………… 670

第二節　材料 …………………………………………… 671
　　第三節　方法 …………………………………………… 672
　　第四節　教授用具及教授上之注意 …………………… 673
第四章　本國歷史科 674
　　第一節　要旨 …………………………………………… 674
　　第二節　材料 …………………………………………… 674
　　第三節　方法 …………………………………………… 675
　　第四節　教授用具及教授上之注意 …………………… 676
第五章　地理科 ………………………………………………… 676
　　第一節　要旨 …………………………………………… 676
　　第二節　材料 …………………………………………… 677
　　第三節　方法 …………………………………………… 678
　　第四節　教授用具及教授上之注意 …………………… 679
第六章　理科 …………………………………………………… 680
　　第一節　要旨 …………………………………………… 680
　　第二節　材料 …………………………………………… 681
　　第三節　方法 …………………………………………… 682
　　第四節　教授用具及教授上之注意 …………………… 683
第七章　手工科 684
　　第一節　要旨 …………………………………………… 684
　　第二節　材料 …………………………………………… 684
　　第三節　方法 …………………………………………… 685
　　第四節　教授用具及教授上之注意 …………………… 685
第八章　圖畫科 ………………………………………………… 686
　　第一節　要旨 …………………………………………… 686
　　第二節　材料 …………………………………………… 686
　　第三節　方法 …………………………………………… 688
　　第四節　教授用具及教授上之注意 …………………… 689

第九章　唱歌科 …………………………………… 689
　第一節　要旨 …………………………………… 689
　第二節　材料 …………………………………… 690
　第三節　方法 …………………………………… 691
　第四節　教授用具及教授上之注意 …………… 691
第十章　農業科 …………………………………… 692
　第一節　要旨 …………………………………… 692
　第二節　材料 …………………………………… 692
　第三節　方法 …………………………………… 693
　第四節　教授用具及教授上之注意 …………… 694
第十一章　縫紝科 ………………………………… 694
　第一節　要旨 …………………………………… 694
　第二節　材料 …………………………………… 695
　第三節　方法 …………………………………… 695
　第四節　教授用具及教授上之注意 …………… 696
第十二章　體操科 ………………………………… 696
　第一節　要旨 …………………………………… 696
　第二節　材料 …………………………………… 697
　第三節　方法 …………………………………… 698
　第四節　教授用具及教授上之注意 …………… 698
第十三章　商業科 ………………………………… 699
　第一節　要旨 …………………………………… 699
　第二節　材料 …………………………………… 699
　第三節　方法 …………………………………… 700
　第四節　教授用具及教授上之注意 …………… 701
第十四章　外國語科 ……………………………… 701
　第一節　要旨 …………………………………… 701
　第二節　材料 …………………………………… 701

  第三節　方法 …………………………………… 702
  第四節　教授用具及教授上之注意 …………… 703
第三編　單級教授法 …………………………………… 704
 第一章　單級小學校 ……………………………… 704
 第二章　單級編制及教科之配合 ………………… 705
 第三章　單級教授必要之注意 …………………… 706
 第四章　二部教授 ………………………………… 707

第一編　總論

第一章　教授之要旨

教育之作用，以發達個人身心，養成優良國民爲主。論其實施，大體分教授、訓練、養護三項。析言之，即教授爲授以知識技能；訓練爲陶冶情操意志，以養成善良之習慣；養護爲保育身體，以增進健康是也。然此三項之作用，各有相互之關係，而教授之範圍最廣，蓋不從教授上示以切要之知識技能，或授之而其法未善，則受教者不明修養之方法，徒施以訓練養護，必扞格而不相入。此教授法之所以重要也。

小學教育，爲人生受教之始，其關係最大，而施教最難。我國教育部《國民學校令》第一條謂："國民學校施行國家根本教育，以注意兒童身心之發育，施以適當之陶冶，並授以國民道德之基礎，及國民生活所必需之普通知識技能爲宗旨。"其曰發育身心，則養護之義也；曰授以國民道德，則訓練之義也；曰授以普通知識技能，則教授之義也。然對於身心發育而曰注意兒童，對於國民道德而曰基礎，對於知識技能而曰生活所必需，則是根據教育之本旨，就兒童現象與國民實際，斟酌情實，而指導國民學校教育之方針也。高等小學校宗旨，與國民學校同，惟增進之耳，今所編之教授法，即本此方針而闡發其義蘊者也。

茲編所言者惟教授法，然則教授之目的，究竟如何？先當研究者，教授與訓練、養護相互之關係，是訓練、養護惟行於教授之外以補助之，抑教授中尚得含有訓練、養護之作用？茲之主張，則謂後說亦可行也。修身示以實踐，國文講解之後，常取其有關品性之言行，推究兒童之心得，則寓訓練於教授也。材料不取過度，講解必循自然，則寓養護於教授也。次當研究者，則教授之目的，是否僅以授予知識、技能爲盡其能事？就形式而論，授以知識技能，誠爲教授之作用。就本體而論，則教授者於兒童之身心，必留意發育之；於國民之道德，必培養其基礎，即所謂教授中常資訓練、養護以補助其作用者也。由是而教授之實施欲期達其目的。第一問題爲當授以如何之材料，第二問題爲當用如何方法授之，茲先就其本旨論焉。

一說以輸入知識爲主，謂受教者於個人品性、國民義務，須獲有必要之知識技能，且從而熟習之。斯異日立身社會，能營獨立生活，是爲實質主義。一說以鍛鍊心力爲主，謂宜助長受教者之心力，且銳敏其知覺，精細其觀察，明確其記性，調和其感情，高尚其欲望，使受教者能以教授時之所得，應付於實際，是爲形式主義。

偏重實質主義，則惟知博識之可貴，而不顧兒童之心意能否領受，如佳殽雜陳，食之過度，必有積滯之患。偏重形式主義，則不拘材料之性質分量，而僅注意於教授之方法，及其影響於心意之如何，則內容非流於空虛，即失之粗雜，譬之食物惟取其易消化，苟滋養分量不充，終不適養生之用。二者各有短長，宜相需爲用，折衷至當。一面取實質主義，選擇教授之材料，一面取形式主義，注意教授之方法，而又於知識之輸入，增進興味，使觀念永住而不滅，斯教授之目的可達也。

第二章　教授之材料

欲達教授之目的，必取資於材料，大體分選擇、排列、聯絡三項，今分論如左。

第一節　教材之選擇

小學教科之材料，必求其確合小學教授之用者，然後可采取之，此其標準有三。

（一）當爲生活所必需之智識。

（二）適切於道德陶冶及國民陶冶之用。

（三）適應於兒童身心發達之度。

標准既定，若其選擇之方，又當求之於人身周圍之事物。此當注意者：一、世界進化，社會所有之事物，日趨於複雜，選擇材料，不可不應文化之發達。一、各人所處之地方、所遭之境遇、所執之職業，種種不同，因人施教，不可不有特殊之趨向。又教育部宣布宗旨："注重道德教育，以實利教育、軍國民教育輔之，更以美感教育完成其道德。"此宗旨之表示，亦選擇材料者所當注意者也。

十九世紀以前，歐洲各教育家，於教科案之問題，頗費討論。今科目益臻於完善。日本揭取各國之長，我國採用之，國民學校今規定教科目，爲修身、國文、算術、手工、圖畫、唱歌、體操，女子加課縫紉。高等小學校今規定教科目，爲修身、讀經、國文、算術、本國歷史、地理、理科、手工、圖畫、唱歌、體操，男子加課農業或商業，女子加課家事。視地方情形，並可加設外國語。此教授者所當遵行者也。

至各科內容，在最近教育家研究，小學注重直觀教授，教科書殆可不用。然以我國教授術之未發達，其所用新式教科書，殊爲改良教授之初步，是教科書之取材，深宜討論。惟各學校大率採用教育部審定之書，似關於教材選擇，教授者幾無所用其研究。然因土地異宜，執業各殊，與夫坊間教科書之未完善，當實際教授時，其有待於教師增損改訂者，正自不少。此上列選擇材料之標准，不可不一一理會之也。

第二節　教材之排列

教材之排列，其方法不一，要以參用直進、循環二法爲最善。惟須即各教材固有之性質，按兒童發達之程度，及各學年教授時間，平均分配，以求得其宜。其事項約有三種：一教科課程表，二教授細目，三時間表。

就國民高等小學各教科，分配於各學年。又規定其各科教授程度，每週教授時數，是謂教科課程表。今將部定國民學校課程表及高等小學校課程表録於卷末，以供一覽。依課程表分年程度，將各科教材，先分配於各學年，次分配於各學期，再分配於各週，是謂教授細目。編制教授細目，當注意者列如左。

（一）本教科課程表及教科書，依選擇教材之標准而選定事項。

（二）當適應於學級之編制、土地之狀況、男女之性質。

（三）順材料固有之序。

（四）當注意他科及本科內前後之聯絡。

（五）選定之教材，當與時令相應。

（六）應教材之難易，定教授時間之分量。

（七）各段落及休假期，宜留復習之時間。

（八）從實際經驗之所得，每年加以修正。

以每週各科教授時間，分配於各日者，是謂時間表。定時間表當注意者如左。

（一）主要教科及費腦力之教科，宜於精神振作時授之。值疲乏時，則授以活動筋骨快樂心情之教科。

（二）費腦力之教科與不費腦力之教科宜錯綜分配。

（三）同科目及種類近似之科目，不可連續教授數時。

（四）每一科目之時數，宜於一週內之各曜日，間隔前後，為適當之分配。

第三節　教材之聯絡

教材聯絡之法，在順各科固有之序，提出聯絡之點，而不妨害其獨立。使兒童領受之知識，秩然而有統系，又能就已得之知識，整理其舊觀念，而理會新受之知識。非如中心統合法，鄰於強制牽合也。例如理科與算術、歷史與地理，各有密接之關係。國文之材料，則包括各方面，實與各科相銜接。至修身科則就教授各科之便，擇適當之時機，以陶冶其心情，且不失為各科之中心。實施此法，當注意者有二。

（一）順各科固有之序，使其程度漸進，互為聯絡。當教授時，了然於前後之關係。

（二）在教授細目中，記入各科聯絡關係以便實際之運用。

第三章 教授之方法

教材雖良，苟教法不合，不能使受教者一一領會，則教授之目的，終無由而達。今就方法上應講求之事項，分論如左。

第一節 教段

本兒童心意活動自然之原則，提出教材之次序，曰教段。教段之程式，自海爾巴脫之論斷而大體始定，門人推闡其說，至來因氏而大成，所謂豫備、提示、比較、總括、應用五段教授法是也。嗣經實際教授家之經驗，因教授之便利，更定種種新式。然形式雖殊，大體則無以易也。就我國近來傳播之式言之，有以比較、總括二段併入提示段，稱為三段教授法者。有於豫備之中，提出指示目的一項，特別揭明於課始者，今取最新之式，分為豫備、提示、練習、整理四段。就中以提示、豫備為主。此教段在實際上、理論上皆有正確之研究，而通用於知識教材與技能教材，無一不合者也。

一、豫備　豫備之旨，在喚起兒童之領受心，整理舊觀念，以啓導其新知識。其教式以問答為主，此段應研究之事如左。

（一）指示目的。目的之指示，宜簡單明確，易於領會。指示之方，或用口語，或用牌示，或用教具揭示。指示時，因教授之便利，或行於豫備之始，或行於豫備之終。

（二）復習已教之事項。此段復習，不可僅使誦讀，必用問答，喚起其記憶。

（三）喚起既有之知識。既有知識，或為習見之事物，或在自然界之直觀。

二、提示　提示之旨，在授以新事物，使兒童能明確領會為主。其方法因教材之性質而殊，或示以實物標本，或示以模範觀察，或順序講演，或逐次說明，而尤在能引起受教者自動之機。其有教材可分爲數小節者，每一小節，必使受教者專心致意，十分明瞭。然後漸移於他小節，終則統合爲一體。如提示得宜，則知識之融化，意志情操之修養，皆可於此收其效，故曰提示者教授之本部也。

三、練習　練習之旨，在使兒童確實領受知識，且養成應用之力爲主。其方法因教材之性質而殊，或令演述已教之事項，或令仿所示之模範而實習，或出問題令解決之。

四、整理　整理之旨，在使兒童之身心，因領會教授事項，而起劇烈之注意者，復其平靜之度，其方法亦因教材之性質而殊，當注意者如左。

（一）教科書之講讀。令讀教科書，明於各節及全章之要點，使教授之事，可以統合。

（二）教授事項之約習。應教材之性質，或爲問答，或作圖表，或用筆記其要領。

（三）教授事項之精練。於反覆練習後更整理之，此在技能教材最爲適用。然如國文之朗讀、範讀、批正亦可用也。

豫備、提示、練習、整理四段，本根據於海氏之五段教授法，惟於提示段以後，稍變更其用法，而益擴充之，此於實際最爲適用。然在教授時，因教材之性質，與兒童之心情，時有殊異，究宜臨機活用，而不可拘泥其程式也。我國近來通病，凡編制教授案者，某教科取五段者，則自本書第一課至末課，皆用五段式。某教科取三段者，則自本書第一課至末課，皆用三段式。編制者不明實際，實授者依案敷衍，致教授之真義反晦，不知教段之次序，乃教授當守之原則，非教案不可易之程式也。如因教授之便利，或省練習一段，加入提示之中，惟用豫備、提示、整理三段可也。或省整理一段，加入提示與練習之中，惟用豫備、提示、練習三段可也。或並省練習、整理，加入提示之中，惟用豫備、提示二段亦可也。又一課之教材，既可分爲數時授之，則一時以內之教材，如可分爲數小節，即各就教材之小節，隨時運用教段之方法，亦無不可。苟深知其義，神而明之，存乎其人，然此非可語於淺嘗者也。

依教段之次序，以施教授，若不先時預計，必致臨時張皇，有凌亂失當之患，此教授案之所以重要也。教授案有詳案、概案二種。詳案宜於師範生實地練習時用之，概案則平常教授時所用也。蓋教授時教者之問，與受教者之答，難以預定，若過求詳備，施之實際，往往不能實行，故平常所用之教授案，惟記教授各段中之材料，與提出此材料之次序，至於引伸敷暢，則俟臨時相機以施之。

第二節　教式

教式爲傳達教材之方法，即教者之發動，與受教者之被動，其形式之表現於外者也。大體分爲注入與啓發二種。注入之式五：曰示教，曰示範，曰講演，曰說明，曰解釋；啓發之式二：曰發問，曰課題。分論如左。

一、示教式　示以實物、標本、模型、圖畫等，或用實驗使受教者觀察其現象，是曰示教。此式一切教科適用之，但以理科爲主。用此式時宜注意之點如左。

（一）令受教者觀察，須由簡單而進於復雜，俾詳細觀察之。

（二）須指出觀察點，使受教者注意於教授上必要之部分。

（三）值觀察時，須詳察受教者之動機，循序發問，對於不明瞭之點，加以補助之解說，其誤點則矯正之。

（四）觀察時附加解說，在簡單之事物，可同時行之。其稍復雜者，則行於觀察之後。

二、示範式　教者示以模範，令受教者摹仿之，曰示範。如圖畫、唱歌、裁縫、體操等主用此式。國文中之習字、音讀、作法亦適用之。用此式時宜注意之點如左。

（一）教者所示模範，宜完全明瞭，且極巧妙敏活，足以增進受教者摹仿之興味。

（二）示範時宜先説明其要領，當説明時，不可使之同時摹仿。

（三）宜令受教者反覆練習，達於純熟之境。

三、講演式　講演式在用實現之談話，使兒童如目睹身親，而引起其想像之作用。其表示之現象：一比喻，二現寫，三擬態，四擬人，五誇張，六咏歎，七斷叙接叙。此式各科提示段常用之，惟修身、歷史最爲適用，但教者濫用之，則受教者常處於被動地位，而失其活動力。用此式時宜注意者如左。

（一）教者言語宜明確，聲音之抑揚緩急，宜適當其度。

（二）宜利用實物、標本、圖畫等物，或書緊要事項於牌上，使受教者特別注意。

（三）講演事項，宜區別段落，每一段落，宜提出重要之點，隨機復演，使受教者得明確之領會。

（四）講演中宜間以發問，或於每段落之終，各設問難，以提醒其注意。

四、説明式　説明式在用論理法指示事實，而引起受教者思考之作用。凡關於概念及法則之教材最適用之，算術、理科及修身、訓辭主用此式。用此式時宜注意者如左。

（一）説明主先用歸納法，如兒童理解猶未明時，再用演繹法論證之，但年稍長時亦可即用演繹法。

（二）須藉助於問答，因問答之結果，然後教者以數言決定之。

五、解釋式　解釋式在使受教者讀文而通其意義，此意義分爲形式與實質二種。形式有言語、文字、文章之別，實質則各教科皆殊其趣。解釋意義，因兒童之程度、教材之性質而異。其用法：一譯他語，二直觀指示，三示特性，四用他語比較證明，五列舉包含之事物，六示實例，七示用例。此式國文最適用之，用此式時宜注意者如左。

（一）解釋之次序，在文字、文章繁難時，及讀解力薄弱時，宜先使領會實質，而後及於文字、文章。若欲培養其讀書力，則由讀文字、文章之順序，兼使領會其實質。

（二）在解釋之前後，宜令兒童誦習文字、文章數次，俾其領會容易，而所得之知識又可確實。

六、發問式　發問式所以引起兒童之自動心，各教科皆適用之，於諸教式中最有價值。在教授時間內，宜用此式者：一喚起兒童注意之時，二喚起兒童既有知識之時，三構成概念發見法則之時，四確實知識磨練技能之時，五整理教授事項之時，六審察教授效驗之時。惟問法不宜，或致耗時費力，而不收實效。用此式時宜注意者如左。

（一）發問宜用補成問題，即先舉其一部而使補成其他也。例如中國之京城在何處乎？如是否問題，例如中國之京城爲北京乎？及選擇問題，例如水爲固體或液體乎？受教者無思考之餘地，不宜命題，惟欲問以難解之事，與爲事物證明之準備，或僅使劣等生答問之時，可偶用此法。

（二）問題界限宜正確，一問限於一答，不可多含意義。

（三）發問之言語，宜簡單而明朗，無謂之語及不足之語，皆須避之。

（四）發問之音調，對於欲問之要點，其音調宜較強。

（五）問題宜適應受教者之智力，不可太難，亦不可太易。

（六）宜對全級發問，而後指定一生使答之，以難問題問優生，以易問題問劣生，視察宜周到，分配宜適當。

發問式在引起兒童之自動心，故對於兒童之應答，亦必有適當之處置，今舉其注意之點如左。

（一）應答宜使高聲，令全級聞之。

（二）應答之語或語不明瞭，或意不完足，或雜以冗言，或涉及他事，宜矯正之。

（三）勿論應答當否，不可加以叱責，致挫其銳氣。

（四）不可因一二生之能答爲滿足，必審察全級是否皆已領會。

（五）應答得當，宜察其是否真知，如疑爲偶中，或再問其理由，或使舉實例，或變更其形式問之。

（六）對於應答之評正，或由教者自行之，或令兒童交互行之。

（七）應答全誤或全不能答，當察其原因在教者或在受教者。原因在教者，必問題過難或不明顯之故，則宜改正問題，更爲發問。若在受教者，則對於不注意者宜奮激之，怯者宜勉勵之，鈍者宜誘掖之。

七、課題式　課題式教者發問題使受教者自作答案者也。其引起兒童之自動心，與發問式同，以全級一致練習爲本體，以分別檢察爲目的。此式各教科皆可用，但算術及國文作法最適用之。用此式時宜注意者如左。

（一）課題當審各教材練習之系統，循序發問，不可越級，亦不宜缺漏。

（二）兒童練習中，教者宜周巡兒童之座位，一一注意，對於劣生宜稍指導之。

（三）對於答案之評正，與發問式同。

（四）檢察答案時，美點宜獎勵之，缺點宜矯正之。

第三節　溫習

溫習之效驗，不惟使領受之知識，能確實其記憶，且可養成自學之習慣。惟純用器械的溫習，易生厭倦，須使兒童觀察教材之種種方面，變化教式，俾得聯絡於既習之事項，而生出新意味。其用法有二：一用於授新事項之前，二設特別時間，以反復前之所學。其方法如左。

用於授新事項之前者，其法有二：

（一）在教授時間之始，使復習前課，或前者與本課有關係之課。

（二）在教授時間之始，使就時間之教材，就所知者豫習之。

特定時間溫習者，其法有四：

（一）於各段落之終結，酌定若干時間，使溫習之。

（二）以一週中之若干時間，使溫習以前功課。

（三）於一學期或一學年之終，酌定若干時間，使溫習全體功課。

（四）指出要項，使於正課時間以外，在家庭中溫習之。

第二編　分論

第一章　修身科

第一節　要旨

小學教育，在培養國民道德之基礎。何謂國民道德？即對內而發揮我國民族固有之精華，外應世界之進化，而增進其公德也。我國道德，向淵源於儒教，而稍受佛教之影響。其克己之功，與畏神之誠，本具有陶冶心性之真精神。然以陳義過高，非盡人所能企及，又對於社會國家之道德，語焉不詳，不無缺憾。此言修身者必自國民道德始也。

各科之教授，皆與道德有關係，惟修身科以授與道德知識為唯一目的。但道德知識之養成，必陶冶其情操，強固其意志，而後所得之知識，可見諸實行。故修身教授，於知、情、意三方面，皆宜培養之也。

我國國民學校教則第二條謂："修身要旨，在遵照教育綱要，涵養兒童之德性，導以實踐。"高等小學校修身要旨，亦與相同。其所謂德性者，具有道德本能也。涵養德性，則自知、情、意三方面以陶冶之者也。導以實踐，則不僅使能領受知識之謂，尤在本教授上之陶冶，使一一應用於實際也。夫授以道德知識，而以實踐為主，必為兒童所能行，國民所當行，則夫經訓所載，如《中庸》明德新民之道，義理過深，內則櫛縱筭總之文，非盡人所能行者，固不合教授要旨之用矣。

第二節　材料

小學教授之材料，弗論何種教科，無不有下列二方面之研究。其一，謂當授以何項材料，而後可達小學教育之目的。其二，謂當授以何項材料，而後與兒童之心理相應然。此二方面性質雖殊，當教材之選擇與排列時，則聯絡二方面以進行者也。

今就修身教材中，先從第一方面研究之，則爲德目之問題。我國修身德目尚無詳細之分類，就國民學校教則第二條所列："宜就孝弟、忠信、親愛、義勇、恭敬、勤儉、清潔諸德，擇其切近易行者授之，漸及於對社會對國家之責任。""兼授公民須知，示以民國之組織及立法行政司法之大要。""對於女生，尤須注意於貞淑之德，並使知自立之道。"高等小學教則第二條所列："宜就國民學校擴充之。"此其大較也。

本教則規定之德目，而入於第二方面之研究，則教材之排列，以用循環法爲適宜。以各德目分配於各學年，而應兒童心意之發達，而各異其程度，如論孝一也。有但言愛親之時期，有講求孝行之時期，此其例也。

至於選用教材之體裁，分爲二種：一例話，如故事傳說及日常偶發事項等是也。一格言，如諺辭、詩歌、訓辭等是也。用故事傳說撰爲童話，以爲初學年兒童修身教材，始於海爾巴脫，其理由謂初學年兒童想像力最富，喜聞新奇之事，故用古代人民想像的精神產物之古話，最爲適宜。其反對者謂此等想像事項，易使兒童馳於空想，於精神發達，大有妨害。二說皆有至理，然兒童心意未發達時，不易解乾燥無謂之事實，往往從最有趣最簡單之古話，而得領會人生之一端。苟慎選教材，於教授方法之便宜，甚有益也。

兒童年齡稍長，則宜取材於歷史，即教則所謂"嘉言懿行"是也。蓋歷史上賢哲勇義之事迹，與德目符合爲直觀的，可使兒童得私淑其人之理想也。至於教則所謂激發進取之志氣，養成愛群愛國之精神，宜兼采外国事實以足之，而期與現代時勢相應焉。

日常偶發事項，即學校內外偶出之事，及報章所載之新聞，足爲法戒者是也。蓋兒童生活，對於目睹耳聞之事，較過去者尤爲親切有味，故此等教材，時利用耳目日常與事相接觸之機會而授之，最爲有益。

凡一國之中，歷代相傳之諺辭、詩歌等，乃國民精神之產物，足以涵養國民性情者，實爲修身科不可不采之材料。惟以取其語句簡單，兒童易記，且饒興味者爲宜。聖哲之訓辭，具有至理，例話中所含之道德概念，以訓辭印證之，亦甚有效。

修身教授，不惟授以知識，尤貴導以實踐，故作法尚焉，教則所謂演習禮儀是也。大概分言語、動作二者。言語如應對、談話、慶弔等。動作如行步、出入、訪問、迎送、敬禮等。教授時可應兒童適宜之度，分配於各學年，以資練習。

第三節　方法

修身教授，有至要之件二：一教者之言行，須可爲兒童之模範。二須與訓練方法相待而行。教授以用歸納法爲主，先詳說事例，最後結以道德概念。在高級兒童，可用演繹法，即先述格言，後引事例證明之是也。教式雖以講演式爲主，然欲使受教者明確其記憶，完成其概念，促進其反省，則宜參用發問式，作法則用示範式或示教式。

教授案例

豫備　示以題目或簡單之德目　復習　既有知識感情之整理

提示　例話用說話以養其理想，當爲適當之分節，每述一節，須使兒童復演之。

格言用說明及問答，當使明其理想，領會實行之方法，更使反復誦讀其辭。

舉示實例，須使兒童反省日常之行爲。

授作法，宜用實習，但作法煩重時，當於整理後實習之。

整理　教科書之講讀　例話要領之約習　教訓要旨之訓練。

第四節　教授用具及教授上之注意

修身教具，有表示道德行爲之繪畫與人物肖像，有歷史上之影片、手迹、遺物、地圖等。有關於作法之用具，又作法設特別教室，最爲有效。

国民一二学年，教者用语宜浅易通俗，态度宜从容，且富於慈爱性。對於初入學之學生，宜指示校内各項設置，説明規則。

事例講話，宜就各部分，於適當之時間，分別提示教授之用具。

旅行時，如遇名人古迹，及猝見偶發之事項，宜隨時指示道德之行爲。

第二章　國文科

第一節　要旨

人各有思想感情，藉分節之聲音，以互達其思想感情者，此言語之作用也。然因時代與地方之間隔，言語有時而窮，於是有代言語之符號，此文字之作用也。凡人類進化，達於一定程度之民族，即有通用之言語文字，蓋國文者國民精神之產物。所以表出國民特性，不特爲互達思想感情之具，而亦陶冶國民品性所不可缺者也。言語爲聲音符號，文字爲言語符號。聯絡文字，以發表完全之思想感情者，曰文章。國文即包言語、文字、文章而言也。教授國文，使之通曉他人意思者，爲聽法、讀法教授，由耳及眼而練習言與文者也。使之發表自己意思者，爲語法、書法、作法教授，由口眼手而練習言與文者也。惟教授之目的，於此形式之外，又有其實質，即由形式而表示其思想感情也。故教授時，雖當從形式上以養其活用之力，亦不可不就内容材料以啓發其心情。教則所謂"國文要旨，在使兒童學習普通言語文字，養成發表思想之能力，兼以啓發其智德"是也。

第二節　材料

國文教材，大概分形式與實質二方面。就形式而言，國民學校教則第四條第二項："首宜正其發音，使知簡單文字之讀法、書法、作法，漸授以日用文章，並使練習語言。"高等小學教則第二條第三項："高等小學校宜依國民學校令施行細則第四條第二項之規定，漸及普通文之讀法、書法、作法，並使練習語言。"析言之，可分爲言語、文字、文章三項。

練習語言，弗論何科，皆可行之，而以國文科爲主。各國國文讀本，皆用一定之標准語。我國方言，省與省不同，縣與縣不同。舊時流行之官話，既未習行於民間，而南北之音標，又甚懸殊。當此讀音統一會未實行時，實爲教授國文之大障礙。茲所研究者，約有二事：（一）發音，當正其音讀而去其訛音。（二）練習語言時，當於語尾補充之辭。凡無字義之土語，當留意矯正之。如此從事，或亦統一語言之初基也。

歐美各國文字，概由拼音而成，故言語與文字，甚爲接近。我國爲單音文字，分爲象形、指事、會意、假藉、諧聲、轉注六種，既通其音，尤宜識其義。故教授文字，當由簡易而趨於複雜，由實字而進於虛字，必取通常習用之字，一一習之，而後可以資應用。國民學校教則第四條第六項："書法所用字體，爲楷書及行書。"大抵先純習楷書，後兼習行書。高等繼之，亦兼習楷書、行書也。

文章約可分爲語體、文體、書簡體三種。大抵國民一二年宜純用語體，三四年兼習文體及書簡體，高等則以文體爲主，兼習語體及書簡體，以資應用。至教科書文章排列之次序，尤宜應兒童心意之發達，予以學習之標准，教則所謂"讀本文章宜取平易切用可爲模範者"是也。

至論教材之實質，國民學校教則第四條第三項："其材料就各科內擇其富有趣味及爲生活所必需者用之。"第四項："女子所用讀本，宜加入家事要項。"高等小學用之，其取地理、理科中之材料，所以增進其知識，即授以生活上必需之知識技能也。其取修身、歷史中之材料，所以涵養其德性，即培養國民道德之基礎也。更慮其不足，則取其他生活必需事項以補充之。惟國文教材，雖與各科相密接，然不可即以此等教科書爲教材也。徒摭拾關於此種材料，餖飣排列，有何趣味。且與國文本旨無關，故宜善於選材，擇可喜可愛之事物，以期合於兒童之心理。又出之以適用有趣之文字，使讀者得養成文學上之興味，斯可爲國文適宜之材料也。但國民包歷史、地理、理科三科，其材料之選擇及排列，宜顧各分科固有之性質。高等則各分科皆獨立，於其相關聯相表裏之處，不可不注意也。

作法材料，國民學校教則第四條五項："國文作法，宜就讀本及他科目已授事項，或兒童日常聞見與處世所必需者，令記述之。"此就四年以上言，高等亦適用之。

第三節　方法

國文教授方法，大概可分爲讀法、作法、書法、語法、文法各項，但我國文字，以音殊文繁之故，於語體之問題，尚未根本解決，故茲不另列語法，但於讀法中附論及之。又小學教授，無文典之規定，故茲不另列文法，但於作法中附論及之。

一、讀法　讀法教授有二：一先使領會其實質，然後及於文字文章。一先讀文字文章，然後使領會其實質。國民以前法爲主，然程度稍進時，可參用後法。高等以後法爲主，然遇文章繁難時，亦可參用前法。

讀法有音讀、默讀二種。音讀之中，注重字音，須語語清晰者，曰器械讀法。注重句法，須處處聯貫者，曰論理讀法。注重聲調之抑揚頓挫者，曰審美讀法，而用此於教授時，又有範讀、齊讀、各讀之別。

默讀之中，在不甚緊要部分，宜急讀，其文章之意義深長者宜精讀。惟必使注意於文章之要領，且須留心監察之，但此以用於程度稍進之學生爲宜。

讀法與語法之關係，最爲密切，蓋教者之解釋與說明，常足爲讀書之資助，且可示以語言之模範。又對於兒童之問答語言，宜時時匡正其謬俗，亦最要也。

讀法教授之次序，先宜正音讀，常用範讀法，使反覆練習。於單字則注意發音，於文章則注意於音調之抑揚緩急。次宜用解釋及說明，使通曉字形字義，兼領會其內容。稍進使明語與文之分別，再進使解文法，最後則注重練習，使熟讀正文，並練習實質與形式之應用。

讀法與作法、書法三者，雖各殊其方法，然皆有相互之關係。讀法本爲作法、書法之準備，苟不明作法與書法，則讀法之教授，不能成立。茲從便宜上，列讀本教授案於讀法項下，以資參考。

文字教授案例（國民一二年適用之）

預備　復習　既有知識之整理　實物、標本、圖畫、寫眞等之觀察

提示　事實須加說明，但兒童能自文字上解悟者則略之。

範語全體及各部分發音之練習，須書於牌上，使反覆讀之。

詞意及文字用法之解釋。

教材全文之誦讀。

練習　關於實質方面，宜力求兒童之融化。

關於形式方面：（一）覆讀、覆講及默寫，但默寫須於程度稍進時用之。（二）用既授之文字作新語句使讀之。（三）用新授之文字，聯合既授之文字，使悟其

用法，更進而使其綴字。

文章教授案例

預備　目的指示　復習　既有知識之整理

提示　摘錄新語句，使知其讀法及意義。

先摘一句一節使讀之，再使讀全文，更爲適宜之範讀。

順各節之次序，逐一講解，使明其意義。或令兒童自講，矯正其誤，而補助其不足。最後使總括內容之要領，明全篇之組織。

關於語法及修辭法，皆宜加以說明，使領會文法之作用。

使依範讀而朗讀若干次。

練習　摘示新授之文字，使之練習寫法，且應用之，而作單語、單句、短文。

使應用新授之語法修辭法等而作短文。

就新授之事項而使之覆講。

二、作法　作法之目的，在使兒童用文字文章，以傳達其思想者也。小學作法之文體，初習口語體，漸進於文語體，最後使能爲普通文。書

簡文體，則普通文之一種，而日用文章之最要者也。國民學校教則謂授以日用文章，高等小學教則謂漸及普通文。此高等作法，比國民作法，其範圍所以較廣也。惟日用文除書簡體外，尚有契據、廣告等式。普通文則重記述體而不重論議體，此不可不知也。

　　教授作法之例，約可分爲數項。

　　（一）默寫。使兒童就所習之新字，由書寫而進於運用。先使默寫單字，次使默寫語句。此爲作法之第一步。

　　（二）聯綴。就兒童已識之字，聯爲名詞，書於牌上。空其一二字，以圈爲識，使之聯綴，進而聯爲語句。空其中界限稍寬之字，使填補之。再進而列不相連屬之字，使之添入新字。更進則以現成之文言，空其中緊要虛字或接續詞，使填補之。此爲作法之第二步。

　　（三）變換。或作長語句，使去其閒文冗字；或作短語句，使引伸其含蓄之意義以衍長之。此爲作法之第三步。

　　（四）譯述。初授以文言，使演爲白話。次授以白話，使改爲文言。進而就既知之事物，教者口語，使兒童筆述之。此爲作法之第四步。

　　（五）示範。始擇讀本中之語句，可爲模範者，使之依其式樣，另取別項材料，撰爲新語句。進而取文詞可爲模範者，或教者自作模範之文，取一同類題，使仿爲之，此爲作法之第五步。

　　上列五項，雖爲兒童作法必經之階級，然各項皆由簡易而趨於復雜。教授時應其漸進之程序，可以互相出入。由此而進，兒童於文章之法則，已明其梗概，進而獨立作文，必可應用於實際。此時之作法教授，則有自作法與補助法二種，示以命題，使之自由作文者，曰自作法。命題之後，舉內容所必備之材料，形式所必需之法則，以豫告之者，曰補助法。小學作法教授，大體以用補助法爲宜，而兒童作文時，尤宜不起草而即膳真，以養成敏速無誤之習慣。

　　作法與讀法、寫法，皆有密接之關係，而於語法之關係尤大。蓋兒童之思想感情，必能以言語達之，然後能發明於文學，故教授作法，當練習語言以爲準備。至文法雖爲作法之資，然教授文法，則當與讀法教授相聯。當課讀法時，於其提示段說明其用法，於其練習段推究其應用，不惟此也，即簡單作法之教授，亦當於讀法教授時課之，故作法之教授，必俟兒童稍進，始特定時間為之。作法有特定之時間，然後作法之教授案，可以施行。茲就教授通用者，舉例如左。

教授案例

　　預備　指示命題之要旨，整理舊觀念。

　　提示　凡必用之材料及文法，宜就問答上示之。

　　令兒童於石版或簿上記述之。

　　整理　就石版或簿上加以批評訂正。

　　版上評訂，宜擇中等學生一二人之作，書於黑牌，令全級學生，發見誤處，然後加以改正。

　　紙上評訂，於課外行之，指出錯誤缺略者，仍返與學生使自改正，或取公共之錯誤示之。

　　三、書法　書法之目的，一方面求筆畫與運筆無誤，能迅速而適用。一方面求字形與字行整齊，且有優美之筆意。此在讀法、作法中，本可藉默寫及記述等事，以練習其書法。然是皆各有其目的，不能專注於書法，故宜設特別時間，以專達書法之目的。

　　書法所用之習字帖，在國民中，宜與讀本聯絡，循已習文字之次序，錯綜前後，去其重復，使兒童得於習字之中，增進其記憶文字之力。

　　習字有楷、行二體。楷體又有大字、小字之別。小學習字，大字以二寸至一寸為度，小字以六分至四分為度。國民一二年宜專習大字，三四年兼習小字。高等習小字時間，宜比大字時間較多，且尤宜注重行書，以資應用。

　　吾國習字，向例專用毛筆，以文字與外國迥異，非此不能得優美之書法也。惟因實際之應用，宜兼習鉛筆、鋼筆寫法，於默寫及筆記中練習之。

　　書法貴迅速，與草率不同，若不循規則，雖日書千百字，終不得為善書之人。故習字時，於筆畫與運筆，字形與字行，以及習字之姿勢與執筆法，均宜講究。在初級生爲尤要，即默寫及筆記時，亦當注意。教則所謂"遇書寫文章，務使端正敏捷，不宜潦草"是也。

教授案例

豫備　使準備用具及磨墨。

提示　當習之字，可就字帖示之，或書於牌上示之，而予以適當之示範。在初等中，於文字之讀法及意義，宜爲簡單之問答。

就各字分解其部分，說明其運筆之順序、筆勢等法。

練習　使臨帖摹寫。在初級時，可以每說一字使書之，或每說一畫使一齊書之。教者當巡視教室內，時予糾正，或執兒童之手以示筆意，如有公同之誤點，宜揭於牌上而說明之。

訂正兒童所寫。

第四節　教授用具及教授上之注意

凡國文教授需用之實物、標本、繪畫、影片、音圖、圖表等均宜準備。

凡形似、音同、義近之字，宜特別揭出示之。

讀本所列之字，宜就初等與高等之目的，選取應用所必需者，一一授之。

國民於日用必需之文，宜予以適當之示範。高等更宜就文學書報等類，選擇教授，以養其讀書之興趣。

第三章　算術科

第一節　要旨

國民學校教則第五條第一項："算術要旨，在使兒童熟習日常之計算，增長生活必需之知識，兼使思慮精確。"高等小學算術要旨，亦與相同，蓋吾人利用萬物，無不以算數爲基。凡日常生活，關乎衣、食、住等事，皆賴計算之力，故應兒童心意發達之度，使其練習計算，迅速無滯，正確不訛，以利其生活，此所謂熟習日常之計算也。又授以度、量、衡、貨幣等制度，使於交易、借貸各事，得實用之經驗，此所謂增長生活必需之知識也。更就計算之運用，修鍊其心意，使決斷明確，推理綿密，以養成有秩序而能自信之力，此所謂思慮精確也。

算術之主要目的，雖如上所述，然就問題選取一切事物之材料，使明於人世之生活，更發揮勤儉經濟之精神，以增進其社會道德，亦算術科中所有事也。

第二節　材料

算術教材，亦分形式、實質二方面。形式方面，即數及計算之方法也，今先研究之。算術所用之數，以整數最爲普通，而計算亦較簡易，必先習熟整數，而後可習繁難之數。又十以下之數，爲數之基礎。初級之兒童，必先習熟單位之數，而後可習多位之數。故國民學校教則謂："首宜授十數以內之數法、書法及加減乘除，漸及於百數以內，更進至通常之加減乘除。"高等小學校首宜就此而擴充之也。

日常之計算，常不限於整數，而帶有小數及分數。小數之用，比分數更廣，分數則於修鍊思考之效頗大。依教則之所規定，國民授簡易之小數、分數，高等擴充之，惟小學重實用。高等之小數，亦祇可授小數點下三位之數，分數尤不宜過繁也。

一切計算，雖可以四則爲之，但應用於各處，則有種種名稱，如諸等數、百分算、比例等，皆爲日常所必不可少。而知用比例，則於困難之問題，更易解釋。依教則之所規定，國民授簡易諸等數，高等則漸進授以百分算、比例。惟比例定義，不易理會，故教授時，先祇宜就比例問題，以四則應用授之，至末學年然後授以比例式。百分算頗利於實用，亦當擇其簡易者授之。

算題所用之材料，爲實質方面，國民學校教則第五條第五項："算術問題，宜擇他科目已授事項，或參酌地方情形，切於日用者用之。"又高等小學教則第二條第四項："酌授日用簿記之要略。"皆是惟因實際之應用，在授諸等數、度量衡、幣制時，凡外國制度之有關係於本國者，如哩米突、噸、弗、磅等宜兼授之。簿記則宜審地方之需要，酌量授之。

第三節　方法

教授算術之法，約有四種：一就實物計算者曰直觀教授，二不用何等器具而默算者曰心算，三用數字計算者曰筆算，四用算盤計算者曰珠算。

數屬於抽象的，教授初級之兒童，若不從具體的事物示之，往往不易理會，故宜用自然實物、計數器、符號、數圖指等，使之計算，以明於數之觀念。惟數非僅據直觀的而可知者，乃由計算數目而得之，故此法惟初級兒童計算十以內之數適用之。

直觀教授，適於初級則固然矣，然在程度已進之兒童，亦可本直觀之旨，而變易其方法。如德國小學校用尺度測物，以練習其目力。美國小學校比較重量，以練習其筋覺。更有在教室四隅，裝如商店帳櫃之式，使於教授時間，為物品賣買之練習。此種教法，於實際之應用甚有效益，而又可增助學生之興味，不可不仿行之也。

心算之用，不僅陶冶思考力，且有益於實用，又可為筆算、珠算之豫備，故百以內之數，不可不使之練習純熟，在課筆算、珠算之先。可特別教以心算，其後則於教授時間內，酌留五分或十分鐘，使之特別練習。教授心算時，教者或以口述，或書之牌上，令生徒口答或筆答，宜禁其以指或數字竊算。口答者恐雷同勦襲，宜指名問之。筆算於算術中之用最大，排列算式，演習算題，既能顯明其法則，又可考見其錯誤，實算術中最緊要之方法。凡從實質方面，選取材料，皆於筆算教授時用之。惟兒童必於百以內之數，練習純熟，而後用數字記算，能確實而迅速，其教法須本運算方法之異同而立順序。而應用問題，亦關於種種事物之計算，依其解法種類，作模範例題，使之依例反覆練習，期於純熟而後已。問題之內容復雜者，其數須簡單。數大者其性質須簡單。又宜授以檢數之法，使演算既畢，得自檢其誤否也。

珠算之用法，較筆算為繁，不易理解，且有錯誤而無從檢查，惟練習純熟，有迅速其計算之便利，故實際生活上多用之。部定課程表於國民第三學年祇授加減法，第四學年及高等始授乘除法，蓋珠算乘除較加減尤難理解也。

教授案例

豫備 提出運算問題或應用問題，指示目的所在，使知新授者與已授者之關係。

分解問題，以前所教授者為基礎，宜就已理會之部分問之。

提示 初學年教授，宜就心算或直觀的事物之利用，使理會新教材。

關於法則者，除詳細說明外，更宜就適當之例題提示之。

新教材之已理解者，使明確而口述之，其應用條件，須使熟記之。

練習 使練習類似之問題數題，並就種種不同之事物命題，使之計算，反覆練習，以養成器械的技能。

就石版或牌上及簿上，加以適當之訂正，或使兒童互相訂正，而教者決定之。

第四節　教授用具及教授上之注意

算術教授用具如左。

（一）標本模型及實物 郵票、錢票、鈔票、匯票、股票、公債票、保險券等之實物及雛形。

（二）器械 計數器、算盤、度量衡、風雨表、比重計、分度計及鐘錶等。

（三）圖表 數字表、數圖、九九表、小數表、利息表、簿記樣式、統計表等。

教授上應注意者如左。

（一）凡各種符號之用法，須再三指示，使熟記之。

（二）使練習阿剌伯數字之寫法。

（三）練習例題，非全級之大半，皆已純熟，不宜進授他項。

（四）兒童有缺課及天資紬而陷於劣等之地位者，宜另定補習時間，爲特別之教授。

第四章　本國歷史科

第一節　要旨

我國小學校，高等始設本國歷史科。教則第三條第一項："本國歷史要旨，在使兒童知國體之大要，兼養成國民之志操。"由前者言之，則我國以五千餘年最古之文明國，若何而奠此長基？若何而生此文化？若何而成此民國？其間盛衰變遷之迹，不可不追尋其事實。由後者言之，則就此事實中，不可不應兒童心意發達之度，精選可歌可泣之事，用種種良好之方法，以激發其志氣，磨勵其學行，而培養國民道德之基礎，此教授小學本國歷史之目的也。

第二節　材料

我國歷史事實之多，他國無可比類，先就選擇之標准言之，可以高等小學教則第三條第二項爲據，分項論列如左。

（一）黃帝開國之功績　我國建國之久，國土之大，在世界無比。而統一之基，肇自黃帝，詔以祖先艱難締造之況，則兒童愛國之心，自油然而生。惟數千年來，我國維繫到今，不乏忠勇謀國之人，不可不並授之也。

（二）歷代偉人之言行　偉人之事迹，爲國家精神之所寄，其言論行事，足以起兒童敬畏則傚之心。述其言行，實最要之教材也。惟歷代之偉人甚多，而偉人之事迹亦甚詳，此則不可不本部定教育宗旨以爲選擇標准者也。

（三）亞東文化之淵源　政治、學術、商工業等，自古迄今，其變遷之由來，宜通其大要，以圖將來之改良進步。

（四）民國之建設　由專制而進於共和，其改革之由，與經過之程序，可資國民法鑑。又舉當時義烈之事，可以喚起兒童之精神。

（五）近百年來中外之關係　教授小學歷史，誠宜以本國爲重，惟不通外事，則養成之國民，必不適於世界進化之用。我國人前此之妄自尊大，坐此弊也。故近百年來外國與吾國之關係，宜於教授本國史時，連類及之，俾兒童明於鄰近各國之所以衰亡，日本及西洋各國之所以興盛，與夫吾國之所以失敗，其裨益匪淺鮮也。

若夫排列教材之法，其次序宜用順進法，從年代之順序，自古代以迄近代，分配於三學年中，略古而詳今。其體裁則宜用傳記體，兼采記事本末體，不取系統的，而劃定一時期之大事及代表一世之偉人爲中心而授之。

第三節　方法

教授之目的，在增進生徒之興味，而使易收受其知識。教授歷史之目的，在就大事及偉人之教材，而陶冶其志操。故教授歷史之方法，不可不聯合二目的而予以適當之教授。高等小學教則第三條第三項：“教授本國歷史，宜用圖畫、標本、地圖等物，使兒童想見當時之實況，尤宜與修身所授事項聯絡。”此即本直觀教授之法，利用有形像之物，以資指導，更用現實之言語，描摹出之，使兒童如置身古代，親見歷代偉人忠勇勃發之狀況，及當時時局之變更。或歡欣鼓舞，以表其同情；或太息咨嗟，以誌其憤慨。夫而後歷史上之事實，深印於兒童腦中，而收養成志操之效矣。又各國教授歷史，常於國慶日、紀念日及古代名人之生卒日，會集通校學生，演述其事迹。又鄉土先賢，各就地方所崇拜者，特別教授之。此於陶冶志操之目的，爲效甚大，教授者不可不注意也。

教授案例

豫備　指示目的　復習既習事項　整理既有知識。

提示　就教材爲適當之分節，每講一節，使復演之。

就適當機會，指示繪畫地圖、標本等，其演述事實，以平易而有生氣之語表出之。

於指導之下，使批評人物及推究事物之因果。

就已授之事項，使之聯絡比較。

整理　使依教科書講讀之　修述要領　作圖作表。

第四節　教授用具及教授上之注意

歷史教授用具如左。

（一）地圖　現代地圖、沿革圖、險要圖等。

（二）表　年表、系統表、統計表等。

（三）肖像　教科書中人物之肖像。

（四）圖畫　建築物、雕刻物、軍艦、武器等畫，風俗、風景、戰爭等圖。

（五）影片　古迹、遺物等影片。

（六）實物　武器、土器、石器、文書等。

教授上當注意者如左。

（一）凡歷史上之事實，不但前後宜互相比較，更須與現時之情狀比較。

（二）注意於與修身、地理聯絡及有關係之事項。

（三）凡人物事迹，先詳其內容，然後以理論總括之。

（四）提醒國民將來之責任心。

第五章　地理科

第一節　要旨

高等小學教則第四條第一項："地理要旨，在使兒童略知地球表面及人類生活之狀態、本國國勢之大要，以養成愛國之精神。"從自然地理而研究地勢氣候及地球之形狀運動與各洲地志之梗概，使知自然之現象，足以資人生之利用，所謂宜知地球表面者此也。從人文地理而研究區劃、都會、物產、交通及政治經濟上之狀態，使明人事上之情狀，而知國家發達之原，所謂宜知人類生活之狀態者此也。詳察本國與外國地理之大勢，就各種事項，互相比較，使明於本國立於世界之地位，所謂宜知本國國勢之大要者此也。

知人生之利用，則於本國所有者，必思所以保存之。知國家發達之原，則於現世所急者，必思所以振興之。知本國立於世界之地位，則對於本國應盡之職分，可以誘起其同情心。是所表示，即所謂愛國之精神也。其養成之方，一方面當授予適當之材料，以啟發其知識；一方面當就教授之手段，以提其感情與理想也。

第二節　材料

選擇地理教材之標准，可以高等小學教則第四條第二項爲據，分列如左。

（一）本國之地勢、氣候、區劃、都會、物產、交通。
（二）地球之形狀運動等。
（三）各洲地志之梗概。
（四）重要各國都會、物產等。
（五）本國政治、經濟上之狀態及對於外國所處之地位。

地理教材排列之法，就排列之次序言之，據教則所言，謂首宜授本國之地勢、氣候、區劃、都會、物產、交通，以及地球之形狀、運動等。進授各洲地志之梗概，並重要各國之都會、物產等，兼授本國政治、經濟上之狀態，及對於外國所處之地位。是選材不分部分，循序而進，可用循環法教授者也。此法在高等小學中，通例行二回教授，據課程表所列，前二年授本國地理之要略，末年授外國地理之要略，此可用總合的分解法教授者也，即由鄉土而本國而地球全體，再及於各國也。近所通用者爲總合的分解法。

排列之次序，宜取總合的分解法矣。至其內容之分配，亦不能不加以研究。撮其大要，或用彙類體而排列，或依政治區劃而排列，或依自然區劃而排列，或用旅行體而排列。彙類體專敘一類事實，絕無變化，不適於初步教授。後三者互有得失，教授者以政治區劃與自然區劃二者並用，更取旅行體以補其闕可也。

雖然，上所言者，本論理的記述材料，猶就教科書之順序而言也。若教授之次第，則當以開發兒童心性，使理會人間之生活爲主。由此論之，則宜先舉物産，述其生業之等級，再由其生業與自然關係之如何，述自然形勢，更由自然形勢與交通之關係如何，述交通狀況及都邑情事。如是則足以增進興味，且於實用甚有裨益也。

第三節　方法

高等小學教則第四條第三項："教授地理，宜先注意於鄉土之觀察，以引起兒童之興味，及其愛鄉思想，並示以地圖、標本、影片、地球儀等物，使具有確實之知識。尤宜與歷史、理科所授事項聯絡，並使兒童填注暗射地圖及習繪地圖。"是教授地理之法，以用直觀的爲原則，其初步教授，則爲鄉土誌問題。在國民學校，既聯合此種材料，於國文教科書中，略授其大概。今進而採用之者，其一，必可爲本科教授之豫備者，即欲授以山川、都會、政治，先采取其類似者以爲範例是也。其二，必能增進生徒之觀念者，即本地方之古迹與名勝、險要之類是也。而施此教授，當用旅行之方便，以行其實地觀察，庶教室之所示者，愈明瞭而精確也。其次爲間接的直觀教授，即用地圖、高低圖、地球儀、繪畫、影片、模型等指示之是也。地圖爲教授之中心，最爲重要，惟宜省去無用者，而記入顯著之事項，方適於用。高低圖所以顯地形之高低，較地圖尤易理會，故於實地觀察之後，指示地圖之前用之，最爲適用。又使兒童填注暗射地圖，習繪略圖，以明確其觀念，亦最有效。惟不可過於綿密，致傷腦力而耗時間。有時教者亦可繪略圖於牌上示之。地球儀所以顯地球之形狀、運動，又示地形、風景之模型、繪畫、影片等，亦足資教授上之觀察，不可不準備而利用之也。

就上列間接的直觀之各物，指示兒童，不可不加以精確明瞭之說明，使兒童既有之觀念，能活動其想像。或間用發問式，檢閱其知識，庶所領受者益企於確實也。

　　各地方之地理，其材料甚多，若前後不相聯絡，則所得之知識，必雜然無所統一。是以宜比較其異同之點，又與他科所授事項聯絡，使以舊事物爲新事物之尺度，以助其領會，則一面能得直觀之理解，一面又能確實其記憶也。

　　地理上之事物，不可不修養其記憶力，斯固然矣。然徒尚記憶，而思想不能開發，是所得者器械的知識也。地理科之重要，在使其能於自然、人事兩界相互之關係，洞見其因果。又能就本國與外國之比較，從自然上之觀察，而激發其保存之心。從人事上之觀察，而激發其進取之心。至於國土之割讓、國權之喪失，爲國恥所在，尤不可不提撕而警覺之。夫而後得地理科之效力，而愛國之精神，可以養成矣。故教授者當用啓發法，以引誘兒童自動心。

教授案例

　　豫備　指示目的 復習已習事項 整理既有知識（以從旅行及鄉土誌之經驗蒐集材料爲最要）。

　　提示　就地圖指示其教授之部分。

　　書要項於牌上，或繪略圖，或示掛圖，以簡要之談話說明之。又就適當機會，指示標本、繪畫、影片等物。

　　就教材爲適當之分節，每講一節，使復演之。

　　就所授事項，便與已授之事項相比較，更推究其關係。

　　整理　使依教科書講讀之 修述要領 作圖作表。

第四節　教授用具及教授上之注意

教授地理用具如左。

（一）學校圖、鄉土地圖、本府縣地圖、本國地圖、世界地圖、本國分圖、各大洲分圖、交通圖、地文圖、世界國勢一覽圖等。

（二）地球儀。

（三）織物、陶器、漆器、自然產物、工藝品之標本，及關於地理之繪畫、影片、模型等。

教授上當注意者如左。

（一）注意於與歷史、理科聯絡及有關係之事。

（二）地理上之要項，及各地方相比較之實狀，須使兒童強記。

（三）外國地名，宜取譯音最準者，前後須劃一，以免牴觸。

（四）地理教材，常有變更，教者宜常蒐集官報統計年表及各種著作，取其最新者示之。

第六章　理科

第一節　要旨

教授理科之目的，其一在使知自然界之統一生活，其二在使知人類之開化事業。而此二者之基礎，一為人生之利用，一為心意之修養。

人生之利用，無一不存於天然物與自然現象之中。天然物含動、植、礦三界，自然現象含物理、化學上諸現象，皆具有自然統一生活之本體。動物界由衆多之動物，營公同生活而成，植物界亦然。二界又互有關係，且與礦物界相聯屬，更與物理學、化學之現象有關連。人為萬物之靈，即此統一體連鎖之一部，又能征服自然，利用自然，次第以成開化之事業。故世界之進化，皆此利用天然物與自然現象之結果。雖謂物質文明進步，係於理科之進步可也。故高等小學教則第五條第一項，謂"使兒童略知天然物及自然現象，領悟其中相互關係，及對於人生之關係"者此也。研究理科，於修養心意，亦殊有效，即如就自然物及自然現象，精確觀察之，可以引起經驗之興味。因觀察而得一定之原理法則，以銳敏其思考，可以引起推究之興味。睹自然界之美妙，可以引起審美之興味，理解動植物之生活，而禁其殘害可以引起同情之興味。教則第一項又謂"使練習觀察，養成愛自然之心"者此也。

第二節　材料

理科之教材，至爲繁博，茲先就其種類言之，以高等小學敎則第五條第二項爲據，分列於左。

（一）習見之植物、動物、礦物及自然現象之重要名稱、形狀、效用、發育。

（二）動、植、礦物及自然現象之相互關係，與對於人生之關係。

（三）物理、化學上之重要現象元素與化合物之性質。

（四）理化上簡易器械之構造作用。

（五）人身生理衛生之大要。

教材之種類，分列於上，其選擇教材，當依左列之標準而定。

（一）宜取其簡單易理會者。

（二）宜在鄉土範圍兒童經驗以內者，進而及於鄉土經驗外之範圍。

（三）宜取其足爲一類中之代表者，即就諸物體及現象中取其可以代表者示之。

（四）宜取其與人生有重要關係者，即教則所謂"務授以適切於農事、水產、工業、家事等項"是也。又有害動物、有毒植物、有毒氣體亦宜取其習見者授之。選材雖有標準，然以理科包含之內容，其各殊之種類，各有獨立之性質，因此而排列之法，較他科殊爲繁難。今先就材料之分配言之，因其性質不同，而各就其系統分年授之者，曰分類主義，如先植物，次動物、礦物，又次理化及生理衛生是也。不取順序的，而以人生普通生活所接觸所需用者爲斷，則爲統合主義。夫既合博物、物理、化學之大要而名之曰理科，是明明以自然界之統一知識，爲達其教授之目的也。蓋宇宙間萬彙雜陳，皆自然物與自然力相接合，而生種種自然現象。又自然物亦各有回環之作用，論其大體，固先博物，後理化，而因及生理衛生。實則主連合而不主分析，且以統一自然界之知識，詔示兒童，則興味無窮，而領受亦易，是小學之理科教授，當取統合主義也明矣。

就統合主義而言，其用法亦有異點。論其最有價值者，一說以生活共存體爲標准，例如藉一村池爲教授之基，其中有各種天然物，有各種自然現象，因其生活之共存體，多與以知識，又於其間得生物學之諸法則，由此共存體而推此世界，則地球上萬物，皆可作一全體觀是也。一說以人生開化之狀爲標准，例如文化之開，必經佃獵、遊牧、農耕、部落、都邑五級而成，就此階級之序附與理科之材料，則使兒童適應於現時文化之發達，且知人生之勤力，與文化之實況是也。二說雖有取義，然選材各有偏向，且過於輕視形式，則兒童所得之知識，必零碎錯亂而無所歸。非調和諸說，博采而慎擇之，則理科教授之目的不能達矣。今本此旨，以定排列之次序，而舉其要點於左。

（一）自然物比自然現象理會較易，初步當以博物爲中心，而兼及他項，後當以理化爲中心，而兼及他項。

（二）應兒童心意發達之度，由直觀而進於想像，由具體而進於抽象，即由關於鄉土之天然物，擴張而及於鄉土以外之天然物及自然現象，更授開化事業，又及生理衛生。

（三）應時令之順序，各因時令發現之物，而取爲教材，更就其普通之點，春夏多課植物，夏秋多課動物，冬季授以理化現象。

第三節　方法

理科教授，以觀察爲主，觀察有二種：一就天然物體之本來及所起之自然現象，使直觀之。一用人力而生一定之現象，使由實驗以觀察之。前者宜用之研究自然物，後者宜用之研究自然現象。

觀察之法，莫要於臨實地就實物而使直觀，用此法時，宜隨時隨地，利用機會而施教授，或行校外教授，就學校附近所有之物而示之。或設學校園，栽植草木花卉，兼飼鳥獸蟲魚之屬。凡其物易見而又足爲他物之代表者，悉備無闕，以謀兒童觀察之便利。在實物不能具備時，則就標本、模型、圖畫使之觀察。高等小學教則第五條第四項所謂"教授理科務須實地觀察，或示以標本、模型、圖畫等"是也。又使兒童采集標本，自繪圖畫，足以促進觀察之力，於教授上甚有效也。

實驗以用日常用具及簡易機械爲主，若複雜機械，恐因裝置繁難，耗時費力，致兒童不能理會其現象。至須數學證明者，亦可不授。教則所謂"施簡易實驗"者是也。弗論實物觀察與實驗觀察，宜加以適當之說明，而在說明中及其前後，宜時用發問式，以喚起兒童之注意，兼觸動其自悟與推究之心。

教授案例

豫備　指示目的　復習既習事項　整理既有知識。

提示　就實在事物觀察時，當用問答批正而整理之。

用標本、模型、圖畫時，當由一定順序，使之觀察，而一一批正之。兒童觀察不及者，當説明之。

實驗時，當使依其裝置，而得理解其結果。

依教材爲適當之分節，每授一節使復演之。

就新授之事項，使與既知之事項相比較，或使統合於同類之事物，或使歸納於自然法則。

整理　使依教科書講讀，或筆記其要領。

就要領問答，使確實其記憶，兼推究其一切關係。

第四節　教授用具及教授上之注意

理科教授用具如左。

（一）動、植、礦之標本模型。

（二）工藝品製造圖、天然物采掘示教圖、動植物形態圖、動植物種類圖、人體解剖圖。

（三）日用器具、排氣機、發電機、顯微鏡及理化實驗必需之具，人體解剖說明器標本，采集解剖必要用具。

（四）理化實驗必需之藥品。

（五）學校園應設置各物。

（六）簡易機械之製作及修理時必需之要具。

教授上注意者如左。

（一）實物及實驗之物，宜先期準備。

（二）試驗危險物，宜注意防衛之法。

（三）兒童采集動植物，宜禁其殘虐損毀，以提起其愛物心。

第七章　手工科

第一節　要旨

國民學校教則第六條第一項："手工要旨，在使兒童製作簡易物品，養成勤勞之習慣、審美之趣味。"高等小學手工要旨，亦與相同。就第一方面而言，則簡易物品之製作，可以發現其性質之所近，以爲他日擇業之準備，且技能習練已熟，則他日立身社會，凡日用之器具什物，如爲簡單之造作，或便易之修繕，不必仰給於工人，於實用殊爲有益。就第二方面而言，則勤勞習慣之養成，最要者爲手指之習練，可以促進筋骨之發達，涵養能忍耐之德性。就第三方面而言，則審美趣味之養成，心地日趨於純潔，行止日進於高尚，尤於德育上有益。

第二節　材料

國民學校教則第六條第二項："宜授紙絲、黏土、麥稈、竹木等及本地原有工藝品之簡易製作。"高等小學教則第二條第五項："手工宜依國民學校令施行細則第六條第二項之規定，漸進授以竹木、金屬等及本地原有工藝品之製作及簡易之製圖。"依此而選擇教材，當依左列之標准而定。

（一）製物之料，當注重本地所有者，製出之物，當取適用於本地者。

（二）連絡國文、理科、圖畫、算術各科之教材。

（三）宜折衷實用與美術二方面，而定製作之物。

手工教材之排列，一宜考察兒童身心發達之程度，一宜研究製作之次第，一宜計及時令。其排列之序，大概主用循環法，然其後製法難而用器繁時，可參用順進法。

第三節　方法

手工教授製作法大概如左。

（一）範作　先示標本，次為製作之示範，加以說明，而使製作之。

（二）記憶製作　使就已習之製作物，不觀標本而再作之。

（三）改作　就已習之製作物，變更其一二部分，而使製作之。

（四）結合製作　使應用已授之製作法而製一新物，但其大小形狀，須指示之。

（五）創作　使其選已經驗者為材料，任意製作一物。

教授手工，不惟宜有適當之示範，國民學校教則第六條第三項："教授手工宜說明材料之品類性質，及工具之用法。"此最宜注重者也。

製作法式樣不能同一，茲就範作以示例。

教授案例

豫備　使準備材料與用具　指示目的（宜為適當之發問）。

提示　實物示以標本、圖畫等，使循序詳細觀察之。

就所觀察諸點發問，如有不明瞭處，宜說明之。

自製模範物示之，並宜將工具用法、製作之次第，一一說明。

練習　使依模範物仿作之。

實習時，教者宜巡視座次，以指導之。有不當者，則加以矯正，如見有公同誤點，宜令全級暫時停止工作，更為詳細說明之。

就兒童製成者，加以批正，或取一製成品，與兒童互評之，其優美者可以会場傳觀，並保存為成績品。

第四節　教授用具及教授上之注意

教授用具如左。

（一）手工教授，必用各細工品之標本及手工材料之標本。

（二）石膏模型、紙製果物模型。

（三）紙豆黏土各細工必用之具、金木工用具、圖引器械、平面盤、舞錐等普通器械。

教授上應注意者如左。

（一）注意兒童拋棄材料，以喚起其愛惜物具之心。

（二）工具屬個人用者，宜告兒童以保存之法。公共用者，須由校中設備。

（三）宜常率兒童至商品陳列所博物館，使觀察物品，或至工廠觀察器械之裝置與製作之實況。

第八章　圖畫科

第一節　要旨

國民學校教則第七條第一項："圖畫要旨，在使兒童視察物體，具摹寫之技能，兼以養成其美感。"高等小學圖畫要旨，亦與相同。前者為實用方面，後者為形式方面。就實用方面而言，則圖畫與文字，皆為發表思想感情之用，文字以一種符號達意，圖畫則狀物之形體以達意，如附插畫於書中，製作器具而附以雛形，即他種學科，利用圖畫之處亦多。至工業上之關係更大，欲望我國工業之發達，不可缺此準備也。就形式方面而言，則圖畫於修鍊心身上，大有效力。加練習眼之觀察事物，手之敏活運動，想像力、判斷力之發達，在感情上更能養其美感。蓋欲人人有審美之觀念，必日日與美習，觀玩焉，摹倣焉，乃能致之。美感養之有素，則惡儱厭陋之心起，志行自趨於芳潔，而道德進矣。故清潔縝密之習慣，皆由美感所養而成者也。

第二節　材料

圖畫有自在畫與用器畫二種，自在畫不用器械，全憑手指之自由運動，以摹寫實物形狀。用器畫依器械之補助，繪精密之形體，於工業上爲最要。

　　自在畫有寫生畫、臨畫、工夫畫三類。就實物或模型而描寫之，曰寫生畫。就粉本而臨摹之，曰臨畫。全憑生徒意匠爲之，或命題使畫，或令繪文史上之事迹，曰工夫畫。臨畫頗易學步，工夫畫可以養兒童之想像力與創作力，皆不可偏廢。惟寫生畫比二者尤爲重要，蓋睹物描繪，既可得其真形，習練日久，則工夫畫之構造，自迅速而敏妙。我國習畫者，向來偏重臨畫，往往學畫數年，一旦脫離粉本，運筆即失其依據，此亟宜改良者也。

　　自在畫有用鉛筆與毛筆之別。毛筆可與寫字同一硯墨，無別購器具之煩。鉛筆則器具簡便，可隨處攜帶。二者各有所長。我國向來習畫，專用毛筆，但鉛筆剛銳，得按紙而直畫之，於兒童較宜。且筆誤可以拭去，於初學尤便，是鉛筆畫不可不練習也。用器畫有幾何畫、投影畫、透視畫三類。就幾何學上之法則，以畫三角形、四角形、圓形、橢圓形等，曰幾何畫。就物體之正面側面，以目所視之方向，而圖其形於平面上，曰投影畫。就物體與己目相距之遠近，照其大小之比例而畫之，曰透視畫。此所分之三類，若就幾何畫廣義而言，則投影畫與透視畫，皆可包於幾何畫之中，茲從便宜上分之。惟在小學校中，此類之畫，祇能習其簡易者，以期於應用耳。日本國定圖畫帖，或使畫輪廓，或使畫地紋，或使繪簡單日用器具，此可取法者也。

　　圖畫之教材，第一以實用爲主，第二宜酌取他科所授之事物。其排列之法，就應用之順序而言，則宜用兒童平素所目擊之實物爲始，而漸及於各項形體。就論理之順序而言，則初宜練習直綫曲綫，進於簡單形體，漸及於稍復之家具、植物、動物、風景等項。就心理之順序而言，則兒童之嗜好，初好人物，次則近於人類之動物，再次則及於植物、家具等。又一般之男兒好動物，女兒好植物，而動植物更須與時令相應。排列教材時，當以簡易進於復雜爲本，而統合各方面以爲選擇之方也。

本以上排列之次第而教授畫法，國民學校以寫生畫、臨畫爲主，程度稍進，間課以工夫畫。教則第七條第二項所謂"首宜授以單形，漸及簡單形體，並使臨摹實物或範本"是也。高等小學校尤注重於寫生畫，間課以工夫畫、臨畫，兼及用器畫，教則第二條第六項所謂"宜依國民學校令施行細則第七條第二項之規定，漸及諸種形體，並得酌授簡易幾何畫"是也。

第三節　方法

教授圖畫，宜先取畫帖、實物模型，舉其形體，一一爲之剖解。次就各部分之款式，詳細說明，然後示以下筆之法。或左或右，或前或後，或正向，或橫向，或斜向，就筆畫而口講之，其方法各視其需要而便宜利用，今分列於左。

（一）臨畫　須以畫帖與實物兩相對照，使其真正明確，然後授以畫法。

（二）寫生畫　須使觀察實物，於其形體、精神、位置、彩色等，一一理會，然後畫之。

（三）工夫畫　須就兒童之經驗上，說明模樣之大概，然後使依自己之意思畫之。

（四）幾何畫　須使觀察實物或模型，而示以畫法之要領，然後畫之。但此法宜少授畫法，注重練習。

兒童起草時，宜令用鉛筆輕繪痕迹於紙上，訂正其錯誤，然後從而繪成之。但程度稍進與練習既久者，亦不拘此例。

教授案例

豫備　指示目的　整理用具　整理既有知識。

提示　示以實物模型範本，設爲問答，使得形體上明確之觀念。

繪模範畫於牌上，就各部分與以適當之說明。

練習　使依示範及說明者而畫之。

巡視座次，有不當者即加以矯正，如有多數拙劣，或公同錯誤者，宜更說明之。就已畫者批評訂正，留其最優者爲成績品。

第四節　教授用具及教授上之注意

教授用具如左。

（一）臨畫說明及寫生畫必要之器具、動植物、幾何形體等之標本、實物及模型、工藝品。

（二）定規、製圖板、圖引器具、投影及透視圖法說明器等器械。

（三）人物、風景、陶磁器及繪畫必用各種筆墨等模範圖。

（四）投影及透視圖法說明圖、配色說明圖、繪具調合及姿勢等圖表。

兒童用具如左。

（一）洋紙便於用橡皮去垢，各種圖畫，均適用之。又礬紙亦可用。

（二）毛筆畫宜用羊毫筆。鉛筆畫宜用普通鉛筆，過硬過頓之鉛筆，皆不宜用，又宜備橡皮以去垢。

（三）繪料用黃、赤、青三原色，他色皆以此混合之。

（四）水彩畫須備筆洗一個，小皿二三個。

教授上注意者如左。

（一）畫一物體，不可半途而廢，改繪他物體。

（二）注意於安置用具及使用用具之法。

（三）注意墨污及損壞紙片。

第九章　唱歌科

第一節　要旨

樂歌發乎人之天性，雖無知蠻人，亦知唱歌而自樂。引其機而導之，常有莫大之感化。故聞志微噍殺之音而憂思作，聽廉勁莊誠之奏而肅敬生，聆激揚蹈厲之聲而壯心起，樂歌之感人深矣。此學校所以列唱歌一科也。

樂歌固足以感人，然必使詞曲之旨，可以領會，而後感化之效始大。小學校唱歌，純重性情之感化，而非以養成音樂家爲目的。若樂曲過高，歌詞不易解者，則兒童聞之，不足以增進其興味，而激發其志氣。國民學校教則第八條第一項："唱歌要旨，在使兒童唱平易歌曲，以涵養美感，陶冶德性。"職是故也，高等小學校同之。

大抵兒童年幼，多矜躁狂妄之態，時以音樂調之，則能引進於太和。且聚多人和聲以歌，尤能融洽兒童熱、鬱、冷、浮四種之性質，而一致增其共樂同憂之情緒。至歌詞之關係，則采自然美之事實，編入歌中，可以引起兒童寶愛之心。采人間美之事實，編入歌中，可以引起兒童敬慕之心。凡此皆其修練心意之作用也。

唱歌又有益於兒童身體，當其功課繁重，腦力不舒，授以唱歌，則心情愉快，而精神爲之一振。且呼吸大則肺受空氣多，能變換新鮮血液，以增肺臟之健康。至於練習唱歌，使其聽覺銳敏，發聲機清利，以促進唱歌之技能。雖效所必至，尚非其目的之所在也。

第二節　材料

唱歌之教材，分爲歌詞與樂譜二者。歌詞之內容，又有實質與形式之別。就實質而言，則宜就他科中選取教材，以期聯絡。或從人事界取道德的國民的之材料，或從自然界取動植物及風景中優美有趣之材料，總之以能增進興味爲主。就形式而言，則自來詩歌，如藻繪風雲之文，懷挾霜雪之作，雖學士互相傳誦，苟與兒童心情不應，不可采爲歌詞。至樂譜亦宜與兒童之音域音程相當，此國民學校教則第八條第三項謂"歌詞樂譜，宜平易雅正，使兒童心情活潑優美"是也。

教授唱歌之次第，歌詞宜應國文科之程度，由談話體而進於普通詩歌，其詞旨始以快樂爲主，進而授以勇壯之歌，再進而漸授以高尚優雅之歌。但高等因男女不同，當各異其材料。樂譜則初步概用口授法，依教者發聲而歌之。國民四年以上，始用譜表。國民學校教則第八條第二項："宜授平易之單音唱歌。"高等小學教則第二條第七項："唱歌宜依國民學校令施行細則第八條第二項之規定，漸增其程度，並得酌授簡易之復音唱歌。"教授者不可不以此爲準的也。

第三節　方法

教授唱歌，初步用口授，教者示以模範，而使兒童仿傚，至由口授進於視唱，先依略譜練習音程，次依略譜唱之，皆以練習聽音與發音爲最要。練習聽音法，始專就教者口唱之音辨之，又使聽同級兒童所唱亦可。及程度大進，乃就樂器而諦審其音之高低強弱長短，以及拍子之緩急，調之諧和與否。練習發音，於口之開闔，最宜注意。其初練習於相宜之時，後則於每時中定數分時間行之。

拍子分呼節、蹈節、拍節三種。呼節以口呼一二三四爲節，蹈節以足輕踏地上爲節，拍節以手相拍爲節，教授時皆可用之。

唱歌時宜令兒童正其身體，起立唱之，或齊唱，或分列迭唱，或指名獨唱，悉隨教者之便宜。但音程極短及練習時，可以坐唱。

教授案例

豫備　練習氣息 練習發音、音程、音階。

提示　口授法首示題目及歌詞，並說明其讀法及意義，次從曲節而範唱之，再以樂和歌而示以模範。

視唱法首指示譜表，次從曲節而範唱之，再以樂和歌。而示以全歌詞之範唱，更於歌訓之意義，亦須問答說明。

練習　使依範唱而齊唱，更爲迭唱之練習，且使獨唱而察驗之。

第四節　教授用具及教授上之注意

教授用具爲風琴及音階圖、唱歌掛圖、口形圖。

教授上應注意者如左。

（一）有咽喉病及變聲期之兒童，當缺唱歌。

（二）當示以調和呼吸之方，使閉兩足，開胸膛，正身體之位置。遇歌詞之逗頓處，則取小呼吸，遇曲中之休止處，則取大呼吸。

（三）當注意教室之空氣及其溫度。

第十章　農業科

第一節　要旨

農業地方之學校，授兒童以農業上之知識技能，此即附於地理理科中授之，或施之於學校園中，亦未始不可以收效。然必特設農業科教授，始能施以適當方法，且足喚起兒童之注意也。

農業科所授之知識及技能，於實際之生活，誠有裨益，惟其目的非爲直接從事實業，而在立將來職業之基礎，故教授之法，與手工科純以技能爲主者不同，然亦不重理論的系統的之知識。高等小學教則第六條第一項："農業要旨，在使兒童知農事之大要，養成勤勉利用之習慣。"此設農業科之目的也。

第二節　材料

農業之範圍極廣，教材亦甚豐富，小學校之農業科，非爲造就專門學問而設，其選擇教材，當注意者如左。

（一）當爲農業最普通之知識，使兒童得農業上根本之觀念。

（二）當爲具體的知識，使兒童易於領解。

（三）當適於土地之情況，使兒童得實際之用。

高等小學教則第六條第二項："視地方情形，授以農事、森林或水產。"第三項："農事宜就土壤、水利、肥料、農具、耕耘、栽培及蠶桑、畜牧等，擇與本土相宜，而爲兒童所易解者授之。"第四項："森林宜就森林之管理、保護、利用，及林產之製造等，擇與本土相宜，而爲兒童所易解者授之。"第五項："水產宜就漁捕、養殖、製造等，擇與本土相宜者授之。"教授細目，即可依此而類分也。

排列教材，一不可不適兒童心身發達之度，二不可不應時令之順序，選材之次第如是。然如何提出教材，其方法又不一。在小學校中，當用歸納法，先示以具體的各個之事物，後示以一般之理法，方爲適當。本此而排列教材，其法有三種，列如左。

（一）以本土重要農作物爲中心，例如以稻爲中心，而類及一切關係之農事。但此法雖盛行，而僅據工作之順序，無理論之聯絡，且屢從事一農作物，易生兒童厭倦之心，此不可不注意者也。

（二）配合數農作物爲中心，此法可免上項之弊，但配合頗繁難耳。

（三）分農作物全體之事項爲數題目，依時令而分配，參用循環法教授之。日本文部省編纂農業教科書，即用此法。但此法易使知識零亂，在教者善爲整理也。

第三節　方法

農業教授，以觀察及實驗爲主。觀察除圖畫、標本外，須注意土地實際之業務。實習地宜附屬於學校，而觀察土地實際狀況，不僅限於特定之時間，就實習場或附近之田園，由教者引率而指示之。即平時兒童往返學校，或休息日，亦可令其隨意觀察，教師就便宜之時間，迎機問之。

農業既重實習，則不能不備實習之地。高等小學校令第十四條："加課農業者，應設農業實習場。"實習場或闢學校園之一部爲之，或特別設置之，均無不可。惟實習之必要，在從實際練習，涵養其趣味，正確其知識，不必期技能之純熟而後已也。故不課實習時，使兒童在授課之前後，觀察實驗，以證明所授之事物與法則，亦有效也。

農業之應用，如農產物之生理、家畜害蟲之習性、土壤之性質、肥料之原質，與理科關係最密。其次如各處之氣候、土性與農產物之關係，以及農產物之集散離合，需用供給，又與地理亦有關係，故與此二科，特宜聯絡授之。

教授案例

豫備　指示目的　復習　整理既有知識。

提示　就實地示以實驗，或用實物、標本、模型、圖畫等講演之。

就新授之事項，使復演其要領。

整理　使讀教科書或筆記其要點。

就實地使各自實驗，或提出他事項，使之判斷。

第四節　教授用具及教授上之注意

教授用具如左。

（一）標本　種子樣本、土壤及肥料樣本、繭生絲及蠶卵樣本、益蟲害蟲標本、農作物樣本。

（二）農業實習及農事實驗必要之器械。

（三）模型及繪畫　動植物及果實模型、農作物、農具、養蠶、牧畜、種蒔、栽植、收穫等繪畫。

教授應注意者如左。

（一）關農業上習俗之迷信，宜破除之。

（二）凡收支之計算，以及資本勞力、物價、販路、供給、需要等，宜因事類授，以養其經濟思想。

第十一章　縫紝科

第一節　要旨

古者女子十年不出，學女事以供衣服，是縫紝一事，爲我國女子向所專習之技能。歐洲各國小學校，多列此爲女子手工之一種，日本特設裁縫科授之，其注重如此者，蓋以女子治內，縫裳製服，乃其天職，苟不能此，即於婦職有虧也。

練習縫紉，不僅能資實際之應用，且對於整理家事上，可以涵養其德性，蓋因手指與目之練習，可以養其勤勞與緻密之習慣。因一絲一縷之不可拋棄，可以養其儉德。國民學校教則第十條第一項謂"縫紉要旨，在使兒童熟習通常衣服之縫法、裁法，兼養成節儉利用之習慣"者此也。

縫紉之重要如此，若欲盡縫紉之能事，尚待專科之研究。小學校所習之縫紉，惟期就日常所需要者，精練而純熟，以備家事之用。此教則所定之裁法、縫法，所以標明為通常衣服也。

第二節　材料

縫紉之教材，以通常衣服為標準。其選擇教材，當注意者如左。

（一）應土地之狀況，教則所謂宜取常用之物是。

（二）應兒童多數家庭之狀況。

（三）應現時需要之狀況，教則所謂得兼授西式裁法、縫法及洗濯法是。

教材之排列，當按兒童身心之發達，順手指熟練之次第，應四季之推移，更與他科相聯絡，而與圖畫、地理、理科關係尤為密切。至其排列之次序，當循方法上之統系，由簡易而漸進於複雜。國民學校教則第十條第二項謂："首宜授運針法，繼授簡易之縫法、裁法、補綴法。"高等小學校，首宜依國民學校教授，繼漸及通常衣服之縫法、裁法、補綴法。

第三節　方法

通常衣服教授之次序，一寸法，二折法、裁法，三印綫法，四縫法之先後，五各部縫法，六總合作法。大概教授裁法，在使兒童深明尺度之法。教授縫法，在使兒童精練運針之法。縫法每教授時間皆可加以練習。若練習裁法，可略縮短實物尺度，先以紙練習之，教授時示範及說明，宜注意於全級之領受，實習則對於各兒童之狀況，當分別注意也。

國民學校教則第十條第三項："在教授時，宜說明工具之用法、材料之品質及衣服之保存法、洗濯法。"此亦最要也。

教授案例

豫備　指示目的　整頓用具　復習　整理既有知識。

提示　示以模範之掛圖或實物，而說明裁法、縫法之順序方法，更爲模範製作以示之。

宜常用問答法，使兒童精細推究，確實領悟。

練習　使實地練習。

巡視坐次，而爲適宜之批正，劣者宜就便指示之。

第四節　教授用具及教授上之注意

教授用具如左。

（一）通常衣服標本。

（二）各種針尺、熨斗、裁板、針箱等器具。

（三）裁縫姿勢圖、執針方法圖、衣類縫法圖、衣類名稱圖、衣類部分名稱圖。

教授應注意者如左。

（一）縫紉時，胸部易致彎縮，宜稍開張，且正直其身體。

（二）縫紉時，宜禁其時常談話，致紊亂規則。

（三）用針後，宜檢查其數，勿令遺失，致有危險。又布片絲屑，亦不宜散亂。

第十二章　體操科

第一節　要旨

健康之精神，宿於健康之身體，故國民教育之要旨，以發達兒童身體爲第一義。然人之身體，由各部機關組織而成，各部活動，則氣血流通，而精神鼓舞。若各部之中，有一部分運動未周，即一部分不能發育，終無由奏健康之效。此國民學校教則第九條第一項所以謂"體操要旨，在使兒童身體各部平均發育，強健體質，活潑精神"也。高等小學體操要旨，亦與相同。

體操於涵養德性亦殊有效，動則共動，止則共止，有合群之精神寓於其中。又依口令而動止，使己之意志，範圍於全體意志之下，有服從之精神寓於其中。至增進勇敢，強固意志，更爲自然之效果，故教則又謂"兼養成守規律、尚協同之習慣"也。

第二節　材料

小學體操教材，分遊戲、普通體操、兵式體操、户外運動及遊泳等。

遊戲可以自由活動，興味最多，於兒童最爲適用。其種類甚多，主活動身體各機關者，有感覺的遊戲、上肢運動、下肢運動、全身運動各遊戲。主活動精神者，有記憶的遊戲、想像的思考的遊戲、感情的意志的遊戲。諸種遊戲，不惟適於初學年之教授，凡小學期中，宜繼續行之。

普通體操較遊戲體操有規律，應俟兒童稍習規則後授之。有徒手器械二種：徒手體操即矯正術，徒手運動是也。器械體操即啞鈴、球、竿、棍棒、懸垂跳躍等運動是也。兵式體操比普通體操規律更嚴，故至高等小學校始授之。惟小學教授，與軍人訓練不同，故運動不宜激烈，或失之過嚴，但取單人教練、密集運動等授之可也。

户外運動，其種類甚多。或用器械，如擊球、蹴鞠等。或不用器械，如競走、旅行、騎馬等。除危險過甚之事外，皆宜練習之。至近水地方，酌授以泅水、駕舟等事，亦甚有益。國民學校教則第九條第三項所謂"視地方情形，得在體操教授時間或時間以外，授適宜之户外運動或遊泳"是也。高等小學校同之。

體操之種類如上所述，其程式亦宜注意。現今瑞典式體操，於身體運動，最合自然，其法盛行於歐美各國，日本近亦採用之。我國向來多用德、日舊式，不可不圖改良也。

体操之教材，在高等小学以上，宜因男女而稍有殊异，欧美各国常分别男女而授之。其女子体操，有与音乐相和类舞蹈者，此可资研究者也。

教材之排列，当视儿童身心之发达，循序而进。国民学校教则第九条第二项谓："首宜授适宜之游戏，渐加普通体操。"高等小学教则第二条第八项谓："宜授普通体操，仍兼课游戏，男生加授兵式体操。"此可为准则也。

第三节　方法

游戏以愉快为主，教者宜加入其列，与儿童共演，以增进其兴味。拙劣者当指导之，又宜利用机会，施以训练，如有狡猾不正之行为，当戒饬之。午前精神活泼时，当授以有规律之游戏。午后疲劳时，当授以容易动作之游戏。

授普通体操及兵式体操，首宜说明要领，使了解运动之旨趣，次示以模范，然后使为整齐之动作。对于儿童姿势之合否，一一加以注意。惟矫正儿童动作之错误时，勿论对全级与对一人，不必仿其误而正之，惟示以模范，令自傚之可已。

运动与休息，宜交互行之。又体操时间，不可接近饭之前后，此制日课表所当注意者也。

教授案例

豫备　整理器具　指示目的　准备运勤。

提示　示以完全之模范，使观察之，更分解说明，使儿童依次仿之，再为总合之示范。

每一动作，使分解仿之，而矫正其姿势，再为总合之演习。

练习　使联合既授之运动而演习之，宜常注意于姿势之合否，而加以矫正。

第四节　教授用具及教授上之注意

教授用具，为哑铃、球、竿、棍棒、跳台、跳绳、鞦韆等用具及姿勢圖。

教授注意者如左。

（一）疾病不具者，可免去一部或全部之體操。

（二）運動上肢及下肢，務須調和。

（三）口令宜明瞭。

（四）運動器具之收放使用，皆宜注意，不可亂雜疏忽。

（五）不宜常加新教材，務使練習既習之運動，期於純熟。

第十三章　商業科

第一節　要旨

高等小學教則第七條第一項："商業要旨，在使兒童知商事之大要，養成勤勉信實之習慣。"就前者而言，在商業地方之小學校，可授者爲普通商業。而商業上之技能，在學校中練習之機會甚少，欲養成其技能，殊不易易，故以授與知識爲目的，使兒童知其大要，爲將來從事商業之基礎。

就後者而言，勤勉信實，本爲人生處世不可少之品性，而在商業上則與資本並重，如欲爲從事商業之豫備，則此種品性，不可不養成之。又敏捷、綿密、忍耐、果斷、秩序等，亦營商業者最要之品性也。

第二節　材料

小學校所授之普通商業，包含零賣商業、批發商業、代客賣買商業等。而關於金融寄託、保險、運輸等，與普通商業有關者，可附帶授之。又一方面授貨幣、匯票、各種書信、郵務、電信、電話、商標等商事要項。他方面則授以商用簿記，此材料種類之大概也，至取如何標准而選擇之，其要有三。

（一）擇與本土有關係者。

（二）擇爲兒童所易解者。

（三）擇其簡易應用者。

商業上之知識，可附帶於國文、算術、地理、理科諸教科中授之者甚多，排列教材，不可不保其連絡之關係，又須應兒童心意發達之序而排列之。

若不用現金交易，如商家所謂共來往之交易，假定商業之實際進行中，而授以關於普通商業之商事要項及簿記，因而排列其教材，於教授上亦頗適合。

第三節　方法

商業教授，不可不以實習爲主，故可假定共來往之交易，就零賣、批發等，從其著手以至於結賬。或先授某商事要項，或依地方事情，假定物品之種目、價值等實例。使之登記賬簿，或爲書信文件之實習。

教授商業知識，不可不與土地之實際相聯絡，即就本地商業情形，授兒童以切要之知識。或使習爲家庭助手之法，或使觀察市場、公司、銀行、商品陳列場等，皆有益也。

修身科宜注意商業道德，國文讀本關於商業之事物，可爲商業科教授之豫備。書信、文件則於作法、書法中練習之。算術科可使練習商品賣買、利息、度量衡等之計算。歷史可使知交通及商業發達之變遷情形，地理可使知交通、物產、貿易、運輸之狀態，理科則於商品之性質及電報、電話、汽車、汽船等，宜說明其大要。凡此類之知識，皆可活用於商業教授者也。

教授案例

豫備　指示目的　復習　整理既有知識。

提示　用實物模型、標本等，示以教授事項，並講述而說明之。

教材稍長，當分節授之，或使筆記其要領，或令講讀教科書。

練習　使就實物、模型、標本等而實習之，或發問題，使之解說。

第四節　教授用具及教授上之注意

教授用具爲各種文件及券據之式樣，郵電之雛形及規則、各種賬簿之樣本、商品之標本及模型以及關於商業之繪畫圖表等。

教授應注意者如左。

（一）賬簿之登記及計算、商品之陳列及整理、來客之應接、商業通信等，宜注意練習。

（二）收付匯兌及金融機關等，宜爲關連之教授。

（三）珠算宜練習純熟。

第十四章　外國語科

第一節　要旨

小學校所授之知識技能，以應用爲主，其與外國交通，最要者莫如語言，惟各國語言不同，吾人之精力有限，重以小學時期之短，不能不擇習其一，以資應用。考各國語言，以英之商務，夙著聞於世界，其語言傳布最廣，又吾國與英美之交通亦繁，習熟英語，不惟可與彼國交通，並可間接而與他國交通，故今日小學校於外國語一科，以授英語者爲最多。然小學校令並不限定英語，就應用之便利，或改習他國語，亦無不可。

小學校授外國語之目的，非高等教育之預備，乃實際生活上之應用，故學習外國語，不在精通其文以號專家，蓋時期既短，識名必不能多，學語必不能完全，但使能就簡單會話，平易文字，而用之於日常酬應，則已足矣。此高等小學教則第八條第一項所以謂"外國語要旨，在使兒童略識外國語文，以供實用"也。

第二節　材料

外國語教材，可分爲形式、實質二方面。就形式而論，高等小學教則第七條第二項所謂"外國語首宜授發音，進授單詞、短句之讀法、書法、作法、語法"是也。

發音初學最重，初習之音，若不正確，則後不易改，故教者之發音，先不可不求其正確。尤須通聲音學大意，深知何音屬牙、屬齒或張喉、撮口等呼法。在教授時，得以正音示其範。如發音爲我國語言所無者，宜特別授之。

學外國語不僅當牢記其語，且須知其語尾變化，熟語及慣用句，宜特別練習。熟語可選其普通必要者，使一一學之。慣用句爲文法常用之定律，宜由習文法時使領會之，文章以平易純正爲主。

讀法以讀他人所達意之辭而知其解爲主，與國文讀法同，書法亦與國文書法同。於發音及摒字，宜使之注意。

語法練習，以簡易之日常普通談話爲最要，亦即作法之初步，故作法始用口語，熟習後以筆錄之。

就實質而言，教則所謂"外國語讀本，宜取純正而有趣味者，其程度宜與兒童知識相稱"是也。除教則所言外，記述之事項，當含物品法則近事及對話等，又須與國文相聯絡。

排列教材當注意者如左所列。

（一）語句宜簡短明瞭。

（二）語法記事，須有各種變化，但前後宜相聯絡。

（三）文章分節太短，則無興味，太長則生厭倦，宜應兒童心意發達之序，斟酌至當。

第三節　方法

外國語教授，有讀法、書法、作法、語法等。教授時當於讀本中聯結大體課之。其教授之法，先從會話始，乃漸入文法，至移於文法後之研究，僅以熟達於會話之程度而止。教則所謂以切用爲主者也。

教則又謂注意於發音，蓋學習語言，本口、耳、目、手，交相爲用，初學時以練習耳、舌爲尤要。耳、舌練之不熟，則不能正確其發音。近世語學教授之改良，實自發音式始，其優點在能與以談話上確實之知識，惟所盡力於初步者。讀書之法，不免稍遲，此則教者不可不審也。

教則又謂以正確之國文譯解之。國語與外國語，發音既異，語彙亦異，教授時不可不與國語比較異同，使之能明確領解爲要。惟教授時苟可省用譯讀，即當省之，以增其練習外國語之機會，如藉實物、繪畫以指示，與設爲形像之比擬，皆有裨於教授者也。

教授案例

豫備　目的指示　復習既知之語句　就本日教授事項，設爲問答，須利用實物、標本、掛圖等使之直觀。

提示　口述新語句，使兒童範讀，並示其意味。

口語練習後，書於牌上，使順序讀之，且示以聯綴之法。

開書使讀，次譯解之，終就書中事實爲問答。語句文章之必要者，須使之暗誦。

就所教授者示以文法，並指示實地之應用。

練習　或使默寫，或使改作，或使就書中事實，綴爲單句短文。

以既授新語句使作新文章而讀之。

使應用文法上之法則，變化其語句。

第四節　教授用具及教授上之注意

外國語教授用具，應備外國語應用之實物、標本、繪畫、影片、掛圖、發音圖等，教授上應注意者如左。

（一）對於兒童之發音，每教授時間內，須爲一二次以上之訂正。

（二）說明及問答事項，以酌用外國語爲宜。

（三）宜告以檢閱字典之法，使便於自修。

第三編　單級教授法

第一章　單級小學校

　　合多數兒童於一教室內施行教授，是爲學級。就全校兒童，各應同等之程度，依學年分班。班不同者，同時不得在一教室內，施行教授，是曰多級小學校。反之而不論程度同等與否，合全校兒童爲一學級，因教科種類或教材性質，而合數學年之兒童同時於一教室內授之，或分兒童爲數班，同時在一教室內，各授以特殊之功課，是曰單級小學校。

　　單級教授，教室、教具、教師皆可共同，可以節省經費。又於教授訓練之統一，與助成兒童之自修，亦甚有益。惟配合教科及教授訓練之方法，不得其宜，則成效必不良。今就單級教授當注意之點，列舉於後。

　　（一）教授力不可過於分減　單級教授，分班愈多，教師之教授力愈分，對於各班直接教授之時間必減少，斯教授難於奏效，故班數不可分之太多。宜審教授之性質及兒童之程度，調和適均，又活用教段與教式，務使教授力不致過於分減。

　　（二）教授力分配宜適當　對於各班之教授，當應教材之性質與教式及兒童發達之度，予以適當之教授力。例如授甲班之教材，適用示教式、講演式、問答式等，則同時教授乙班，當取適用示範式、命題式之教材，或乘乙班靜肅練習之間，與當自修復習默寫時，即對甲班而行直接教授，又對各班直接教授之力，宜交互循環爲之，於程度低下之班，宜特別注意。

　　（三）利用兒童之自修　對甲班施直接教授，則乙班可使之自修，反之而甲乙班易位教授亦然，養成兒童自修之習慣，爲單級學校特有之優點。惟所謂自修，非純用放任主義，而聽其紛擾或閑散也，必須利用兒童之活動力，鼓勵其自習，使有研究學問之興味。又自修之功課，宜適於時間之長短，及事項之分量難易，且應兒童發達之度，而爲適當之分配。

（四）勿使各班相衝突　如語法、讀法同時並授，則聲音相妨，或示甲班以繪畫、標本等，易惹起乙班自修者分其注意之力。或甲班課以繁難命題，而授乙班以活動愉快之唱歌，亦易使各班兒童注意之力，互相擾亂。凡此類之衝突，製時間表時不可不注意也。

第二章　單級編制及教科之配合

單級教授，合全校兒童爲一學級。因其學年學力之差異，不能授以同一之教材，故各就差異之同等者，分爲數班，於教授時間內，各授以適當之教材。分班之法，亦有限制，據德國實際教育家之經驗，謂單級學校，教授三班以上，異常困難，非必不得已，不可分三班以上。蓋班數少則教授便易，故分班以少爲貴。又班數雖大體分定，如因教科之關係，有某科宜少，某科宜多，亦可隨時變更其班數。如國民學校分爲三班，即一二學年各一班，三四學年合爲一班。或一二學年合爲一班，三四學年各一班。或一四學年各一班，二三學年合爲一班。分爲四班，即各學年各爲一班。高等小學校分爲二班，即一學年爲一班，二三學年合爲一班。或一二學年合爲一班，三學年爲一班。分爲三班，即各學年各爲一班，其有全體學生，非各學年之程度悉備，或國民高等學生參錯其間者，是在教授者依分班之例，斟酌情形而定之。

單級小學校教科之配合有三種，各有得失，分論於左。

（一）同教科同程度　此項教授，教授力不分，教授之準備及配製時間表均易，又教授時無各班相衝突之慮。然各學年兒童程度不一，難施以適當之教授，大概用於高等小學校之修身、地理、歷史、體操、唱歌等科較爲適宜。

（二）同教科異程度　此項教授，適合兒童發達之程度，所用教材有公同部分，則教授預備，可以減省勞力，配製時間表亦易。然在同一教授時間之內，各應程度而施教，必分教授之力。教材大體相同，則教式亦同，各班有聲音衝突之慮，大概用於國民學校之修身、國文、算術、圖畫、手工、體操、唱歌、裁縫等科較爲適宜。

（三）異教科　此項教授，兒童程度不一者，能得適當教授之益。然教科不同，教授之預備及配製時間表，均較繁難，在同一教授時間內，各授特殊之教科，亦分教授之力。又關於各班衝突之事，雖無聲音相妨之患，而有擾亂他班注意之虞，大概用於國文、算術等科較爲適宜。

欲教科分配之適當，宜審各教科之特質，與兒童之程度，並斟酌教材之難易，而折衷至當，庶可得優良之效果也。

第三章　單級教授必要之注意

單級教授應注意者列舉如左。

（一）教師之準備　單級教授，教師之準備宜足。其應準備之事項，如小黑牌之摘書、算術之問題、圖畫、習字之範本，皆須預爲安置。又如教材、教授力、兒童自習時限之分配，亦須預定妥適，然後教授時無聲音相妨與擾亂兒童注意之弊。

（二）兒童之自修　單級教授，在利用兒童之自修，其最要方法：一使兒童就已授之教材，爲默讀之復習。二使兒童就圖畫、標本，爲直觀之預習。三使兒童依教師之示範，各自練習。四使答應用問題。

（三）兒童之訓練　單級教授，於分班教授時，兒童之動作，稍不留心，非擾亂他班之注意，即玩忽自己之功課。故管理當得其宜，務使兒童能振起其自動力，此訓練之所以宜特別注意也。

（四）兒童之互相補助　課讀法、作法、書法及各科發問命題或值練習時，常使優生與劣生之助言，又導兒童以互相批正，此於補助之益甚大。

（五）選公同之教材　取公同之教材，於教授時，斟酌繁簡難易，應兒童之程度，而予以適當之教授，可使教授力無過分之弊。但分班至三班以上，此種教材，殊不易得。

第四章　二部教授

二部教授，依午前、午后而分級教授，與舊時半日學校體同而實異。施行二部教授時，大概因經費困難，減省教員，或爲兒童就學之便利，或因教授上有特別利益。如教員一時缺乏，或校舍改築時，亦可暫時行之。

二部教授之編制有數種：以同學年分爲二部者，如全校兒童逾一學級之定額，或教授上限定兒童之人數，當就兒童之成績、男女、地方等分之。以異學年分爲二部者，如午前爲第一學年，午后爲第二學年，或分國民及高等全體爲二部。此項編制，較前項頗復雜。

二部教授之利益，在以少數之教師，教授多數之兒童，午前、午后分別課之，無分班過多之慮。但教師教授時間過多，易生疲倦，兒童受教之時間少，則所生之效果亦必少。又兒童僅半日在學，就有益一方面而言，有助理家事之餘暇，就有害一方面而言，不免有在外嬉戲之弊。故非因地方經費不充，或教授上別有困難時，不必採用此法也。

國民學校課程表

教科目 學年	修身	國文	算術	手工	圖畫	唱歌	體操	縫紉	總計
每週教授時數	二	一〇	五	一			四		二二
第一學年	道德之要旨	（發音）簡單文字之讀法、書法、日用文章之讀法、書法、作法、語法	百數以內之數法、書法、二十數以內之加減乘除	簡易製作		平易之單音唱歌	遊戲		
每週教授時數	二	一二	六	一	一	一	四		二六
第二學年	道德之要旨	簡單文字之讀法及日用文章之讀法、書法、作法、語法	千數以內之數法、書法、百數以內之加減乘除	簡易製作	單形、簡單形體	平易之單音唱歌	遊戲，與普通體操		
每週教授時數	三	一四	六	一	一	一	三	一	男二九 女三〇
第三學年	道德之要旨、公民須知	簡單文字及日用文章之讀法、書法、作法、語法	通常之加減乘除（珠算加減）	簡易製作	單形、簡單形體	平易之單音唱歌	遊戲，普通體操	運針法，通常衣服之縫法	

续表

教科目\学年	修身	國文	算術	手工	圖畫	唱歌	體操	縫紉	總計
每週教授時數	三	一四	五	一	男二女一	一	三	三	男二九女三〇
第四學年	道德之要旨、公民須知	簡單文字及日用文章之讀法、書法、作法、語法	通常之加減乘除及簡易小數、分數諸等數加減乘除（珠算加減乘除）	簡易製作	簡單形體	平易之單音唱歌	遊戲、普通體操	通常衣服之縫緻法、補綴法	

高等小學校課程表

教科目\學年	修身	讀經	國文	算術	本國歷史	地理	理科	手工	圖畫	唱歌	體操	農業	家事	外國語	總計
第一學年 每週教授時數	二	三	一〇	四	一	一	二	男二女一	男二女一	二	三		二		三二
第一學年	道德之要旨	講授《論語》	日用文字及普通文之讀法、書法、作法	整數、小數、諸等數（珠算加減）	本國歷史之要略	本國地理之要略	植物、動物、礦物及自然現象	簡易手工	簡單形體	單音唱歌	普通體操、遊戲、男兵式體操		縫紉		
第二學年 每週教授時數	二	二	八	四	二	二	二	男二女一	男二女一	二	三	三	四	（二）	三四
第二學年	道德之要旨、中國法制大意	講授《論語》	日用文字及普通文之讀法、書法、作法	分數、百分數（珠算加減乘除）	本國歷史之要略	本國地理之要略	植物、動物、礦物及自然現象	簡易手工	簡單形體	單音唱歌	普通體操、遊戲、男兵式體操	農事之大要、森林之大要、水產之大要	縫紉、家事大要	讀法、書法、作法、語法	

续表

教科目\学年	修身	讀經	國文	算術	本國歷史	地理	理科	手工	圖畫	唱歌	體操	農業	家事	外國語	總計
每週教授時數	二	三	八	四	二	二	二	男二女一	男二女一	二	三	二	四	(二)	三四
第三學年	道德之要旨、中國法制大意	講授《論語》	日用文字及普通文之讀法、書法、作法	分數、百分算、比例（珠算加減乘除）	本國歷史之補習	外國地理之要略	通常物理化學上之現象，元素與化合物，簡易器械之構造作用，人身生理衛生之大要	簡易手工	諸種形體	單音唱歌	普通體操，遊戲，男兵式體操	農事、農事之大要，森林、森林之大要，水產、水產之大要	縫紉	家事大要	讀法書法作法語法

農業改爲商業時可授以商事大要。
外國語視地方情形亦得自一學年始。
（）係隨意科符號。

實用修身倫理學
講義

選自《實用修身倫理學講義》，中華書局 1915 年 2 月初版，供師範講習所用。據 1920 年 9 月第七版整理。

目　次

第一章　在校之責務 …………………………………… 717
　第一節　對於學校之規則 ………………………… 717
　第二節　對於學校之人 …………………………… 717
　第三節　對於學校之物 …………………………… 718
第二章　衛生 …………………………………………… 720
　第一節　節制 ……………………………………… 720
　第二節　清潔 ……………………………………… 720
　第三節　鍛鍊與活潑 ……………………………… 721
第三章　修學 …………………………………………… 722
第四章　言語 …………………………………………… 723
第五章　容儀 …………………………………………… 724
第六章　動作 …………………………………………… 725
第七章　公德 …………………………………………… 726
第八章　自立 …………………………………………… 727
第九章　對家庭之責務 ………………………………… 728
第十章　對國家之責務 ………………………………… 731
第十一章　對社會之責務 ……………………………… 732
第十二章　對人類之責務 ……………………………… 734
第十三章　對萬有之責務 ……………………………… 735
第十四章　教師之修養 ………………………………… 736
　第一節　品性之修養 ……………………………… 736
　第二節　智識之修養 ……………………………… 736
　第三節　形式之修養 ……………………………… 737

第一章　在校之責務

第一節　對於學校之規則

　　學校有規則，猶國家之有法律，爲全校而設，非爲某人而設也；爲學生保秩序而設，非以張學校之威權也。吾人對於規則，第一當視爲公共之約束，不守規則即違反公意。第二當以爲養成習慣之標准。勿論意志之發，必循一定範圍始免踰越，而習與性成斯，將來處世接物，對於國家之法律、社會之信約，亦能自然履行。第三當無待於強制。法律者所以濟道德之窮，吾人苟實踐道德，雖不必舉法相繩，自能自由於法律之中。若因畏法而後守法，或待干涉而後不敢違法，則道德之基不固，即幸能守法，其意志已不堅定，終虞潰決。明此三者，則知所自勵，一旦爲人師長，於訓練兒童之道思過半矣。

第二節　對於學校之人

（一）對於師長

　　學生之成德進業，全賴師長之誘導，師長即代父母而任教育者也。見吾勤敏則喜，見吾愚惰則設法引掖之。是師長之待學生，其心至勞，其情尤摯。學生念及此，則對於師長，敬之愛之而從順之，於理斯宜。惟敬則無侮慢，惟愛則無反抗，惟順從則篤信所學，且尊重其命令，知對師之宜敬宜愛宜順從，斯爲師而知使人必敬必愛必順從之道矣。

（二）對於同學

同學之人，勿論質有慧鈍，力有强弱，境遇有貧富，皆宜本親愛之忱，一體相視，不可稍挟成見，或相欺侮，或相嫉妬，致失敦睦之誼。夫學校者，社會生活之縮影也，使處同學之群，猶不能化畛域之見，將來入復雜社會，安有能無詐無虞者乎？至管理學生時，尤宜注意及此。

（三）對於外來學務人員及參觀人

外來之人，其爲學務長官及教育社團中人，待之宜有敬禮。敬禮之道，宜從主持校事者之命令，過亢則長驕，過卑則失之諂，皆非禮之正也。其爲父兄或同學親友，敬禮宜明職分、守界限。不明職分，則親非所親；不守界限，則愛非所愛。如校中禁止出入之地，而導父兄往觀，即不守界限也。

（四）對於校役

校中勤務，大概宜學生躬自爲之；其有學生不暇爲不及爲者，始以校役爲之。校役執業雖卑，然亦自有其本務，不可賤視之，呵叱凌辱尤非所宜。

第三節　對於學校之物

（一）明物權

己有之物，己有使用之權；非己有物，己即無使用之權，雖非己與人所專有，而爲公共使用之物，即當爲公共保存之。設誤於所施，或放棄己有權，或侵害人有權，皆非處物之道也。此理於社會上尤當明，而於學校正其始，試類別之，曰己有物，曰人有物，曰公共物。

己有之物，愛護保存，他人不擔责任；若隨意污損，任人所攜，而不加檢察，雖於人無損，而自損其物，亦非所宜。

人有之物，非己所能隨意使用，更不可損害其物。昔子路以車裘與共敝之無憾爲志，此在爲己所有者則然，非己所有者不得援以爲例也。

公共之物，即爲公共所使用，一人不得據爲己有也，必人與己皆有保存愛護之心，不可私爲獨用，又不可誘爲他有。例如校中栽植花木，及庋藏圖書標本器械等，凡受學於校者，皆有保存愛護之責，不能無端消耗，任意損害，謂此固與我無與也。

（二）惜物力

凡物之應人需要而出者，各有其相當之價值，若濫用不惜，匪惟於財用有損，抑暴殄天物之甚也。故校用品及關於衣食住一切需要品，均當自定限制，葆其節儉之良風。

第二章　衛生

第一節　節制

吾人生斯世間，對於家族社會國家，皆負有重大責任。欲完全盡其責任，不能不致力於學問。苟無健康身體，雖有如何志願，力終不逮。欲身體健康，第一當自節欲始，所謂師範生當謹於攝生也。

人生有欲，適之則生，縱之則足以自戕。所謂欲者，即存於衣食住之中，此雖緣生理之自然而來，然使縱其所欲，飲食無節，運動休息無時，衣服居住無度，一時放恣，即危及身體，可不慎與？

節制之方，於飲食尤要，當注意者有三：時間分量，宜有一定，一也；食品宜擇富於滋養分且易消化者，二也；勿貪雜食，三也。至煙酒皆能傷腦，尤不可不戒也。

第二節　清潔

人之身體時有廢質從毛孔排泄而出，又有塵垢積皮膚間，若積垢不去，廢質淤滯體內，排泄失其效力，必生疾病。清潔身體之法，宜常時沐浴，至洗髮漱口翦指甲，亦不可以細微而忽之。

章身之具，必需衣服。外衣不潔，則不雅觀；裏衣不潔，則引起疾病。清潔之方，宜勿近污穢，又宜時常洗濯之。《詩》曰："薄污我私，薄澣我衣，害澣害否，歸寧父母。"是不惟以爲外觀之美，且以示有禮之容也。

萬病之源，多由於黴菌；黴菌之生，多由於不潔之物腐壞醞釀而成。

欲免此害，當注意者有三：常呼吸新鮮之空氣，一也；屋内宜容納日光，二也；勿隨地涕唾，一切穢物，皆宜掃除，三也。朱子《訓學齋規》曰：凡爲人子弟，當灑掃居處之地，拂拭几案，常令潔净，文字筆硯，凡百器用，皆當頓放有常處，勿令塵穢雜亂。學者不可不取法也。

第三節　鍛煉與活潑

衛生之要，不但在調養之適宜，尤當有抵抗外界之能力。欲抵抗能力之充足，不可不加以鍛煉，所謂宜勤於體育也。角力競走，冷水浴身，皆鍛煉必要之事也。甫寒擁爐，未暑求涼，皆違反鍛煉之事也。但鍛煉須循序爲之，不可急遽助長，反致爲害也。

又身體之健康與否，多受精神上之影響，憂鬱者常萎靡不振，活潑者丰采必煥發。此之修養，其方面有二：一從形式修養之，如課餘無事，或散步野外，或遊覽名勝，耳目開曠，精神爲之一振。而各種娛樂之遊戲，尤宜注意爲之。蓋不獨謀身之愉快，且使嫻習游藝，振刷姿勢，可增進將來引導兒童遊戲之技能，一從内心修養之，如開豁其胸襟，清明其神氣，勿論如何遭際，皆隨機順應，不使留滯於意識之中。此爲涵養德性之要訣，而有益於身體之健康者，亦甚大也。

第三章　修學

　　爲學必先立志。此當注意者有三：一貴遠大，惟所謂遠大者，在本高尚之理想，以期其將來之成就，非必限於投身政治，左右全國，精嫻武略，立功沙場，而始爲遠大也。二貴堅定，凡志之所向，必勇往前進，始終有恒，此非學有定識，與養之有素，不克致斯。三當審性之所近及與境遇適應與否，欲爲何等之人，與習何等之業，皆宜愼自抉擇。三者有一不備，志雖立，終不能有成也。

　　次在求實用之學。實用之目的有二：一關於爲人必需之知識與技能，一屬於職業上所當專修之學與術。故志在教師者，當於一般之學科中，所求得之學與術，務求適合於小學教育之用焉。

　　又次在發展其自動力。夫知識客觀之物也，欲其融會於主觀，徒事強記，固嫌繁苦，然領受太易，效力亦不能強而且久。此當注意者有四：一直觀。勿論讀書或實習，皆宜用精細之觀察，使所得觀念，明確而周到。二致思。凡讀古人之書，聞師友之言，以及所觀察之事物，皆宜深求其所以然之故。三好問。學以研究而精，以得指導而明。遇有疑難，必問明而後已，問愈詳則析理愈至，但問辭以簡要爲貴。四自修。語云："熟則生巧。"欲熟非復習不爲功。年長者更可就職業或所習學科有關係者習之，若東翻西閱，忽作忽輟，皆所當戒，至如何使學生而直觀，而致思，而好問，而自修，是則爲教師時所更宜體察者也。

第四章　言語

　　言者心之聲，人格之高尚與否，聽其言而知之。不養高尚之理性，徒爭勝於言語，固爲不可；然言語不修，於思想之傳達，究不能宣其蘊也。

　　我國古訓，首重愼言。愼者，不妄言也，非謂不言也。昔劉安世問司馬光以盡心行己之要，光曰其誠乎。劉問行之何先，光曰自不妄語始，惟其不妄，故無勦說，無輕謬，無妄斷；凡無謂之說，輕浮之說，皆不得出諸口也。

　　言語貴有條理，古人所以重出言有章也。教師之言語，特宜注意者，語宜明朗，音宜正確，高低適度，抑揚得宜，一切浮辭及土語皆當忌避。又發言宜親切，講話之態度，宜於莊重之中，饒活潑之興趣，凡此皆平時所當預爲留意者也。

第五章　容儀

容儀之表示，亦由中而發於外，非第肅觀瞻已也。人品如何，可於此覘之。

吾人容儀，不可過於拘滯，亦不可失之輕佻，粗鄙猥賤，更非所宜。孔子曰："君子不重則不威。"而教師尤宜於嚴重之中，寓和緩之度，使人之接其顏色者，但覺其可親，而不覺其可畏，斯足尚已。

容儀必以誠意將之，如惟務外貌之形式，則虛禮虛儀，失恭敬之本旨矣。又或巧言令色，取媚於人，亦近於欺罔，不可不戒。

修飾容儀，最顯著者，莫如服裝。服裝在整潔而不在華美，時流之服裝，有因徵逐而日新其製者，若強效之，非獨有傷經濟，亦非涵養德性之道也。

宋胡瑗弟子，隨材高下，衣服容止，善自修飾。人遇之，雖不識，皆知其爲瑗弟子也。世之脫略鳴高者，往往謂整飭容儀爲徒飾外貌，豈通論哉？

第六章　動作

　　表示於外最著者爲動作。言語惟使人聞之，容儀惟使人見之，至措諸動作，則有實事可徵，不惟己身之信用所係。即影響於社會者亦甚大。語云："匪言維艱，行之維艱。"又曰"貌君子而行小人"，是言語與容儀，作偽者尚有掩飾之術，至動作非眞能誠其意者，未有不敗露者也。

　　普通人之動作，其關係惟及於己身；教師之動作，則國民全被其影響。蓋爲將來國民之兒童，當其少時，最富於模仿性，教師之一舉一動，皆予以潛移默化之力。教師擔此重任，欲使動作可資模範，不可不先陶鑄其模範之品格也。

　　爲兒童示動作之模範，必以如何爲適當，一動作當有秩序。大抵兒童喜事，嘗不免輕舉妄動，當養成有規律之習慣。然使教師表率無方，不能予以無形之感化，則訓練之效必少。故作事與遊戲必守規則，必有定時，皆所以示秩序之不可紊也。二動作當有勇氣。兒童雖富於活動性，而鮮恒心，往往一事未終，輒及他事。若鼓其勇氣，斯不爲則已，爲必期於有成。社會之所以日進者，皆此勇氣有以驅策之也。惟勇氣與熱情不同，熱情原於一時之激動，勇氣則根於平時之修養。若匹夫一言不合，挺身而鬬，此所謂血氣之勇，非從義理而生者也。師範生以此自繩自勵，庶乎爲己爲人，兩盡其道矣。

第七章　公德

人不能離群而獨處，因相互之關係，而有趨利避害之動作。常有損人益己，相率而不以爲非，此其原因有二。一不明人己之界，徒顧己之便宜，因而損及他人之利益。二不知公共之性質，爲己與人相共之利害，徒以己之利害爲主，遂與他人之利害相違反。自社會日益進化，公共之事業，甚形發達，人類處此協同生活之中，對於人己相需相妨之關係，漸省悟其真理，於是提倡公德之說，大爲世人所注意，故各國學校教育皆以養成公德爲要義。

公德之道，以推己及人爲要旨。其發於行也，爲信義，爲正直，爲禮讓，爲慈善。其事類則有積極消極二方面。從消極方面求之，爲不妨害他人之利益，孔子所謂"己所不欲，勿施於人"是也。由此推之，則不攀公園之花木，不擲瓦礫於通衢，皆其見端也。從積極方面求之，爲增進社會之利益，孔子所謂"己欲立而立人，己欲達而達人"是也。由此推之，則扶攜老弱，勸勉同學，皆此一念之萌也。

歐美各國國民，其公德頗爲發達，欲覘其國之文明，即因公德發達如何之程度卜之。我國國民之公德，比諸歐美各國，特爲薄弱，非力爲振作不可。而養成國民之公德，基於小學教育，故師範生之修養，一方當謹身率物，以爲國民模範，一方當加意體察，以爲將來發展兒童公德之方法，何可不加勉耶？

第八章　自立

　　人身最可恥之事，莫甚於倚賴他人。欲去倚賴他人之心，以能自立爲本，而尤貴於少時立其基。自立之道，就品性一方面而言，爲不因人成事，就生活一方面而言，爲能自給，更進而求之，則能發揮其特長以貢獻於社會。而能自給尤爲自立之本。何者？人苟無力自給，即不欲倚賴他人，勢亦不能。孟子曰："無恒產者無恒心。"苟無恒心，放辟邪侈，無不爲已。維持生活之方甚多，以選擇職業爲始基。職業有勞心與勞力之別，無勞逸之分。有奉公與營業之別，無貴賤之分。擇業固悉聽人之自由，但不自度其能力及境遇，並不深考其業之利害得失，而貿然爲之，鮮有不失敗者，故擇業不可不慎也。

　　吾人幼受父母之養育，長受師長之教導，漸而至於能自立。當學生在校時，尚爲服從教導之期，非自立之期。然不於此時爲自立之準備，則他日入於社會之中，欲不倚賴他人，不可得也。準備自立之道，不外鍛鍊身體，勉勵學業，修養德性，以造成健全之人格，而備社會之用而已。

　　自立與孤立不同，吾人處此協同生活之中，決不能離群而孤立，故自立者在於協同生活之中，能不因人成事，非違衆孤行也。

　　師範之人格，最重獨立（師範學校規程）。蓋以養成國民自立之性，基於小學教育。師範生即將來充任教師者也，故必有適當之修養，而後詔示兒童，能以高潔之心情，與其特立之性格，作爲模範，其關係顧不重耶？

第九章　對家庭之責務

　　人之生也，最初相接者，惟家庭之人。稍長則與社會之人相接，至直接負國家之責務，常在成年以後。是吾人對於三者之關係，誠因年齡而遞進。但生而爲人，即爲社會中之一人，爲國家之一民，其當盡之責務，家庭與國家社會雖各殊其分量，而道德之本體，究無殊致也。

　　人類之道德，皆緣愛情而生。而愛情之發端與擴充其愛情，就人類心理發達之次序而言，必自施諸最親近之人始。我國倫理以孝弟爲仁之本，而小學教育尤以注重鄉土之觀感，爲引起愛國心之基礎。但所謂自施諸最親近之人始者，係從根本上之立腳而言，非謂先愛最親近者而後及其他也，亦非謂對親近之道德已備，而始及其餘也。

　　家庭之制，爲公共生活之始基。同飲食，同居處，同作同息，是公共心之見端也。家長有命，無敢抗違，是守法之見端也。一人有疾，舉家不寧，是同情之見端也。扶老攜幼，是慈善之見端也。男外女內，是分功之見端也。本此義而擴充之，則視社會國家如一家然也。

　　家庭最親之人，莫如親子。事親宜孝，待子宜慈，此不易之理也。然事親如何而盡其孝，此其最要之道。一曰敬親，二曰順親。惟敬則不至恃親暱之私，疏忽以將事。惟順則親有命必毅然行之，親有戒必翻然改之。至於奉養服勞，以報親恩，猶其餘事也。待子必如何而盡其慈，其最要之責務，曰養曰教。人莫不知子之當教養，然以溺愛之私，誤其教養之方者甚多。故養子之道，在子未成年時，盡俯畜之責，仍當培養其自立之能力。教子之道，當子未達學齡時，宜注意於家庭教育，示以良善之模範，施以適當之教訓，既達學齡，當使受學校教育，以完全其國民之修養。今日之親，即前日之子；今日之子，即未來之親。安可不各盡其責務耶？

次父母而最親者爲兄弟姊妹。語云"兄弟如手足"，又云"人生最難得者是兄弟"。蓋以兄弟姊妹之情，不同於常人，相親相愛，尤足以安慰父母之心。此言人倫之道者所以孝弟並列也。待兄姊之道，當致敬盡禮，兄姊有所訓戒，必從命惟謹。即言不中理，亦當諒其愛弟妹之心而順受之。待弟妹之道，當盡保護勸導之責，尤宜以身作則，爲弟妹之表率。不幸父母早故，即當代父母而負教養之責。至於兄弟之於姊妹，尤有特殊保護之責務。我國女子無享受家產之權，如姊妹既嫁後，家貧不足以自給，或因故破產，不可不資助之。我國四萬萬人民皆稱同胞，所謂全國之人皆兄弟姊妹也。以一家之友道，推之於一國，即平日或因事故，意見不齊，一旦對外有事，不可不本兄弟鬩於牆外禦其侮之心，協力以當外患。若兄弟姊妹之間，猶有憼德，而謂真能待國人如同胞，以致力於國者，未之有也。

夫婦者一家之本，家道昌由於夫婦之和睦。夫婦和睦，由於真摯之愛情，雖自由結婚，不無流弊，然我國習俗之制，多尚童年許婚，及年長非偶，亦牽於名分，不敢離異，此實爲愛情衝突之根原。使屆婚嫁之年，而興媒妁之議，父母即不賢，未有必欲拂子女之意者。子女即不能自主，未有不可以己意達之於親者，欲結合其愛情，則議婚必得其道。至夫婦之分已正，其相待之道，不可不持之以敬，使愛情不失之狎而適如其分，又必互相勤勉以治家事。若夫婦之間，偶有過失，當婉言相勸，期無失於和好。至於蓄妾爲室家乖離之漸，早婚爲衰弱國民之兆，尤不可不戒也。

生我者父母。溯而上之，則父母之上有祖先。祖先而生存者，當以事親之道事之。祖先而已沒者，或祠祭，或掃墓，或瞻像膜拜，歲時饗祀，必致其誠。更當修德慎行，克振家聲，《詩》所謂"聿修厥德，無忝爾祖"者是也。

由祖先之血系而推，則有宗族。宗族即由一家之蕃衍而分出者也。宗族之分際，雖稍有親疏之殊，要皆共一本之誼。如建宗祠，訂譜系，立族規，置義莊，皆我國固有之良風，宜擴充而光大之。其有昧於尊祖親族之義，或據祀田以爲私利，或因遺產而爭繼嗣，或藉義田之贍而怠惰放逸，不事生計，皆所當戒也。

同宗曰族，若異姓而與我有骨肉連係之緣者曰戚。勿論戚之貧富貴賤如何，而待之之道無殊。要不外於共往來，通有無，危難相救，窮困相助，吉凶相慶弔而已。

傭僕本與家族不同，然助理家事，關係至切。選擇傭僕，勿論乳母容儀最足以感化子女之性情，即平常傭僕，亦當用其勤能質直者。至處置之道，當量力酬資，分配適宜事務，予以正當之指揮，勿過勞其體，勿任意斥責。惟雇傭所以節勞，非徒謀己身之安逸。而少年人尤當習於勤勞，不可慣用僕役，呵叱凌辱，不惟蔑視人類，亦且有傷德性矣。

第十章　對國家之責務

　　國家之成立，由於國民。我爲國民之一人，即爲成立國家之一分子。我之一分子，能完其責務，則國家即蒙一分之益；我而不能完其責務，則國家亦即受一分之損。反而言之，國家而強盛，則分子中之我必蒙其利；國家而衰弱，我亦必受其害。故國民不能離國家而生存，國家更不能舍國民而成立也。

　　人民對於國家普通之責務，曰納稅，曰當兵，曰守法，曰擔任義務教育。欲人人各盡其道，不徒在明責務之所在，尤賴有愛國心以促進之。苟無教育，則人民不知己身與國家之關係，雖知國之當愛，而自私之心，終勝於愛國。即或切於愛國，而不知所以愛國之道，亦不能致國於強盛，況學術技藝殖產興業等之發達，無一不需教育以爲倡導耶？審是則吾人之修學，即爲養成愛國心之資料。而小學教員，尤爲造成愛國人民之母，顧可稍忽哉？

　　有愛國心之人民，不使國家受外人之侵侮，與排外不同。排外出自偏激之感情，其害至於誤國；愛國心出自義理之熱誠，其精神足以維國勢於不敝。故愛國者，審察本國立於世界之位置，一面保其良風以發揚國華，一面袪其陋習以增進國利。

　　愛國與忠君不同，共和國無君主，似不致有所誤會。然我國舊習於專制，往往混國事與王事爲一。究之忠君者對於人之關係，孟子所謂"君之視臣如手足，則臣視君如腹心；君之視臣如犬馬，則臣視君如國人；君之視臣如土芥，則臣視君如寇讎"是也。至對於國家，勿論如何，不能自背其國，即在國不能自行其志，寧如屈原之懷沙自沈，不可如巫臣之教吳叛楚也。

第十一章　對社會之責務

　　古時人民，習於簡單之生活。其與己身有重要利害之關係者，上爲國家，下爲己以外之個人。故五倫之教，專論對個人之道德，又以修身爲治人之本。對於國家之道德，亦稍稍言及，惟對社會之道德，非當時所注意，語焉不詳。

　　我國人公德之薄弱，協同心之缺乏，皆由社會道德不明之故。今世界進化，公共事業，日益發達，吾人之生活，必賴社會相需相助而成，則維持此公共生活之安寧，且增進其幸福，誠當務之急也。

　　對於社會之責務，就其關係分之，有三：一曰對個人之責務，二曰對公衆之責務，三曰對團體之責務。

　　對個人之責務，最要者曰交友之道。勿論因同學而合，或因同事而合，或因同鄉而合，其訂交也，不外學問與性情二途。擇交之始，不可不愼，既已訂交，則交際之間，當以信爲體，以敬爲用，以勸善規過互相砥勵。若夫呼朋引類，多行不義，結黨營私，干犯法紀，是則社會與國家之罪人矣。次曰待常人之道，蓋人與社會相接，雖社會中之人，不必皆爲己友，而因生活上之相需相助，莫不有直接或間接之關係，故生命財產名譽三者，人各有自由之權，必不可侵犯其自由。而對於境遇可憫之人，尤必量力扶助，以全社會之幸福。至於交際之禮，當因身分年齡之殊，而各盡其道。同等之人，固可待以通常之禮。若年長分尊學優者，當待之有敬禮。分卑於己者，不可示之以倨傲。學不如己者，不可示之以驕矜。幼者尤當愛之如子弟，至對於女子，宜明嫌疑之界，尤不可忽也。

　　對公衆之責務，一在培養協同之精神，即如學校之生活，同作同息，合力灑掃，公同遊戲，團體旅行，皆爲同勞共樂之精神所寄，務當服從於公共規律之下。斯一旦入於社會，合力共作，分工易事，皆能各守其分，各盡其責。二養成秩序之習慣，不惟關於一國之禮俗，當應遺傳之精神與時事之需要調劑得宜，即暫時之言語動作，亦不可違反公意。保存秩序有二方面：從消極方面言之，以不妨礙他人爲本務；從積極方面言之，以能盡禮讓之道爲本。歐美各文明國，社會秩序，極爲整齊，皆由人民自治之精神，我國民宜自勵也。三當明於謀公益之責任，此亦有消極積極二方面：消極方面，以妨危害爲主；積極方面，以求幸福爲主。吾人對此，一方面當盡自己之責，雖有時犧牲個人之利益，亦所不辭。一方面當負指導之責，開物成務，以增進世界之樂利。又如見他人有謀公益者，或需己力之扶助，必盡力維持之，或犧牲其生命財產，必相與稱頌之，是亦應盡之責也。

對團體之責務，勿論團體之性質種種不同。或因地方而結合，如府縣城鄉聯合之類；或因財產結合，如公司之類；或因學藝職業交際而結合，如學會政黨俱樂部政黨之類。要莫不有公同之目的，欲組織之團體，企於完善之域，全在組織者之協力同心，而後可達其目的。故團體之規則，必宜遵守；團體之職務，不可蔑視；團體之經費，必相維持。若夫假公謀私，或營私廢公，皆社會上之罪人也。

第十二章　對人類之責務

　　人類相處，勿論家族有親疏，社會有差等，國家有與國敵國之不同，但既同爲人類，其相待之道，不可不盡人道之本務。此所盡之本務，即孔子之所謂大同，西哲之所謂博愛是也。此義原於世界觀念之發達，與愛國心初不相妨，何也？吾人爲國家之一人民，亦即爲世界之小體。自爲國民而言，誠不能視他國如己國；自爲人類而言，則世界之人初無彼此之殊也。

　　我國一般人民之思想，大抵對於家族甚厚，至對於他人則已薄矣。對於有直接關係之小團體，頗能忠實；至對於國家，則漠不關心矣。對於國人，或表示其親愛之情；至對於外人，則因種族不同，言文不同，教俗不同，不免歧視之矣。前二者由於不明社會國家之責務，後者則原於無世界之觀念。自世界交通，人道主義發達，平時通商往來，以禮相接，以信相孚，一旦國家有釁，不以全體之衝突，混及人民之私權。故戰時不可虐待俘虜，不可戕害非任戰事之人民，不可損及私人財產。至於慈善家設立紅十字會，立乎兩軍之間，以掩埋遺骸救治傷病爲務。又如各國有災，互相助賑，皆重人道之明驗也。

第十三章　對萬有之責務

　　人類與我同類者也，吾人對之，誠有當盡之責務。若世間所有之物，雖不能比於人類，苟觸接於吾目中，固不能謂與我無關係者也。

　　推同類相愛之心以及異類，則吾人對於他動物，不可不有愛憐心。夫鳥獸蟲魚，各有生命，其爲人所用者，固當愛憐之。即不可爲人用，苟非有害於人，亦不可殘害之。惟愛物非如釋氏之戒葷腥也。《禮》曰"無故不殺生"，孟子亦謂"君子遠庖廚"，此特爲養其惻隱之心耳。若資物以養身，固有所不能禁也，至於撲滅有害之物，與愛物心初不相妨，此禽獸逼人，益烈山澤而焚之，吾人至今頌其功也。

　　害人者去之，其無害於人者，不可不更盡保護之責。動物勿論已，若植物資料足以裨人之實用，形體足以供人之玩賞，欲遂其生長，當加以培植，《月令》於孟春之月，禁止伐木，毋覆巢，毋殺孩蟲、胎、夭飛鳥，毋麛，毋卵，皆所以盡保護之責也。

　　不特此也，吾人尤當利用萬有之物，以促進社會之文明。如畜雞養蠶，必得其法；皮角齒牙，各致其用。又如植物之原料，無生物之品質，以及自然現象，皆宜利用其自然力，以供人生之用焉。

　　此外當注意者，則愛護公物是已。愛護公物，不僅不損毀已也，當愛惜而保護之。公物最重要者，爲古代製作，實一國文明精神之所寄，如古迹名勝可興人之觀感，殘碑故物可供人之考證，吾人對此種之物品，當公同保護，勿令其朽壞。其有珍藏先賢遺澤古代金石者，當儲於圖書館博物館等，以公諸同好，勿徒視爲私家之寶。若夫待價而沽，售諸外人，背乎保存國粹之旨，非愛國者所當爲也。

第十四章　教師之修養

第一節　品性之修養

教師者，國民之母也。健全之國民，首貴具有善良之品性。而養成其善良之品性，教師之責任也。欲盡其責任，是必於人生應備之德，躬行實踐，使足資爲模範外，更有精神之感乎，以堅其信仰之誠。蓋教育之事業，任重而道遠，非可汲汲於名利也。故爲教師者，惟當圖學術之發展，而不可競政治之勢力，是以學師範之始。即宜永矢從事教育之宏願，受事以後，不可計薪俸之厚薄，不可擇地方之貧富，非有正當之故，不可輕去其職，尤不可依附政黨，以鞏其地位。而對於所任之事，必以勤勞自處，誠懇待人，能勤勞則熱心足以使人敬，能誠懇則能得人之同情。孔子誨人不倦，循循善誘，由斯道也。又宜公平正直，一言一行，無稍苟且，且不可挾一己愛憎之見，否則易啓不信之感。孟子所謂"夫子教我以正，夫子未出於正也"。至關於一般之道德，不外如普通所述，不具論焉。

第二節　智識之修養

教師爲盡其教授之職，不可無適當之智識。其求智識也，先當於普通學科，悉心研究。蓋小學教師，常有擔任全級之事。一科之學不具，即不能完其職務。然學科既繁，學習之時有限，何能盡企深造？又必宜就小學所適用之教材，爲相當之研究，而後可以致用，此不可不注意者也。

教師所得之智識，不僅供己之用，又將以傳授於人，故於學之中，必更爲術之研究，此術即各科之教授法也。研究教授法，不僅就各科之教材與教法，詳加討論，且宜就與教育相關聯之學科，如心理、生理、論理等學，一一求其心得。學理既明，更宜從實地考察之，或參觀，或練習，以增其經驗，如是而師範生之所學者始有效矣。

　　世運進步，月異日新，學問其最著者也。而術之變化尤甚，往往有今日所學，明日以之教人，即更有新式之發明，爲所不及知者，故教師宜常求日新之智識，不可故步自封也。不但此也，當教授之時，宜於事前就本時間之材料與方法，爲適宜之準備，事後就兒童領悟之情狀，與施教之經歷，爲適宜之審察，苟有所得，即加改良。若反之己而無心得，授之人而不生興趣，斯有負於教育之責任矣。

第三節　形式之修養

　　形式之修養，最要者爲教師之態度與動作，此於感化兒童之效甚大，不可忽也。關於道德問題，不外如普通所述，茲惟就教授與訓練時所表示之象述之。略舉其概，一容色宜和藹，二姿勢宜活潑，三動作宜立於兒童中心集注之地，皆師範生所預宜講求者也。言語之表示，於教授之影響頗大。教師欲傳達智識於學生，苟非善於說辭，其收效恒小，故語言不可不明瞭正確，且宜去土音訛語，示厥模範。至於發音之高下疾徐，尤宜因應適宜，以引起學生之注意焉，此非於平時練習之不爲功。

新制教育史

《新制教育史》，李步青編著，范源廉校閱，中華書局1915年5月初版，1922年3月第13版。據1915年5月初版本整理。

編輯大意

一、依據師範學校課程標準編纂，供師範學校之用。篇帙較他本略爲繁富，但按照部定時間詳細講授，似無過多之病。

一、教育制度爲教育史一部分之事實。本書合於近世教育史中連類叙述，俾學説與學制聯貫一致。

一、注重近世及適用於我國現狀與小學之參考，其理由詳緒論中。

一、西洋教育家著教育史，多就自己主張定一立脚地，以貫串各時代之學説，如福格爾《教育史》以自然立脚，休彌德《教育史》以宗教立脚是也。本書爲供初級師範之用起見，故其立脚地以適用於我國現狀及小學之參考爲主，但采録各家學説亦稍有斟酌，同者省之，有相互關係者必表出之，俾得就系統上考見學説之異同得失及其逐漸進化之迹。

一、選擇材料務求於教育方面適盡其分際，不軼入文化史之範圍，不蹈教育學史之窠臼。

一、叙述教育學説，略参簡單之論斷，然皆根據有名之教育學書，未参臆斷。

一、叙述本國教育，間有闡發古人之學説，用科學方法演繹之，爲他書所未言者。

一、述本國教育史，比較外國立論，述外國教育史，比較本國立論，使讀者得辨學術盛衰與中外異同之點。又外國紀年下附注本國年代，以便對覽。

一、教育與政治、社會、學術關係復雜，本書皆詳究其源流，使讀者明各時代教育之所由成。

一、近年來發明之新學説，本書據最近出版書搜輯，大致悉備。

一、學制與學説有相互關係者，本書已見於前項者，後項但記其關係之點，以避重複而資聯絡。

一、每一標目下，凡可連類而及者，皆附述於後。

本書限於篇幅，不能詳備，倉卒輯述，編者雖頗費經營，但學識譾陋，缺憾甚多，再版時當努力訂正。尚望大雅宏達，指摘疏陋，匡所不逮。

目　錄

第一章　緒論 …………………………………………… 745
　第一節　教育史之要恉 ………………………………… 745
　第二節　教育史之要實 ………………………………… 745
　第三節　治教育史之益 ………………………………… 746
　第四節　本編編述之旨 ………………………………… 747
第二章　我國海禁前之教育 …………………………… 749
　第一節　秦以前之教育 ………………………………… 749
　第二節　秦以後之教育 ………………………………… 754
第三章　世界新教育之潮流 …………………………… 762
　第一節　概論 …………………………………………… 762
　第二節　十五世紀以前之歐洲教育 …………………… 762
　第三節　近代初期之教育 ……………………………… 765
　第四節　十七八世紀之歐洲教育 ……………………… 766
　第五節　十九世紀教育之概要 ………………………… 775
　第六節　最近教育之思潮 ……………………………… 782
　第七節　各國現行教育之概狀 ………………………… 790
　第八節　日本維新後之教育 …………………………… 797
第四章　清季教育及民國學制 ………………………… 800
　第一節　清季教育 ……………………………………… 800
　第二節　民國學制 ……………………………………… 801

第一章　緒論

第一節　教育史之要恉

教育史者，叙述已往之教育歷史如何變遷發達之程序而達於今日之現狀者也。萬事之進化莫不有因果之可尋。教育爲立國之本、一切文化所自出。歐洲各國之教育雖淵源於希臘、羅馬，方我國已進於文化，今所謂强國者大都猶在蒙昧之域；數百年來教育勃興，幾於國無不識字之人，士無不適用之學，其潮流所盪，即以東鄰之日本，前學於我國者，近亦崇尚歐化，以强其國。我國以先進之國，迄今而民智民德視他國反有遜色者，非一朝一夕之故，所從來遠矣，然古來教育之精神不無可紀者。綜世界之教育，考其變遷發達之迹，亦改良今日教育之範本也，此教育史之所由編述也。

第二節　教育史之要實

欲確定教育之要實，不可不明教育史之範圍。一、教育史與文明史不同。文明史於一代之文物典章，皆宜究其源流，教育史惟以教育所及之影響爲斷。二、教育史與教育學史不同。教育學史惟從學術上探求理論與方法，並溯其進化之迹。教育史則以此爲一部分之資料，且於專門技能之如何養成，非所措意，但欲使教育者明其指導之方略。準此爲例，教育史之要實當如左列。

（一）社會趨勢　各國教育之思潮恒受其國政治風習之影響，故教育之施行，不外觀世界，或囿於拘墟，不内審本國，或失之躁進。而因時制宜，尤宜鑑社會之積弊、應時勢之需要，定厥方針，如孔子教忠教孝、孟子嚴義利之辨，皆爲扶持當時之人心。此謀教育者所以當察社會之趨勢也。

（二）教育制度　一國教育之統一必由於學制之規定。學制不定，雖有至善之教育，不能期全國之實行，此各國於國民教育多采强迫制度也。然學制既頒，各地方情形不一，則設施之方不必盡同。政見各別，則所以謀教育之道者，或殊途而同歸，故教育之法令、學校設施之情狀、教科書之採用等，皆宜推求其故。

（三）教育家之學說與事業　凡能立新學說、成新事業者，皆必有適當之修養，當其創始，功效未著，或不免遭舉世之非難，必更持以不撓之精神，而後可昌明其說。吾人今日所享受之新教育，蓋無一非歷來教育家之精神遺産也。故對於各教育家學說，或闡明學理，或發揮經驗，凡足以轉移一世者，必貫穿其說，至盡瘁於教育事業、可資後人觀感者，亦不可不傳記之。

第三節　治教育史之益

教育史之要恉及要實既述如上，研究教育者，當研究教育史明已。研究之益如何，列舉如左。

（一）可知教育之實效　國民之趨向隨教育爲轉移，此理夫人知之。然不從歷史上考見之，無由知其實效。漢世尚經術而儒教遂昌，唐代重科舉而學者遂習爲帖括之學。歐洲自宗教改革而科學遂以發達，教育上之主張，所在學術之變遷，靡然從風。而一時之人心風俗，亦隨潮流而進行。此讀史者所以凜然於方針之不可誤施也。

（二）可明教育之趨勢　古代群智未啓，生計簡易，故趨重文字教育，受教育者亦偏於中流以上之人。至交通頻繁，群智日開，生計之競爭益烈，非尚實不足以應用，非普及不足以自存。於是實科教育與國民教育遂同時勃興於近代，順之者昌，逆之者亡。讀世界教育史可以知其概矣。

（三）可增進教育之知識 教育之理論與方法，經多數人之研究，真理始出，讀教育史可以享受歷代之精神遺產，而資其應用，且客觀之事實尤足以補助主觀之研究。觀古人之所以成敗，與夫社會之事物與教育上相妨相助之真相，所以自鏡也。

（四）可修養教育之品性 吾人欲從事於實際教育，不僅在備教育之學識，尤貴具教育之品性。養成教育之品性，莫要於資古人爲模範。讀安定之傳，可使人進於沈潛；披晦翁之書，可使人勉於問學。故孟子私淑孔子之學，而紹道統。裴斯泰洛齊讀盧梭之書，遂興起其獻身教育界之志願。《詩》曰："高山仰止，景行行止。"由欽仰而生觀感，由觀感而生奮勵，不啻起古人如一室也。

第四節　本編編述之旨

夫綜東西洋教育之學說，采摭數千年之事紀，必專門研究而後能通其故實。今欲以寥寥短帙述明梗概，指導今日之國家教育，以供初級師範之稽考，非有一定之傾向不足以應用。爰舉數義，聊資研究云爾。

（一）注重近代 編述歷史大概分爲上古、中古、近代三期。溯厥源流，古代史誠未可略。惟近代教育實爲今日教育之趨勢，且於改良將來教育之方針尤爲密切。歐洲之國民教育，既於二百年來始振其端緒。我國之教育，中世浸淫於佛學，面目遂一大變，近因西學東漸稍啓革新之機。又以日本同文之便利，大被其影響。欲期新教育之思潮與我國之舊教育融合於無間，使國人袪其守舊之陋習，復不貽馳外之譏，則近代教育史不可不注意也。

（二）注重本國現狀之參考 普魯士新遭喪敗，勵行國民教育，遂雪法蘭西之恥。法鑑於革命後遊民之衆，注重實業教育，遂收拾浮動之人心。凡此因時制宜，各國行之歷歷，著有明效。返觀吾國，言國勢，視被法蹂躪時代之普魯士何如？言民情，視革命時代之法蘭西何如？《詩》曰："他山之石，可以攻錯"。欲爲攻錯之資，烏可不求對症之藥乎？！

（三）注重初級師範之研究　教育之道，博大精深，凡一國之政治、學術皆可於此探其本原。治教育史者，一方面當通其大體，一方面當就學者所習以求心得。我國古來之教育家多言成人之事，歐洲近百餘年之教育家無一不造端於小學。此其異同之點，即教育根本之所係，初級師範所以造小學之師也。小學爲教育之始基，亦即國家之根本。於此而加之意，知世界教育之所由變遷、發達，斯明己身責任之所在已。

第二章　我國海禁前之教育

我國海禁前之教育可分二大期述之：一、秦以前之教育；二、秦以後之教育。

第一節　秦以前之教育

秦以前之教育，又可分為三期：一、周以前之教育；二、盛周時代之教育；三、周季之教育。

周以前之教育　我國文化自黃帝時已頗可觀，其關於教育之事略可得而紀者，就群經所述，當斷自有虞氏始。《內則》（《王制》同）："有虞氏養國老於上庠，養庶老於下庠；夏后氏養國老於東序，養庶老於西序；殷人養國老於右學，養庶老於左學。"當族制演進之初，舜以孝顯，以養老教天下以孝，歷代因之，故其教育主義一本於孝，五倫之教，為我國教育之根本主義，數千年來所以扶持人心於不敝者也。此主義實自有虞氏發之。《虞書》敬敷五教。五教者，孟子所謂"父子有親，君臣有義，夫婦有別，長幼有序，朋友有信"也。學校之教，即教此也，孟子所謂"所以明人倫"也。惟吾人所當知者：一、親、義、別、序、信五者，係兩方交盡之道，非如後世小儒三綱偏至之論也；二、父子、君臣、夫婦、長幼、朋友五者，係以此立其品，當各從其類而推求之，非謂人世當盡之道，惟以此為限也。後人拘泥形式，不能應世運之進化，以求立世之本，倫理之說愈隘，此教育之道所以不昌也。

當時生活簡易，利用厚生之道不以知識、技能為急務，其教育術惟重樂教，以涵養德性。觀舜命夔典樂教冑子，則樂師即屬教師。殷學名瞽宗，瞽亦樂官也。蓋民族進化之始，惟有德者撫世而長民。我國即本此義以立國，施政者覃敷文教，欲以明倫爲化民成俗之本，而歌舞移情早適用於幼稚之民族，故用此爲陶冶人心之具。此西歐最古尚文之雅典教育所以亦重音樂也。

當我國有教育之始，在西曆紀元二千年前，即西歐最古之希臘教育尚距此一千五六百年，教育設施如此其早，今竟無進步之可言，良可痛也！

盛周時代之教育　各國上古教育，大抵皆有貴族、平民之分。周因虞夏殷之制，於王畿內設四大學，合胄子與由司徒所升鄉之秀士同教之。又有小學以教國子（以上之學古稱爲國學）。其教平民之學，則設於各地方，所謂"家有塾，黨有庠，州有序"是也。又《周官》敘鄉、州、黨之官，皆掌學事。學制之備如此，實含有普及教育之義。距今二千九百年前，西歐文明之母猶未啓其端倪，而我國教育設施已如是，其發達豈不大可驚異耶？

《周官》所紀官職，其專掌教育者，大率限於貴族教育，如師氏、保氏，掌國子小學之官也；大司樂、小樂正、樂師、籥師、大胥、小胥，掌大學之官也。其掌平民教育者，皆以敷教爲施政之本，初不涉於小學之職務，如大司徒、小司徒、鄉師、鄉大夫、州長、黨正等是也。此實原於有德者撫世長民之精神，必選賢者、能者爲之官，以化民而成俗。故官與師合、政與教合，爲當時致治之原。惟師繫於官，教繫於政，人存則政舉；及其衰也，官不得人，政不舉而教亦不行。蓋秉政者，雖操化民成俗之術，尚未盡舉國民教育之實。此周室之所以終即於衰微也。至於鄉師以下之職掌，頗寓近代自治制度之精神，惜乎其政不舉，其制亦同歸於敝耳。

周代所教之學廣於前代，樂教之範圍，如子生，六年，教之數與方名。七年，別男女。八年，出入門户及即席飲食，始教之讓。九年，教之數日。十年，出就外傅，學幼儀，請肄簡諒。十三年，學樂、誦《詩》、舞《勺》。成童舞《象》，學射御，皆小學之事也。大學則教以惇行孝弟、詩書禮樂、干戈羽籥。吾人於此可考見者：一、此之所學應社會之事變，漸及人事之學科；二、應年齡之高下，由簡易而進於繁難；三、以習禮爲成德之要，如教讓、學幼儀、肄簡諒、教惇行孝弟，直接習禮者也。若舞、若射御、若干戈羽籥，間接而應習禮之用者也。前二者爲教育上自然之進化，後者則有周一代教育之特色。吾國民至今尚守禮讓之遺者，受此之賜也。及其弊也，遺精神而泥形式，藝不講而重道，徒託空文，使人民崇尚虛僞兼陷於文弱之習。此文勝質勝，先哲所以貴因時而立教也。

當時教育之本旨，以養成人才爲鵠。人才之要，以養成能以德治民之官吏爲鵠。蓋其小學之設爲大學之預備，大學之設又爲官吏之預備。故其論大學之道，謂由小成而大成，然後足以化民易俗。其登進之途，鄉之秀異者，升其名於司徒，由司徒升之大學，由大學升之司馬，然後由司馬論才授官。此制後世未能踵行，然其選士之旨，固亙數千年，無以易也。總而言之，古以學爲化民成俗之道（《學記》），與今日之新教育在教人盡爲人之本務之旨不同。（爲人之本務範圍甚廣，"人不學，不知道"二語意猶未盡）。

其女子教育，姆教婉娩聽從，執麻枲，治絲繭，織紝組紃，學女事以共衣服。觀於祭祀，納酒漿、籩豆、葅醢、禮相助奠，以治女工，習禮儀，爲理家政之學。雖當時不言女學之制，然女子不可無學，固信而有徵也。

當時教育之法，雖無小學教授之研究，然其論教授之旨，頗足以揭向來教學之弊。如曰："今之教者，呻其佔畢，多其訊言，施之也悖，求之也佛。"主張記誦者可以息喙矣。如曰"或失則多，或失則寡，或失則易，或失則止"，知其心然後能救其失，則以不適當之教材詔示兒童者，可以自反矣。又曰"道而弗牽，強而弗抑，開而弗達"，亦能應人心自然之理，而合乎教授之原則。俗儒不識教授，乃欲執習俗慣用之例，反對新教授之旨，夫豈古人教育之本意乎！

周季之教育　周政既衰，上失其教，憂世之士思有以更禮教之弊，發爲深切之論，一時承流相引，百家爭鳴，距今二千二三百年間，自春秋以迄戰國，學術昌明，若至精之政論、至深之哲理、至美之文章，皆蔚然可觀，與希臘學派遙相對峙，不可謂不盛也。茲以限於篇幅，不能一一究其義蘊。惟孔孟之教爲我國二千年來教育之淵源，特撮其大旨言之。

孔子，我國所奉爲萬世之師表者也，其感化一國之人心，足與基督教之力相頡頏，就教育上所受之影響而論，一爲倫理學說，一爲刪訂之六經。

孔子以前之倫理教育造端於虞之五教，大備於周之禮制，孔子一本其遺緒，構成有統系之學說，而以仁爲一貫之道。其旨與基督教之博愛相近，惟其修養之方則異其趨向。彼以人類之平等爲的，孔子則循族制之精神，而推本於孝弟。又吾國明倫之教從以德治民而立，孔子推演此旨，亦以修己之道爲治人之術，故其教育之目的在養成具道德之政治家，能得志以行其學，非專主於盡爲人之本務也。

孔子因世不用，欲以其所學傳於後世，於是刪《詩》《書》，定禮樂，著《春秋》，以教門人。今《樂經》不傳，惟散見於《詩》《禮》中。自六經刪定，後世專崇儒教，登進士類始有一定之學術，而師儒傳授道統亦惟衷於經訓。於是在上爲養官之具，在下爲造就聖賢之資，皆得有所依據。諸書在世界之價值，視希臘、羅馬諸家之著作，誠無如此之宏篇鉅製，即基督教之新舊約，或尚不逮其精深，然必舉千百世後，不敢於此外再求學問。且泥此而尋章摘句，爲咬文嚼字之研究，即謂吻合於聖人之教，當亦孔子所不許也。孔子關於教育上之意見，無成統系之學說，又皆涉於成人之教育，尋繹其說，大旨略可得言而焉。其釋教育之效用，殆以爲萬能者也，從根本上立論則曰有教無類，從經驗上立論則曰唯上智與下愚不移。其教人以來學不往教爲主，如曰："自行束脩以上，吾未嘗無誨焉。"一方熱心教育，一方維持師道之尊，與梭格拉底佇立雅典市中，與青年問答者稍異其趣。其施行教育，無一定之教科，而在陶冶爲有德行之人，故以文、行、忠、信爲四教，所雅言者，爲《詩》《書》執禮，其教法爲教成人之開發主義，故曰"不憤不啟、不悱不發"，又曰"舉一隅不以三隅反則不復也"，猶《學記》"力不能問，然後語之，語而不知，雖舍之可也"之義也。又其對於鄙夫之問，叩其兩端而竭，總此二義，殆與梭氏之產婆術相似，近世自動教授之旨，即孕此而出。又，其誨人不倦、循循善誘，亦教師所當奉爲圭臬者也。尤有要者，如門弟子同一問孝、同一問仁、同一問行，皆審其人之特質，因材施教，而各殊所答，是近世體察兒童之個性，以施適當之教育者，孔子已示其方矣。

孟子承曾子、子思之後，紹孔子之道統，教育上之根本主義一無更易，而作用上益加推闡。其論善，則義與仁並稱，仁義之說雖早倡道於曾子，然持此爲救時之方針，實自孟子發之。其論德，則有仁義禮智四端說，開五常說之端緒。其論義務，則發揮擴充之義，從根本上言，則曰施由親始；從作用上言，則曰推其所爲，故推己及人，由獨樂以求同樂，一破拘執、狹隘之陋見，中國倫理學之義蘊至斯而造其極，雖西哲最新之學說，亦不逾其範圍也。又統合上三者之原理，斷人性爲善，以推原善與德之本真，發見擴充之作用與歐洲之直覺派同一論點。自此說倡，中國古代之言教育者，於根本主義遂開一研究之門，茲未能深究之也。

孟子之善於辯難，其問答之法，實足開新教授之途徑，其最要者爲反詰法，如與告子論性、與陳相論許子之道是也。此與梭氏教人時第一步之問法相似。次爲取譬法，勿論爲問爲答，多藉顯見之事物爲喻，使人觸類明理，《孟子》篇中關於此例尤多。又其論斷之式，可爲論理法之先例，其合於演繹式者，如惻隱、羞惡、恭敬、是非，人皆有是心，演繹式之大前提也。惻隱，仁也；羞惡，義也；恭敬，禮也；是非，智也；演繹式之小前提也。仁、義、禮、智，我固有之也，演繹式之斷案也。其合於歸納式者，如口於味同嗜，耳於聲同聽，目於色同美，歸納式之大前提也。理義心所同然，歸納式之小前提也。理義悅心，猶芻豢悅口，歸納式之斷案也。歐洲教育上學術之振，頗由於論理學之進步。孟子雖未如亞里士多德之早創論理學說，然其程式固可尋繹而得也。

由上觀之，吾人所當注意者，從教旨而言，盛周以前，國家教育之制度燦然大備。及其衰也，賴孔子授教於下，開講學之風。至戰國，而策士挾所學以干人主，學風遂以敗壞。從學術而言，其一，我國各種學術至周季而發達極盛，即關於實用者，如醫藥耕種之書，民間之流傳亦多。然自此時代後，嗣響遂寂，偶一有之，亦祇於敷衍陳義而已。其二，孔孟之傳述，如六經、《孝經》《論語》《大學》《中庸》《孟子》諸書，皆訂於周季，二千年來，士子奉爲唯一誦習之本，無復與此類經書有同等之價值，且儒教之旨，至孔孟而立其極，歷世愈久，信奉益尊，而去古益遠，雖謂中國政教之原，以此爲匯歸之時代可也。

第二節　秦以後之教育

秦以後之教育亦可分三期言之：一、廢學時代之教育；二、傳經時代之教育；三、科舉時代之教育。

廢學時代之教育　秦王政統一中國，以家天下之私意，變更法制，實中國有史以來之大刼運，而以摧殘教育爲害最烈。試言其概。

（一）三代以前之國家教育在養成賢能之官吏，至秦則以養成事君之官吏爲主，故定一尊，禁異議，以古非今者族，吏見知不舉與同罪。欲學法令，以吏爲師，博士官雖職掌《詩》《書》、百家語，僅以備典禮之用（如上"皇帝"號，與博士議，置酒咸陽宮，博士七十人前爲壽），此不獨誤教育之趨向、阻學術之發達，實滅絕群智之原也。

（二）三代以前，國家對於平民之教育，其宗旨在以德化民。至秦而屬行愚民之政策，故史官非《秦紀》皆燒之，所以遏國民改朔易姓之觀感也。非博士官所職，天下有藏《詩》《書》百家語者，悉詣守尉雜燒之，所不去者，醫藥卜筮種樹之書，所以遏國民政治上之知識也。此與今之亡人國者，滅其本國歷史、文字，禁其學高等學術，幾同一例。而秦乃用以愚本國之人民，何其慎也！

秦之廢學雖爲世所不許，然養官教民之旨，後世開國之主實多取其意，以濟其家天下之私圖，以致我國二千年來之人心，徒知君王之尊嚴，不知國家爲何物，皆秦之教育主義有以階之屬也。

傳經時代之教育　科舉未興以前，吾國之教育約可分二項言之，一方設學校以養士，一方行選舉以取士，此皆定制於三代，破壞於秦，至漢而復古制者也。然制雖近似，而意旨實殊。試言其概。

（一）古之學校、選舉合爲一途，漢則博士弟子與賢良方正、孝廉、舉士之科各殊，且鄉里學校人不升於太學而補弟子者自一項人，公卿弟子不養於太學而任子盡隸光祿勳。自有四科考試，殊塗異方，下之心術分裂不一，上之考察馳騖不精。

（二）古之大學雖爲官吏造學術之所，然非導之以利祿，此則以學問爲利祿之階。班固所謂："自武帝立五經博士，開弟子員，設科射策，勸以官祿，訖於元始，百有餘年，傳業者浸盛，枝葉繁滋，一經說至百餘萬言，大師衆至千餘人。"蓋利祿之途然也。

（三）古以學校造賢能之官吏，其學術重在陶冶其智能，雖科目甚簡，頗足應當時以德化民之用。漢尚經學，章句訓詁之儒浸盛，殊無裨於實用。

所以如是者，蓋漢之尊經，不過矯秦之弊，用爲羈縻人心、粉飾太平之術，非爲國民謀教育也。是以高祖用太牢祀孔子，而其罵陸賈則曰："乃公馬上得天下，安事《詩》《書》！"叔孫通雖以儒宗顯，止作朝儀。武帝大重經術，而窮兵黷武，殊反乎儒教之旨。又其講學不析於理而析於勢。明帝幸辟廱正坐自講。章帝患五經同異，博采諸儒會議，稱制臨決。昔賢所以譏其學乃天下公，而以爲人主私也。至於劉歆，以黨逆改竄古經，憑勢以行其學，尤學術之蠹也。

漢文帝舉賢良能直言極諫者親策之，傅納以言，嗣後遂以對策爲考士之法，開科舉教育之先例。然當其始，不過藉文字之發表，以指陳時政，考覈學術，非必判優劣於文字也。然以言之無文，意不能達，則文亦在所必尚。觀武帝時郡國縣道邑之所察舉，以好文學列首，可以見已。是以司馬相如以善屬辭取悅人主，爲時人所歆慕，流極至於魏代，諸王工擅詞章，號召名流，寄逸情於文字，以寫其儒雅風流之度。六朝挹其餘韻，益尚華美，與希臘、羅馬古代視學問爲文飾之具者同出一轍，於是以文章代經術之用，學者窮經研典，皆爲文章補助之資，而文學遂爲我國唯一之學問。此數千年教育上所以無學術之可言也。

我國教育之制，本不似歐洲之階級顯然。然以視求學爲入官之梯，因別士於農、工、商，其妨害教育較階級制尤甚。此固我國古今之習弊，而事實特著於此時代中。漢高祖既有天下，令賈人不得衣錦乘車。孝惠高后時稍弛《商賈律》，市井子孫亦不得仕宦爲吏。隋令諸州歲貢三人，工商不得入仕。夫一方獎進儒術，一方重抑工商，士不得爲工商，又不耕不種，亦不爲農，於是儒者所學去謀生之事益遠。此物質文明之所以不能發達也。又其所謂士者，自視與凡民不同，尤藉通籍以自顯。自晉迄南北朝，士庶之界綦嚴，士族竟成一特殊之階級。其士族之由來，即語所謂詩書門第、簪纓世家也。士既爲入仕之人，則孟子所謂"食於人者"也。此職業教育所以不聞於歷來士大夫之口也。

當書籍燼於秦火，學者搜訂殘遺，無餘力以發揮先緒，誠足開泥古守舊之風。然以崇尚經術之結果，故漢時登進士類，多經明行修之士。及經魏武之摧殘，於是兩晉、六朝養成一種名士之風尚，以曠達爲名高。又當時學術尚實用，如以《禹貢》治河，以《洪範》察變，以《春秋》決獄，雖不免傅會經義，然較之後世衡文取士，尚有軒輊。至其考證名物，多識鳥獸草木之名，頗足資博物學之考究。漢之經師，如毛萇注《詩》，其最著者也。迄於晉代，郭璞之注《爾雅》，張華之志博物，皆衍斯學之餘緒也。況群籍蕩亡，諸儒搜求遺書，若《詩》《書》《易》《禮》《春秋》《孝經》《論語》，皆次第傳述，使後世得知古代之典章文物與先哲之遺訓，重以干戈擾攘，如三國、六朝之甚，南北學者猶能守其師說，卓然成家，倡爲義疏，續漢儒未竟之業。其有功於後世，實非淺鮮！至於許慎之《說文》、王羲之之書法，後世學者尤奉爲正宗。更可稱述者，若郭太閉門教授，感化多人；鄭康成屢徵不就，殫心著述，集群經之大成；王通教授河汾，隱居不仕；韋宣文且以女子奔走流離，傳述父業，其任重道遠，不可謂非我國教育史之盛事也。

是時私家教授，聚徒講學，有至千數百人者，其教授法，教師高坐講堂，向高足弟子講說經義，聽者又轉相傳授。新受業者常不易與師接見，如鄭玄在孔融門，三年不得一面，其一例也。又其時印刷未興，學者全憑口手之力傳述師說，故尚記誦。然科舉未興以前，經師授受仍以講解爲主云。

自漢以來，雖一以儒爲宗，然其流頗歧。當秦漢之際，社會所崇尚者，經術而外，尚有方士與黃老之教。黃老之教，漢初如曹相國、陳丞相、竇后、文景二帝，皆好其學。自武帝罷黜百家，其風稍息，然社會濡染已深，故至魏晉，而清流之士復演其旨，寖盛一時。方士則以長生之術爲人主所喜，在所不禁。又以鬼神術數之說，本儒家所稱道，經生糅合其說，或言災異，或談符命，是以天文、五行、蓍龜、雜占、形法、神僊諸術，乃特立於六藝之外，而自成一家。張道陵所唱之道教，即從此出，布其齋醮、符籙之術。然其教義，亦託始於老子者也。又武帝遺霍去病討匈奴，攜金人歸，帝列之甘泉宮，香火禮拜。明帝復遣蔡愔至西域，求得佛典及佛像，以白馬負經歸，因立白馬寺。嗣後僧徒東來，佛教傳播，至六朝而益盛。夫佛教本有精義，然以科學不發達，人心趨於迷信，僅使祈福之式與道教並爲社會所信奉，幾有奪儒教之勢。學者研究經典亦祇取其幽玄之義，以糅合於儒術中。此王通作《中說》所以有三教一致之論也。

科舉時代之教育　科舉之制爲我國教育退化之原，考此制之所由興，一用秦皇養成事君之官吏之術，二襲漢代以利祿養士之法，三沿魏晉崇獎文學之風，實綜歷朝之弊習而成者也。

當科舉初興，學校之設雖成具文，然前代尊重學校之風尚未盡泯於人心，故學制猶有可觀。其學校種類，在內者有國子學、京都學，尚有隸於他官署者；在外者有都督府學、州學、縣學、鄉學。學科除經學外，有律學、算學、書學、醫學、獸醫學，各從其類而習之。觀科目之踵世加多，亦可見世運日進、學問不可不趨於應用也。惟其教育之旨，重治民而不重治生，故實用之學無所發明。又其崇獎經學，鑑於學說之歧異，詔撰《正義》，令天下傳習，儒者之思想一束縛於政府之功令。而經義以晦，加以科舉日重，學校漸爲人所輕視，於是學術之盛衰益無關於學校之興廢矣。

科舉之制始於隋大業時，至唐而大備，除學館生徒外，最著者曰鄉貢。其科目則有秀才、明經、進士、明字、明法、開元禮、史科等科，而明經、進士二科尤著，皆由士人懷牒自列於州縣，試畢再貢於京師。其試法或策或詩賦或帖經問大義，及第者與出身，試於吏部，然後授官。即制舉、孝廉亦試以文，而第其高下。至於進士一科，當世豔稱，搢紳雖位極人臣，苟不由進士者，亦不爲美。於是士求僥倖於一日，不復以砥勵學行爲事，其所挾以求售者，又專騖於詞章記誦之末，即求所謂經明行修與通經致用者，而亦不可得，不惟崇儒勸學，去國民教育之旨甚遠，且與人才教育亦不相容矣。

是時有二事足述者。一儒術遠播，如鄰近之日本，遣使來學，沐浴我國文化之澤甚大。一印刷之術創於唐末，書籍之流傳寖廣，學者省抄寫之勞，實我國文明史之特色也。

五代兵戈紛擾，無事可紀。宋之學校與科舉多仍唐舊，不必詳述。惟王安石以科法敗壞人才，罷詩賦及帖墨，取數百年空疏無用之學一舉而廓清之。又以經義論策試士，不墨守先儒訓詁注疏，一洗拘古守舊之風，未始非教育革新之機。所惜者，知世事之宜習，而無新學之發明，徒依經學則例，自創新義，欲以私學範圍天下之人心，弊未除，而害已見。此學術之所以終無由進化也。

我國學術之發達，自戰國以後，莫盛於宋代。其發達之情狀，與歐洲文藝復興初期絕似：彼矯中世煩瑣哲學之弊，探求古語所含之精神，而一洗其陳腐；宋代諸儒則矯漢唐空疏迂拘之學風，而深究真理之原。如孫明復痛論墨守舊注之失，其言曰："專守王弼、韓伯康之說，未見其能盡於《易》也；專守《左氏》《公羊》《穀梁》杜何范氏之說，未見其能盡於《春秋》也；專守毛萇、鄭康成之說，未見其能盡於《詩》也；專守孔氏之說，未見其能盡於《書》也。"此足以顯宋儒爲學之精神矣。彼之革新學術，頗受阿剌伯人之影響。宋儒之理學，則多濡染於佛教之玄旨。如邵雍之《皇極經世書》，周敦頤之《太極圖說》，多與佛說契合。至張載、程顥曾出入於老釋者，更勿論矣。惟諸子探討外來之新智識，而歸本吾國固有之學術，融化無間，以昌大其說，是則可貴也。

我國古來之儒教學說大旨，皆就人事現象立論，至宋代諸理學家出，始探本於精神界，以理氣心性窮究奧妙。雖要旨不踰倫理範圍，然實足極純正哲學之精微，開其先者爲邵雍、周敦頤，二程益推闡之，迄朱子而集大成，若鄭康成之匯通古今文，自成一代之絕學。其學大要，格物以致其知，反躬以養其性，所演理與氣並立之說，與康德之純正哲學分心意與形體立論相似。又其教授生徒，雖在病中，有質疑者，猶不憚煩難而告之，頗有孔子誨人不倦之風。彼其所以能邀後世之推崇，獨隆於諸儒者，良非偶然也。

宋儒之理學，雖探本於精神界，然頗以明體達用爲重。如胡瑗教士，分經義、治事二齋（如水利、邊防之類），諸生各從其類而習之，故受業湖學者，出而爲政，適於世用，是與今日重實用之旨合也。如邵雍告伊川之言曰："吾儕賞花，可以探造化之妙。"程顥嘗畜魚觀之，以領會萬物自得之趣，是與今日愛自然美之旨合也。

其關於教育之學說，尤多與新教育之旨合。程子之言曰："古之學者易，今之學者難。古自八歲入小學，十五入大學，有文采以養其目，聲音以養其耳，威儀以養其四體，歌舞以養其血氣，義理以養其心，今則俱亡矣，惟義理以養其心耳！"是俗儒之徒尚形式嚴重主義以爲道德教育者，可以自失矣。伊川又有言曰："教人未見意趣，必不樂學。且教之歌舞，如古《詩》三百篇……其言簡奧，今人未易曉。別欲作詩，略言教童子灑掃、應對、進退、事長之節，令朝夕歌之，似當有助。"是俗儒之主張小學教科書宜用經文者，可以悟其非矣。朱子之於小學教育專論頗多，大旨以長幼所習之異，宜而有高下、淺深、先後、緩急之殊，尤宜使幼學之士，先有以自盡乎灑掃、應對、進退之節。今之小學修身科注重演習禮儀，以期於實踐，即此意也。

元以外族猾夏，享國日淺，於教育上無重要之影響。及有明興，頒定科舉程式，以四書、五經命題，其文略仿宋之經義，而代古人語氣爲之，體用排偶，謂之八股，通稱制義。自此以後，士子惟習腐陋之文式，以弋取科名，即所謂文章爲唯一之學問者。並應用之文而亦多不能爲，教育之敗壞於斯爲烈矣。

是時科舉之流毒中於人心已深，學校之設，僅爲君主粉飾治平之文具，本無足重輕。惟其教士之旨流毒社會，有更甚於往時者，不可不述。

（一）前代統一學者之言論、思想，尚就經義采一定之注疏。明則更授以《御製大誥》《皇明祖訓》，竟以君主家天下之私説代經義而範圍人心。

（二）前代學校主講者多老師宿儒，雖以師嚴道尊爲重，然質疑問難實爲學者分内之事。其後，老朽濫竽，此風漸衰。至明，定卧碑條例，聽師講説，不得妄行辨難，於是師以位相尊，而師之道以替。又前代重上書之風，士之砥礪學行者，頗能通經致用。明制軍民利弊，農工商賈皆可言之，惟生員不許建言，名節之風遂乃日衰。此與上一項清皆踵行之，尤有甚焉。

（三）前代所習科目，雖不能注重實用之旨，然尚未導以惑世罔民之術。明以陰陽學與《爲善陰騭》並列於學科。上以是教，又何怪愚民之日陷於迷信也。學制之敝如是，其講學於下，獨不墨守當時尊崇之朱學，而於教育界特開一新紀元者，則有王陽明之學。其學以良知爲主，以知行合一爲用，故其結果人多奮志於事功。及國事既壞，士猶多以恢復宗社爲己任。日本被其流風，遂成維新之業。學術之關係世道人心，固如是其重也。其主張之教育法，重在順兒童自然之性。其言曰："童子之情，樂嬉遊而憚拘檢，如草木之始萌芽，舒暢之則條達，摧撓之則衰痿，"與盧梭自然主義之旨合。其主張之方法，如曰："誘之歌詩者，非但發志意而已，亦以洩其跳號呼嘯於咏歌，宣其幽抑結滯於音節也。"是今日學校列樂歌爲學科之旨也。如曰："導之習禮者，非但肅其威儀而已，亦以周旋揖讓而動盪其血脈，拜起屈伸而固束其筋骸也，"是今日學校注重體育之旨也。又謂："近世之訓蒙稺者，鞭撻繩縛，若待拘囚。學生視學舍如囹圄而不肯入，視師長如寇讎而不欲見，窺避掩覆以遂其嬉遊，設詐飾詭以肆其頑鄙，是驅之以惡而求其爲善也，何可得乎？"是真足以發吾國訓蒙者之深省矣。

王氏生於明之中葉，當西曆十五世紀之末，其革新理學，正路德革新宗教之日。王氏主張知行合一，足以振勵社會，其功不下於路德。惟彼則學士踵興，信從者多，益得盛行其學說。而王學之末流，反更趨於空疏，則吾人所不能不感慨係之也。

清有中國，其時與歐洲交通漸盛，如耶穌教，如葡萄牙礮，如天文學、幾何學，已稍爲國人所注意。然以康熙之崇尚西學，銳興教育，於物質文明，曾無稍有進步。及乾嘉之世，尚無改革之機者，其原因甚雜。試言其概。

（一）用中國歷代帝王養士之政策，踵明之弊，以科舉育人才，以學校粉飾治平，雖知八股之無用，暫停而仍復，根本既誤，故實學無由而振興。

（二）囿於儒家之積習，空言重道，侈談輕藝，不能應世運之進化，講求學問又與西人之教旨絕不相容，故西土之學不易漸染。

（三）數千年來閉關自守，無抗雄之強鄰，往往妄自尊大，有内中夏而外夷狄之思，故在五口未通商以前，海禁可以自主，對於國外之民族，恒不足減其鄙夷之心。故其文化之輸入，不能引起國人之注意。

其關於學術上，就本國儒術言，學者後先接踵。在清初，諸遺老。如南方之黃黎洲、顧亭林、王船山，北方之孫夏峰、李二曲、顏習齋，在雍乾之世，如漢學派之惠定宇、戴東原，宋學派之方苞、姚姬傳等，各殫著述，未嘗不蔚然可觀。惟與近代世界學術相較，不無遜色，何也？歐洲自十八世紀以來，科學發明日新月異，固之國民教育亦逐漸發達。清學者鑑於王學末流之弊，頗厭其空疏，乃不能從利用厚生上發揮前人未竟之緒，而徒事考證，其上焉亦祇於能探名物制度之源而止，漢宋派之競爭愈烈，而學術之無用益甚，然諸儒窮理盡性，身體力行，其楷模多士固足多也。

第三章　世界新教育之潮流

第一節　概論

　　溯新教育之潮流，不能不歸本於歐洲。然歐洲之教育，亦歷經變遷而始成今日之趨勢者。追論所自，最初原於希臘、羅馬之文明，所謂上古時代教育也。繼影響於基督教之學説與條頓人種之文化，所謂中古時代教育也。此諸種原質，糅合調劑，應世運之演進，經無數哲人之改造經營，而後教育之本體，於學術上有科學之發達，於學制上有國民教育之勃興，二者同時並進，於是新教育之機日益而不可遏，而教育技術之進步亦有一日千里之勢。其潮流所被，風靡於全世界。有國者迎機而導之，則國日盛；泥古不變者則國日蹙。新教育關係之重如此，其變遷之迹可得而略述焉。

第二節　十五世紀以前之歐洲教育

　　希臘教育　述歐美教育之緣起，必稱希臘，立國約在西曆紀元前一千年間，其教育之目的，循人民愛美樂利之風習，欲使身心平均發達，並以國家主義養成愛國之公民。惟所謂公民者，專限於士族，修養學問率視爲文飾之具，非爲職業之準備。以農工業屬之奴隸，與今日教育之旨殊。

　　斯巴達之教育原於利古里厄憲法之制（前八二〇年間，約周共宣時），以軍國民政策，養成士族尚武之精神，故體育與訓練皆尚嚴肅。兒始生，國家檢其體格，七歲入公共教育所，迄於成人，務習勞苦，其結果人皆舍己奉公，雖婦女猶知勉勵子若夫，以爲國戰死爲榮。

雅典之教育，守梭倫所制定憲法之條文（前五九四，周定王一三），不偏重體育與訓練，貴陶冶其智力，故一方課體操以練其身體，一方教音樂以練其精神。其主義在養成健全之士族，使身心發育能優美調和，因是文學、美術、科學、哲學之發達，遂爲歐洲文化之淵源。

雅典教育家最有名者曰棱格拉底（前四六九——三九九，周元王七——安王三），其學以省身爲主，以教人爲務，嘗在稠人廣衆中演説眞理，及身被刑戮，猶講學不倦。

其問答法有二：自居於愚，逐層詰難，使人自悟其非，是曰反詰法；及其已悟，歷引事例，以啓其固有之知識，是曰產婆法，世所稱爲開發主義之先祖也。曰柏拉圖（前四二九——三四八，周考王一一——顯王二一），氏之教育意見著於《共和論》及《法律篇》中。其論教育之制，取斯巴達之國家主義，論學科教授，取雅典之教育方法。尤以論初期教育，謂："宜順兒童自然之傾向與將來之職業，爲適宜之運動與遊戲；且詳察兒童之性質及其偏向，以施訓練；訓練務就勇毅、寬宏、信仰三者，以養成其美風"，與近世教育之旨殊爲密合。其下教育之定義，謂"宜發達兒童之身體與精神，以完其固有之美質，"實希臘教育理想之代表也。曰亞里士多德（前三八四——三二二，周安王一八——顯王四七），論教育之目的，由國家與人性兩方面定之，故不以教育專屬於國家，而先注意家庭教育。其教授學科爲讀書、習字、體操、音樂、圖畫、歷史、地理等，取生活所必須且有益於道德者，以啓發其高尚之理性。其教育法分割教育時期，應兒童身心發育自然之序，且以身心不可同時勞動，當於修業中謀愉快之休養，尤言教育者所奉爲圭臬者也。

羅馬教育 紀元前一百四十六年（漢景帝中元四），希臘爲羅馬所滅，教育之中心遂移於羅馬。羅馬以前七百五十三年（周平王一八）建國於意大利低伯河畔，次第統一各國，其教育亦有特色。

羅馬固有之教育，形式上用軍隊之訓練，精神上用宗教之修養，以造就勇敢、公忠之國民。及併有希臘，接觸其文化，所謂雅典風之教育盛行。然羅馬人尤重實用，故對於雅典之文化，惟取其習之所近者學之，培養政治、法律、修辭、雄辯之能力，以資政治上之應用，而發展其經營世界之理想而已。

羅馬教育家最有名者曰君地利安（紀元後三五"或作四二"——九五，漢光武——和帝永元七），氏嘗爲雄辯學校校長，所著《雄辯教規》謂：雄辯非徒逞口舌，在融貫各學科，養成道德高尚之羅馬國民。其關於教育之意見謂：兒童幼時記憶力最強，宜學語言，惟當善爲指導，使之視學問如遊戲；稍長，學讀書、習字二科，教法主用實物教授，習字帖宜聯成文句；至七歲，宜入公立學校，就同學之觀感，以完成其修養。學科注重文法、修辭、幾何學，可練心力，宜與音樂、哲學兼習之。又論懲罰之弊，專事抑壓，令兒童畏懼，非適當之法，體罰尤所切戒。

基督教與教育之關係　羅馬帝屋大維時，耶穌生於猶太，及長，本其救世之苦心，傳基督教，雖身被刑戮，然其弟子分布四方，信從者頗衆。當初傳入羅馬時，亦因教旨與固有之宗教道德相反，大受擯斥，賴教徒熱心毅力，遂以紀元後三百二十四年（晉明帝大寧二年）君士坦丁帝時，定基督教爲國教。及羅馬滅亡，傳入歐洲中部，中古之教育殆全爲此教所主持，迄今猶受其影響。

基督教之教旨，歐洲人心受其感化甚大。一尚平等。希臘之教育，惟限於士族。羅馬雖稍重人權，然階級之制猶未破除。自平等之說唱，普及教育始爲世人所注意。一尚博愛。希臘之教育囿於市府觀念。羅馬雖有世界傾向，然如所謂四海皆兄弟之義，當時學說尚未具此思想。自博愛之說唱，於是倫理主義一洗狹隘之陋見。惟其流弊所極，過輕現世，且欲舉一切學術悉範圍於神學，不無可議耳。

中古之教育　紀元三百九十五年（晉武帝二〇年），羅馬分裂爲二。東羅馬都君士坦丁堡，西羅馬於四百七十六年（宋後廢帝四年）爲條頓人種所滅。條頓人種遂代羅馬而雄長歐洲。由西羅馬滅亡迄東羅馬滅亡（一四五三，明景帝四年）約一千年間，史稱此期爲中古時代。

條頓人種固體力強健，富於自由與獨立之精神，然在當時尚未全脫野蠻之習。此野蠻民族所以能享受文明之遺產者，實由羅馬加特力教徒，本基督教教義，加以希臘、羅馬之學術，爲其教育之指導。當中古前半期，學校皆附屬於寺院，學科以讀書習字及宗教爲主，稍進則授以希臘所傳之七科（文典、修辭、論辯術、算術、幾何、天文、音樂），教授惟重記誦。訓練嚴酷，嘗以鞭撻從事，頗近似我國腐敗私塾之風，教育本無可觀。惟值戎馬倥傯，書籍散亡，能使希臘、羅馬之學術賴以不墜者，則此教徒授受或不無漢儒傳經之功也。

中古之後半期，教育之曙光漸啓。若煩瑣學派，調和基督教義與希臘、羅馬之學術。若武士教育，崇名譽，尚敬愛。若市民教育，注重日常必須之知識技能。又阿剌伯科學輸入，開研究科學之先聲。歐洲各地紛紛設立大學，今有名之大學多建於是時云。

第三節　近代初期之教育

文藝復興　中古之世，學者迷信宗教，古學歇絕，煩瑣學派雖嘗折衷調和，然所傳古代文藝僅供宗教之用，頗似我國章句訓詁之弊，破碎支離，汩沒性靈。及土耳其人滅東羅馬，在君士坦丁堡之學者抱其古典之學奔意大利，意人歡迎之。學者乃搜集舊籍，從事翻譯，立學校，設圖書館，英、法、德人亦有遠道來學者。於是古典之研究日盛一日，是曰文藝復興。

文藝復興之旨在講明希臘、羅馬文明之真相，發揮人類之品性，就古典所含之精神，以求應用於現世生活，而養成高尚人格，稱曰人文主義，與我國守舊者復古之說不同，若近代學者盛唱之西漢今文學，其意蓋相近似。自此主義興，一洗中古狹隘之陋見，開自由研究之風，而學術革新之機於是以啓。此近世新教育之所由昌也。

宗教改革　自由研究之風既振，世人漸悟法皇專橫與僧徒腐敗反乎宗教之本義，改革宗教之機已動。其力闢舊教而創新教者爲德人馬丁・路德（一四八三——一五三六，明憲宗一九——世宗一五）。

路德歷睹當時宗教之弊，慨然有志改革，及見法皇頒贖罪文，乃草宣言書九十五條，揭於教會門首（一五一七）。其要旨在黜教徒威力，以研究《聖經》爲信仰之標准，雖受法皇破門令之處分，德帝查理五世之壓抑，志不稍屈，新教乃克成立。氏用德文所譯之《聖經》，今德國學校尚用爲課本。

氏關於教育之意見極重普通教育，此由於氏之求真信仰心，並目擊貧民生計之蹙，故主張國家設普通學校，養成完全之國民，不當以教育權諉之教會。觀氏所上德帝書可以見已。又氏所著《宗教問答》序文，述調查撒遜教會及學校之狀況，謂一般人民類皆不知基督教之謂何，鄉僻尤甚。即教士亦不解真理，徒知基督教徒之稱呼，行洗禮而已，是烏足爲信仰基督者？吾國今日之尊孔者何以異是？

當新教銳意興普通教育時，舊教徒勢力漸微，所主轄之校亦僅存空名。其徒黨頗思恢復其權，於是有耶斯達派起，收攬貴族富豪之子弟，專以興高等教育爲務，自十六世紀迄十八世紀，勢力猶振於一時。新教以德爲集中之地，舊教則以法爲集中之地。

第四節　十七八世紀之歐洲教育

自十五世紀文藝復興、十六世紀宗教改革，教育之新機大啓，然未足以言完美也。何也？雖有路德所唱之普通教育，然未立學制；雖知造就實用之人，然實科未振；雖訓練不尚嚴酷，教授法期於敏活，然尚未能推究心理之原則。自十六世紀末期以來，科學日益發達，各大教育家蔚起，大加革新，一方改良教育之目的與方法，一方唱興普通教育制度，於是教育蒸蒸日上，吾國視之乃瞠乎其後矣。

實學教育之先導者　當十七八世紀，教育之目的，實利主義寖盛，教育之方法，自然主義大昌。然此種主義多由十六世紀後半期之學說有以啓之。法人曰拉布列（一四八三——一五五三，明憲宗一九年——世宗三二），言教育在養成品性堅定之人，不可不練其判斷力，且宜研究自然物，以增進知識，又以身體與精神當謀平均之發育。此今日德育、智育、體育之所以並重也。曰馬敦（一五三三──一五九二，明世宗一二──神宗二〇），教育之旨與拉布列同，更主張藉實際生活之資料，以發展人生之良能，其言教法，痛論注入之弊，徒疲其心力，當隨機啓發，引起兒童之理解力。英人曰培根（一五六──一六二六，明世宗四〇──熹宗六），詆學者依賴傳說、陷於空論之弊，當就自然實物觀察試驗，以求精確之智識，所創歸納、論理法，實開學術研究之新法。德人曰拉多克（一五七一──一六三五，明穆宗五──懷宗八），論教授法頗詳密，皆從經驗立論，要旨在順心意自然發達之序。廓美紐斯即本其説而大成之者也。

　　新教育之教育家學説與事業　自教育之潮流趨於實學之傾向，繼起教育家各本其學識與經驗，應世運人心，闡發改革之見，往往唱一有益之新説，全歐之學術與政治皆被其影響，其源流派別縷述頗難，今揭其重要者。唱自然主義者曰墺人廓美紐斯（一五九二──一六七一，明神宗二〇──清康熙一〇），客觀自然主義之先導者也曰法人盧梭（一七一二──一七七八，清康熙四八──乾隆四三），主觀自然主義之先導者也。唱實利主義者曰英人洛克（一六三二──一七〇四，明懷宗五──清康熙四三）。唱道德主義者曰德人康德（一七二四──一八〇四，清雍正九──嘉慶九）。又有唱敬虔主義者，曰德人佛蘭克（一六六三──一七二七，康熙二──雍正五）。

　　廓美紐斯　廓氏爲近世改革教育之第一人，世所稱爲普通教育之父也。生長寒微，早喪父母，刻苦自勵，精習拉丁語，復入大學修神學、哲學，中更喪亂，零落一身。然究心培根、拉多克著述，力期教授法之改革，有名之《大教授學》，即避難波蘭爲校長時所作也。繼周遊英吉利、瑞典、匈牙利諸國，所至建議改革學制，名重一時。在匈著有《世界圖繪》，即今日小學教科書插畫之濫觴也。

　　氏之教育意見，即承上所述先導者諸人之理想，而以己意發揮之者也。其論教育目的，謂吾人最終之目的不外在與神共享永久之幸福，而現世之生活即爲期表現此目的之準備。此準備有三：一潛知識以明理；二實踐道德以盡己性與物性；三信仰宗教以克肖夫神。三者之本原，皆吾人禀賦所固有，當自有以擴充之，所以擴充能至其極者，必取助於教育。

氏論教授法在觀察自然作用，如天體健行、四時循環、動植物發育生長等，依其原則，以定施教之材料、方法與其次序。其原則凡九：一擇適當之時期（例如教育必自少年，教授必於清晨，教材深淺當以兒童年齡爲標准）；二先預備，後講説；三宜選實用之材料，且易於領受；四分別條理，使兒童心意專一；五由理解而練習形式；六由全體而推及部分；七循序而進；八提起興味，勿令中輟；九禁其有妨害者。又謂無訓練之教育，猶如無水之水車，惟其方法當如天之煦育春物，日以暄之，風雨以潤之，其鼓以雷霆，非事所恒見，是亦根據自然之法則以從事者也。

氏最重學校教育，以多數兒童同時受教，易生競爭之力，而堅其向學之心，其論學校系統，應兒童心身發達之程度，分爲四期。六歲以前爲第一期，注意家庭教育，授事物之知識，皆就實物或繪畫示之，名曰母親學校。七歲至十二歲爲第二期，入國語學校，授讀書、習字、唱歌、宗教問答、歷史、地理等。十三歲至十八歲爲第三期，入拉丁語學校，授文法、物理、數學、倫理、論理、修辭等。十九歲至廿四歲爲第四期，入大學校，授專門學術。宜各家庭設一母親學校，各村落設一國語學校，各市設一拉丁語學校，各王國設一大學校。哥達侯定《學校令》，即采氏之説者也。

盧梭　氏少時遭際與廓氏同，喜讀稗史、小説，夙富感情。稍長，習律師、雕工皆不成。又不謹細行，流轉四方，備嘗艱苦。及三十歲，稍改素行，潛心學問。因習睹人世腐敗之情狀，激刺甚深，慨然有改革社會之志。著有《民約論》《耶彌耳》二書，盛唱無宗教、無政府之説，舊教徒大嘩，政府尤嫉惡之，將處之以刑。不得已，逃居異國。後雖許其回國，終鬱鬱以死。然其學説傳播，如《耶彌耳》一書，各國學者讀之，多受其感化，蓋氏以透闢之文章，寫其卓越之理想，入人最深。雖行止稍逸常軌，議論不無過激，或不足為教育者之模範。要其闢改革之新運，其功正不淺云。

氏之教育主義，在排斥世人以成人之理想矯正兒童之行為，違反本性，致陷於矯揉之弊。故其主張之旨，在體察兒童之良知良能，一任其自然之發達，惟排去其障礙，又當使所資，以發達之具，與各人之分位職業相應。世以所持之說與廓氏稍異，稱曰主觀自然主義。

氏所著《耶彌耳》書，假託一少年，以論人生受教各時期之教育，及女子教育之法。書凡五卷。第一卷述其嬰兒教育，注重體育，宜常跣足，浴冷水，飲食、睡眠任其所好，凡所需求之物，非生惡習者勿禁。第二卷述其能言至十二歲之教育，以練習五官為智育之本，不事記誦，以隔絕外界習染為德育之本，不妄加干涉，當使幼兒因過失所得之結果，而自悟其非。第三卷述其十二歲至十五歲之教育，主接近實際之生活，以養其判斷力，如幾何、天文、地理、物理等學，皆從實驗求之。所讀之書惟《魯濱孫漂流記》，使知人生宜治有用之恆業，與獨立經營之可貴。第四卷述其十五歲至二十歲之教育，此期始習歷史、古語，觀察社會情狀以養其同情心，涵濡宗教以制馭情欲。第五卷藉其妻以論女子教育，其目的在能助男子理家政，富於愛情，性質溫良，凡音樂、手工、烹飪、裁縫、家政學，皆所當習。

氏之後，有唱汎愛主義者曰德人巴塞多（一七二三——一七九〇，雍正元——乾隆五五），即本氏之學說而實行之者也。其後又有加模培（一七四六——一八一八，乾隆一一——嘉慶二三）、薩志曼（一七四四——一八一一，乾隆九——嘉慶一六）亦著名，統稱汎愛派。此派所主張之原則，以體育為心育之基，訓練主和藹，教授材料與實際生活相應，教授方法期於生徒自動，時以繪畫或實物提示之。又以教授為一技術，宜設師範練習所，養成能勝任之教師。歐洲教授法之改良，此派與敬虔派之力居多。

洛克　英之大哲學者，亦大教育家也。少時，慊於煩瑣之學風，專修哲學，嗣以體弱習醫學及生理學，因是裨益所研究之學術者不少。嘗受知於霞飛伯利伯，在政界上與之共進退。所著《悟性論》爲經驗心理學之導源，又彙輯教育意見成一書，雖不論教育系統及普通教育法，然以語甚切要，言實利者多宗之，英國教育之基礎即本此而立。

氏之教育目的，在培養其善良習慣與智識美德，能完全盡己之義務，而爲用世之人，即對己能營適當之職業，對國家能盡國民之職，對社會能習熟其世務也。其論教育方法，本其醫學上之見解，以健康精神寓於健康身體，頗注重體育，一以鍛鍊爲主，如主張跣足，不戴冠，薄被服，節制飲食，運動睡眠宜適度是也。訓練之法重禮儀廉恥，戒浮華虛飾，常體察兒童之個性，應以適當之方法，誘起其名譽心，不可用體罰壓抑之。學科先實用而後古語，如讀書、習字、算術、地理、歷史、圖畫、手工、農業、簿記、音樂、法制等生活上所必需之知識，皆宜授之，尤以感覺爲知識之原，必當練習。宜用實物教授，使兒童依固有之能力，自進而求學問，非自得興味而記誦，不可強之，蓋主張開發教授法者也。至訿學校教育，群居雜處，易染惡習，且啓無意識之競爭，不若家庭教育爲善，是徒鑑於當時之習弊，非定論也。

佛蘭克氏之影響於教育者純爲所經營之事業。素信仰宗教，敬神之念最深，通各種學術。嘗曰："余之神學非以腦力求之，惟以心情解之。"當管理某教會時，每木曜日，例須給麵包於貧民。氏利用此機，導貧民入室，授以宗教大義，問答間，深感貧民之無教育，思有以拯助之。會有捐款者，遂立一貧民小學校，聘一大學生貧者，每日教授二時，好義者多助款，因逐漸擴張規模，成效頗著，富民子弟至有請納費入學者。於是設市民學校，更設孤兒院。又爲此等學校教師計，設師範練習所、其他大學預備校、拉丁語中學校，並附設之書店、藥店、婦人協會等。當氏歿時，所經營之事業職員、生徒共四千餘人。其師範練習所，即今日師範教育之濫觴。又氏所設之普通學校，注重實科，爲德國實科學校之起源。

氏論教育之旨，謂有敬虔之念者，始爲良善之公民，否則一切智識、思慮、才能，徒足爲害。其教育方法，取直觀主義，用問答式，研究兒童個性。要其歸宿在導於敬虔之域而已。

氏之教育事業原於敬虔之念，一奉神意而經營之，故其根本主張不外於養敬虔之念，使與實用之知識相結合，而成社會有用之人。其學說頗受教士希比貼路（一六三五生，明懷宗八年）之影響，世以革新教育由宗教之力陶冶之，稱曰敬虔主義。是派於德國之教育革新盡力頗多，如佛氏爲弗利多利希一世所倚任，關於教育之法令多出其手。其弟子黑克路又爲弗利多利希二世顧問官，王采其意見，頒《普通學校令》。其附設於實科學校之師範學校（一七四八，乾隆一三），王認爲官立（一七五三，乾隆一八），德之諸州多仿其制。又墺女王馬利特希阿於千七百七十四年（乾隆三九）頒學校令。及十八世紀之末，德有師範學校約三十所，墺亦有十五所。是派之起原，蓋鑑於當時社會，教徒與貴族多泥守舊習，時流或醉心外化，輕視本國之事物。世人所經營之教育，多不爲普通人民計，教士研究教育者，因推闡宗教之旨，迎合實學之傾向，以圖根本之改革。與此派後先並起者，於英則有密路同（一六〇八——一六七四，明神宗三六——康熙一三），即舊教徒亦有取同一之主義者，如加屑派是也。

康德 氏資性謙和，踐履嚴謹，自奉簡約，極好學，終身不娶。任大學教授，勤懇從事四十年如一日。平時散步時刻，世稱其準於市上時鐘。著書甚多，爲哲學大家，不以教育家名。然以革新哲學，教育之思潮亦隨之而變，海爾巴脫即受其影響者也。且離宗教而唱道德，最近之人格主義實導源於此。其關於教育意見，無系統之學說，門人輯其論及教育之說，彙成一書，於死之前一年出版，今略述之。

氏論教育主義，以人之所以能爲人者，全賴教育。所以，爲人之道在別於他動物，能營公共之生活，謀將來之發達，以進世界於完善。教育者亦惟發達此理性，使之實踐於道德耳。而理性之如何發達，析之爲二：第一，心意力之普通陶冶，從生理方面推求受動之作用，從道德方面推求其法則；第二，心意力之特殊陶冶，從悟性之下級力，研究感覺想像、記憶等，從悟性之高等作用，研究悟性、判斷、理法。又謂宗教可以涵養德性，不可即以宗教爲道德，蓋宗教之要在使人知良心爲神意所在，以服從良心之命令爲敬神，必能實踐夫道德也。教育方法分養護、訓練、教授三方面。養護循自然法則，惟防其外來之妨害，常時運動並發達其感官，使身體強健，機能敏捷正確。訓練在矯正動物性鄙野粗暴之狀，而導於高尚之生活，養成從順、誠實、友愛、公平諸德，教授主用梭格拉底問答法，以開其覺悟。

各國學制之革新　各教育家闢新教育，學術上既一新其面目，因之影響於政治。秉政者咸思改革學制，以謀國民教育之發達。今述其概要如左。

德之學制革新　學制之革新，德較各國最早。當千六百十七年（明神宗四五），巴瑪路公命領土人民，凡男女兒六歲至十二歲，必就學。威路特利希和路士丹諸州，亦以是時制定學校規則。千六百四十二年（明懷宗十五年），哥達侯頒《小學校令》，定兒童六歲必就學，習國語，讀路德《宗教問答》，並習算術、唱歌。惟此等法令，雖含有強迫之義，殊不如今日義務制度之嚴，且教師多屬於貧困無業之人，學校亦有名無實，故成效不甚著。至十八世紀弗利多利希一世（一六八八——一七四〇，清康熙二七——乾隆五），設高等教務院，召集學者會議教育，確立普魯士學制之基礎。後弗利多利希二世（一七一二——一七八六，清康熙五一——乾隆五一）頒布《普通小學校令》（一七六三，乾隆二八），凡普魯士人民之子弟，自五歲至十四歲，父兄及保護人有遣之就學之義務。另置學務監督，每年檢察不就學兒童一次。又規定普通國法（一七九四，乾隆五九），將教育事務列於行政之一部分，凡公立學校，勿論奉何宗教，皆可入學，教育費令地方負擔之。學制之次第革新，於此可見。

法之學制革新　法之革命始於千七百八十九年（乾隆五四），前此普通教育不振，國中男女不識字者猶占多數。至新政府發布憲法（一七九一，乾隆五六），載明組織國民學校，並采免費制，教育始大進步。而此國民教育制度之所由成立，且日趨於完備，實賴維新諸人之力。在革命前者，有拉霞羅特（一七〇一──一七八五，康熙四〇──乾隆五〇）、羅朗（一七三四──一七九四，雍正一二──乾隆五九），在革命後者有孔度先（一七四三──一七九四，乾隆八──五九）、他列蘭（一七五八──一八三八，乾隆二三──道光一八）。法尚舊教，耶斯達派宗教教育勢力甚盛，拉霞羅特著《國家教育論》（一七六三出版），痛論其弊，主張教育爲國家之事業，不宜屬之教會，教師宜用常人，不宜專以教士爲之，學科惟尚實用。其後，政府代教會而握教育權，即實行其說者也。吾人所當知者，當時所以反抗教會之教育，以其藉基督教之名義，利用教育，保持教會之威信，與我國專制時代假尊孔之名義、施行專制教育同出一轍。其主張國家擴張教育者，欲新造立憲之政府，行其真正之教育，非徒張大政府之權力也。不然，是猶以暴易暴耳。羅朗爲第一次國會議長，提出教育案，建議政府當設之學校分爲小學校、中學校、專門學校、大學校四種，另設教育總機關，統一學制，監督各學校，管理教科書編纂。又以宗教家不顧國家利益，不研究教授法，宜用常人代之。設立教員養成所，更設視學官，巡視學校。會革命起，此制未及實行。他列蘭於新政府學制之改革頗有功，嘗以議會調查委員之名（一七九一），憤羅氏之議未行，提出教育意見書，深慨於從來政府利用人民之無知，得以便宜行事，習俗爲其所蔽，頗不以普及教育爲要務。其所謂教育者，所習之事又不必合於他日之應用，甚至蔽於宗教出世之旨，與世事不相應。新政府雖以自由與平等爲標榜，若不普及教育，則人民之智識不增進，終不能求得同等之權利。斯真足以發我國人之深省矣。氏以普及教育爲國家之急務，因並主張輕減學費，助教育之普及。其言曰："入中等及高等學校者，多中流社會以上之人，力有餘裕，雖納費不爲害；入初等學校者，多貧民子弟，必行免費制度，斯向學者衆"，頗主張國家負擔其任務，其提議設立之學校與拉氏同，小學教科授國語、算術初步、宗教大意、道德及憲法大意。又謂女子就學宜與男子同。孔度先於第二次議會成立時，任調查學務事，提出改革意見（一七九二，乾隆五七），其主張之理由，以革命之所由成，基於自由與平等之精神，若教育不普及，則一般人民所得之自由，惟從其私欲與熱情，肆行破懷，甚至屈服於大姦大詐之壓制家，爲其所利用，故當以教育導於獨立自治之地位。惟所謂教育者，言人人宜皆受教育，非謂人人必受同一之教育。若不問境遇、才能、職分，徒期望高等之學問，不可也。國家惟鑑於平民無學，不能不求助於人，而以消滅其不平等之狀態爲已足。其主張之教育制度，分五種：村之人口滿四百者宜設尋常小學校，市人口滿四千者宜設高等小學校，各縣宜設中學校，市繁盛者宜設專門學校，另設國立學藝院。尋常小學校授讀書、習字、算術、農業、工藝大意、法制大意，高等小學校更加歷史、地理。又主張男女宜同施教育，與他氏同。惟值軍國多事，此等主張未克盡見施行。及第三次議會成立，又有人提出議案，專注重初等教育（一七九三，乾隆五八），主張極端國家主義，欲勵行斯巴達教育制度，持論頗激。後終采穩健主義，於千七百九十四年（乾隆五九）議定初等學校制度，學科授國語、習字、憲法大要、共和主義之道德大要、簡單計算及測量法、自然視象及生物學之切近實用者，更授武勇談及凱旋歌。程度稍高者，授文法、測量、物理、衛生、獸醫術及革命歷史。教師由人民選舉，經教育委員認定而任用之。更定教師俸給制，男教員年俸千二百法郎，女教師千法郎。凡此皆法國大革命時代先後所經歷之情形，立後此完全教育制度之基，可以資我國現在之參考者也。

　　英之學制革新　英人保守之習最重，當十七八世紀時，理想界雖已革新，然學制尚無變易，一任私家之自由設置，國家並不干涉之。時有亞丹斯密（一七二三——一七九〇，雍正一——乾隆五五），著《原富》，倡論國家富強之本在啓發國民之智識，政府宜設國民學校，議卒不行。然私家之慈善事業設立貧民學校者日益加多。例如基督教智識普及會（一六九五創設，康熙三四），至十八世紀漸次擴張其事業，設免費學校。又日曜學校（一七八一創設，乾隆四六）亦次第發達。但此等學校皆以宗教爲主科，只習讀書、習字及淺近之算術耳。

第五節　十九世紀教育之概要

　　十九世紀承啓蒙時代之後，法國大革命之餘波方震動全歐，各國又因戰爭之影響，力圖富強，而一歸本於教育。綜其大要：一教育趨於實際。勿論持何主義，皆重養成意志堅定之人格，不僅以發達理性爲已足，又覺極端之個人主義與世界主義，非全個人幸福之道，必從國家方面保持個人之生活。雖社會的教育之主張，亦不違反此旨。其學術則因實驗心理學與他科學之進步，進化學說大昌，而教育學之內容日益豐富。因之方法如直觀教授、開發教授、自動教授、本科學演繹與兒童研究，而推闡其法則，學科如手工、實業，尤能應時世之需求，得適宜之設置。一國民教育之普及，義務教育制度，前世紀所設施者，大率屬於一部分，且未盡實行，至是始確定爲國家之任務。女子教育亦次第發達。歐美諸國殆無不行之，日本被其流風，亦成維新之教育。此外，師範教育與特殊教育之發達，學務監督制度之規定，皆可考其梗概也。

　　教育家之學說與事業　此世紀之教育家比前期更盛，舉其尤者，瑞士人曰裴斯泰洛齊（一七四六――一八二七，清乾隆一一――道光七），示小學教師實地之模範也。德人曰斐希脫（一七六二――一八一四，乾隆二七――嘉慶一九），示教育者愛國之模範也。曰海爾巴脫（一七七六――一八四一，乾隆四一――道光二一），明科學的教育學之所由起也。英人曰斯賓塞（一八二〇――一九〇三，嘉慶二五――光緒二九），明教育之本位不可不重生活也。

　　裴斯泰洛齊　氏爲十九世紀教育開幕之偉人。其學說與事業，今世猶稱道弗衰，然全由其純潔之心情與其熱誠、毅力有以致之。綜其生平，最適於我國今日小學教師之模範。氏早失父，受其祖若母慈善性質之薰陶，年少時即澹懷名利，有志救濟貧民。然資性魯鈍，當在小學時，功課常劣於同儕。稍長，專修神學。及卒業，登壇說教，以訥言故，聽者鬨笑。赧然而退。復改習法律，與青年派謀改革國政。會同志以反抗政府之文賈禍,並逮獄。既釋,深悔空論時政之無益,舉所著法律書付之一炬。然執業雖屢易,其委身救助貧民之一念則日益堅定。時愛國者盛唱重農説,乃罄家貲購田畝,冀以所入及其餘力教養貧民。因謀事不臧,並傾其産。適生子,以盧梭教育法施之實驗,頗有所得。自是,壹意從事教育,更就餘産立貧民學校(一七七四,乾隆三九)。夏則教以農業,冬則教以手工,冀以養成勤勞之習慣,養育教訓不遺餘力。不意苦衷不能見諒,或兒童竊物而逃,或其父母不待期滿,强挈其子而歸。流言四起,捐款俱絕,家産既罄,校遂中輟。然氏以是大得經驗,毅然曰:"予可爲小學教師。"忘其貧困,講求教育不倦。因殫力著述,公其意見於世,於是時人稍知有裴斯泰洛齊矣。旋斯丹府被燬,有孤兒百餘人,煢煢無歸,政府憫之,立孤兒院(一七九八),教育長官史達斐薦氏爲院長。氏辦理此院之情狀,於《與友人書》可知其概。其言曰:"予之目的,在就日常之事物,啓發兒童之良知良能,培養其純潔質樸之生活,以予之愛感化兒童之性情。一切事務,皆一身任之。或以手觸兒之手,而導予所指;或以目接兒之目,而示予之意。推食而食,分水而飲,共泣共笑。晨則先興,夕則後寢。予無家、無戚友、無僕役,朝夕與共,惟此兒輩。至於與人世渾若相忘,兒輩惟知有予,予亦惟知有兒輩而已。"是以開院未幾,兒童體弱者漸强,頑梗者漸化於善,成效甚著。不幸法軍再來,改此院爲駐軍病院,氏所視爲性命之事業,又歸於歇絶。不得已,乃請於某市有司,求爲公立小學之一教師,不計薪俸。有司拒之。賴友人之力,先供職於某學校,以所施之新教育法不見容於校長,迫令退職。旋專任一校,實驗其心得。第一年成績甚佳,第二年乃適相反,以主張之法惟適於初年級也。其後,史達斐建議政府,助以巨資,辦一模範小學校(一八〇〇,嘉慶五),氏之新教育克竟其功。實在是時,德、法、和蘭、丹麥諸國,皆遣人就學,傳其教授新法,迄今猶景仰不置。然氏言語濁而不明,作字拙劣,不精文法,又不工圖畫,雖曾習實科之學,其名稱與分類法未甚措意。雖知尋常計算法,於乘除數稍繁者,則束手大窘。或有論之曰:以普通智識言,有才之青年,可以一二年之攻苦致之者，彼或不能。然熟練之教師所不知者，彼獨深知之。又氏努力教育，因論教育之目的與方法，與時人相詰難，反對者至摘其少年時事，目爲革命黨，以中傷之。終以事業與政潮無直接之關係，不爲當道所疑忌，故得稍伸其志。至所經營之學校，因教員不相睦，致校事破壞。氏惟返躬自責，迄死之日，猶對於貧民與兒童之教育，惓惓不忘。所著書以《醉人妻》《鵠歌》最有名。

氏之教育主義本根據於盧梭，然以實驗所得，其旨趣稍殊。氏之日記有曰："盧騷之教育説特過憎不法之壓制，激而爲此絕對的自由之論。吾人固不可不確信自由之價值甚大，然服從之習慣亦不可忽視之。"考其主張之旨，在抑制劣等之肉慾，而發達其固有之德性，依自然之法則，以助其發達，較純任自然者更爲完善。

氏之教授法近似汎愛派，某教育會報告書揭其要旨曰："裴氏之新教授法一言以蔽之，從自然之法則，是即以漸啓發兒童，俾以一己之力，先經感覺之門户，進而達於抽象之觀念。又其教師不自以先輩臨生徒，而自與生徒公同活動。此其效果之所由佳也。"其分教授之原質有三：一曰形，二曰數，三曰言語。就形與數之直觀，一一談話，終引伸而長之，尤以人體最適於直觀教授，就其名稱、位置、特性、效用等分別事項，以資練習。蓋氏之直觀教授，專傾於形式方面，不免輕視實質，究不無弊耳。

氏之教育主義，經門弟子訂正發揮，成裴斯泰洛齊派。德人第司台威希（一七九〇——一八六六，乾隆五五——同治五）最有名。第氏曾爲氏之模範小學校教師，歸國後鼓吹其學説，當任柏林師範學校校長時，以教授術必宜練習，特於校内附設模範小學校，是爲師範學校設練習所之嚆矢。所定教授原則分爲四種。第一從主體（即生徒）而定者：一應兒童自然發達之序；二始於兒童之立脚地，使不中絕缺陷，俾進於確實；三不可教無甚價值及無裨實用者；四當由直觀之感覺而進於概念；五自近及遠，自易及難，自簡及繁，自已知及未知；六不依科學系統之教授，惟期合於初步；七當從形式目的增進生徒之興味，使知能聯合，且能融化既習之事項；八不授不能領會之事項；九當注意生徒之個性。第二從客體（即教材）而定者：一當準兒童之立脚地及發達之序分配各科教材；二自現象引出定理；三各教材當分一定階級及小全體；四示屬於次階段之事項時，應引起生徒之求知心，但對所欲知者，宜留餘步；五區分教材時，當使屬於前階段者再現於後階段；六關係之材料當互相聯絡；七自實物及記號不可顛倒；八當準教材之性質選定教式；九不以一定之條目限制教材，當從全體考察之；十不由演繹推求定理，當從事物之性質而由淺入深；十一內容當從科學所研究者指示之。第三從外部關係（即時地身分等）而定者：一教科宜次第教授；二當注意被教者將來之分位；三當應開化之程度。第四從教師本位而定者：一當使教授有興味；二教授當努力；三當使生徒就所學者以言語發表之，於發音語調及發表之適當否皆宜注意；四不可間斷；五宜振起其活動心。是説雖頗駁雜，然采取裴氏合理之主張，參以經驗，實足供實際之研究也。

師事裴氏而委身於幼稚教育、創立蒙養園者，德人弗烈培（一七八二——一八五二，乾隆四七——咸豐二）也。謂之園者，比兒童於植物，比保姆於園丁，比學校於花園也。其目的在使幼兒循自然而活動，得於愉快之中增進其知識，涵養其德性。其方法以遊戲為保育之第一手段，計分二種：一運動遊戲，以磨練其身體及感官；二精神遊戲，用玩具（日本曰恩物）構成種種形狀，以啓發其理解力。遊戲之外有唱歌，有談話。方氏初創此園，迭遭挫敗，政府至以其鼓吹無神主義與社會主義，下令封閉，迄身殁之後九年，始弛其禁。越十六年，而列入國民學校。今世界皆仿行之。觀此吾人可以自奮矣。

斐希脱氏服膺康德之學，以著《天啓批判論》知名，得任大學教授。會拿破崙蹂躪歐洲，普國屈其肘下。氏以奮激之演說，警告國民，謂："武器之戰爭方終，國民當培養道德品性，以為恢復國家之本。"國民大為感動。及法勢稍衰，普振其全力，與法開戰。氏慨然謂諸生曰："予輩當暫輟教授，待為自由之國民，賡續講演，否則惟有殉自由以同歸於盡而已"。聞者蹶然興起。其夫人先身倡導，任看護役，染疫死。氏以积劳之故，未几亦死。然其爱国之精神，德人至今犹受其赐也。

氏於教育之意见，仅有演说集稿，大旨谓：从来之教育，虽以养成意志坚定之人为主，惟专重私德，其流弊偏於利己，乏爱国之精神。欲救斯弊，非革新教育不可。人苟卑屈自利，决不能立於进化之社会。自由为道德之本，即不依赖人与不为人干涉之谓。若一切委之运命，不自振作，即为不道德之根元。新教育之旨在养成振作有为之国民，故教育者，非仅使为独善之身，当期为国家之完人。施行教育宜为普通人民计，不可但为特别阶级者计也。

海尔巴脱氏幼娴母训，长受业於斐希脱之门。究心哲学，毕业後，为家塾师。尝谒裴斯泰洛齐，於其教育法颇有所得。及为大学教授，设一教育练习所，专研究实地教育。其後，海氏主义之成立，多出自讲学此所之士。

氏之教育学说为有系统之科学，以伦理学为教育目的之基础，以心理学为教育方法之基础。

氏之伦理学属直觉派，绍康德之遗绪，而参以己见，稍与儒家思想相近。其论道德之观念有五：一自由之观念，即言顾行、行顾言之义；二完全之观念，即充实而有光辉之义；三好意之观念，即己立立人、己达达人之义；四正义之观念，即公是公非之义；五衡平之观念，即以德报德、以直报怨之义。前二者属尽其在己之道，後三者属尽其对人之道。教育之目即扶植此五种之观念，而养成品性坚定之人，知识技能不过供品性陶冶之用。其方法则於心理学求之。但五者是否能尽意志之用，殊未敢谓然也。

氏之心理学从实验立论，破从来之能力说，以精神作用为浑一体，即观念是也。记忆、想像、概念属於知之作用勿论已。感情与意志亦不外於观念与观念之关系所生之精神状态。故教授在使得有正确观念为要。欲使所授予之观念强而有力，不可不鼓舞其兴味。兴味凡分六种，从认识方面言之有三种作用，即经验、思辨、审美是。从交际方面言之亦有三种作用，即同情、社会、宗教是。六者循序而进，是为教授之直接目的。就最近心理學而言，氏以觀念爲心意活動之本，不無可議，但教授上在使受教者有興味爲主，固確不可易也。

氏之注重興味，非僅於教授見之。又以教授不能達陶冶品性之目的，非正當之教授。故其論教育法，分管理、教授、訓練三者，而以遞進主義行之。謂興味爲意志之萌芽，必助長發達，俾克爲強固之意志，而現諸實行。又因反覆練習，養成習慣，然後道德之品性可以成立，是訓練之任務也（狹義訓練）。對此教授訓練上之阻力，而務所以排除之者，則管理之事也。此方法論雖整然有序，惟尚不免囿於論理上形式之見耳。

氏之學説經門弟子之發揮，季來（一八一七——一八八二，嘉慶二二——光緒八）、來因（一八四七生，道光二七）用其主義以施諸小學教育，佛思克用其主義以施諸高等教育，其學說始昌，稱曰海爾巴脫派。然其訂正之點亦不少。如氏頗忽視體育，來因則列體育於教育科。如教段之序，氏本其觀念説之見解，分爲明瞭、聯合、系統、應用四段，經季來、來因之釐訂，而五段之原則始確定。威爾曼更整理其説，定提示、整理、應用三段（見一八八○所著《教化學》），益爲世人所崇奉。又教材之排列，氏唱統合教授之説，季來、來因因之，而定文明史階級之教案。雖其主張今已不用，然如來因氏所定選擇教材之原則，謂宜適合兒童各時期之理解力，與體會國民現時之開化狀態，今固無以易其説也。

斯賓塞 氏體質素弱，亦未受學校教育。少年時常習爲土木業，工作之暇，輒研究數學、地質學、植物學。又因當時風尚，尤潛心於哲學進化論，有志著述《綜合哲學》。家僅中産，因用按月償價之法，招徠購者，復得友人貲助，積三十六年始告竣。《自序》有言：有志者事竟成。冒險之行，不必其終於失敗也。觀此可以見氏之爲人矣。其關於教育之意見，著於所刊《教育論》中（一八六一出版，咸丰一一）。

前此之論教育者，雖漸傾向實際，然對於實際之方面，殊無有確切之主張。自氏提出如何知識爲最有價値之問題，謂全人類之幸福，助社會之發達，在營完全之生活。而教育之根本問題始確示一大方針，供世人之研究。惟如何生活方爲適當，氏分其類爲五：一須有生理衛生之知識，以保生命；二須有理科之知識，以營生計；三須有心理生理學之知識，以養育子女；四須知歷史、地理等學，應社會上、政治上之用；五須以文藝、美術供暇時之娛樂。又謂五類之中順次而遞減其價值，此則不免於獨斷也。

其論教育之法，以智育、德育、體育三者並進。智育論采裴斯泰洛齊之旨，更主張養成自學自習之風。德育論重自然責罰，頗近盧梭之說，其最終之目的在養成獨立自治之人格。體育論從自然之指導，與洛克鍛鍊之旨稍異，又謂女子亦當以體育爲重。

各國學制之發達 各國政治革新皆於此期鞏固其基礎，因之學制亦臻於完備，分述於左。

德國學制之發達 德自遭拿破崙之蹂躪（一八〇六，嘉慶一一），益勵精以謀教育。普魯士王弗利希利希三世乃先設柏林大學，復採用裴斯泰洛齊新教育法，振興普通教育。旋又設教育部（一八一七，嘉慶二二）。由是一戰勝墺，再戰勝法。毛奇將軍至以戰勝之功歸於學校教師。及統一聯邦，更銳意圖實業教育之發達。迄今學術之盛，稱爲世界第一。

法國學制之發達 當拿破崙總攬政權，頗不忽視教育，設一中央機關統轄全國教育（一八〇八，嘉慶一三），其後執政者於學制亦稍有更定。千八百二十四年（道光四），設教育部。千八百三十三年（道光一三），頒教育法令，分小學校爲初等、高等二種。又設師範學校。千八百五十五年（咸豐五），設高等教育會議，輔助教育總長。更分割學區，舉辦各學校。及戰敗於普（一八七〇，同治九），重感國民教育之不可緩，乃定強迫教育制度（一八八二，光緒八），且以修身及國民科代宗教教授。旋令小學校教育與宗教分離，教師不限用教士，以常人充之，以強迫義務制、免費、宗教中立爲國民教育三大綱。於是教育發達，國勢益振。

英國學制之發達 英國之普通教育，始專任人民之設置。自國民協會起（一八一四，嘉慶一九），頗以設立小學校爲要務，然政府不加以保護獎勵。及國會決議補助費二萬磅（一八三三，道光一三）、中央設教育局（一八六九，同治八），教育稍振，然尚未能普及。及頒定《小學校令》（一八七〇，同治九），令兒童五歲至十四歲者必就學，教育寖盛。旋加改正，釐訂初等、中等、實業各教育（一九〇二，光緒二八），移小學管理之權於自治會，於地方稅中割出教育費，國家益努力於國民教育矣。

美國學制之發達　美自十七世紀殖民以來，教育初分二派：英吉利派，守本國學風，惟謀貴族教育；荷蘭派，則注意普通教育。雖馬薩基塞州曾有強迫教育令，尚無甚大之影響。及獨立以後（一七七六，乾隆四一），各種僑民協力進行，情狀始大變。紐約州倡設學務委員（一七九五，乾隆六〇），以教育爲國家事業，各州漸仿行之。旋設視學官，行免費制（一八一二，嘉慶一七）。又當時學者及政治家努力革新教育，學事日益發達。其致力最大者爲馬薩基塞州局長和列斯曼（一七九六——一八五九，嘉慶一——咸豐九），定州內學制，子女不就學者罰其父兄或保護人，各州奉爲模範。國會更立國立教育局（一八六七，同治六），謀全國教育之發達，各種教育今皆蔚然可觀。

第六節　最近教育之思潮

社會派之教育　此派之主張因鑑於前此教育學術多偏於個人方面，又因生物學與社會學研究之進步，益見人類進化日趨於公同動作，故準社會趨勢，以立教育之標准，與社會黨之社會主義異趣。此義培格曼嘗論之。然雖同一傾向，見解各別。茲惟揭其重要者。德人曰訥德普（一八五四生，咸豐四），純根據於哲學者也；曰培格曼（一八六二生，同治一），反對實利主義者也。法人曰斐哀（一八三八生，道光一八），偏重國家方面者也。英人曰狄維（一八五九生，咸豐九），以生活爲主者也。德人開善西台奈（一八五四生，咸豐四），更進於狄氏之說，而主張公民教育焉。

訥德普 社會派之教育根據於哲學者，一稱新康德派，氏其代表也。謂教育教授賴實際家而行，苟無理論為之倡導，則不知由何方向而進。故宜根據哲學原理，以為論斷。嘗批評歷來教育家之缺點，教育學基礎學科僅以倫理、心理為根據，宜更取論理學、美學以完其基礎。其所謂心理之基礎，以意識為意志活動之表示，同物而異其方面。意志活動之序，分衝動、意志（狹義）、理性三者。衝動為一種固有之活動力。意志為統御衝動之作用。理性為意志最高尚之活動。教育者所以整理意志活動之方向者也。故其目的宜循意志自然發展之序，使其理性能完全發達。教育為整理意志之方向，不曰個人的教育，而曰社會的教育者。氏所持之理由有二：一就心理之原理而言，意識之根本法則在於聯續，甲意識與乙意識接觸，必互相聯合而不相背馳。二就社會之原則而言，個人不能離社會而生存，必個人意識與他人意識聯合，始能發達。意識本有統一性，範圍益廣，統一益固，而己之意識乃因之益完全。故教育欲完全發展其意識，不可不根據公同生活而定。氏於社會之立脚點，持論甚闢，惟欲以意志教育括教育之範圍，僅就訓育立論，不無缺憾耳。

培格曼 反對實利主義之社會派，純主進化說，氏其代表也。訥氏由哲學上假定之原理，以推闡教育說。氏則就經驗事實而歸納於教育上之理論者也。其反對實利主義之理由有四：一全體社會之進化不能以一分子之幸福為目的；二人為血肉之軀，超絕世界，事涉渺茫，以世外之幸福為最終之目的者，其說亦謬；三現世之幸福往往隨主觀之情事而異，不能立一定之目的與標准；四人類活動足助社會之進化者，固足增人世之幸福，然必非以不望幸福故，遂減殺其活動之價值。因此諸端，故以人之目的在循社會之進化，而全其為人之道。教育者本此原則，其本務有二：一使兒童發達愛種之感情，不可不化其敵視他族之觀念；二去其自然存在之排外心，無愛國主義則世界主義之本不立，無世界主義則陷於自尊排外之弊。一方就民族之特性發揮光大，一方宜與世界之開化相提攜以袪其固蔽，蓋調和國家主義與世界主義而折衷之者也。

斐哀氏所著《國家教育論》，殆因法敗於普，有感而作。序言引耦約之說，以個人教育宜與人種之發達一致，更申其旨，專從國民立論，謂國民爲意識集合之有機體，各國之民族各有其固有之性格、心意、習慣。教育之目的不但宜謀人類之發達，又宜圖祖國之發達。吾人固守遺傳之說，誠足阻礙進步。然蔑視國粹，其弊亦大。試徵諸精神現象，無一切之記憶，則思想無由進步。既曰國必有所謂國民精神者存，教育而滅裂其國民精神，與自殺何異？故以陶冶國民性爲教育第一義。又謂促國家之進步，固重自然科學，尤當以人道主義爲本。是氏之說，於調和個人與社會之外，又調和人道派與自然派也。

狄維氏之主張，以爲人生斯世間，所需求於社會與貢獻於社會者，莫大於生活。吾人爲社會公同生活之一員，學校之教育即爲社會生活之準備，故種種施設必須合於公同生活之旨，養成公同治事、公同勤勞之習慣。尤貴使兒童能自造作，不同於被動之機械。嘗本此旨定實施案，一當使學校與家庭及附近之生活密接，二授歷史、科學、藝術主要學科，必循人類發達之程，與社會現象相照應，三從讀書而啓導其活動性，四注意個性，手工、木工、烹調、裁縫，皆令因性所近而習之，以發達感官，修鍊思慮，兼養成秩序、清潔、勤敏之習慣。化學聯合烹調而類授之。木工兼習幾何、歷史，特注重發明工業之知識。此實施凡歷五年。又述其實驗之心得，謂第一時期（四歲至八歲）授遊戲、工作、談話，始就家庭方面選擇教材，漸及於社會方面。第二時期（八九歲至十一二歲）授淺近之美國歷史及科學，務使能自動爲主。第三期擴張二期之範圍，授以工業及重要之知識。此所主張，蓋由社會之傾向而一歸於實際者也。

開善西台奈氏之教育目的在合人格教育與職業教育爲一，而立於國家本位之上，以養成健全之國民。所持公民教育主義，多爲補習教育而發，然固謂可施諸各種學校者也。其主張之基礎，謂從客觀方面觀察之：一關於經濟社會問題，工價高，工作時限短，則陶冶之機會多，現狀反是。教育者當使生徒知勞動宜有適當之時間，次之如居住湫隘，往往爲弊俗所由出，改良下級人民家庭，亦爲重要。又次爲青年擇業，在學校中宜增進職業上知識，鍛鍊職業上技能，以引其興味，爲將來職業之準備。二關於政治社會問題，當平上流社會與勞動社會之階級，使上流人知勞動之可貴，不以操役爲賤業。三關於平民文化程度問題，宜力求增進，即女子亦當謀適當之修養。從主觀方面觀察之（即從心理上考察）：第一當調和利己心與利人心，使知人之生活實爲社會而生活，凡道德力薄弱與生產力缺乏者，皆宜從根本上培養其觀念。次如知育與意育如何陶冶，亦主觀重要問題。凡實施教育，勿論教授、訓練，均宜注重意育。蓋陶冶意志之方不具，則知育終於無功。因是，氏又唱導勤勞主義，以爲陶冶品性之唯一作用。而所謂勤勞者，即在養成自立之能力與公同治事之習慣，當於學校中教以正當之生活，以爲入世之準備。

　　氏對於補習教育之組織，主張由國家強迫施行，並擔負其經費，內容分爲四類，中有一類可通行於各校者，則所謂實際之公民訓練是也。一方以地方自治團體爲模範，在學校中設種種制度，使學校之實際生活成一有機之組織；一方又使實際各種作業，統一於規律之下。條舉其目，如設立學校儲蓄銀行，選生徒爲職員，董理其事，或以保管校用物品之責畀與生徒，或使管理學校園、圖書館，或使整理教室、工場、實驗室、實習場等，或使舉行各會，或設爲遊戲、體操、救護、救火等團體。要之此種事務，大抵爲足鼓舞其協同之精神，而自努力爲之者也。又有特授事項：一授職業之歷史，取其事實足資感奮者；二授近代工場與職業之狀態及其沿革，取其實例可資少年模範者；三與本業有關係之原料及工具，必於實際教授時詳細解說。此外，更有注意者：一先令生徒注意於己身利害，漸導以公共利害，使自考察之；二有關職業之實際事務，務令時常從事，且必與學校之教授及組織保有密切之關係，俾其解釋透澈而後已；三教授時必立乎政黨之政策問題以外；四教授以上各項，必自國民史中采取顯著事例及名人言行，巧爲連絡，以資啓發。

　　氏以實際治事（含有勤勞與幹練二義）爲公民教育之根本，亦即勤勞主義之精神所係。若世俗僅用口授，決不能達其目的，必有秩序整然之設施，予生徒以實際練習之機會，斯一切道德品性可由是而陶冶之。又如今之職業教育，但使有志某種職業者，肄習其專門之技，而不知所以陶冶品性之道，技雖嫺矣，離其技以觀，即成不具之人。故人類陶冶之見地，不可不與職業陶冶之見地彼此結合，使受教者在個人不愧有守有爲之稱，在國民更能應其地位，展其能力，有所貢獻於社會。如是乃可謂之職業陶冶，乃不失人類陶冶之正軌耳。

氏對於現時教育之弊，更述其改革之意見：一教授事項，不以徒多爲貴，宜甄選整理，精思徐進，俾能確實有得；二勿論何科，必使所獲知力能與教室以外之環象結合，就實地精練能力，使生徒躬自測量，躬自考驗，躬自評判，一切設施皆令自整理之，自處分之；三注重圖畫，以練習觀察力而啓迪興味；四擴張生徒自動力，如俗師教授，執其手而示之，兒童之創作力益減，活動之精神亦日萎，善教者，但立於兒童之後而尾之，勿立於兒童之前而導之，使自動之範圍，益廣機會，益多則所獲必大；五改良試驗方法，注重生徒之把持力與發表力，不斤斤於形式之知識，所謂與其試驗知識若何，不如試驗能力若何也。

氏說是否可爲教育永久之目的，其內容論者或不無異同，然其大較固今日學者所共認也。

外此反對社會派之根據，以兒童爲中心者，曰個性派。其學說可於他派中考見，不另述。矯正社會派之偏向，以吾人精神生活爲主者，曰人格派，其學說近頗盛行，大抵原於溫特之主意心理學，排斥海爾巴脫主知主義者也。此派最著者曰布特，以個性派偏重感覺，不足盡精神之作用。社會派涉於理想，不免壓迫個性，因欲從吾人之精神生活方面，建設人格的教育學。所謂人格者，合知識、想像、情意，求一致之發達者也。故其陶冶人格之法，非如主知者教以文法、古代語之類，而以歷史爲最有陶冶之價值，但不可僅授事實，當取資於偉人之品格，以導引生徒，發達其高尚與實用之理想。其訓育之旨，在養成合理之服從習慣，而不戕害其自由之天機，故以獎勵自治爲發展人格之良法，曰開司特那。

以吾人自身之發展，當就特有之稟賦、特有之方法，圖精神的世界之發達。徒殉社會，無益實際，必發達其情意，以期得達精神上之生活，庶乎可爲教育之目的矣。

實驗派（廣義）之教育 近來兒童衛生學、實驗心理學研究日精，因之從事教育者亦趨於實驗，是派學說之新，不在目的論而在方法論。茲略述數家學說，以示一斑。

蒙曼（一八六二生，同治一），氏以從來教育學所示法則，大概從演繹立論，不能立規範科學之基礎，當本實驗研究，彌其缺點。教育之方法，於直接測定外，關於精神界者，由間接測定，分刺激法、發表法、插入法三種。用此方法時，宜綜合兒童心理學及教育學而實驗之。兒童精神之現象最顯著者：一感覺知覺之作用乏判斷力；二對於直觀之事物無抽象之觀念；三區別之念薄；四意志活動無類推之能力。大約至十二歲時，綜合之作用始發達。其稟賦概屬混合型，惟其中稍有特性耳。若因特性而分班施教，適以增其偏頗之傾向，故主張用混合教授。又謂知之障害根於情意，當以養成意志強固之人格爲最要，然非用壓制手段所能達其目的也。

賴易（一八六二），氏以人之心理有感受發表二種作用。客觀事物因感受作用而入於腦中。若就所感受者而發表，則前之感受益加親切。故此二作用互相循環，相得而益彰，乃創感受發表循環說。其發表法，第一爲言語發表。此外用圖畫、手勢、手工、唱歌、體操等發表之，而圖畫尤重。如理科、地理等科，凡用直觀教授者，生徒宜就已授事項，用圖畫表出之，因所畫之正確與否即可覘其領受知識之如何。又教授手工時，令生徒用黏土製他科所學事項，以聯其觀念。教授算術，用計數器，不可但憑目睹，須運動筋肉及觸覺。生徒皆宜備小計數器，時時練習。此氏以筋肉動作爲教育上最有效之事也。其新定教段，分直觀、類化、發表三項。其發表一段，對於國文教授，析爲達讀、譯述、復演、語法、作法、摘錄、臨寫、筆記等。其說盛行於世。

司丹烈・霍爾（美人，一八八〇畢業於大學，光緒六），氏之教育學，於理論方面采進化派意見，於實際方面采兒童中心主義，教育目的在循兒童之自然發達。分身體發達爲四期：第一期（約至一歲半）心身各部發達皆最急激，精神方面最旺者爲感覺作用；第二期（約至八歲許）發達之度較前稍緩，薄弱之度亦稍減，精神方面最旺者爲想像；第三期（約至十二歲）身心發達平穩，活動力最盛，即強以器械記憶，亦不爲害；第四期爲青春期，發達之度轉而急激，精神方面如戀愛、同情、博愛、信仰等，至是大著，爲人生最重要又最危險之期，易爲外物所動。教育者當於兒童心身兩方面，就其自然發達之序，留意觀察，謀所以適應之，不可挾成人之見，強施於兒童之身。如以道德期望兒童，決勿失之過早。以成人衡兒童者，背自然之法則，卒並美善之萌芽亦摧折之。又論女子教育，以男女性質迥異，職務亦殊。入青春期後，心身之差別益顯。故教育法不能強同。如男女共學，實無益而有害也。

氏之教授法，以引起興味爲主，謂與其求形式完全，毋寧求內容豐富，與其求系統明整，毋寧求趣味饒多。論國文教授，謂不宜強以辨析文法，但取有情趣之文，使之多讀熟讀，久之所知既富，於文法、語法自能領會。作文之始，但令放筆爲之，雖有小疵，不必計也。讀本勿論神話、寓言，可以采入，即諧談亦無妨選用。或點竄古人名著，使之誦讀亦宜。論算術教授，謂不可泥於理論，不必循一定次序，但就興味所在，取加減乘除而合授之。尤宜訴諸直觀，強執數之主義，而失於分析者不宜。例如授幾何學初步，不妨藉摺紙、裁紙諸法，以爲直觀之助。又謂數學上種種謎語及魔術方形之類，最足增進習算之興味，可以採用。論教授歷史，謂宜取兒童所樂聞且足以資觀感者，不必以信史爲斷。論教授理科，謂以培養愛自然之感情爲第一義，宜利用其興味，使之直觀事物，或謀與實地效用聯絡，不可循科學研究之法則。

蒙特梭利（意大利人），女士夙習醫科，研究低能兒教育甚精，欲本其法以施諸常兒。復研究哲學、教育治療學、實驗心理學、兒童心理學，參合各教育家理論與己身經驗，實地考求約七年之久。乃就所心得實施於羅馬一社會學校（一九〇六，光緒三二），成效卓著，各國學者多往學其教法，最近教育家之卓卓者也。茲述教法之概略。

女士教育主義在順兒童之天性，使自由發達其本能。而本能之所由發達，尤在使兒童自動而不爲被動。不惟壓抑兒童者非其所許，即事事代兒童而任其勞，亦以爲阻遏自動之力。故其所有設施，如訓練、教授、養護，皆本此旨行之。

女士之訓育方法，悉依兒童之自動力，磨練其意志。其根本主義有三：一發達其活動力；二涵養道德之習慣；三磨練自主獨立之能力。嘗有群兒集水池旁，觀水面玩具，一不滿三歲之兒在後不能望見，因覓得一椅，方欲登而觀之，適一教師來，抱之使觀。女士太息曰："此爲兒童自己發展之力，教師安可代爲之養成其倚賴心乎!?"又如謂以器盛水，令兒童攜至案頭，兒童恐水傾出，必屏氣息心，自制其跳擲之欲望。不磨練其意志力，徒強令服從者，實使其意志陷於薄弱之域也。然磨練意志，仍須與實際生活相切近。嘗曰："兒童者，國家民族之資本。"學校爲兒童而設，兒童非爲學校而來，所施放育必合於社會目的，養成適當人格，使得出而應社會之事變，斯爲無負。又反對用賞罰以示懲勸，謂外力之褒賞，適足誤兒童之趨向，或長其驕矜之氣，罰不徒阻遏能力之發達，且因有罰以隨其後，兒童或故爲謹飾或勉強行之，皆非陶冶品性正當之道，不如令爲一事而成功，自感愉快，是爲無上之賞。爲一事而失敗，自感不快，是爲無上之罰。其處理妨害他人不受約束之兒童，必先檢查身體上、精神上有無缺陷，有則予以適當療治，否則令與他兒離座，傍觀他兒歡忻習課情狀，待其願與他兒同習功課而止，然須使不覺隔離爲懲罰乃合。

女士之教授法其原則有三。其一，貴簡明。當準備教授時，雖片言隻辭，均斟酌至當。凡無關緊要之辭，可省則省。次之，教材宜求單純。除純粹合理事項外，皆當屏除。又次，則教材須用實物。教授時，逐一羅列，使兒童直觀，教師但立於旁觀輔導之地位，若妄行干涉，或急於訂正謬誤，皆所當戒。

女士之感官教育，謂教育之目的，就生物方面言，當助兒童自然發展之力，就社會方面言，宜與兒童周圍之事物相應。感官教育於此二種見地，皆屬重要。兒童練習感官實為智力活動之原，欲發展其感官，在反覆練習，使於刺激之物，識別正確，故女士於觸覺、溫覺、重要感覺、視覺、聽覺、運指等之練習，皆製有特別教具，以兒童自習為基礎，且使練習秩序之感覺焉。

女士之知能教育，以由感覺而進於觀念，即由具體而導於抽象，為當然之順序。練習時，首當連絡各物名辭或表示物性之形容辭，輸入兒童意識中。次於練習後，當檢查兒童確已領會與否，如所答不合，當再使反覆練習感官之刺激，不可遽正其訛誤。

女士之體育法，關於幼兒所當注重者：一練習生理的運動，使依規則而發展，如步行、呼吸、談話等是也；二矯正兒童病的身體之運動；三為日常生活上最要之運動，例如繫扣、結紐、著衣與搬運立方體物等是。此外，如園藝及飼養動物，亦謂於身體發育上有裨益焉。

第七節　各國現行教育之概狀

德國教育　德之現行學制，各聯邦不無異同。今就普魯士述其概略。

教育行政　教育總長總攬全國學務。全國分十三州，州設學務局，監督中等諸學校。十三州更分三十六縣，縣置學務課及縣視學官，監督初等學校。縣下有郡，郡下有鄉，設郡視學、鄉視學，各監視所轄之學事。

蒙養園　多代勞動者養護其子女，取勤勞主義保育之。

國民學校　專為養成國民起見，不與中學校相聯絡，修業年限八年，以六歲至十四歲為義務教育期，兒童就學，父兄有弛其責者，罰鍰或治罪，以不納學費為原則（但聯邦中亦有以納費為主者）。學校種類分多級、單級、半日三種，科目為宗教、國語、算術、幾何、圖畫、直觀科（地理、歷史、理科）、唱歌、體操（男）、裁縫（女），每週時限單級下級（一二三學年）二十時，中級（四五學年）二十八時，上級（六七八學年）三十時至三十二時。半日學校得隨時酌定。

義務教育外，設補習科，修業二年或三年，授課每週四時至八時。近來各聯邦多定爲強迫制。

　　教科以圖畫爲美術教授之基礎，因求能供實業之用。各處皆謀改良教授法。手工科視爲重要，但尚未列必須科。直觀教授多於最初三年課之。課農商科者甚少。然實業科目雖不加多，而教科內容無一不與實際生活密合。

　　教授重反覆練習，務使於實用知識練習純熟。各教師皆究心教授法，問答法尤極巧妙。

　　訓練取嚴重主義，期養成和順規律之風尚。又一般社會，皆重秩序，兒童受其自然之感化，富於守法、忍耐、勤勉之精神。

　　特殊教育尤發達。例如對低能兒施特別教育。又設補助學校，補助學級。或設林間學校，或行夏季移居，貧民子弟往往由學校給與滋養食物。或設浴場，使之入浴。或助教科書教授用具，施設甚完備。

　　教師概爲師範學校畢業生。師範學校以年十七歲至二十四歲者入之，修業三年，畢業得爲副教員。畢業後二年至五年內，更經試驗，始爲正教員。教師爲求得資格，必謀適當修養，且爲保全職守，尤從事補習。故任教育者多篤學卓識之人，務於發表心得，不以泥守舊教法爲已足。

　　普魯士小學經費，歲費約四億一千二百八十八萬六千馬克（一九〇二調查），出自政府補助者約三分之一，出自地方者約三分之二。其補助費助城鎮者約三分之一，助鄉鎮者三分之二。如建築費、教員恩給及卹金，地方無力負擔者，亦由政府量予補助。

　　中學校及他種教育　中學校有文科、實科、高等實科、副文科、副實科、預備科及高等女子小學、女子文科等。中流以上之子弟，六歲至九歲多入預備科。

　　大學分神學、法學、醫學、哲學四科。中學校及師範學校教師即出自大學畢業生。師範學校皆係國立。與大學相等者，有高等專門學校。社會教育有博物館、圖書館、戲場、講演會等。

學校系統如左。

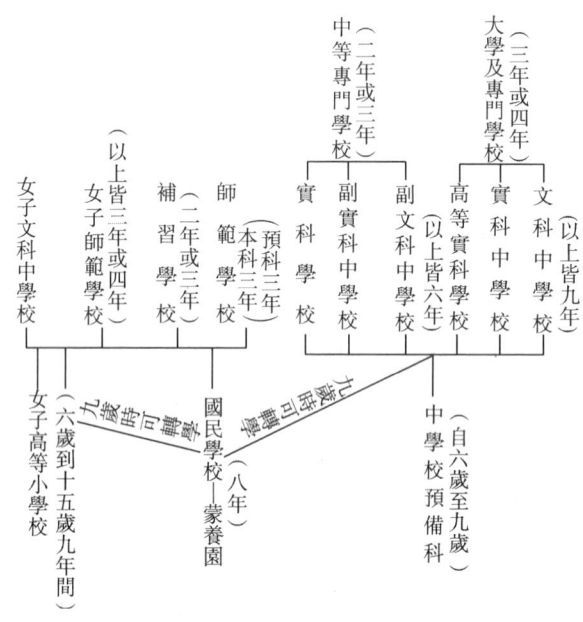

法國教育 法之學制頗重系統，與德制稍殊。

教育行政 教育部掌管教育及關於美術之事務。教育總長兼巴黎大學總長及各大學總理，又爲高等教育會議長。全國分十七大學區。各大學區有一大學，大學總長監理區內中等、初等教育。又有大學區教育會，各縣有縣教育會。又教育部設總視學官，各大學區設大學區視學官。各郡各鄉亦設視學官，各監視所轄之學事。

初等學校 分保育學校、初等小學校、補習科、高等小學校、藝徒學校及實業補習學校等。

保育學校收二歲至六歲之幼兒，多設於都會及工業繁盛地方，兼乳母與蒙養園之任務。其附屬於初等小學校之蒙養科者，收四歲至七歲之兒童，爲小學校預備教育。

初等小學校定義務教育七年，國中男女六歲至十三歲必入之。科目爲修身及公民科、國語、算術、地理、歷史（本國）、博物、理科、圖畫、手工、裁縫（女）、音樂、體操。又海岸地方兼授關於航海、漁業初步知識。編制有男女分級、合級之別。女兒學校教授用女教員，男女合級亦以用女教員教授為原則。

凡由一學校入他學校，或就社會職業，必經試驗。試驗於學年末舉行，兒童十一歲以上，得應試驗。各鄉鎮有試驗委員主試。

高等小學校以得有初等小學校修業證書入之，修業年限三年，亦可增至二年或三年。科目為修身、公民科、國語、歷史（普通史以近世為主）、地理（普通地理以殖民地地理及商工業地理為主）、外國語、法制、經濟算術（以商業應用為主）、代數、幾何、簿記、理化、博物（以農工商應用為主）、幾何畫法、圖案、體操、金木工（男）、裁縫（女）。又有不完全之高等小學校，附屬於初等者稱補習科，修業年限一年。此與初等聯絡，程度略高，不為入學之預備。

青年補習教育　原為畢業初等後服兵役者而設，近來益加推廣，設有夜學會、講演會、青年會等，關於實業補習教育尤為注意。

法國小學經費，分為國家、行省、郡縣三種。凡教員薪俸及獎勵費，皆由國家支給。據千八百九十七年調查，國家所助者占百分之六十七。惟因地方情形而異，貧瘠者由國家代設學校。如城邑有十五萬人以上者，當自謀經費，國家不助給之。

師範學校　各縣設有男女師範學校各一所，養成初等小學校教員。高等師範學校有二種，一養成師範學校及高等小學校教員，一養成中學校教員。

中學校　設立之旨與德同，中流以上子弟入之，有國立者，有市立者。修業年限十一年，前四年為預科，後七年為本科。本科又分二期，因語學之關係，第一期限二部，第二期分四部。女子中學校五年，以小學校畢業者入之。

大學及專門學校　大學分文科、理科、法科、醫科、神學五科。講義有公開、特別二種。公開者，無論何人可任意聽講，不納學費；特別者，以學生為限。又因實地練習之故，特設練習學校。此外有高等工業及商業學校、美術學校。

學校系統如左。

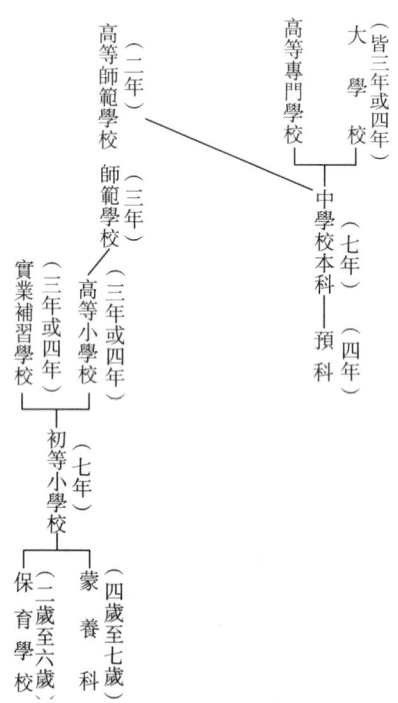

英國教育　英之學制，英蘭、蘇格蘭、愛爾蘭不無小有異同。今以英蘭爲主，述其概略。

小學校　分公立私立二種。兒童五歲至十四歲，父兄或保護人有遣令就學之責。十二歲以下之兒童，不許充勞役。三歲入蒙養科，七歲入小學校，科目以國語、算術、圖畫（男）、裁縫（女）、地理、歷史、博物、唱歌、體操爲必修科，代數、幾何、測量、機械學、化學、物理、生理、衛生、農業、園藝、手工、外國語準實際生活酌量增設。兒童學力優者許超升學級。故滿十二歲者，得按一定之標准，免除就學義務。

教授法概用教科書，稍流於板滯注入之弊，但增進讀書力是其特長。

教師有五級。生徒十三歲至十六歲誓願爲教師者，請求於校長，經視學官許可，爲練習生。以時間之半自修，半任教務，進爲教生。

教生須年滿十五歲，在初等學校校長監督下，擔任教務。另受相當教育，每年試驗一次。試驗三次及格者得爲助教員。或入師範學校，又試驗成績優者，爲假定正教員。入師範學校，修業二年後，經試驗而爲正教員。

英國小學經費，得於地方稅中之財產，每磅徵收二仙令或二仙令半。再不足，由國家與地方分擔，約地方出七分之四，國家出七分之三。據千九百年調查，全國歲費由地方支出者四百五十一萬餘磅，由國家補助者七百八十六萬八千餘磅。私立學校經考驗不及格者，停給津貼。就學兒童百人中約有十二人繳納學費。

中等學校及大學　私立者政府不加干涉，科目及修業年限無定，其教育不在求高深知識，惟以養成高尚品性，且適於應用爲主，頗重寄宿規則。

學校系統如左。

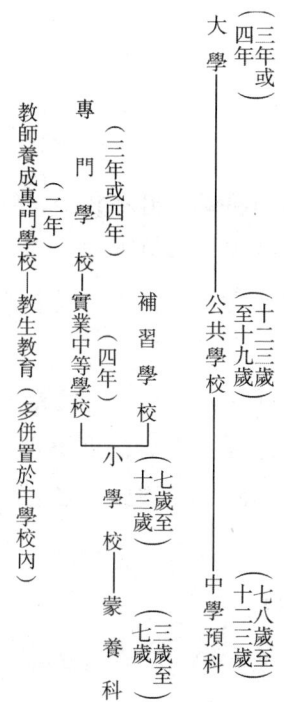

美國教育　美爲世界最尊重自由之國，其教育亦有特點，略述如左。

教育行政　教育權皆委諸地方自治。中央政府設教育局，惟經理諸州教育統計，記其現狀及其進步。又爲改良起見，編纂外國學制管理法、教授法之報告，以供國人之參考而已。各州有教育局，又有視學官。鄉鎮亦有學務委員與地方視學官。

小學校　各州義務教育年限不一，普通爲六歲至十四歲，分初等、高等二部，合置一處，修業年限各四年。

道德教育、國民教育惟於晨會或參合國語、歷史科中教授之，勿論貧富皆入同一學校。又令多數移住民子弟共學，使同化於國風。教育注重實際方面與自治方面，惟期於應用。教科以理科、手工、圖畫之技能學科及屬於實科者爲主。又重兒童個性，務陶冶其自助心，修練其自立力。教師對於兒童無嚴罰之事。

教授時間無多，特重自習，以反覆練習爲要，頗似德國。教授多用教科書，又似英國。每令上級生徒各出疑問，使他生徒答之，或令同級生徒自由出題，互相問答，已答之言亦可互相詰難，教師惟立於監督之地。此法頗爲世人所稱許。

小學教師多用女子，師範學校男女共學，修學年限一年至四年。

中學校及大學校　中學校修業年限四年。專門學校、大學校學科程度及年限無定，皆以養成適於實際生活之才能與堅固品性爲主，不重高深學理。

美國給助教育費之公産，約值三億餘美金。教育歲費計二億有奇（一八九九調查），出自利息者占百分之四點四，每邦賦稅百分之一七點四，地方賦稅百分之七〇點四，他款百分之七點六。

學校系統如左。

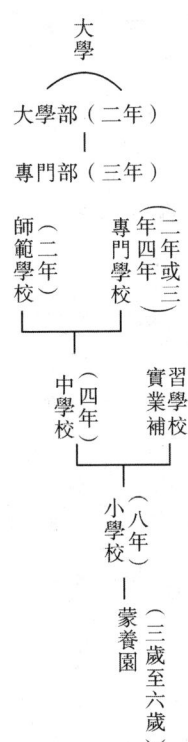

第八節　日本維新後之教育

　　日本文明皆導源於我國，晉時始輸入《論語》《千字文》。隋唐時復遣人留學，崇尚儒術，殆非一日。及明治維新，風尚始大變。明治四年（同治一〇）始設文部省。翌年頒布學制，分劃學區，設師範學校，由是勵行普通教育，由國庫支給補助費，並一變從來文學修身之思想，注重實用知識，教授法亦排斥注入之弊。嗣以學制過於劃一，乃改頒《教育令》（明治一二，光緒五），就學區、教科、學費等規定其大體，一切細目悉聽地方斟酌情形，自由辦理。旋又改《教育令》，發布《學校令》（明治一九），設視學官，定義務教育為四年，規模大備。是時，外國留學生歸國者日眾。裴斯泰洛齊、斯賓塞諸氏學說風行全國，教育主義漸具統系，惟根柢未富，或至徒襲皮毛。主持教育者復鼓吹國粹主義，以挽流弊。至二十三年改正《小學校令》，申注重德育之令，絀華崇實。而海爾巴脫之人文主義乃大昌。自甲午戰勝以來，益應世界潮流之傾向，增加義務年限二年（明治四十年頒布，四十二年實行）。學者又采社會派學說，以定教育之趨向，采實驗派學說，以改良教授法，駸駸乎比肩於歐美矣。

學校系統如左表。

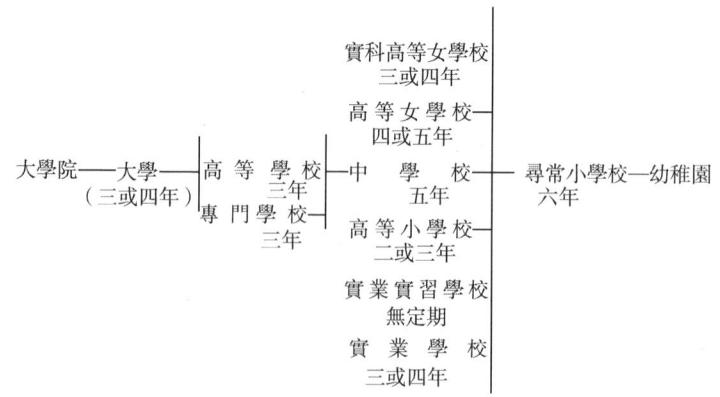

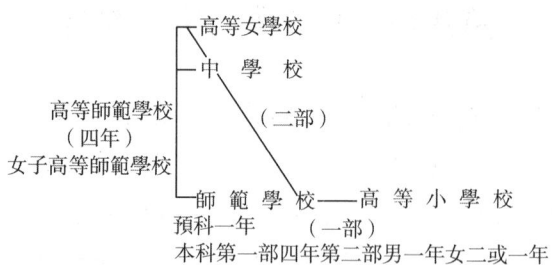

此外關於養成教員者，有高等師範學校、師範學校、臨時教員養成所、實業學校教員養成所。關於社會教育者，有圖畫館、博物館、動物園、植物園等。

附各國國民教育比較表

附各國國民教育比較表		每千人中不識字人數	
國　名	每人口千人小學兒童之數	男	女
德意志	一六一	男女共計五・	
法蘭西	一四六	三〇・	四〇・
英吉利	一四六	英倫一五・	一九・
		蘇格蘭一五・	二〇・
		愛爾蘭八六・	六二・
美利堅		白人產於本國者共計四六・四	
		（右據《留美學生季報》）	
日　本	八三	一四・七	三八・六

（右據中野禮次郎《東洋西洋教育史》）（右據中島半次郎《教育史》）

第四章　清季教育及民國學制

第一節　清季教育

清季之教育約可分三期言之，一開海禁時代之教育，二甲午戰敗以後之教育，三廢科舉以後之教育。

開海禁時代之教育　自鴉片戰爭以後，海禁洞開，士大夫怵於世變，稍稍棄帖括而研究時務，同文館、廣方言館、船政學堂等相繼開設，並派學生出洋留學。然所講求者惟語言文字，他非所重也。

甲午戰敗以後之教育　甲午戰敗，光緒親政，頗思變法自強。戊戌變政，廢科舉，興學校，士風丕變。然朝臣頑固，仇視新學，構興黨禍，僅數月而新政停罷。嗣經庚子之變，稍悟守舊之非，乃設管學大臣，學校與科舉並行。旋頒布《奏定學堂章程》，議減科舉。時遊學外洋者寖盛，新學說之傳播傾動一時，乃於光緒三十一年因各省督撫奏請，遂下廢科舉之詔。此實我國教育革新之一大紀念也。

廢科舉以後之教育　科舉廢後，設學部，教育行政職守，始與他部等。京師設督學局，各省設學務公所，置提學使，位在督撫下。各縣設勸學所。部、省、縣各設視學。又令各省設教育總會，各縣設教育分會。又頒布《女學堂章程》，規模似漸臻完備。然而教育仍不甚發達者：一以科舉之法獎勵畢業生，所謂學校者不過代科舉之用，與各國教育之旨不合；二徒事鋪張，不注重根本之小學，學者非別無營生之路必不爲小學教師，而地方小學經費亦無規定，私塾減而國學亦不興；三學校不注重實用學問，學科雖具，教授者多無根柢，能循序講授已爲難得，遑問應用，而師範之養成尤不得法，畢業者於教授訓練之術茫然莫辨，徒予反對者以口實；四辦理學校者多非深明教育之人，非專尚壓抑，激起反抗，即曲事迎合，藉保職守，以致新智未瀹，徒長澆風。因此種種，成效遂無可言。但武漢一呼，四方嚮應，又未始非新學輸入所造之因也。

第二節　民國學制

民國教育之現狀歷歷在人耳目，毋庸縷述。茲惟就所頒布之學制誌其概略。

教育行政　中央設教育部，猶前清之學部也。北京仍設學務局，管理京師學務。各省關於教育事宜，無獨立官廳，惟於巡按使署設教育科，各道及各縣署設學務課，各縣勸學所多已裁撤。省縣教育會仍舊，其權限比前清時範圍較狹。又視學官亦與前清同，惟增設道視學耳。

教育宗旨及系統　注重道德，以實利教育、軍國民教育輔之，更以美感完成其教育。

小學校教育以留意兒童身心之發育，培養國民道德之基礎，並授以生活所必需之知識技能為宗旨，分初、高二等，以滿六週歲至十四歲為學齡。初等為義務教育。

中學校以完足普通教育、造成健全國民為宗旨。

師範學校以造就小學教員為目的，高等師範以造就中學校、師範學校教員為目的。

實業學校以教授農工商業必需之知識技能為目的。

專門學校以教授高等學術、養成專門人才為宗旨。

大學校以教授高深學術、養成碩學閎才，應國家需要為宗旨。

學校系統表

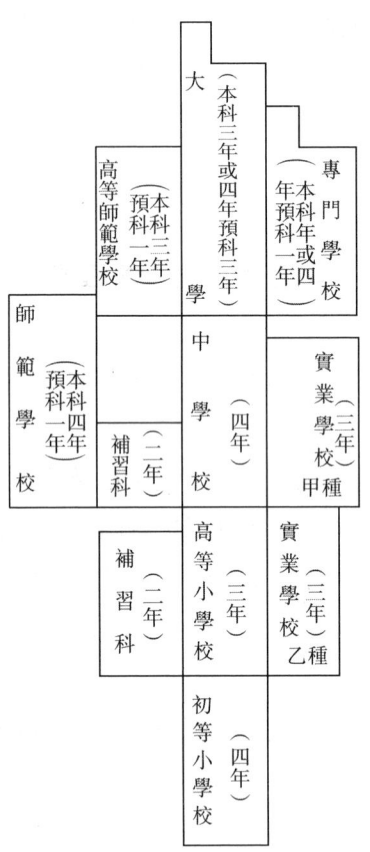

國民學校國文
教授之新研究

原载《中华教育界》第 5 卷第 1、2 期，1916 年 1、2 月。

第一章　研究小學國文教授之緣起

我國舊時國文教授，大都取選輯之陳文，用批評之法詳加講解。其兒童初入學時，惟令其囫圇讀書，無所謂國文教科書，亦無所謂教授法也。自學校之制行，小學校之國文始有摹仿外國讀本，爲改良教科書之張本。然實際上之教授，未有當也。近頃以來，先進國教授之新潮，日濡染於學者之耳目，而學生國文之成績，又素爲國人所注重。於是好學深思之小學教育家，或搜討學說，或發揮經驗，以供國文教授之研究。惟國文教授與他種科學不同，而小學教授又與普通治文之法不同，當根據數千年遺傳之精神，運用實驗心理之方法。不深究本國之文字，不能通其義蘊；不貫澈最新之學理，無由定其方針。近人所言，陳腐及不適用者勿論矣，間有警闢議論，類皆抒其一得之見，失之零碎。以如此重大之問題，猥無精密之研究，小學教授，寧能促其進步耶？是用不揣固陋，分章次述，糾正疏謬，願與同人共勉之。

第二章　文字之研究

一、我國文字之特質

　　凡一國之文字，莫不各有其特質。西洋各國文字，雖特質各異，一以拼音爲主。獨我國爲有義之字，字各異形，故建類之字母，主形不主音。《說文》分五百四十部，《康熙字典》力求簡易，部首亦有二百一十五字，不能如他國拼音之字母，可以數十字括之。且孳生之字，非盡從字母之筆畫而成，每習一字，必審各字之形，又其筆畫繁多，速記不易。口語與文言，多相懸殊，非如西洋文字，勿論口語與文言，皆由數十字母相拼而成。此近世論教育者所以言國字爲教授上之障礙也。然一方見爲障礙，易一方觀之，則此有義之文字，與教授上之興味、心理上之聯想，又甚相容。何也？學習語言，爲學者最困難之功課者，以其徒重器械之記憶，無意味之可尋也。我國文字依形、聲、意三者構成，識字之時，可依字之構成，望文而知義，所謂與教授上興味之說合者，此也。依字之形而得本字爲何物之聯想，如口字與口形相似、山字與山形相似是。依字之意而得本字作何解之聯想，如合日月爲明、合黑土爲墨是。依字之一部分從某而詳本字爲何類事物之聯想，一部分叶某聲，而得本字爲何聲之聯想，如銅從金同聲、洋從水羊聲是。前者合於類似律，後二者合於接近律。故由意則可資理解，由聲則可助記憶，形則兼之。以此施諸實驗，歷歷不爽，所謂與心理上聯想之說合者，此也。知二種之特質，則我國文字當如何而教授，可以進而求之。惟此係循科學之法則，以採取舊學之精神，非妄爲比附之論也。

二、根本上之教授

　　由前所論，我國文字既具有如此之特質，自當有本國特殊教授之方法。自六書之學廢，而根本之學問，徒資一二考古者之搜討。國人識字，久不辨所自來。窮極必反，即文字亦何莫不然？故今論小學國文之教授，必以六書爲歸宿。惟現行之楷書，由篆隸遞變而成，加以六朝以來之增損，行草變真，益離本形。唐人六經之文，《易》則雜以俗字，《書》則改用今文。陸氏《釋文》、張參《五經文字》等書，亦沿襲世俗傳寫。惟許氏《說文》，多引經傳古文，頗存六書之真義。但六書原本篆文，教授小學之音義，必於楷書不可通者，進而求之篆文，期合六書之旨。以吾國字體之繁難，初學已不易習，若兼授篆文，是更增一繁難矣。然舍六書而不求，於字體又甚扞格，欲循識字之正軌，且排去教授上之障礙，是當本古人所以立六書之精義而求教法，不當泥後學辨別六書之迹象而尋門徑。爰本斯旨，特創新例。

　　一、當就楷書字體，說明其構成之義。其與《說文》之例合者用《說文》之義，如"日，實也""月，闕也"是。其與本形離者，當就現行之體釋之，如篆文之"艸"，今以草字代之，當云"上從'艹'象草之形，下早聲，諧草之聲"是。其現行之體無義可釋者，寧闕而弗論，如："齊"篆文作"竹"，象禾麥吐穗下垂；"用"篆文作"用"，從卜中之類，今體無可釋之義是。昔許慎作《說文》，專依小篆；鄭樵釋六書，僅從隸法。可見，應文字變遷之跡，沿其流而不必究其源，古人已有先例。況爲初學計，在從教授之便宜通解字義，不在探求名物象數之原，雖舍舊說，當不爲識者所譏。

　　二、以義聲爲主，不泥於六書之分類。蓋六書本足以括字法，而學者各執臆說，從類率多混淆，有象形、指事、會意、形聲相混者，有會意、轉注相混者，有形聲、轉注相混者，有形聲、假藉相混者，有轉注、假藉相混者。即精核如許氏《說文》，舉例猶多疑難。而楷書之字，尤有應變通者，字體多離本形，古訓不盡可通，一也；轉注同義之字，與假藉異用之字，多可省略，二也。故今對於教授上之主張，分爲二類：一曰本義之字。此又分爲二種：屬義者，凡象形、指事、會意、轉注之字可通者入之；屬聲者，凡形聲之字及象形、指事、會意之兼聲者入之。以義包形事者，因象形、指事，莫非有義之字，形聲之字，雖半主義、半主聲，亦可屬之於義。惟形聲占字之大部，《說文》九千三百五十三字，屬形聲者十之九，故義與聲可相對而立。二曰旁義之字。凡轉注、假藉之字可通者入之，此類本無其字，藉本義之字爲用。屬義者，有從本義而引伸者，亦有與本義無涉者；屬聲者，有用本聲者，亦有轉聲者，雖字體之變例，然以濟應用之窮，固不可略也。至本義與區分之標準及其應用，當另論之。

三、釋字之本質，惟期初學易曉，不必泥守治說文學者之說。既依字之構成而加解釋，凡楷書未變本形者，自當據《說文》爲訓，惟有不能不變通者：（一）舊說牽强或義太陳晦者，如"青，東方色也。木生火，從生丹""付，從寸，持物以與人""居，從屍古""戾，曲也。從犬在户下""吊，從人持弓""加，從力口""甚，從甘匹""外，從夕卜""正，從一止""間，從門中見月"之類。此皆泥於考造字之原始，故牽合六書之例以下臆斷，初非爲識一字求一字之用法。教授小學之兒童，不能如此支離也。（二）不合科學之知識者，如"示，從二、古上字；三垂，日月星也""杲，從日在木下""東，從日在木中""莫，從日在草中""美、善、義並從羊，羊祥也""社，從土示""天曰神""地曰祇，土神也"之類是。（三）不合時事者，如"郵，從邑垂，垂，邊也""秦，從禾，從舂省，秦地宜禾也""妾，從女立，女有罪曰妾""奴，從女又""王，從三從丨，一貫三爲王，三者，天地人之道也""卧，從人臣，取其伏也"之類是。夫考名物象數之原，推原字始，本足供學問之研究，若但爲初學通曉文字起見，似此奥義，勿論非其所急，且亦不能理解也。（四）從某字所省之聲，其部分不甚顯明者，如尚爲杏聲、商爲章聲等，所省之某字，非占某字之大部分，則教授必多費解。若責爲束聲，那爲冉聲，尤與今形相遠，更不待論矣。凡此皆不取舊訓，或竟不就構成之式以釋之。此雖於字之解釋，不能取一律之法則，然舊訓與字之構成一致又適於兒童理解者皆取之。進而求之，未始不可爲通《說文》之階梯。不如此者，惟示以某字之意義如何，而於字之本質則略之，如《爾雅·訓詁》《朱子解經》之例，且即釋字之本質。此詳解之說明，固亦不可廢也。

　　四、得抽出字之一部分示之。如螢但云從火從蟲，使知爲有火光之蟲；桑但云從木，使知爲木類；佩但云從巾從人，使知佩之爲巾類，且爲人所用之物；字但云從子，孳生爲字，猶生子之義，或曰子聲，不必詳叕凡宀之爲何義，每但云母聲，翁但云公聲，不必詳人羽之爲何義是。此在治《說文》學者，或不免斥其妄謬。然當知今之所主張，本心理教授之原則，就字之本質，惟取字體之有義有聲者，與以有興味之講解，期收助理解、便記憶之效，與專門家之見地固自不同，固不可以稍乖《說文》之例繩之也。

　　字之有本義與旁義，前既略言之矣。茲先論其區分，亦不能盡守《說文》之例。蓋以教授兒童識字，一方求應通俗之用，一方求明白易曉。若古訓之本義，有泥字解釋，其義反晦，或義雖有本，今不通用，抛棄本義，固與所謂有義之例，勢不相容。然泥守古訓，勿論教科書本文先見本義之字，諸多礙難，且其中亦有不適於教授者，因是不可不特立界說，以爲本義與引伸義之標准。此標准如何而定，當取字體之有義可尋，其義又合於實例者爲正本義。如切當以切割爲本義，取其從刀之義，而以迫切、誠切爲旁義；節當以植物述之，取其從竹之義，而以時節、節操爲旁義；當當以相當爲本義，取其從田、猶田相值之義，而以當然爲旁義是。若古訓雖爲本義，或本字廢置，或爲假藉所奪，或義不通用者，勿論字體有義可尋與否，皆主習用之義爲變本義，或曰通義。如狀本爲犬之形、物本爲牛之事，釋狀與物，不能泥從犬牛而見；希乃疏巾，當從希少；戲爲兵交，當從遊戲；賢爲多財，當從賢良；約爲絲束，當從儉約或期約；爾爲花盛，當從爾汝；某爲媒之正字，當從或某。

率，鳥畢也，當從率循；䉓，䉓也，當從䉓勉。翁，毛也，當從老翁；方，並舟也，當從方圓；字，養也，當從文字。又有因應用之廣狹而定者。如舜爲花名，不妨從堯舜；汝爲水名，不妨從汝爾；戚爲斧類，不妨從親戚；尊爲酒器，不妨從尊卑；歸爲女嫁，不妨從歸去；蜀爲蟲名，不妨從省名；答爲小豆，不妨從問答；業，大版也，不妨從事業；來，麥也，不妨從往來；登，豆也，不妨從升登；易，蟲屬也，不妨從難易；難與雝，禽也，不妨從難易與雝和。至如虛字爲、之、焉等，莫不以習用爲主，不用原用之本義者，此又勿待論也。

　　區分之界說既定，進而論其應用。此當研究者，其例有三：一、數字一義；二、一字數義；三、一字數聲。二與三惟屬於旁義之字，一則本義與旁義之字皆有之。夫聲隨義而見，苟爲不可少之義，雖轉數聲，其字必見；苟爲可不用之義，雖不轉聲，亦可不見。如是，則有研究之價值者，惟一字數義與數字一義二種。由前而論，據字典所輯，一字有多至十餘義者；由後而論，據《爾雅·釋詁》，有一義多至四十字者。然數字一義，必有本字；一字數義，必有本義。有本字則凡可不用之字可省。如詎與豈同義，詎字可省；迄與及同義，迄字可省；啻與但同義，啻字可省是。有本義則凡可不用之義可省。如悉與皆同義，而悉既爲知悉之本義，則凡作皆用者可不用悉字；疾與速同義，而疾既爲疾病之本義，則凡作速用者可不用疾字是。若字體並有義可解者，則以習用之字爲主。如灌、沃同義，當用灌字；爨、炊、煮同義，當用煮字是。夫就修辭而論，句中所用之字，惟期音節之諧，上之所言，原可不必計及，如《孟子》"我善養吾浩然之氣"，言我又言吾；《左傳》"爾用而先人之治命"，言爾又言而；《史記·張儀傳》"若善守汝國，我顧且盜而城"，言若言汝又言而是。惟國民教育，在通曉應用之字，非求能作優美之文。使混同之字，漫無去取，紛然雜陳，不惟有礙智力之經濟，更使兒童之觀念易滋淆亂。且古人作文，於歧異之用語，在所必避，具有成例，徵之經文。《書經》用翌日者六，無用明日者，《論語》用明日者二，無用翌日者，《論語》言斯者七十，而不言此，《大學》言此者十九，而不言斯。即此可見同字之義、同義之字，不可不定一限制也。但口語之字，不在此例。

三、字數

前言同義之字、同字之義，應有限制，已立一定之標准。循此標准，當用若何數目，始適於國民教育之用乎？此亦一問題也。查日本國語讀本，限定漢字約一千三百六十字。我國國字爲國民所通用者，取日本小學限定之數，必不足以應用。然一方求其足以應用，一方應顧慮分量之相當。準日本爲例，彼之識漢字，有音與訓二種，其識一字當費我國識二字之工夫，且尚須熟習五十音之片假名與平假名。由此例推，則我國小學識三千字以內，當不困難。據新聞所用之活字，通常不過四五千字，其中同字之義、同義之字，省其類似重複及不通用者，是選用三千字內外當可應用。我國舊時教授，惟有研究讀書若幹部，曾無論及識字之數者，雖《文字蒙求》輯錄二千餘字，以便初學肄習，亦不過爲通《說文》之門徑，非所語於應用。其可供研究之資料者，僅有二種：一教會某君所出之通俗課本，選用六百字；一教育部定選字表，定必不可少者二千一百九十五字，選用者一千九百四十五字。教會本疏陋頗多，可弗深論。選字表之字數，與上所論者大較相去不遠，惟其字之選擇與表之區分，是否足以示全國人之範圍，此則吾人所不能不研究者也。

大抵字之無限者，爲實字中之名字；若虛字及實字中之動字、靜字，皆可加以限制。蓋名字隨新出之事物而增加，虛字與動字、靜字，任增何種之事物，無不可以限制之。動字、靜字描寫其情狀以限制之，虛字聯綴爲文。所謂限制者，除不通用之字另爲一問題，其中類似與重複者，實可省略。然名字雖屬無限，若以通用爲原則，又未始不可加以限制。惟此通用之範圍，其廣狹殊不易定。從廣義，則識《說文》之九千餘字，尚多不識之名。從狹義，則教會某書選定之六百字，亦可成文。教育部選字表，固所以示全國人之範圍者，試一加檢閱，覺從廣義則不備，從狭義則不精。茲不暇細密糾正，僅就隨覽所及，其疏陋之點，殊不勝舉。如定選字表之標准，謂言文一致者易，言文相歧者難，而瞽見一表，瞎見二表，汝見一表，你見二表，是否與標准相合，而一表非必不可省或可省之字，及二表比一表之字較爲通用者亦多。如一表兒部之兀、木部之橺、水部之汈況、草部之萇、羽部之翎、蟲部之蝥蝨、言部之讎、肉部之脩（修已見）等，似非必不可少之字。其並見之字，如併與並同，並即併之俗字，人部併並並見，从部又見並；薦見草部，又見鷹部；遊見方人部，又見辵部；埶見丸部，又見幸部。不知何所取義，如堤隄並見，祐佑並見，凋雕並見，是否可以斟酌取舍。又關於姓氏之字，如杜、繆不必較虞、姚爲要姓，何以虞、姚見二表，而杜、繆見一表？且唐屬堯，虞屬舜，何以唐、堯並見一表，而虞見二表，不與舜並列？又關於地名之字，因地方應用不同，此省必知者，他省或非所急。如日部之晉、水部之洛、蟲部之蜀，似不必見於一表。而粵亦一省通用之字，何以不見一表？晉、蜀尚可曰古之國名，若洛並非現世重要之水，取一部分之字，強全國以通用，殊未敢謂然也。又櫻爲日本重要物產，若在吾國，何以見杞、檀、柿、柚爲重要，而必見一表乎？又二表之暴、毀、塞、劍等，皆通用之字，二表既可隨意選用，此等字是否可以聽其不用？凡茲所舉，皆對於選字表不能無疑義者也。

吾以爲選字之標准，除以通用爲原則外，最注意者，一、虛字與動字、靜字，一方省其重複與類似之字，一方勿令其不足於應用；二、口語之字，關於應用之動字、靜字與虛字中之助字，當悉列入。至名字則惟就人生生活必需之字，列入一表，其餘皆列入二表，一聽編教科書者之選用可也。

四、字體

此當注意者有二：一、形宜釐正。教授文字，既根據於六書，必從正寫，斯命義命聲，適於教授上之主張。惟所謂正寫者，非一一復古，以蘄合於六書之旨，但當就古今字之異體者，比較其意味與筆畫，何爲適當，以定取舍。若漫無抉擇，沿襲僞謬，如妝當從女而書粧，奇當從大而書竒，既無省筆之便，徒亂有義之形，此不可不釐正者也。二、筆畫宜劃一。自字學不講，學者惟以意命書，或好作古字，或習用破體，即古籍流傳，字體亦復互異。近出之教科書，往往一冊之中，同書一字，前後不符，此於淆亂兒童之觀念，所關匪細。如堤之偏旁，或書從土，或書從阝；槍之偏旁，或書從木，或書從金。又如弼、宿正寫從丙，而通用多從百；蓋正寫從太，而通用多從去，勿論從正從習慣，要不可不求劃一也。

　　研究字體，尚有一重要之問題，即省筆之字，近人頗有主張之也。省筆之字，有本爲古文者，如貌，古作兒，肇，古作肁是。其非出於古文者。就流別而論，可分爲三：一、碑帖之省改；二、習俗之便寫；三、行草之變真。就構成之原因而論，亦可分爲三：一、因點畫複雜而省者，如聲省作声，勢省作势是；二、因運筆便利而省者，如頓省作顿，虞省作虞是；三、從類推作用而省者，如辭省作辞，亂亦省作乱是。由舊學之觀察，當從正寫；就應用之方便，則省筆之字，無教授者之提倡，而粗識之無之人，無不喜用，可以驗通俗之心理矣。教科書固主通俗，然在今日，必徑從省筆之字，或不免起反對者之非難。故茲所主張，本文皆從正寫；其省筆之字，或附見於本文之旁，或載於教授書中，於教授時兼示之。則依本文之字，可以明本形、讀書籍；依省筆之字，可以便速記。雖與釐正劃一之說或不相容，而實際究不相妨。蓋釐正劃一，所以排去應用之障礙；兼習省筆之字，所以補助應用之便利。小學文字之教授，既可兼習行書，則此之主張兼習省筆字，其理一也。況省筆之字，亦多有命義命聲者，古文之省字勿論已，即習俗傳寫之省筆字，如寶象玉在宀下，國象民在口中，猶從犬尤聲，燈從火丁聲之類，與教授上之主張，正無不合。至如錢作上、兩作及之類，雖無意味可守，而習俗沿用，未可廢也。昔顏元孫作《字書》，序言：文字改篆行隸，漸失本真，純據《說文》，下筆多礙，當去泰去甚，使輕重合宜，因彙輯各種寫法，分爲俗、通、正三體。又云：俗者例皆淺近，非涉雅言，用亦無爽；通者相承久遠，施之公文，亦免詆訶。茲所列之字，勿論其爲俗爲通，惟以省筆爲主。若筆畫相當，概弗列入，但其中以原有之本字，用代繁畫者，當斟酌去取，庶與釐正劃一之旨不相違也。

同仝　圓円　國国囻　岡冈　體体　寶宝　氣气有本字　舊旧　聲声　邊□边　獨獨独　畫画　辭辤辞　亂乱　實实　歲岁　與与　獻献　雙双　命令　燈灯　箋笺　養養养　過过　對对　還还　難难難旁皆作又　顯显　鐵铁　經巠巠旁皆作至　應应　斷斲断斷旁皆作迷齒齿　區区　夢梦　變变　醫医　當当　釐厘　毫毛有本字　萬万　鶴雀　龜龟　鹽塩　廟庙　齊斉𣫭皆作文　關開関　黨党　稱称　聖圣　賢肾　爾尔　雅疋　離离　遷迁　陰阴　陽阳　靈灵　猶犹　貌皃　肇肁　疆畺　奴僅　僅亦作僅　協叶　繭繉　淵渊開皆作開　從从　勢势　禮礼　盡尽　學斈𦥑皆作文　歸歸归　證証有本字　職戠　傑杰　於扵于　備俻　龍龓　頓頋　曹曺　莊庄　藏臧　黏沾　衿夾有本字　夾夾　倣仿　慌恍　兩刃　礮砲炮　擔担　膽胆　鍼針　嘗甞尝　灑洒　喫吃　齩咬　執执　爐炉字之一部盧者皆作户　總揔捴同聰　箭筒　草艸　蟲虫　虞虞　吳吴　圖啚　走赱　攜携　棲栖　懷懷　臺臺　災灾　因囙　裙帬　欣忻　猿猨　轉模　安安　歡憘　乾乹　憐怜　權權权　甄搏　煙烟　絃弦　高喬　韶髳　堯尭　巢巢巛皆作少　褒襃　鞾靴　訶呵　蠶蚕𠀤頭作秊　牆墙　牀床丬皆作丬　糧粮　耕㭋　劉刘　鄒邹　璆球　餕糇　碪砧　襟衿　霑沾　憑凴　冰冰　興陵興　繩縄　陵陵　能䏻　鑒鉴鑒皆作欧　講講　徙從　紙帋　技伎　此此　旨盲　止心　幾几有本字　旅㫋　黍秂　楚楚屬疋皆作之　斂叙　豎竪　虎帍　覩睹　採采　綵彩有本字　隱隐　筍笋　準准　本夲　剪剪　來来　惱惚　寫冩　礦鈩　拯抍　甕瓮　義义　譬辟　器罸　飼飤　毅毅　御徣　數数　步歩　顧顾　害害　最冣　藝蓺藝埶　第弟竹頭多作草頭　袋俗　再丹　塊㘯　喙啄　線綫　豐豊　糞糞　遁遁　館舘　算祘　雁鴈　薦薦有本字　笑咲　櫂棹　鬧㘔　耄耄　霸覇　正𤴓　聽聴听　鬥鬦　曝暴　朔朔　樸朴菐旁皆作卜　暱昵　鬱欎　蟲虱　發𤼵　竊窃　跡迹

雜雜　臘腊　澀涩　惡悪恶　鞰鞋　饎糕　愛爱　勸劝　單单

五、字音

　　識字必先正音，教授本國文不易之例。我國舊時教授，但令兒童隨唱，初不示以發音之法，故音韻率多訛誤。今欲本教授之原則，注重發音，而讀音既未統一，無音標之可守。舊時反切之音，因古今異音，土音各別，殊難適用。然切音雖不可據，而四聲則無殊異，故平上去入之分，實可稍資矯正發音之標准。如分四聲，歌訣云：平聲平道莫低昂，上聲高呼猛烈強，去聲分明哀遠道，入聲短促急收藏。循是求聲，於音之清濁疾徐，不至茫然無別。又依《切韻》之法，研究開口閉口之呼法，唇齒舌喉之發音，於實施教授時，示以口態之動作，爲兒童發音之標准，其裨益正非淺也。

六、筆順

　　字之音義既識，次當熟習其書法，則下筆順序，不可不講。苟順序不明，不但漫無規律，顛倒錯亂，且不循字之體勢，間架亦不能適應。惟筆順之序，初無定說，即如潘之淙作《書法離鈎》，論下筆先後，所舉之例，如必字即有先七次心、或先心次心之不同。日人論漢字筆順，又有先儿次丶者，是不無小有殊異矣。茲依日人心理順序之說，惟從大體定其標准，約舉其例：一、先中部後左右，如來非是；二、先上後下，如書長是；三、先左部後右部，如門將是；四、向方向之點線順次而書，如無是；五、利用筆勢，如身是。即此例推，參差之弊，庶幾免矣。

七、關於聯想文字之注意

　　我國之字，以適應於聯想爲特質。上所論者，僅從字之本體而言也。

至本字與他字之關係，在兒童初識字時，亦可因聯想而生誤謬，或得比較之觀念。此當分三類言之。一、形之聯想。此又當分爲三種：一、形體微異者，如日曰、未末、土士之類；二、筆畫稍有增損者，如甲申、田由、自百之類；三、位置顛倒者，如犬太、杏呆之類。此最易誤謬者，外此，因大體之類似，或一大部分之具體而生誤謬者亦時有之。教授時，凡已授之字與新授之字形相同者，必提出使相辨識，且說明其構造不同之意義。二、聲之聯想。俚俗文函，所謂白字者，大抵根於同音之誤謬者甚多，如書世爲事、書衛爲未之類。蓋俗人識字，本未解意義之如何，當其綴字爲文，惟求與口語相近，此誤謬之所由來也。兒童初識字時，凡已授之字與新授之字音相同者，必就字體、字義比較提示，使深知各字之用法。惟音標未定，各處土音不同，當由教師就教科書之本文，隨時彙輯同音之字，舉以示之。三、意之聯想。此當分辨者有二：一、注意本字本義之用法，如一字數義，當使於不同之義，各明其用法；如一義數字，當使知本字之用，可以代同義之字者。惟限於所授之義，不能代同義字他項之用。二、引起比較之觀念，如新授之字與已授之字義有類似者，如持與取、先與前之類；義相接近者，如已、將、未之類；義相反對者，如出入、左右、賣買之類，當詳細比較，區別其如何不同之點，使觀念益臻於明確。

　　此三者，雖無與於字之主體，然因教授連類而及，固於比較上有誘起類化之益也。

第三章　文法之研究

一、我國文法教授之經過情形

　　我國向來之慣例，對於初入學之兒童，無所謂文法教授。及其稍進，惟令多讀多作，俾於不知不識之中，涵濡漸漬，以幾於豁然貫通之境。此當研究者：（一）所授之文法，惟就選文已具之文法，詳加講解，其各篇之法式，不能與文法進行之序，爲一致之連絡。（二）所讀之文，雖可按生徒程度淺深循序選擇，惟所謂淺深者，祇能就文章之大體而言，不能定細密之標准，適與幼年兒童之心理相應。（三）對於初學年之兒童，惟有讀講，不能使之有自動之餘地。（四）國民學校，年限僅有四年，不能於一定之期限內，使於文法之統系，有若何之結束，則僅畢業於國民學校者，以所習得之文法應用於生活，殊無把握。（五）國民學校以至促之期限，求普通之知識，不能專力治文，若於文法之程序，無適當之標准，而僅恃往時之所謂多讀多作涵濡漸漬者，恐終歸於無效。準斯以談，似此漫無歸宿之教法，其不適用可斷言也。

　　近頃以來，國人所辦之小學校，大率已通用國文教科書。然小學國文之成績，了無可觀者。此其原因，一由編纂之讀本，於文法根本上，初無精密之連絡；一由教師對於文法教授，絕無革新之研究，即間有特出之教師，循循善誘，亦不過循坊刊讀本之序，於聯綴仿作之式，稍加講求，殊不能使學生所習之文法，在至短期限內，得有系統之知識。進而考察社會一般人之研究，其爲時論所注意者：一曰實用主義，此在國文上所表示之說，謂小學校國文宜注重日用文。其說誠爲有見，學校實行此主義者亦收微效。惟日用文衹文章一部分之事，至兒童學習文法，如何而通其奧竅，以及文法程序，尚須更爲系統之研究。二曰虛字法，主張分解虛字，練習用法，此於初學治文之關鍵，不可謂非扼要之事。近世坊間刊本，關於此類之書，頗有數種。惟每一虛字有種種用法，淺深正不一致，同時全授，恐初學兒童未易領會。三曰文典，列舉詞性，分類講授，由部分而進於總合。此在外國中學校，莫不通用。時人取其義例，纂爲課本，施諸小學教授者，間亦有之。惟以精密之系統文法教授小學，殊苦艱深。且二三兩項，皆於讀本之外，另成一種文法教授書，微論離讀本而徒授文法，材料乾燥，減損興趣，易滋兒童之厭倦；而教科書以國文命名，又何取義？此不能無疑難者也。

二、各國文法教授之沿革

歐洲當十八世紀以前，文法教授，惟使自文法書中記憶各種法則，學者頗苦其艱澀。迄十九世紀裴斯泰洛齊之直觀主義盛行，第斯臺威爾本其原則，應用於文法教授，編纂讀本，由歸納法示以實例，而以理會言語爲最終之目的。承其說者益加推闡，先示實例，次究實例之法則，終練習問題。額利姆首排斥其法，謂兒童學習語言，自能得諸不知不識之中，強以文法之式例束縛之，或反妨礙其自然之發達。於是，鶴德及開爾涅爾二氏改良第氏方法，結合實質與形式，取模範文而教授之。海爾巴脫派來因氏復以文法教授支配於讀法中，減損文章之趣味，主張附於綴法行之。論者又議其妨礙生徒之發表力，故近時教授文法，不以附於綴法爲主。日本最近通行之教法，主張附於讀法教授之中，在初學年時，於用語體之時授語法，使應用於言語及綴法，及用文言體時授文法，使應用於綴法。其教材以文之支配爲主，由解剖與歸納分類指示，次第以進於文之要素。經多數人之研究與經驗，皆以如此教法，適合於兒童之心理狀態。此則吾人所當資爲考鏡者也。

三、文體

　　國民學校應授之文，所以與中學校等不同者，其殊異之點，即範圍特廣，而内容特狹是也。何謂範圍特廣？則以國民學校之所謂國文，實具有言語與文章兩種之性質。①

---

① 該文結尾部分未刊登，似原刊疏漏。

考察日本實業補習教育記要

商務印書館1918年9月初版,署名"李步青、路孝植編"。

實業補習教育之論述，舊唯《教育叢書譯刊》一種，其說寖陳朽已。近年以來，稍於譯職業教育書中連類輯錄，粗有所闡述，而省异殊甚。去冬奉命東渡，調查茲務，以事方創始，兼嫌衆本疏略，思有以廣其說，而時日迫促，牽於見聞，聊以愚管，採各項規程，并聞人之說，參究目擊情實，鉤要索微，具列异同，豫是有益，悉予抄內。其事表散列，無文可見，輒撮其指意，未詳則闕。自維謏陋，猥事編述，豈足以質諸多識？庶覽者有轍可循云爾。計目次十一，凡一册謹呈總、次長鑒核。

一、日本實業補習教育現在之情形

實業補習教育，自明治四十年來，校數及內容，始有確實之進步。頃者義務教育之說盛唱，惟實際上尚遽難及此。現在全國已設者約九千五百餘校，其中農占八千餘，工商各約三百餘（大正三年統計，農六千二百三十七，商二百十二，工一百六十七），計一萬二千餘町村。有一町村設二校以上，未設者尚不祇二千餘處。此類學校，多附設于小學校，教員備專門學識者少，故缺點頗多。大抵程度高者，多屬都會之工商業補習教育；低者，多屬町村之農業補習教育。工商業補習學校數雖較少，而成效頗著，人民之志願亦趨重於此。如川畸船廠之職工，就學者甚夥。此其原因，以多補習一分之技能，即工價可增。匪惟都會繁盛，就學便而籌設易已也。故此項補習教育之發達，殊無俟政府之多方督促，人民已自然趨重。町村之農業補習學校，爲數雖多，而成效較微者，因町村入學者學力較遜，稍事補習，其效不顯。而農業又非如工商業之可以驟增代價，希望薄斯，勉學之心不易促進。現在所設者，大概溫習小學所習功課，使之勿忘，更加以淺近之農業知識耳。此例雖歐美各國亦感困難，故學者對於町村受補習之人，引誘其勉學及教授興味之方法非常注意。然其側面之利益，受補習教育者，較僅畢業尋小學者學力頗優，值徵兵服務，容易升級。又甲種實業學校招生，入學學力，恒有競勝高小畢業生之事實。此所以尚不爲社會所漠視也。惟對於未滿義務教育者施補習教育，較爲困難，入學者普通之修養不足故也，但日本殊鮮此例。若促進補習之方法，大概委託縣以下屬於實業機關之人，就其調查報告，應否設施，再籌進行。綜計全國補習學校，受國庫補助者，不過都會十餘處，町村則由府縣補助之。至於補習教員，普通由小學教師擔任。實科教員之養成，令甲種實業與師範之畢業生相互補習，約一年左右，以擔任高小功課，兼資調劑。都會則相當機關之人兼充者甚多，町村則有農會之藝術員兼充云。

此段係彙述專門局長松浦鎮次郎、督學官上原種美二君談話。

二、日本實業補習教育經過之情形

實業補習學校規程，頒佈於明治二十六年，然設者寥寥。自中日戰爭起，國人頗自覺悟，校數乃大增。惟當時設立之旨，僅爲畢業小學者溫習舊課，稍兼授實業知識，其學科以普通爲主。所設各校，不過延長小學課程，視高小之教科，加幾分之變更，甚至與小學之補習科無異。而生徒修業應如何而便利，學科應如何而適用，亦未深加調查與考究。以故補習教育之效益，寖不見重於社會，迄三十五年改正規程，並發佈旨趣及設施順序方法。加以日俄戰勝，國勢奮發，工商業日益發展。又學者調查歐美補習教育，頗能推究其原，資爲討論。於是內容日漸改良，而校數亦愈以增多。至近十年來，始覯厥成效，其以成效最著稱者，推工商業補習教育。迹其革新之點：一、趨重實業科，不惟授知識而兼及技能，且因應職業方面，從狹義爲適當之分料。二、審知學年制，不能應生徒職業境遇之便，乃廣設科目制，以網羅各方面有志嚮學之人。三、聘任適當之專門實業教員，謀教授之完全。四、並設高下各級，使補習教育自成統系，又與他項實業教育得相連絡。如東京高工附設補習學校，爲研究工業補習學校之組織及教育法而設者，與爲關西模範之神戶市三補習學校，本斯旨而改革，遂日躋於隆盛。而大坂市補習教習，即以未早用科目制而不振，其故可得而思矣。

今者歐戰發生，見德人之縱橫一世，感其產業及富力之偉大，與國民知識及愛國心之富，頗歸功於補習教育之完善。於是定補習爲義務教育，遂成教育上之大問題。文部省且進而討論之，雖目前未易成爲事實，其趨勢固可預決已。然而學者對於最近經過之情形，猶振振有詞，或以訓令補習學校得以少數經費設置一語。僅顧慮一方面，致設立者浸潤其說，不得貫徹補習之目的，或以補習教育統系未立，組織甚不完全。訓令中依土地狀況一語，往往爲各處濫用。多未有詳密之調查，或以編制學級教科等。依訓令得自由規定，多未深加考究，僅成爲片面之教育。至於教程、期限、風紀等，亦有異議，凡茲所言，皆其缺點。雖然，日本補習教育之發展，躋有今日之盛，尚有數事，爲吾人所當注意者。旅東時常閱新聞，見內務省行政講習，農商務省獎進實業會議，於督促補習教育之方，加意講述。所以輔助文部省者甚至。此一事也。文部省於教科目、教授時間及時數，調查各方面意見，委託教育家調查報告，以調查所得，公之於衆。數年前且有教授細目之編制，又搜集歐美關於補習設施之紀述，翻譯成袟，似此取資參考者，數見不一。且刊行各件，於補習組織，備極詳盡。而不用法令之形式公布之，俾辦補習教育者有參考研究之資，無繩墨束縛之苦，最得體要。此又一事也。公私立各大工廠委託職工于學校代施補習教育，如川崎造船廠之與神户補習學校，吳海軍工廠之與橫須賀補習學校，皆以此而著成效。此又一事也。教科之配製及隨時增損，必須合乎地方之狀況。如何而與狀況相合，在市者則與市長協商，在郡町村者則與郡町村長協商。市長等於地方調查，皆甚詳盡，故無虞隔膜。而地方官吏議員等，往往與所在補習學校爲有關係之人，協助之力亦多。又青年團所營事業，供獻於農村補習教育者尤大。此又一事也。

三、日本工商業補習教育

（一）組織及編制

　　工商補習教育可即稱爲都市補習教育，有工商分置者，有工商並置者。據所見者而言，工校附設者爲工業補習學校，商校附設者爲商業補習學校，小學校附設者有工商並置之學校，亦有分置者。

　　所至之處，工校多附設補習學校，商校未附設補習學校者，多云正擬籌設。

　　小學校附屬工商補習教育，就在東京佐久間補習學校所見。關於簡易器械，由他處借用，其較繁重之實習，則與附近工廠協商。關於普通學科，由本校教師兼任。關於實業學科，仍請工商校教師或地方技師任之。又所設者大半爲普通科目，科目既簡易，組織亦不甚複雜。若神戶、湊川、兵庫三補習學校殊爲特例。

　　工商並置，彼此得因便互習，頗有利益。惟校長難兼諳工商學術，亦不相宜。

　　補習教育，設置者多爲公立。據大正三年統計表，工校一六七，公立一五四，私立一三；商校二一二，公立一八八，私立二四。因工廠之目的而自營者，如川畸造船所、吳海軍工廠等，皆委託學校授職工補習教育。因職業組合之目的而自營者未見，如東京職工學校附設之莫大小科，高工附設之特別教科，微有代職業組合謀補習教育之意。

　　都會之工商業補習教育，利益易見。雖學費較重，而人多趨之，故私立者尚易維持。若農村則否，且偏於私立，地點分配，不能均衡。又學科之重復缺漏，亦所不免。

備主與被備者之間，利害時相衝突。如公司、大工廠、大商店等，因業務之目的，聽其自設補習學校。授職工教育，往往狥自利之私見，不顧慮職工之利害，不如備主委託學校代施補習教育，或由辦理地方教育者，就公司大工廠大商店附近設補習學校，較爲妥適。

工商補習學校，大概以科目制爲本位，而兼用學年制。惟二制並行，而運用之精神，爲吾人所當知者：（一）學年制之特定學科，得於科目制中施教。科目制之基礎學科，得使學年制中生徒聽講（此種辦法東京高工附設補習學校於大正五年施行）。（二）學年制生徒亦得選習一科目或數科目（東京府立工藝職工織染各校附設補習學校皆有此規定）。

各補習學校有並設學年制、科目制者，有單設學年制或科目制者。現在設施情形，大概施於年少者採學年制，施于年長者采科目制。而小都市生徒無多，施最複雜之科目制，殊非所宜。惟科目制較通行於各校，如神戶市各補習學校，且純採科目制。所以然者，（一）期限長者易於中途輟學，各科不能獲相當之成績。從科目制則于短期間習得一科，即能得一科之用。（二）所授科目，不必全爲入學者業務所必要或知識技能所不足，從科目制則各人可就己所必要與所不足者選習之。但科目制亦有缺點。蓋所修者止於二科目，凡相關聯之科，不得同時教授。雖一部分進步甚速，然從全體觀察，不能得系統整齊之知識。故求都會補習教育之發達，與就學者之便利，不能不採科目制以利進行。而進圖完善，兼爲義務教育之準備，則學年制當期於必成。此純採科目制之神戶補習學校。所以頃亦有兼施學年制之規劃也。惟期學年制之成功，當注意者：（一）同級生徒之年齡學力必須相等。（二）學校之組織及學科目，須應等級適當配置。又一地方置數校者，須並設高下各級，爲系統之連絡。（三）應職業社會之需要，定學科種類，當以一種職業爲中心學科，他科目皆依此中心而配置。雖採學年制，而不授廣漠之教科，斯省時省事，教授上之效益良多。

補習之種類，屬學年制之工業教育大體分高等、中等、普通三部。高等近於專門程度。中等近於甲種工業徒弟等程度。普通有二種性質：

一於普通學科中兼配列最低級之實業科目（東京高工附設者於大正六年前曾有此制）；一純爲普通學科，近於預科。

高等級，惟高工附設者有之。實業學校附設者爲中等以下之級，屬學年制之商業教育，有分預科、普通科、高等科三種。所謂高等科者，與前項中等程度相當。東京橋區第二實業補習學校（附設泰明小學校）各級一年畢業，分年進級。入高等科限於有高小畢業學力，入普通科限於有尋小畢業學力，入預科限於年滿十二歲有尋小四年修業學力。（日本義務教育六年，此即未滿義務教育年限）

屬學年制之工商業教育，有一級制，其程度與乙種商業徒弟學校程度相當，有甲乙二級制，甲級視乙級程度較高。據調查所及，商業補習無與工業相當之高等科。岐阜縣笠松商工業補習學校分甲乙二種，各二年畢業，學科同。惟入甲種須有高小畢業學力，入乙種限於有尋小畢業學力。

屬科目制之工商業教育，分普通及實業（或稱專門）二種。普通程度，與前學年制後項普通科相當；實業程度，與前中等科相當。

凡設科目制之學校，皆備此二種，以便入學者各因志願及學力而選習之。又有志入實業科而學力不及者，得先習普通科。

據實業補習教育調查報告，在都會中各於便宜處所設低級補習教育，於中央設高級補習教育，皆相連絡。又於一地方修畢低級補習教育者，得入他地方之高級補習教育。又據東京高工附設校主任言，關於普通一級，可由低級之補習學校設之，本校將來或廢置此級。

入學者之學力。據一般規定，最高級適應中學校或甲種實業學校畢業者及經歷豐富、缺學術素養者而設；中級適應修業二年之高小學校或乙種實業學校徒弟學校等畢業之學力而設；低級適應尋小畢業之學力而設。惟此種規定，宜活用之。其爲吾人所當知者有二：一、具此學力之生徒，當其入學時，非如正則學校各有相當之年齡。二、即以學力論，在入科目制之實業科，亦非如正則學校，各科具有平均之學力。但問其選修之某科，於該校所規定程度，是否有能修之學力，即試驗亦可不用。

東京某補習學校主任云，本校招生，嘗有祖若父爲其子若孫報名。因參觀有得，己亦就學。而織染學校附設者，且明白規定入學者有尋小畢業相當之學力，雖二十三十歲皆無不合。據所見而言，大抵最大都會中最完備之補習學校，其科目制之同級生徒年齡最爲複雜云。

　　通例入科目制實業科者，大概具有高小二年修業學力者，行相當之試驗。畢業于本校普通科及中學一年級以上退學生，可不用試驗。然神户補習學校之入學學力，祇問其選修之科，能否有相當學力。據該校校長云，所謂相當學力，不過本校所示之標准。至入學者確有此學力與否，並不以試驗行之。如入學後學力實不相當，可由本校命其改科降級，或由自請，於入學者殊甚便利。茲錄神户市立商業補習學校規定入學標准以見一斑。

學科目	入學學力
英語A科	初學英語
英語B科	解讀本卷一
英語C科	解讀本卷二
英語D科	解讀本卷三
英語E科	解讀本卷四
英語會話科	確解讀本卷三
速記及打字機	解讀本卷三
英文商業經濟科	能讀本卷二卷三
德語乙科	初學德語
德語甲科	有修畢乙科之學力
作文習字科	尋小畢業
商用習字科	尋小畢業，年滿十五歲
漢文科	尋小畢業
國語漢文科	尋小畢業
讀作乙科	尋小畢業

讀作甲科	曾在尋小畢業而年滿十五歲
實用算術科	尋小畢業
珠算乙科	尋小畢業，知算盤之用法
珠算甲科	有修畢乙科之學力
算習乙科	尋小畢業
算習甲科	曾在尋小畢業而年滿十五歲
商業實踐科	尋小畢業
簿記科夜部	尋小畢業
簿記科晨部	高小畢業又年滿十四歲
民法科	高小畢業又年滿十五歲
商法科	年滿十六歲
貿易業務科	年滿十五歲，有志於輸出輸入業
銀行及金融業科	年滿十六歲，有志於銀行及金融業
賣買業及廣告術科	年滿十五歲，有志於小資卸賣業
海陸運道保險及倉庫業	年滿十七歲，現從事於公司商店

　　同一學科，因程度不同，分為數級，其區別以干支或歐文字母識之。職工學校附設者，僅普通科有甲乙組。工藝學校附設者，則普通、專門皆有甲乙組，或僅有甲組無乙組。神戶商業補習學校英語分 ABCDE 等科，德語、珠算、讀作、算習等分甲乙科。兵庫補習學校英語同上，國語、算術分甲乙丙等科，機械、建築分甲乙科。

　　學科與學級皆同。因志願入學者多，分為數組，其區別以數字識之。此項分組學校不能預定，須視臨時入學志願者之數而定。大約普通學科中之英語、國語、數學等，常分為數組。如上述神戶補習學校，最多之組為英語 A 科，分為一組、二組、三組、四組、五組。

　　每組人數，多無規定，間亦有規定者。如第二實業補習學校定一組五十人（商科）。織染學校附設者規定四十人內外，又聲明一科不滿十五人者不開講。所見情形，每組人數，如修身、英語、打字機、算術、珠算、國語等，人數較多，有一組至五六十人者。實業科人數較少，有僅數人者。惟此因補習生徒之種種事故，有特殊情形二：一、中途或有退學；二、上課或參差不齊。

各級之人數過少，合數級爲一組者，用單級教授。此種情形，大概屬普通學科，其在實習時，曾于東高工附校見之。又神户早朝部英語甲乙二級，合級教授。

應生徒各別之境遇與職業，隨時謀修學之便，其特殊情形可考見者如次：

（一）學科目之一部於前學年或前學期修之，他一部得於他學年或他學期修之。

（二）在同一學期内，某學科于甲組修之，其某事項得於乙組修之（織染學校規定，修第一學期某學科，得自由兼修第二學期某學科）。

（三）通例修畢第一學期學科者，進而修二期三期學科，然因應生徒之希望，得使徑修第二或第三學期之學科。（織染學校規定，入學資格爲尋小畢業相當之學力，如實際從事染織因其程度相當，得許於第二學期入學；又國語、算術有高小畢業以上學力者，其他學力本校認爲有相當學力，亦得許其入學）

（四）修畢某項者，給某項畢業文憑。依次修畢一種之全科者，合全科加給畢業文憑。又一科分數期修畢，每期給修業文憑。勿論何時，得與次期生徒同級聽講。（職工學校學則，選習學年制中等工業科之學科，於其修畢全科時，考查前項成績，給畢業文憑。又入學指導科目制之一期生、二期生、三期生，每一期間學業精勤者，各於學期末給修業文憑，隨時得與次期生徒同級。至最後期試驗合格，給與畢業文憑。又神户商業補習學校規定，給予各科畢業文憑，修畢英語初級至最高級者，給英語科畢業文憑。修畢貿易業科、商業科、簿記科者，給商業科畢業文憑。修畢三學期民法科者，給民法科畢業文憑。修畢三學期商法科者，給商法科畢業文憑。修畢珠算甲乙科者，給珠算科畢業文憑。修畢讀作甲乙科、算習甲乙科者，給普通科畢業文憑。修畢國語漢文科、商用習字科

者，給國漢文科畢業文憑。習德語三學期以上者，給德語畢業文憑）

（二）科目

明治三十五年補習規程，所定科目，已揭其概。文部省更加種種調查，一方期與社會趨勢相應，一方益求詳密，就調查所得者公之於衆，俾於選擇事項便宜分合之條文，咸洞徹其旨。茲錄大正二年實業補習教育調查報告關於科目者如左。

調查委員等擬定科目（普通科省）

工業學科目：原動機、機構、板金、鑄金、發電機、電動機、電燈、電車、電信、電話、家屋構造、室內裝飾、家具、指物家具之一種、鋸物、道路、橋梁、鐵道、船舶、探礦冶金、機織、紡績、染色、陶磁器、漆器、玻璃、塗料、肥皂、寫真、製板、製糖、製油、製紙、製革、釀造、材料及工作法、測量、製圖、圖案、作法估計、工業經濟、工業衛生、工業簿記、工業法規等。當適合地方情形選擇之。

更如"原動機"分蒸氣機關、瓦斯機關、石油機關、水車等，"家屋構造"分和式建築、洋式建築等，"船舶"分木船、鐵船等。得就一科目分一事項或數事項授之，又得合家具、指物、鋸物等爲木工之一科目，合道路、橋梁、鐵道等爲土木之一科目授之。以上之外，更得應所需，要設立時計、鉛工、雕刻、寄木、象嵌、竹細工、製靴、製本、製藥、鍍金等科目。

商業學科目：簿記、商事要項、商業英語、商業作文、商業算術、珠算、商業地理、經濟法規、商業經營學、打字機、速記術、商業實踐等。當就上列各科目適宜選擇。但"簿記"得分普通簿記、應用簿記，"商事要項"得分銀行、保險、倉庫、運輸等授之。以上之外，更得應所需要，設通譯、會計、監查、廣告等特殊事項之科目。

商船學科目：航海術、運用術、機關術、海上氣象、造船、機械製圖、應用力學、海務必要法規等。當就上列各科目適宜選擇。

依上所述，其可考見者：（一）運用機械之術進步甚大，故關於此類之學科，分析多項。（二）注重職業教育之趨向，故所分科目，不因學術分類且於需要事項舉類加詳。

關於調查必要科目答復表

科目	工廠總數三五二	銀行總數七〇七	公司總數六〇一	商店總數一五一	商業會議所總數三五
工業	三四	一五	三九	五	
商業	四	七二	六六	九	一〇
發動機	三五	一	二四	一	
機構	三四	一	三四	一	
材料強弱	三七		一七		
工作法	四二		二〇		
製圖	六九	二	八六	三	二
電氣磁氣	四一		一三八		
電氣機械	二七		九九		
家屋搆造	二三	一	七		
材料	一三		二二	三	
測量	八		三五	一	
道路		一〇			
鐵道		五		一六	
採礦	九		二九		
冶金	一一		一五		
機械	九三	四	一五一	二	
機織	五二	一〇	七一	三	
紡織	四〇		四二		
色染	四二	七	四四	三	三
打磨	三三	一二			
圖案	二一	九	三		
商事要項	四五	二六六	一二六	五三	一二

續表

科目	工廠總數 三五二	銀行總數 七〇七	公司 總數六〇一	商店 總數一五一	商業會議所 總數三五
簿記	五八	五〇七	二三二	九八	
珠算	四四	三六一	一三五	六一	六
商業作文	三九	三一七	一一六	六七	八
商品	一六	一二九	四七	二〇	二
商業地理	一二	一八四	三五	二二	四
經濟	三三	三六八	九一	三〇	
法規	一〇	三二七	六八	九	三
統計		一九	四		
製絲	二六	六	二六	二	
電力	三		一二		
建築	二		一三	一	
商學算術	一七	一九九	七九	二七	六
習字		四二	二八	一四	
工業簿記	一六		二		
打字機		八	二〇	一	
土木	一二		二九		
木工	三		一〇	二	
數學	一四	一	一八	二	
外國語	一一	一五二	一二六	五八	
化學工業	四二	九	六四	七	三
造船	一〇		二		
修身	三〇七	五八二	五四二	一三五	三三
國語	二六五	五五〇	四六六	一一九	二九
算術	三〇四	五六九	五二七	一三二	三二
地理	一三七	四六三	三七五	九八	一八
歷史	一一五	三四六	二九九	六七	一五

续表

科目		工廠總數 三五二	銀行總數 七〇七	公司 總數六〇一	商店 總數一五一	商業會議所 總數三五
理科		二〇七	二四〇	三六八	六五	一六
圖書		一二六	二〇三	二一二	五一	一二
物理		三八	一〇	五二	二	三
化學		五五	二	三四	三	二
國民 心得	要	二六六	五四一	四八二	一二七	二九
	否	三六	三九	六三	六	二
商業簿記						一四

依上所述，其可考見者。一、關於實科者，各因地位及職業不同，主張即異，惟銀行商店趨重於商業方面。關於普通者，修養相同之點愈多，即主張愈趨於一致。由此知定一種類之學科。宜屏置混漠之科目。二、必採科目制，斯選習者各適其宜。

（三）修業期限

修業期限，因生徒年齡及學力、每週教授時數、學科種類、職業忙閑等情形不同，不能有劃一之規定，此與農業補習教育同者。據實業補習教育調查報告，學年制入學生徒，尋小畢業者以二年至三年爲適當，其他則一年、二年、三月、六月等可適宜定之。科目制因科目種類、教授事項難易，或一周數周修畢，或二學期三學期修畢。又因特別情形，不泥於規定修業期限，亦可使進級或修學。比較各處事實，學年制以二年爲多，科目制以六月爲多。

採學年制，東京十六校二年，五校三年；大阪七校二年，四校一年，一校預科一年，本科二年，又有預科、本科各一年。

採科目制，東京工藝職工二校附設者多屬一年，大阪工業學校附設者三月，神戶、湊川、兵庫三補習學校皆六月。關西各校多仿行之。東京高工附校學年制之高等、中等、普通三科各二年，科目制之期限因種類而異，均在一年以內。

日本某學者云：德與瑞西補習學校期限，大抵三年或四年，其國民教育且為八年。英國補習學校亦多屬四年。以此例推，日之補習年限，似覺過短。且尋小畢業者，僅使補習二年，即普通修養，尚虞缺陷，實業教育更勿論已。又青年期之保護指導，亦嫌不足。然如現在國情，苟從事三四年之補習，殊為生徒及保護者所不願。於此謀救濟之法，當設高等、中等、初等三部，修業年限各二年。而獎勵入學，使能進至中等為必要。尋小畢業者於入本科之先，設豫科一年，尤善。

修業期限之長短，因學科難易而分，為常見之例。如東京高工附校特設學科，製靴、製皮包、籐工等修業期限一學期，鉛工及板金工二學期。佐世保商工補習學校商科之商事要項、英語、簿記等修業期限十二周，商品、商業地理、商業算術等五週。

通例一年分三學期，然如佐久間補習學校選科修業期限六月，因分入學期為春季、秋季，故學期長短在科目制中，可隨修業期限長短而適宜定之。

每一學科修畢期限，大抵皆於募集生徒時預定之。然亦有變更之例，如第二實業補習學校於規定期限條文外，聲明得應生徒學力得伸縮本項之年限。

學期制一如學年制組織，但期限不如學年制長耳。所見惟織染學校附設一校，修業期限分二學期，每學期四月以內。

（四）教授時期、時間、時數

教授時期、時間，當依土地狀況、生徒職業忙閒適宜定之。又每週教授時數，亦須依生徒年齡與職業、土地狀況、修業期限長短等斟酌情形而定。此皆與農業補習教育同者。茲專就工商補習情形分述之。

（一）時期。正則學校以一月、四月、八月三者為學期之始，此屬通例。惟因上述之原因，有僅一年之某季為教授期者，有必擇某季而廣募學生多設科目者。

佐久間補習學校，夏秋間生徒多，科目亦繁，冬季則否。織染附校，以十月至翌年三月爲入學期，四月至十月，僅每月臨時教授二次以內。二者各因地方商事影響，其適當教授之時期成反比例。

附錄實業補習教育調查報告所列答復適當教授時期表如下：

表一（工廠等總數同前）

適當時期	工廠	銀行	公司	商店	商業會議所
全年	一二一	三八六	三八四	七〇	二〇
一月	八七	一〇七	六九	三五	六
二月	九四	一六七	七四	四六	八
三月	七五	一九〇	七六	二九	二一
四月	七五	一五七	七〇	三六	七
五月	八三	九〇	五八	三四	八
六月	四八	三二	五二	三一	一〇
七月	三一	四〇	五七	三六	一〇
八月	二五	七六	三八	三八	三
九月	四四	一〇八	五三	四二	一六
十月	五三	一〇九	六一	三五	一八
十一月	六四	一〇五	七一	三六	一〇
十二月	七一	六七	六六	二八	一五

表二

適當時期	工業補習學校 總數五二	商業補習學校 總數一〇五	商船
全年	二六	五七	一
一月	一四	二四	
二月	一七	二五	
三月	一四	二〇	
四月	一二	一六	
五月	八	一四	

續表

適當時期	工業補習學校 總數五二	商業補習學校 總數一〇五	商船
六月	五	一四	
七月	七	七	
八月	七	二	
九月	七	二	
十月	一四	二三	
十一月	一二	二六	
十二月	一六	二六	

據上二表，其可考見者：（一）大體仍趨重全年，足見因職務忙閑而生時期之關係尚屬變例。（二）各月閒暇與否，各類所主張者不同，足見職業忙閑，不惟因種類而異，且因地方情形而殊。（三）六、七、八、九等月主張之數較少，足見暑假期間，在工商業不得爲閒暇之期。（四）十二月主張之數亦不多，足見結算期間有妨補習。

（二）時間。有於常日之外，在日曜日（即星期天——編者注）或假期特別教授。而每日又分早、午、夜三種，大體以夜間補習最多，且入學者較爲便利。

神戶商業補習學校分早朝、夜間二部，據雲早朝部多在外國人處執務之人。織染學校附校必須晝間教授之課，每月得在晝間授課二次。職工學校附校實習自午後四時迄九時，餘皆夜間補習。

據日本一般教育家之意見，多謂夜間施補習教授，於教師兼務教室借用及生徒閒暇就學各點，頗爲便利。惟職工終日營業不輟，夜間更事補習，其勉學固可嘉，而妨礙身體健康，亦復可慮。故此種疲勞問題，各國皆頗注意。現德國晝間補習學校日盛，多在午後，亦有在午前者，至午後六時以後者漸少。一九〇四年其農商部大臣訓令，曾說明晝間教授之必要。英國近亦漸趨重此種主張。吾人頗希望商工業家之深自覺悟，分晝間之若干時間，使被傭者從事補習，斯貫澈教育之本旨矣。

	晝　　間													
	常　　日				日　曜　日				職　業　上　假　日				
一	二	三	四	五時以上	一	二	三	四	五時以上	一	二	三	四	五時以上
	一八	一	一	一	一		二	四	一			一	一	一
	一一	五	三			五	三	三		一	四	一四	九	一
	一三	一二	五	三	一	二四	三八	八	三		六	一〇	一	一
	一	一												
	二	一												
	二				一					一				
														一
	一	一二	三											
	六	一一	三											
	三	六		一							一			
	三	二		一							一			
一	二	三	四	五時以上	一	二	三	四	五時以上	一	二	三	四	五時以上
一五	一二三七	五七	三		一	八	二				一九	一	二	
一六	二五二二	二一一四	一三	二	八	三	二八	一			一三	四	一	
二一	二八九	一四〇	九	二	四	一七	一二	九	一三		一七	一九	一二	
三	七五	四八	二	三		一四		一			四			
八	一三	九	一		一	二					一			

續表

夜間														
常日					日曜日					職業上假日				
丨	一四	三	丨	丨	丨	二	一	丨	一	丨	一	丨	丨	丨
丨	四六	一八	一	丨	丨	一七	五	丨	丨	丨	二	三	丨	丨

據上表其可考見者。一、每日二時或三時爲多數所集中。二、商店於日曜日職業上假日多不主張授課，足見小商家無一定閒暇之期，即日曜日亦不得休息，與大商店情形不同。三、主張晝間授課者甚少，具見晝間補習，依日本社會情形，尚未能遽語及此。

（五）學科之配置

補習學校之配置學科，關係於種類科目、學級、教授時間者頗爲繁複，不能有劃一之規定。玆揭數例，以明其旨。

東京高工附設補習學校學年制課程表

科學科目			第一學年（每週授課時數）			第二學年（每週授課時數）		
			第一學期	第二學期	第三學期	第一學期	第二學期	第三學期
高等工業科	機械科	修身						
		國民心得（隔週一時間）	○・五	○・五	○・五	○・五	○・五	○・五
		英語	二	二	一	二	二	一
		數學	四	四	二			
		機械製作法	一	一		一	一	一
		力學	一	一	國法力學一			
		機構學				一	一	
		材料强弱		一	一	一		
		水力及水力機				一	二	

續表

科學科目			第一學年（每週授課時數）			第二學年（每週授課時數）		
			第一學期	第二學期	第三學期	第一學期	第二學期	第三學期
高等工業科	機械科	汽罐	二	一	一			
		汽機				二	二	一
		內燃機						二
		機械製圖	一·五	一·五	一·五	一·五	一·五	一·五
		實習 製圖(隔週)	三	三	二	三	三	二
		實習 打磨(隔週)	三	三	二	三	三	二
		七月中另分若干時間實習						
		每週授業時數合計	一五	一五	一〇	一五	一五	一〇
	建築科	修身						
		國民心得	〇·五	〇·五	〇·五	〇·五	〇·五	〇·五
		英語	二	二	一	二	二	一
		數學（代數幾何三角）	二	二	一			
		物理（力學）	一	一				
		建築用材料	一	一	一			
		材料強弱	二	二				
		建築沿革	一	一	一			
		西洋家屋構造	二	二	二			
		鐵骨鐵筋家屋構造				一	一	一
		日本家屋構造				一·五	一·五	
		規矩法				一·五	一·五	
		同實修	七月中另分若干時間課之					
		衛生建築				二		
		測量法				一	一	
		作法估計				一	一	
		特種建築製圖設計	自在畫用器畫三·五	三·五	二·五	三·五	五·五	六·五
		每週授業時數合計	一五	一五	一〇	一五	一五	一〇

續表

	科學科目		第一學年（每週授課時數）			第二學年（每週授課時數）		
			第一學期	第二學期	第三學期	第一學期	第二學期	第三學期
中等工業科	機械科	修身						
		國民心得	一	一	一	一	一	一
		英語	二	二	二	二	二	二
		數學（代數幾何三角）	二	二	一	二	二	一
		物理	一・五	一・五	一	一・五	一・五	一
		電氣工學一發動機	一		一	一		
		發動機	一・五	一・五		一・五	一・五	一
		應用機械學	力學 一・五	力學 一・五	水力學 一	機械學 一・五	材料強弱 一・五	材料強弱 一
		機械製圖	一・五	一・五	二	一・五	一・五	二
		工廠實習	三	三	二	三	三	二
		每週授業時數合計	一五	一五	一〇	一五	一五	一〇
	建築科	修身						
		國民心得	一	一	一	一	一	一
		英語	二	二	二	二	二	二
		數學（代數幾何三角）	二	二		二	二	一
		物理	一・五	一・五	一	一・五	一・五	一
		材料強弱	一・五	一・五				
		西洋建築沿革				一	一	一
		西洋家屋構造	一	一	一	一		
		規矩法	一	一	一			
		同實習	三	三	二	三	三	二
		衛生建築			一	一		
		建築製圖	二	二	二	一・五	一・五	二
		每週授業時數合計	一五	一五	一〇	一五	一五	一〇

续表

	科学科目		第一学年（每週授課時數）			第二学年（每週授課時數）		
			第一學期	第二學期	第三學期	第一學期	第二學期	第三學期
中等工業科	應用化學科	修身						
		國民心得	一	一	一	一	一	一
		英語	二	二	二	二	二	二
		數學（代數幾何三角）	二	二	二	二	二	二
		物理	一·五	一·五	一	一·五	一·五	一
		無機化學	二	二	二			
		有機化學	二	二	二			
		應用化學			四	四	四	
		化學實驗	四五	四五	二	四五	四五	二
		每週授業時數合計	一五	一五	一〇	一五	一五	一〇
	電氣科	修身						
		國民心得	一	一	一	一	一	一
		英語	二	二	二	二	二	二
		數學（代數幾何三角）	二	二	二	二	二	二
		物理	一·五	一·五	一	一·五	一·五	一
		應用機械學	一·五	一·五	一	一·五	一·五	一
		電機磁氣	二	一				
		交流理論			一	一		
		電氣機械		一·五	二			
		電池蓄電池電氣器具並測定	一·五	一	一			
		電機應用一般			一	一	一	
		制圖 機械製圖	一·五	一·五	二	二	二	二
		制圖 電氣製圖						
		工廠實習	二	二				
					二	二	二	
		每週授業時數合計	一五	一五	一〇	一五	一五	一〇

續表

科學科目		第一學年（每週授課時數）			第二學年（每週授課時數）		
		第一學期	第二學期	第三學期	第一學期	第二學期	第三學期
普通工業科	修身	三	三	二	二	二	二
	國語	三	三	二	二	二	二
	算術	三	三	二	三	三	二
	理科	三	三	二	二	二	一
	圖書	三	三	二	二	二	一
	英語			二	二	一	
	每週授業時數合計	一二	一二	八	一二	一二	八

科目制課程

曜日	開講科目		自大正六年九月至同年十二月		自大正七年一月至同年三月		自大正七年四月至同年六月	
			第一學期	一週時數	第二學期	一週時數	第三學期	一週時數
月曜日	共通學科目	物理甲（電磁氧光學）	自午後六時至八時	二	同上	二		
	機械學科目	發動機	熱率及汽罐	自同六時至同八時	二			
			往復汽機			自午後六時至同八時	二	
			各種汽機	自同六時至同七時半	一・五			
			瓦斯及石油機間			自同六時至同八時		
		應用機械	力學（一部木曜日教授）	自同六時至同七時半	一・五			
			機構			自同八時至同九時		
	建築學科目	西洋家屋構造	地形工事	自同六時至同七時半	二			
			木工事			自同六時至同七時半	一・五	

续表

曜日	开讲科目			自大正六年九月至同年十二月		自大正年七年一月至同年三月		自大正七年四月至同年六月	
				一週時數	第一學期	一週時數	第二學期	一週時數	第三學期
月曜日	建築學科目	西洋家屋構造	煉瓦工事	自同七時至同九時	二				
			石工事			自同七時至同九時	二		
	化學學科目	有機化學（一部木曜日數授）		自同八時至九時	一	同上	一		
火曜日	共通學科目	國語乙		自同七時半至同九時	一	同上	一		
		算術乙		自同六時至同七時半	一·五同	上	一·五	自同七時至同八時	一
		物理甲（力學、熱學）		自同六時至同八時	二	同上	二		
		國民心得乙		自同八時至同九時	一	同上	一		
		國民心得甲		自同六時至同七時	一	同上	一		
	機械學科目	應用機械學	機構	自同六時至同七時半	一·五				
			材料強弱	自同七時半至同九時	一·五				
			水力及水力機			自同六時至同七時半	一·五		
	建築學科目	傢具制圖製作法		自同六時至八時	二	同上	二	自同七時至同九時	二
		日本家屋構造		自同六時至同八時	二	同上	二	同上	一
		日本家屋規矩術		自同八時至同九時	一	同上	一		
		破風造物即造曲形門框之類北京稱搏風				自同八時至同九時	一		
		建築沿革	中世建築	自同六時至同八時	二				
			近世建築			自同六時至同八時	一		
		衛生建築		自同六時至同七時	一				

續表

曜日	開講科目		自大正六年九月至同年十二月		自大正年七年一月至同年三月		自大正七年四月至同年六月	
			第一學期	一週時數	第二學期	一週時數	第三學期	一週時數
火曜日	建築學科目	特種建築	工場建築	自同六時至同七時	一				
			住宅建築			自同六時至同八時	一		
			商事建築					自同七時至同八時	
		作法估計	土工事	自同七時至同八時半	一・五				
			煉瓦工事			自同七時至同八時半	一・五		
			木工事					自同八時至同八時	一
	化學學科目	無機化學	自同七時至同八時	一	同上	一		
	共通學科目	物理乙	自同六時至同八時	二	同上	二	自同七時至同九時	
	機械學科目	機械製圖	自同六時至同九時	三	同上	三	自同七時至同九時	二
水曜日	建築學科目	建築材料	木竹類	自同七時至同八時	一				
			石煉瓦類			自同七時至同八時	一		
			塞門德及鐵材					自同八時至同九時	一
		建築構造計算	自同六時至同七時	一	同上	一		
		測量					自同八時至同九時	二
	電氣學科目	電氣應用一般	自同六時至同八時	二	同上	二	自同七時至同九時	二

續表

曜日	開講科目		自大正六年九月至同年十二月		自大正年七年一月至同年三月		自大正七年四月至同年六月	
			第一學期	一週時數	第二學期	一週時數	第三學期	一週時數
木曜日	共通學科目	國語乙	自同七時半至同九時	一·五	同上	一·五	自同八時至同九時	一
		算術乙	自同六時至同七時半	一·五	同上	一·五	自同七時至同八時	一
		自在畫圖案實修	自同六時至同九時	三	同上	三	自同七時至同九時	二
		代數初步普通	自同七時至同九時	二	同上	二	同上	二
	機械學科目	打磨	手操工具	自同六時至同八時	二			
			旋盤			自同六時至同八時	二	
							自同七時至同九時	二
		應用機械	力學（一部月曜日教授）	自同八時至同九時	一			
			機構			自同八時至同九時	一	
	建築學科目	建築制圖初步	自同六時至同八時	二	同上	二	自同七時至同九時	
		二	同普通	自同六時至同八時	二	同上	二	自同七時至同九時
金曜日	化學學科目	無機化學	自同六時至同八時	二	同上	二		
		有機化學（一部月曜日教授）	自同六時至同七時	一	同上	一		
	共通學科目	修身講話	自同八時至同九時	一	同上	一	同上	一
		化學初步	自同六時至同七時半	一·五	同上	一	同上	一
		國語甲	自同六時至同八時	二	同上	二	自同七時至同八時	一

續表

曜日	開講科目			自大正六年九月至同年十二月		自大正年七年一月至同年三月		自大正七年四月至同年六月	
				第一學期	一週時數	第二學期	一週時數	第三學期	一週時數
金曜日	共通學科目	算術甲		自同六時至同八時	二	同上	二	自同七時至同八時	一
	機械學科目	木型		自同六時至同七時半	一·五				
		一·五		鑄造		自同六時至同七時半	一·五	自同七時至同八時半	
	建築學科目	鐵骨構造大意		自同六時至同八時	二				
		鐵筋構造大意				自同六時至同八時	二	自同七時至同八時	一
		製版術（珂羅版）				自同六時至同八時	二	自同七時至同八時	二
	化學學科目	寫真		自同六時至同八時	二				
		色染法	木綿色染法	自同六時至同七時半	一·五				
			絹係色染法			自同六時至同七時半	一·五		
			交織物色染法					自同六時至同七時半	一·五
	電氣學科目	鍍金及電鑄		自同六時至同七時半	二				
土曜日	共通學科目	英語	Ⅰ級 Ⅱ級 Ⅲ級 Ⅳ級 Ⅴ級	自同六時至同八時半	二·五	同上	二·五	自同七時至同九時	二

右表入普通科者須在尋小畢業，入中等科者須有高小二年或中學二年之學力，入高等科者須有中學四年之學力。若不修學年制全部者，得在科目制中選修之。附錄大正六年前學年制之普通科課程，普通分二科：機械科：修身、實用數學、應用機械學、機械製圖、電氣工學；建築科：

修身、實用數學、材料強弱、建築用材料、建築沿革、日本家屋構造、西洋家屋構造、建築製圖、衛生建築。右課程與現施普通科組織不同。因所見學年制普通科多用前種組織，故附錄此種組織，以資參考。

　　高工附校之種類學科、學級、教授時間等均甚繁複，其排列周至，頗盡錯綜之能事。茲抉其要旨臚述之。

　　（一）學年制高等、中等、普通三級成一統系。普通修畢者得入中等，中等修畢者得入高等。科目制機械、建築、電氣、化學等四科各科事項，以統合之組織按日散列，分為各項，合則自成統系。試綜各類散列事項與學年制中等各類相較，即可了然。且其共通學科分甲乙級，程度俱相銜接。乙級修畢者得入甲級，如國語乙、算術乙、物理講話乙、代數初步等之與國語甲、算術甲、物理講話甲、代數普通等是。

　　（二）科目制之基礎學科，如算術甲乙、國語甲乙、物理乙、化學講話、代數初步及普通自在畫圖案實修等，得許學年制生徒聽講。

　　（三）學年制、科目制可以通習之科目，如科目制之國民心得同學年制中等第一年，有機、無機化學同中等第一年，電氣、磁氣同中等電氣第一年，建築用材料同學年制普通科，發動機應用、機械學同普通第一年，西洋建築沿革同普通第二年。

　　（四）等級同而主科異，其基礎學科相同者，可合級授之。如學年制中等科之修身、國民心得、英語、數學、物理各科目，普通科之修身、實用數學是。

　　（五）等級異而科目程度相當者，可以合級授之。如學年制普通機械、建築二科之修身，與中等各科第一年同。又中等建築科西洋建築沿革，普通科準用。此與二、三、四項因謀交互學習之便，於時間配置須錯綜而不相抵觸。又所指普通，當屬六年前之普通科。

　　（六）每一種學科之各科目，勿論一學期或數學期授畢，凡每期所授事項，皆有適當之結束，以便僅習一學期者亦能致用。故一科目往往析為數事項，分期勻排。試舉建築為例，如材料之木竹類排第一期，石煉瓦類排第二期，塞門德及鐵材等排第三期，地形工事排第一期，木工事排第二三期，特種建築之工廠建築排第一期，住宅建築排第二期，商事建築排第三期是。

（七）有關係之事項，於同期排列之，以便兼習者各從其類，能互相聯絡。如建築作法估計第一期爲木工事，與材料項之木竹類相應。第二期爲煉瓦工事，與材料項之石煉瓦類相應。第三期爲土木事，與材料項之塞門德及鐵材等相應。

（八）教授時間凡本項有關係之科目，各從其類，適相連接。如月曜六至八時之熱論、物理與八至九時之力學相屬，火曜六至七時半之算術乙、機構與七時半至九時之國語乙、材料強弱相屬，六之至八時傢俱製圖製作法、日本家屋構造、中世建築與八至九時之日本家屋規矩術、衛生建築相屬，六至七時之工廠建築與七至八時半之土木事相屬，水曜六至七時之建築構造計算與七至八時之木竹類相屬。此與六七二項皆科目制配置教科宜特別注意者。

該校應地方職業界之需要，更置特設科目，爲今日最新之主張，與社會趨勢相應。本年新增者有玩具科、金屬玩具科、製紙科、莫大小科、脂肪分解科，就六年所置特設科目，審其排列功課，於以職業爲中心學科之旨，思過半矣。

制靴術	修身	月	一	
	制靴術	月	二	
	制靴材料	金	二	
制鞄術	修身	月	一	
	制鞄及材料	金	二	
	算術	月	二	
藤工	修身國語	月	一	
	算術	月	二	
	漂白	水	一・五	
	塗法			
	圖案	水	一・五	

續表

塗工	修身	月	一	
	塗料及塗法	月	發給	
	圖案	水	三	
鉛工及板金工	修身	月	一	一
	算術	月	二	二
	鉛工	木	二	
	板金工			二
表裝術	修身	預定從第二學期開講		
	紙糊顏料			
	圖案			

最下一層爲第二學期每週時數

據右表所得考見者：（一）各科修業期限，隨功課難易而定，除鉛工及板金工爲二學期，餘皆一學期。（二）各科修身定於同日，便於合級教授。（三）入學期不拘泥學年之始，如表裝術預定第二學期入學是。

工藝學校附設補習學校學科：

中等工業科：修身及國語、數學、英語、材料及工作術、機械學、時計學、電氣諸機械、機械製圖、實習。右爲學年制，二年畢業，每週授業共十六時。入學者須年滿十四歲，具有高小畢業學力，得選科習之。惟其中時計學與機械學爲專攻科，餘科目爲二種共習之科。此種組織，學科分二種。而補助及普通科全同，設置頗爲簡便。

普通科目：修身甲組乙組、國語、數學、英語皆同上、理科甲組、圖畫同上。右普通科爲科目制，各科一年畢業，全修畢者得入中等科，故學年制即不設普通科。可見補習學校高下級適相銜接，不僅學年制自成統系，即科目制與學年制亦當聯絡一貫。

專門科關於金屬工藝科目：裝身具圖案甲組、裝身具工作術同上前項第一、二學期教授，後項第三學期教授、金屬著色法甲組、鍍金法同上前項第一學期教授，後項第二、三學期教授、雕金甲組乙組、鑄金同上、板金工作術甲組以上一學年、琺瑯七寶術乙組一學期。

專門科關於機械工藝科目：材料及工作術、機械學、發動機及材料強弱、時計機構學、時計物理學、電氣諸機械、機械速寫法、機械製圖、機械實習、旋盤實習、時計實習、鍛工實習。以上皆甲組各修業一學年

專門科關於傢俱工藝科目：傢俱製作術、木工諸機械、傢俱製圖及設計、室內裝飾法、塗工粉飾法以上皆甲組、雕塑、木雕以上皆分甲組乙組（上惟塗工粉飾法為一學期，餘皆一學年）

專門科關於雜工藝科目：製版印刷術乙組、活版印刷術乙組，前第一、二學期教授，後第三學期教授、玩具圖案法甲組乙組、玩具工作術同上、鈕扣工作術同上（此項甲乙組皆修業一學期）

右專門各科為科目制，分四類，依類各析為若干事項，不從學術類別之，頗有趨向職業之意。其每類事項，雖無統合組織，然因各從其類而散列，補習者同時兼習或繼續選習，較有範圍可循。且如裝身具之圖案與工作術，金屬著色法與鍍金法，分為二項，而於一學年中分期排列，尤顯示次第選習之標准。又與普通科均分甲乙組，就同一科目置高下二級，便於應生徒學力而授之。其甲乙組之分，亦因學科難易而定。如普通之理科圖畫，及專門之機械工藝，皆無乙組，可以概見。又機械旋盤、時計、鍛工等之實習，皆另列為獨立科目。蓋以實業界之職工，大抵實地確有經驗，惟於學理或有未明，其從事補習，往往在專究應用之學理。故學理與實習分而為二，則學習者得各審其不足而分合選擇之。

神戶商業補習學校課程表

授業日	早朝部科目	夜間部科目
月水金	英語 F 科	英語 C 科一組
		英語 B 科一組
		商用習字科一組
	英語 D 科	民法科
		簿記科
		英語 A 科一組

續表

授業日	早朝部科目	夜間部科目	
月水金	英語D科	珠算甲科	
		英語A科二組	
	英語A科	貿易業務科	
	作文習字科	分教場	英語A科三組
			英語E科
			國漢文科
			算習甲科
			讀作乙科
			珠算乙科一組
			作文習字科
	簿記科		
火木土	德語乙科	英語會話科	
		英語C科二組	
		速記及打字機	
	英語會話科	英語B科二組	
		商法科	
		英語A科五組	
	英語E科	珠算乙科二組	
		商業科	
		英語D科	
	英語C科	分教場	英語A科四組
			英語B科三組
			讀作甲科
			商用習字科二組
			算習乙科
			漢文科
	英語B科		
	珠算科	實用算術科	

　　右表爲專設科目制之商業補習學校，修業期限皆六月，所有學科無統合之組織。惟於給文憑辦法中將每類學科相關事項，應連帶學習者，揭示其例，生徒得依此而知其標準（參照組織及編制末段）。又授業日分

月水金與火木土二種，一方對於繁忙之職工，使得隔晚學習之便；一方使兼習者每晚上課，不致有功課與時間相抵觸之慮。

　　實業補習教育調查報告擬定商業補習課程。學年別（各科目可以選修，又修身得隨時授之）

學科目＼學年	第一學年 每週教授時數	第二學年 每週教授時數	第三學年 每週教授時數
修身	三	三	二
國語			
算術	二	二	三
英語	二	二	三
薄記	三	三	
商事要項	二	二	二
商業實踐			二

　　右表入學資格為尋小畢業及商小畢業，修業年限三年每週教授十二時。

修身	國語	算術	薄記	商事要項
二	二	二	三	二

　　右表入學資格同前，但生徒年齡稍長，修業年限二年，每週教授九時，隔晚授課。

商業簿記	珠算	商用英語
四	四	四

　　右表入學資格為中學畢業修業期限六日，每週教授十二時，每晚授課。
　　職業別

職業種類	學科目
銀行	商法　貨幣　銀行　簿記　計算學　商業算術　珠算　英語等
外國貿易	外國貿易　外國匯兌　商業算術　商品學　商業地理　報關　英語等
保險	商法　保險論　簿記　數學　珠算等
織物商	機織　紡績　色染　圖案　商法　簿記　珠算　英語等
機械商	機械　製圖　商法　簿計　珠算　英語等

右表以職業爲中心，分配科目。神戶商業補習學校校長預擬七年度神戶市學年制教科。簿記專修科：修身及國語、商業算術、珠算、英語、簿記。打字機專修科：修身及國語、英語聽寫、英語、簿記及商業算術。

神戶各校全用科目制，近因補習義務教育問題，擬兼施學年制，以爲義務教育之預備。其組織以一種專修科爲中心。科目及教材均有專注之店。原擬三種。茲錄其二。

第二實業補習學術課程。

科目	修身	國語			算術		商業			英語
		讀書	作文	習字	筆算	珠算	商事要項	簿記	地理	
預科每周時數	一	三	二	一	三	一		一		
普通每周時數	一	一	一		一	一	二	一		二
高等每周時數	一		一		一	一	三	二		二

右表入學資格已見前，修業期限各一年，各級科目同。惟英語、商事要項、簿記等預科缺之，時數分配亦視等級稍有參差。

學科配置，大旨具如上述，惟尚有當知者：一、修身在學年制中多定爲必修科，或單獨教授，或與國語並授，或於各科中隨時授之。科目制有定爲必修科，亦有無此規定者，如東京高工工藝職工附設補習學校及神戶湊川補習學校等皆然。但雖無規定，當授課中，於修養之方，時常注意。二、每學期之始，規定學科。惟視地方當時之需要而定，或前者所無而新設，或前者已設而廢置。亦有暫停而復設者，某學科或一種學科內之各科目，均得隨時增損之。三、科目制每一種學科對於有關係之科目，雖當為統合之組織，然選修者則可任意，即僅選習國語一科，亦無不可。

上述各種，係一學校之組織。自教育行政方面而言，當為一都市全部之規劃，日本此例殊不多見。茲就調查所得述於左。

大阪市規定七年度之補習教育：

（一）工業科

甲、以學年制為主，授將來為徒弟之科目：打磨工、鍛工、木型工、圖工、電氣製作、應用化學、分析、鍍金、鑄金、板金、家具等。畢業年限一年至二年。

乙、以學年制為主，授現在從事職業者之科目：就甲項科目更加普通科目及補助科目，畢業年限二年至三年

丙、以科目制為主，授現在從事職業者之科目：工業物理、工業化學、實用數學、製圖、機械材料、機械工作法、發動機、應用力學、機械實驗、製造用諸機械、冶金、金屬工藝、工業分析、製造化學、電氣化學、電氣工學、電氣試驗等。修業期限三月至六月。

丁、授現在從事職業者之講習科目：化妝品製造、食料品製造、點心製造、印刷法、製革法、玻璃製造、製藥法、漂白法、捺染法、玩具製造、金屬製品、各種機械效率實驗、各種建築材料、實驗等。

（二）商業科

甲、以科目制為主，授現從事職業及將從事者之科目：打字機、實踐、商品、商業地理、銀行簿記、商事要項、商事簿記、商業作文、商業算術、珠算、外國語、速記等。修畢期限六月。

乙、以學年制為主，授現從事職業者之科目：就甲項科目以商業科目為主，每週授九時，修業期限二年至三年。

丙、授現從事職業者之講習科目：票據使用法、外國電報、包裝法、

報關、郵政電報、度量衡、外國匯兌、廣告術、門面裝飾法、輸出品樣本製作法、商業法規等。

右列各種依據明亨實業補習學校辦法，定新設之計畫，由大坂新聞紙所載錄入。

東京府工業補習教育組織案：

一、工業補習教育在謀修學者之便利，兼注意於利用他校設備與節約勞力。

甲、有統系之學年制。

乙、獎勵常設及隨時隨地開設之科目制。

二、屬於此項教育機關組織之部分各分擔特種之職務。

三、本以上主義，更記其梗概如下。

甲、學年制普通工業科附設於小學校者，標准如下。

（1）對於尋小畢業者，修業期限二年科目：修身、國語、算術、理科、圖畫及英語。

（2）學科程度時間、時數等，略有一定教授時數，每週凡十二時，修身、國語得合併教授。

併置商業科之學校，除算術、理科、圖畫外，得與商業補習科合併教授。

（3）由甲校轉乙校及休學者，再繼續學習等事情，與尋小學同辦法。

（4）各校所給畢業文憑入上級補習學校認爲同等。

乙、學年制中等工業科，依下之標准設置之。

（1）修業期限二年。

（2）入學資格以普通工業科畢業，及有英語科之高等小學校畢業生爲本體。

（3）專門分科。

（4）各專門科之程度時間數略有一定。

（5）教授於講義外課實習。

（6）對專門科之從事實務者不課實習，得以課外製圖或他學科代之。

(7) 對從事他事務、將來欲爲專門工業者課必要之實習。

(8) 設專門科而無實習及實驗之設備者，當委託實習教授於他校有設備者而負擔其相當實習費。

丙、學年制高等科，依下之標准設置之。

(1) 修業期限二年。

(2) 入學資格以中等工業科畢業，及有修畢中學四年級程度爲本體。

四、科目制當注意之事項。

(1) 入學者當與現從事工業者以優先權。

(2) 一地方之各補習學校預定常設開講科目及程度高低，不可使偏於同種學科或有缺略重復之弊。

(3) 常設科目之外，當隨時應其所需要或限定某期間設特種科目。

(4) 依科目制學科給修畢文憑，當詳記其內容期限等，與僱主、被僱者及其他之便利。

(5) 組織略同學年制，惟於教育感化及所習學科，當顯其特長。

五、各補習學校，各以異其所屬協定重要事項，當組織委員會或當事者會議。

右案經府市當局之研究調查而後發表。前高工校長手島精一爲補習教育最有經驗之人，文部省常諮詢之，實主持其事。

四、農業補習教育

（一）組織及編制

農業補習學校皆町村立，有一村設數校者，未設者甚少，大概附設於小學校。奈良生駒郡共設五十二校，皆附設於小學校。龍田村計七校，他村設數校者亦多。

一郡內之農業補習學校，近頗注意於統一之組織。但所謂統一組織，係就全郡之青年，因地因人，各謀適當之補習，又有相當之進級，非各補習學校之內部組織，拘泥於形式之統一也。此項統一計畫，有集中與分教場二種辦法，然大勢多趨向於分教場。

集中就郡內擇一適當學校附設之，編置多級，各村青年皆赴該處補習。分教場各就村內學校附設之，編置多級，各村青年皆赴該處補習，分教場各就村內學校設之。前者因距離遠近，入學多有不便。後者則分設多處，缺乏實科教員，頗有主張普通科設於分教場。關於農科教授，特聘專門教師，擇農事最閒時間，於適中之校，定期授之，各分校生徒皆往聽講。

農村稍完備之補習學校，大概皆置數級，最多者分爲第一部、第二部、第三部，或更設研究部（一稱研究科）。第一、第二、第三等部因學力而分，研究部爲隨意科，大概畢業該校最高之級者入之，亦有一校分列數部。勿論畢業何部，皆得入研究部，各研究其已修事項（杉山農業補習學校有此規定）。

又有分預科、本科。此外設專修科，或更設壯丁科，修畢預科者入本科，修畢本科者入專修科。尋小及高小畢業二級，皆得並設預科本科。但高小畢業之級，本科年限較短。專修科略同研究部，但所修事項較有範圍。

　　壯丁科將屆徵兵年齡，爲此類生徒特設學校。如和歌山山田村柏原補習學校有壯丁科，愛知樂田補習學校有壯丁預備教育，奈良生駒郡有徵兵入營者之預備教育。

　　又有專設本科，此外或更設特別科。特別科種類甚多。一近似研究科，如東京府荏原郡駒澤農業補習學校，本科畢業生入特別科。一近似選科，如千葉夷隅郡御宿農業補習學校，特別部僅習某科目者在正科部之該教科教授時間開講。一簡易補習，爲短期教授，不定學級數，御宿補習學校有此規定。又有不論程度分甲科、乙科，甲科比乙科科目較備，修習時間亦多。廣島安藝郡水產補習學校甲、乙科，各修業二年。乙科科目分修身、國語、算術、水產等，每週時數六時或四時。甲科科目更加地理、理科，每週時數二十七時，近似高小學校。

　　學級編制，因學力與年齡參差，最爲困難問題。大較尋小畢業高小畢業二種各設學級，年長者或因學力編入前二種之級。或不問學力如何，另置學級。此外最高之級，則以有修畢前二種之學力入之。

　　農業補習學校之組織，大抵皆屬學年制，惟有數事爲吾人所當知者：一、所定各科目得選修一科目或數科目。二、關於農業科目教授事項，得專修一事項或數事項。三、二期或三期之課程，得於同一期間兼修之。四、非學期之始入學，或徑於次學期入學，學校得視適當情形許之。

（二）教科目

　　農業之學科，不似工業之複雜，補習尤取簡要，初不必如實業學校之分析多種也。茲所錄述，聊資參考。

　　實業補習教育調查報告擬定科目（普通科省）

　　農業科目：土壤、肥料、土地改良、農具、作物、園藝、病蟲、養蠶、養畜、養魚、森林測量、農產製造、農業工藝、農業經濟、產業組合、農業簿記、農業法規等。當適應地方情形選擇之。

更如園藝分果樹、蔬菜、玩賞作物等。養畜分養豚、養雞、養蜂等。當適應地方情形，分割一科目爲數事項，而擇某事項授之。

水産科目：水産動植物、漁撈、養殖、製造、漁船、水産法規等。當適應地方情形選擇之。

更如漁撈分捕鯨、漁具、漁獲物處理法等。養殖分鰻鯉鱸等之飼養、鮭鱒孵化等。製造分罐頭、化制等。當適應地方情形，分割一科目爲數事項，而擇某事項授之。

（三）修業期限

修業期限較長，大抵本科多屬三年。其二年、一年者絕少，有長至七年者。惟壯丁科、特別科有僅數月者。此異於工商補習教育者，一期限較長，二每學年多僅屬一年中之某季節，非全年制（參照下節）。

關於農業補習期限，有丁年主義之說。年齡最低自尋小畢業始，最高迄丁年以上。如奈良生駒郡補習學校，二十五歲以上三十歲以下入學者幾及半數。

修業期限，大分瀧尾補習學校尋小畢業之級七年，高小畢業之級五年。福岡大川補習學校八年。生駒郡本科三年，研究科七年，現擬改本科六年，研究科二年。（農業補習因地方情形，擇農暇之時教授，通計一年教授時間，常有僅及十餘週者。因一年內之教授時間較少，而增加修業年限，一方不妨其力作，一方畢業尋小學者。屆及丁之年，成效自有可觀。）

和歌山山田村柏原補習學校尋小四年，高小二年，專修科若干年，壯丁年若干月，無定。東京府荏原郡駒澤補習學校，本科尋小三年，高小一年，特別科二年。愛知樂田補習學校二部三年，一部四年，公民教育科一年，壯丁預備科一年。兵庫土萬村補習學校，尋小三年，高小二年。愛知六美村補習學校，第一部三年，第二部五年。三豐柞田補習學校，一部、二部各二年，三部四年，研究部五年。千葉御宿補習學校，正科一年，特別科短期教授二周以上，五月以內。

（四）教授時期、時間、時數

　　擇一年之某季節爲教授時期，在農業補習教育中，因地而殊，情形最爲複雜。茲揭數例如下。

　　甲、擇冬春之間爲適宜教授時期。如福岡大川補習學校自十一月迄翌年四月，愛知樂田補習學校自十月迄翌年四月，山形上山補習學校自十一月迄翌年三月，愛知六美補習學校自十二月迄翌年三月。

　　乙、所擇時期頗零碎，須斷續行其教授。如大分瀧尾補習學校以一、二、三、四及八、九等共六月，分二次教授。和歌山柏原補習學校以四至五約一月，六至七約一月，九至十約二月，十二至三月約三月，共七月，分次教授。兵庫土萬村補習學校以四、五、七、八、十、二、三等共七月，分次教授。

　　丙、雖不限於季節，而教授時間，因時變更。如福井東鄉補習學校第一學期自五月至十月，利用農家暇日，于晝間教授；第二學期自十一月至四月，每週五日，於夜間教授。千葉御宿補習學校夏季晝間教授，冬季夜間教授。

　　教授時間及時數，有每夜教授者，亦有間隔者。現在實施情形，其通行且適宜之時數，約與工商補習同。又有與正則學校時數相當者，但此不多見。

　　每夜教授。如瀧尾山上等補習學校，皆每週十二時，每夜二時。御宿補習學校，有時教授至十五時。間隔教授。如土萬村補習學校每週七時，月土二曜日夜間教授。柏原補習學校，各科每週五時，月木二曜日夜間教授。樂田補習學校第一部月火金曜日，第二部火木土曜日，皆每週六時。

　　愛知六美及廣島安藝補習學校第一部，及廣島安藝郡坂村補習學校甲科，教授時數同小學校。靜岡佐野補習學校凡四十週，每週二十八時，同乙種農學校。此種辦法，非補習之本體，學者頗多異議。

　　實業補習教育調查報告所載調查表列下

表　一

總數：農會八・六八〇　水産組合一八六〇　農業實習校二・八九〇　水産補習校九一

適當時期	農會	水産組合	農業補習學校	水産補習學校
全年	一・二四八	三一	二二〇	一六
一月	六・一〇九	一〇一	二・二〇九	五三
二月	六・五一一	一〇五	二・一二七	四二
三月	六・二四〇	六六	一・八九八	四一
四月	二・九〇八	三七	七三三	一〇
五月	一・二九四	二六	四二一	七
六月	六三二	三七	一八七	三
七月	一・〇八四	三三	二七八	三
八月	一・八七七	三〇	三〇八	四
九月	二・六六二	四七	七四九	七
十月	二・五一五	七五	九七四	一三
十一月	三・一一三	八〇	一・一四三	二七
十二月	五・六一五	九三	二・一〇四	五〇

表　二

總數同前

日別		時數種別	農會		水産組合		農業補習學校		水産補習學校	
			午前	午後	午前	午後	午前	午後	午前	午後
晝間	常日	一	七七	三〇〇	二	一三	四	一	｜	｜
		二	七五七	九七四	一一	八	六九	一八八	｜	八
		三	六七三	五五六	六	三	一五六	一五一	二	一
		四	九五	一〇三	一	｜	二四	一一	一	｜
		以上五時	八	一〇	｜	｜	四	｜	｜	｜
	日曜	一	六	一〇	｜	｜	四	｜	｜	｜
		二	一二七	一八四	二	｜	一二	一三	｜	五
		三	一七二	一九六	一	｜	三九	四五	｜	｜
		四	一七	二〇	一	｜	六	｜	｜	｜
		以上五時	一四	｜	｜	｜	｜	｜	｜	｜

續表

日別	時數 午前/午後	農會 午前	農會 午後	水產組合 午前	水產組合 午後	農業補習學校 午前	農業補習學校 午後	水產補習學校 午前	水產補習學校 午後
晝間 職業上假日	一	一四	八〇	—	二	二	—	—	—
	二	九三	一七七	—	六	—	三二	一	二
	三	一一四	二一八	三	—	六	三四	—	二
	四	二五	六六	—	二	—	—	—	—
	五時以上	一五	一四	三	二一	—	—	—	—
夜間 平時	一	一・七五五		二七		六二		—	
	二	三・三八五		六三		一・八五三		二五	
	三	一・三六三		二四		六一五		一三	
	四	九六		七		三		—	
	五時以上	一		七		—		—	
夜間 日曜	一	九三		七		—		—	
	二	五三六		二〇		一〇一		三	
	三	二二〇		二		六九		—	
	四	一二		三		—		—	
	五時以上	—		—		—		—	
夜間 職業上假日	一	一〇〇		三		四		—	
	二	二二八		一〇		七六		二	
	三	一一一		二		三六		一	
	四	二七		六		—		—	
	五時以上	一		—		—		—	

據右表其可考見者，依前表不甚主張全年，非短期教授之謂，蓋就一年中之閒暇季節而授之。又一、二、三、十一、十二等月，多數主張

爲適宜敎授之期，以此時大體適在農閒，非如他月暇期甚少，因地不同也。如後表不甚主張晝間敎授，又集中於每週二時，與工商補習同。

補習概屬夜學，課實習頗難。如必要實習事項，可於晝間召集生徒課之。如所見之生駒郡各補習學校，率生徒至農業試驗場，參觀實地指導，即其例也。亦有就簡易農業，值生徒家中有實習時，敎員巡迴指導之。

農業補習學校之敎授，與小學異趣。蓋其生徒年長者多，所學又偏於應用，故敎授專以實用爲目的，常節取必要之部分而授之，無割截與偏重之嫌。敎授者於地方人民之主業、副業以及交易情形，皆宜詳察，以便敎授中知所注意。

地方敎育行政，關於補習設施，謀一地方之統一組織。所知者有生駒及香川二處，茲錄香川郡組織案如左。

一、組織分三部如左。

第一部，尋常小學畢業及高等小學半途退學者。

第二部，修畢第一部及高等小學畢業者。

第三部，修畢第二部及香川實業學校畢業者。

其他中學半途退學而未滿二十歲者，當使入學於適當之部。

二、修業年限第一部三年，第二部二年，第三部迄滿二十歲。

三、學級編制，當依地方狀況而定。

四、校舍以借用町村立小學校爲本體，遇特別事情，設分敎場授之。

五、敎授日數，第一、第二部一年間約七十日以上授課，第三部一年間約三十日以上授課。

六、授業時間數，各部每夜二時至三時，第一、第二部全年百七十五時以上。第三部全年七十五時以上。但入學始期，依地方狀況定之。

七、學科修身、國語、算術、實科、體操等各部同。但時數分配，第三部稍重實科。

此外，尚有女子部。

五、女子補習教育

女子實業補習學校，其數較少，大概皆晝間教授，教授時數多與正則學校同。學科於普通科外，以家事、裁縫爲必要學科。教授時數亦特別加多，期限大較約二三年，勿論都市、農村皆然。

女子補習學校之組織，殆與實業學校同。而不稱實業學校者，大抵名爲補習，則可附設於小學校，無須特殊設備。又學科期限時數，斟酌情形而定，尤無拘束。

女子不便夜間通學，故行晝間教授。

女子補習教育，有與男子合校者，大抵分部者多，惟年幼者亦得合班教授。千葉御宿補習學校，正科分二部，第一部男子，第二部女子。佐久間實業補習學校生徒年幼者多，有男女合班教授者。如裁縫科全爲女子，羅馬字科、珠算乙科等男女合班。

學校組織大抵分尋小畢業與高小畢業二階段，修畢者許其繼續在學入研究科。

東京市京橋區女子實業補習學校之編制：一、置高等、普通二科，修業年限各一年，入普通者須有尋小畢業學力，入高等者須有普通科畢業或高小畢業之學力。修畢者得依志願繼續在學爲研究生，不定年限。二、每週三十二時，自午前八時迄午後四時。三、學科修身、國語、算術、裁縫、造花袋物等，高等普通同。又生花、點茶等，得於課外授之。

香川郡女子部補習學校通例：一、組織分二部。第一部尋小畢業及高小畢業者。第二部修畢第一部及高小畢業者。其他中學校半途退學者，編入相當之部，修業年限各二年。二、學科修身、裁縫、家事、算術、國語、農業或商業，每日教授六時，各部同。

分本科、專攻科二種。本科修畢者入專攻科。其例如左。山形上山補習學校女子部之編制：一、本科修業二年，專攻科一年。二、學科修身、國語、算術、家政、裁縫、技藝等，每日教授六時。

分豫科、本科、專修科三種，其例如左。和歌山柏原補習學校女子部之編制：一、豫科、本科修業各二年，豫科尋小畢業者入之，專修科年限無定。二、學科修身、國語、算術、家事、實科、農業等。

教授時間大抵多爲全年，亦有因地方情形。酌量變通者，舉例如左。

甲、擇農閒時期。如柏原補習學校女子部，一年分四期，擇農閑時教授，總計約七月。

乙、午後教授。如鹿兒島川邊郡補習學校，女子部每日午後教授三時。

丙、無一定年限，以熟習預定學程爲限。如德島板野郡田浦裁縫補習學校，修業終期限於熟習普通裁縫而止，每年以二、三、九、十等月教授，約授課四月。

農業及女子補習學校，關於謀修學便利事項，如組織編制、配製教科表等，參照工商補習所述。

六、教員

　　補習學校教員，大抵分專任與兼任二種。專任為校長及訓導，專供職於補習學校；兼任又分兼任校長、訓導及囑託教員二種。前著附設小學者，以小學職員充之；附設專門及實業學校者，以該校職員充之。後者以從事於銀行、公司、商店、工廠等職員及服公務之技術員充之。

　　他校職員兼任者，亦有囑託教員之稱，如東京高工附校是。

　　小學附設之補習學校，授普通科者為小學職員兼任，授實科者囑託教員外，概與實業學校教員資格同，大抵皆校外之人兼任。

　　此項困難情形。一、本校職員不能兼授實科，值實科教員缺課時，無相當代理人。二、在農村中授實科者鮮相當之人，故日本小學附設之補習學校，關於實科之成績較少，授實科者頗有濫竽充數之弊。

　　優良之補習學校，關於教員問題。一、置專任員，主持校務。二、實科教員擇相當之人。三、兼任員之教授時數，不得過多。

　　神戶市三補習學校，樹全國之模範。其最初改良，以置專任員及聘優良之實科教員為要務，至今奉為圭臬。但農村置專任員，其事甚難，又優良教員亦不易得。其原因有二。一、適於補習學校者無多。二、無相當之維持費。教育家於此二問題，頗多研究，迄無善策。不獨日本為然，即補習教員最發達之德國，關於農村補習教員，尚無具體辦法。

　　兼任者各有本職，若兼任過勞，非特妨礙本職，即所兼者不克盡職。故因此而生問題，即兼任員每週教授之次數、時數宜如何，及所任之本職如何，始不相妨。大較前者以每週二次或三次，每次約二時最為適當，東京各校多如此。後者擔任夜課，斯晝間教授時數，不宜過多。因此對於俸給須有相當酬報，庶無窒礙。

　　東京高工附設補習學校主事兼高工教授，他教員不別置專任。大抵每年授課之始，由本校校長就高工教員選任，又囑託他校職員擔任。據參觀時所見，授課教員除該校職員外，有文部省秘書官、農商務省技師、高等師範教授等。

大坂市二十一校，专任员二十三，兼任员一百四十三。

神户市三補習學校職員表

	專任					兼任							
	校長	訓導				囑託教員					訓導	事務員	計
	實業專門畢業	具中學教員資格	師範學校畢業	甲種實業學校畢業	帝國大學畢業	專門學校畢業及具中學教員資格	師範學校畢業	甲種實業學校畢業	其他				
神户商業補習校	一	○	一	一	一		二二	一	一	二	八	二	四〇
湊川實業補習校	一	一	○	一	一		一六	○	四	一	四	一	三〇
兵庫實業補習校	一	○	一	二	二		一五	○	三	六	七	一	三八

養成教員之法，據實業補習教育調查報告主張如左。一、選小學本科正教員，使在實業專門學校或實業學校中受特別之教育。二、擴張師範二部教授，或另設適當教育機關，選實業學校畢業生及有相當學力而嫻專門技術者，使就學一年，習教育學、教授法、學校管理法等。三、對於補習學校教員、小學校教員等，就暑假中之適當時期開講習會。

大阪市預備實施案分講習及養成二案如左。

講習案爲現在從事職員而設，分二種。甲、就擔任普通科教員授工業之常識。其講習辦法如左：一、修業期限一年。二、晝間授課六時，每週一次。三、科目工業物理、工業化學、工業數學、製圖、工業實驗、工廠見習、課外講義。四、校舍附設於工業學校或徒弟學校。五、各科目時間分配，工業物理 60，工業化學 40，工業數學 40，製圖 60，工業實驗 60。六、教員三名，以工業學校、徒弟學校之教員充之。乙、就擔任工業科教員及將擔任者授教育學、教授法。其講習辦法：一、修業期限六月。二、夜間授課三時，每週一次。三、科目內外補習教育制度、外國補習教育概狀、教育通論、教授及訓育法、參觀實地教授。四、講習員資格，工業學校、徒弟學校以上畢業者。五、校舍附設於師範學校。

養成案亦分二種：甲晝間養成所。一、在工業學校或徒弟學校附設養成所如左。教科分機械、建築、化學三科。科目就工業學校或徒弟學校所定科目稍變更之。更加關於教育之科目。入學資格，高等小學畢業以上。人數三十名，按月補助生徒學費五元，畢業後盡從事補習教育義務四年。教員置主事一人，以專攻教育學者充之。教授方法除關於教育學科外，餘與工業學校或徒弟學校生徒同時聽講。修業年限三年。二、在工業學校或徒弟學校附設二部制度養成所如左。教科分機械、建築、化學三科。科目除工業學校或徒弟學校之普通科，加實業科及關於教育學科目。入學資格，中學畢業。按月補助生徒學費五元，畢業後盡從事補習教育義務二年。教員各科二員外，合三科置專攻教育學者一員。修業年限一年。乙、夜間養成所。附設於工業補習學校。教科於工業學科目制外，更授關於教育學科目。入學資格，有小學畢業學力，而多年從事於實際工業者。人數三十名，按月補助生徒二元，畢業後盡從事補習教育義務一年。教員各科一員外，置專攻教育學者一員。修業期限，六月以上，一年以內。每週教授二次或三次，每次二時或三時。

七、訓練

補習學校生徒年齡屆青年期者多，易染社會惡習，辦補習學校者最宜注重訓育。故各校關於修身科，勿論定爲必修科或得闕之，其在教授時內，凡遇有教訓生徒機會，無不迎機而導。茲就實業補習教育調查報告所規定方法，錄述於下。

一、定管理規則，職員一律實行訓育之任務。

二、實習時，教員與生徒接近，訓練機會甚多，務宜在此時力謀感化之方。特注意於秩序、整理、清潔等，以涵養其德性。

三、關於偶發事項，宜利用之，以資訓練。

四、與青年會及他團體或父兄保護人聯絡一致，以整飭學生風紀。

湊川實業補習學校施行事項，關於訓育方面者，錄述如左。

一、同級茶話會，每學期開會一次至二次。校長及主任教員各有訓話，生徒相互演説或討論。更被茶點，加演餘興。

二、校友大會，每學期開會一次，全校學生到會。屆時由各科推選校友，各爲五分鐘之演説，又演餘興。

三、實業談話會，每學期開會一次，特請有德望實業家、知名學者、教育家等講演，亦得加演餘興。

四、音樂會每週一次，課後約三十分鐘，由志願者自相集合，從音樂教員練習之。

五、啓發板，揭示於生徒易見之地，記錄商工業統計、科學新發明、社會新事業、名家叢談、嘉言懿行及有興味之事等，每週揭示數次。

六、入營、退營者之歡送、歡迎會。每年值校友及已畢業者之入營、退營，開歡送歡迎會，對於入營者特贈餞別品，在營者時致慰問書，皆以獎尚武之精神。

　　此外春秋二季，利用假日旅行，又公同組織販賣所，俾便於購置校用品及商業實習，且於道德陶冶上有益。

八、入學及退學

此問題在農村學校最爲困難。蓋入學者難期踴躍，而中途退學尤多。欲獎勵入學而禁止退學，固以職員之熱心篤行感化生徒，與教授設備完善，引起其嚮學之心，爲最良方法。然因地方狀況、學校種類等，尚宜各施適當辦法。茲據實業補習教育調查報告所主張者，摘錄如左。

一、常講演補習教育之必要。

二、小學校畢業時，校長及主任教員，告以補習教育之必要，以引導其入學。

三、學校職員、町村服公人員及地方有名望者，時獎勵入學與不輟課之生徒。

四、農會、商業會議所、教育會、青年會等，時獎勵入學與不輟課之生徒。

五、製通學簿。所有到校出校時間，通告其家庭或傭主。又對於上課無常時及缺課者，囑其家庭或保證人特加注意。

六、表彰勤勉優異之生徒。

七、設娛樂機關，引起生徒入學之快樂心。

九、與外界之聯絡

　　補習學校須與外界聯絡，一致進行，功效始大。而聯絡之方，都市與農村情形各別。又各因所在地方，不能一律。茲據實業補習教育調查報告，錄述如左。

　　甲、與商業會議所、工廠、銀行、公司、農事試驗場、工業試驗場、水產試驗場、農會、水產組合、學校等之聯絡。其實施方法如下：

　　一、應依據以上各機關，就學校教育上必要者，搜求各種調查報告，並時與質疑。

　　二、就教授訓練管理之方法，協商意見。

　　三、學校開談話會、娛樂會、懇親會、旅行會等，須以上各機關之協助，或請講演。

　　四、畢業生已就職者之優待及其求職，須聯絡以上各機關，俾得其斡旋。

　　五、標本、器具、器械等之借用，須聯絡以上各機關，俾時與方便。

　　六、大都市之商業會議所銀行，又雇多數職工徒弟之工廠、公司及農會，須聯絡之，使自經營補習學校或補助補習學校。

　　七、商業會議所、銀行、農會，又雇多數職工徒弟之工廠、公司、傭主等，能供給生徒校用品及學費，又使其職工徒弟就學者，須獎勵之。

　　八、公司、工廠、銀行、農事試驗場等，須設法疏通，使生徒見習。

　　乙、其他之聯絡。

　　一、行畢業式時，柬請實業家及熱心家等。

　　二、在校生與已畢業者須相聯絡。

　　三、時集合生徒之父兄等開講演會。

　　四、開生徒成績品評會，使人縱觀。

十、獎勵

促進補習教育之發達，必須教育行政機關之獎勵。茲據實業補習教育調查報告，錄述如下。

一、文部省開補習教育講習會，使道廳府縣學務課長、視學、校長等聽講。

二、道廳府縣郡市職員、實業學校職員等赴各處講演，鼓吹補習教育之必要。

三、由國庫道廳府縣郡市農會、商業會議所等給與補助金。

四、獎勵優良補習學校及成績卓著之人。

［附］

籌設實業補習教育意見

實業補習教育之真義，近來譯書稍敷陳其說。其組織方法及理論，具詳於調查報告中。吾國創始經營，已有途轍可尋，惟頭緒繁多，兼斟酌國情，應如何取捨，始能適當？第一，他國所經過之程序，其設施認爲不完善或生歧誤者當避之；第二，最近補習教育之趨勢，他國認爲最良之辦法與方針當採之；第三，當應吾國特別情形，本補習教育之真義，就各方面施相當之補習，而不泥守他國設施之形式。即情形與他國相近者，當採他國最新之成案；其爲他國所無者，亦應斟酌情形，使得補習相當之教育。據此三義，條陳意見，語約義繁，擇而行之，或有裨益。惟係就目前情形而言，閱者宜分別觀之。

一、先就城市籌設補習學校，都城、省會、大商埠應由該處教育行政機關統籌全市，各就適宜地方，分設多校，並於最便利之處設完全之級一校或數校。

二、最優良之實業及專門學校，各就本校學科程度，斟酌情形，功效較易見者，附設相當之補習學校，並得設低於本校程度以下各級，又因地方需要，雖為本校學科所無，亦得酌量籌設。

三、最優良之中小各學校，得因地方情形，視本校力所能及者，附設相當之補習學校，惟以置相當之實業學科為主。

四、公立之工廠、公司等，宜由本部會同農商部，使之自設補習學校，教授從事之職工，或令自籌經費，委託附近相當學校，代施補習教育。此外如陸海軍部所轄之兵工廠、船政局等，交通部所轄之鐵路、招商局等，亦宜會同該部，設法就輪船、鐵道員役等，籌設補習學校，其辦法與公立之工廠、公司等。

五、私立之工廠、公司、商店容職工數百人者，宜會同農商部勸誡，使之籌設補習學校，其辦法亦與公立之工廠、公司等。

六、實業補習學校配置學科及程度，其目的本特重國民學校畢業及職工二者，而二者入學，亦當與以優先權。惟設置學校，在使有志嚮學之人，均得受相當補習；又事實上時多例外，故為國民學校畢業者設科；時有相當之職工入學，為職工設科；時有相當之他項人入學。雖對於國民學校畢業者之補習編制，情形較為普通，不盡施特殊職業教授，然選修科目，不乏相當之人。因此規定學則，不宜限於一方面，斯入學者得各從其便。又職工補習附設於實業學校，國民學校畢業補習附設於小學校，自屬普通情形。然因地方需要時，得斟酌情形，實業學校兼附設國民學校畢業者之補習學科，小學校兼附設職工之補習學科。故規定辦法，須隨時因地制宜，庶無窒礙。此項因實業校長會議案辦法分兩種規定，無變通之例，故特加說明。

一、補習學校之學科或學級較多者，宜置專任員。

二、置實業學科者，宜聘確能擔任實科之教員。

三、年長未受學校教育者，除其經驗足與受教育者之學力相當得編入相當之級外，更須應低等程度，就國文、算術二種，另編簡易教科書，各補習學校得特別設班，因地方情形，擇適當時間教授，聽其選習，以便促進相當之知識，而副施補習教育之本旨。

四、擴充補習科，其辦法有三：一、不限於小學，凡高等專門中學校均得附設。二、設補習科者人數不限於專爲本校預備，且生徒得選一科目或數科目習之。三、普通科目許有一門專長之人，自設補習科，或單設一科，或集合同類並設數科，均可從便。前二者便於修學，後者可網羅新舊方面各有專長者，均得供獻於社會，且使舊者能就所長施教，不絕自生之別徑。斯以私塾充學校或濫竽學校中者，其數可以減少。上二項似無與於實業補習教育，惟就廣義言之，補習科與實業補習教育皆屬於補習教育，故便及之。又各國之施補習教育，係爲受教育而未完全者起見，未受完全教育者尚宜設法補習，使之漸達於完全。退一步言之，未受教育者設法補習，使之稍受教育，寧非從事補習教育者更宜視爲切要耶？

一、學年制與科目制，或並設二制，或單設一制，均可從便。惟學年制中宜許生徒選修科目，又有實業科之學年制，其科目範圍宜以一種職業學科爲中心。各科目分配，須與此中心學科關係切近，不宜涉於廣漠，且科目不可過繁。

二、科目制不必指定必修科目，即專修國文一科或算術一科，或兼修數科，均可從便。但兼修者須所修各科時間，不相抵觸。此項因實業校長會議案對於採用科目制，於職業科中仍須兼授國文、算術，故特爲揭出。

三、科目制固聽其選修一科或數科，但排列科目，須散之爲各項科目，合之而各自成類，以便選修者依類分習若干項，能修得有統系之學科。又爲修學者示以準的，須於章程外就各科目分類彙集，加以說明，或於給文憑條項下揭示修畢某數科目者，給某種學科畢業文憑，俾兼修及繼續再習者，確知何項科目爲有關係之科。

四、學年、科目二制並設之校，二制須相連絡。凡有相同科目，得合級聽講，又可相互進級；如畢業學年制普通科者得修科目制之科目；又科目制之基礎學科，得爲學年制中等科之初階。所有各項教授細目及時間配置，須適合無間。

五、科目制及學年制選修科目，在同一學期內兼修數科，其數科之程度，可不限於同等。例如，修甲級國文者得修乙級算術，或修某級第一學期國文者，得修其第二學期算術是。

六、募集生徒，因地方情形，隨時開講某科，不必各科同期招考。如有特別情事，果入學者學力相當，得許於學期之中或次學期入學。

七、科目制及學年制可選修科目，當於各科目項下，分別注明入學學力；當募集生徒時，惟各就科目所定程度，視志願入某科者，是否對於某科程度確能聽講。其一般學力，概可不問。

八、學年制各學科及科目制各科，得因地方需要，隨時增損。前未設者得增置，前已設者得廢置，或已停而復置。

九、每一校或一地方置高下數級者，其各級程式，須相銜接，以便適宜進級。又在一地方設數校者，須與地方需要及入學志願者相應，不宜偏重某科。或有重復缺漏，其分設各校，亦須勻配地點，俾到校生徒，各得其便。

十、同一學科或同一科目，得設高下數級。又某學科或某科目因志願入學者多，得分數組。

十一、數級人數無多，或因便並數級爲一組者，用單級教授。

十二、一校設數種學科者，應酌量情形。某科目分級或分組教授，某科目合數級或合數組教授，大抵實業科宜分，普通科可因便合之，實業科有時合級者，必爲同種類之科。

十三、專爲國民學校畢業或女子設者，可全日或半日教授。但國民學校畢業者，或屬工商補習，或兼收年長者，得因地方情形，以夜間教授爲便。

十四、科目制修業期限宜一年以內，學年制須斟酌學科種類及地方情形定之。

十五、教授時數在夜間者，以每週二次或三次、每次二時爲最適當。但因地方情形，得酌量增損。

十六、教授季節，或全年教授，或擇閒暇時期，于某季節教授；又於一年或一學期中相間行多次之教授，或于一年中除去最忙之某時日而行教授，均可從便。

十七、每年分三學期二學期，均可從便。又學期之始，因地方情形，得從適當之時期而起，不限於部令規定之期。

十八、夜間教授者，遇有實習事項，須擇適當時間，於日間授之。

十九、學校標明種類，如爲女子設置，或小學校附設二種補習科者，可稱實業補習學校（但二種補習科亦可稱工商補習學校或農商補習學校），以便學校內容增損變更，不爲標明之名稱所拘束，又得以狹義標明，如稱裁縫補習學校或英語補習學校是。此項因實業學校令第五十條而提出。

二十、工商情形最爲複雜。城市籌設者，須先就工商種類及職業狀況詳細調查。工家及商店徒弟制度盛行，宜特別注意，以便適合情形，設置學校，配訂科目。如就徒弟職業，特別分類，籌設相當之補習教育，尤爲切要。

二十一、各地方公共團體，如商會、商幫、教育會、農會、工會、自治機關及其他各團體等，須設法疏通，聯絡進行。

二十二、補習學校經費節省，係就借用校舍器具而言，其關於教員薪給及教授上需用者，仍宜籌備相當之費。

二十三、宜置通知簿，詳記上課、下課、缺課時間，通告生徒之父兄或僱主及保證人。

小學國文教授
實際之研究

原载《中华教育界》第8卷第3、4、5、6期,第9卷第1期,1919年9、10、11、12月,1920年1月。

作者按語：此作係就奉天講習會講演之辭綴記成文，倉猝講演，義多疏漏。惟所舉事例及法則，多本十年來之經驗與研究，證諸心得，不無可供參考之處。謹志數語，非敢云問世也。

一、文字

研究文字教授分字音、字形、字義三種論之。

一、字音

　　發音。國文要旨，首重發音，課程表亦列此目。然發音圖及發音教授法，學者未有著論。坊本教授書偶有舉例，不過列四聲反切，不能爲發音之標准。論者以標准音未定，發音無所依據。然各校教師授生字之音，並不示以音之如何發法。學生唱讀，率多模糊影響之讀音，甚至沿襲訛誤，即土音亦不正確。要知言語之不統一不盡由音之異同，其最不同之點：(1) 名詞稱謂；(2) 通常用語。就音而論，苟明於雙聲疊韻及聲音轉變之理，不難觸類旁通。蓋方音雖殊，同出一源，非異族殊音之比也。如果關於前二者有相當之矯正，即用土音教授，苟能示以音之如何發法，而厘訂其訛誤，雖未用標准音，亦不致懸絶太甚，且於地方應用之音能期正確。由此進而求之，統一語言，非難事也。茲述授發音之法如左：

　　(1) 審部位。發音時，先須審音之所從出，而示以唇、舌、齒、喉等部位。此爲第一步。

　　(2) 辨呼法。部位既審，而音之如何呼出，如開口、合口、齊齒、撮口等動作狀態，須示以某字之音，應作何呼法。此爲第二步。

　　(3) 別四聲。呼法既辨，須定韻部。但韻部某攝，係教師研究之事，不必以之示學生。惟出聲時於音之高下舒促，當分別示之。

　　經此三級，發音教授，於以完全。

　　反切。舊時韻書反切之音，因所居不同、所本不同，切音各殊。字書所引，雖本一家之說，然既未必適合於地方音，又不能作爲標准音，書上之反切，與實際音讀諸多未葉。嘗見各校學生檢查生字之音，多據字典記反切於簿，教師授生字音時，亦書於板上，令其抄寫。此於實際音讀，究有何益？鄙意以依上述授發音之法爲主，此項殊可省略。若爲學生便檢查、助記憶起見，凡授一生字，其音與已授之生字相近似者，不必記錄反切，即依教師口授之音轉注之；無則從闕。其例有二如左：

(1) 有直音可貼者，例如：聲音生。

(2) 有四聲可紐者，例如：請音青上。

四聲。就習慣而言，四聲在紙片上早經統一，詩賦所用之詩韻，其明證也。各家懸貼對聯，亦以是分。近來新刊學生字典，列入四聲，以備檢查，誠不無益。余從前亦有此說。惟實際研究，舊時字典所列之四聲，紙片上之四聲也。口頭音讀，不能以是爲標准。如北京無入聲，廣東一字有三入聲。陸法言云："秦隴則去聲爲入，梁益則平聲似去。"苟據紙片上之四聲，爲發音之標准，乖誤益甚。此與上論之反切同。至前所云別四聲者，乃音韻學原理之研究，非紙片上之研究也，不可不辨。

注音字母。部定注音字母，係音之標識，非即以此爲標准音。音母二十四，介音三，韻母十二。閏母得任就音母加標識代之。介音係爲等呼之用而設。三字相拼，仍是一紐一韻，無異反切。其音母當否，與教科書應否注音，屬另一問題。茲所論者，期望小學教師之研究。其理由有三：(1) 簡便易學；(2) 以此代反切，較舊時便利且能正確；(3) 因研究之結果，可將各地方獨有之音，供讀音統一、會定標准音之資料，而教師於音韻學多一分研究，即於發音教授增一分心得。此余主張習注音字母之微意也。

音之比較練習。凡新授之字，其音與已授之字，同音而微別，及音異而易混者，教師宜類舉之，使兒童比較練習，辨音於微。茲據黎錦熙君字音表舉例於左：(1) 音韻平仄全同，例如一亦；(2) 音韻同而平仄異，例如一衣；(3) 同平聲而分清濁，例如衣移；(4) 同音異韻，例如腰要；(5) 異音同韻，例如淹鹽；(6) 同音韻而異呼法，例如因云。

二、字形

　　筆順。教授筆順，範示時宜書空呼唱。呼唱不用計數法，當用名稱。名稱現無劃一之規定，各省小學應聯合討論，自定劃一之名稱，藉免校各異稱。惟須注意者：（一）雖不用計數法，其次序當使記憶。（二）一筆寫成之筆畫不可作數筆畫唱之，致誤認丂爲二筆或四筆、匚爲三筆。（三）宜用有色粉筆區示筆畫。茲介紹京師學務局規定表及長沙縣教育會議決案如左，以備參考。

　　京師學務局規定表：

一	由左至右平直者概稱爲橫
丨	由上而下直行者概稱爲豎
丿	由右上方向左下方者概稱爲撇
乀	由左上方向右下方者概稱爲捺
✓	由左下方向右上方者概稱爲趯
丶 八	凡筆勢團聚而鋒刃較斂者概稱爲點
乚	凡橫豎撇等轉折相屬而成一畫者概稱爲折
丶	自左上方向右下方非如捺有筆鋒者概稱爲斜
乚)	凡筆畫彎曲如弧形者概稱爲彎
乛 八	凡筆畫轉折處取勢較趯撇等爲斂者概稱爲鈎

長沙縣教育會議決案：

　　　　㇕橫折　㇄直折　㇆直連橫折　)直鈎　㇀橫鈎　㇇橫折鈎　乁橫折斜鈎　乀右斜鈎　乚右彎鈎　)左彎鈎　乙橫折右彎鈎　乚直右彎鈎　㇉直連橫折斜鈎　㇌兩橫折斜鈎　㇋兩橫折撇　乚直趯　乚撇趯

上二者總名稱不同僅直與豎之別

部首。預習時檢查音義，國民三、四年級近已有行之者。檢字必用字典，用字典必明部首。大較宜於三學年或二學年下學期示之。此當辨者，則字典之部首，與《說文》之部首不同。《說文》部首明字之所以構成，雖釋字形，與字義實相關聯。此當另論。字典部首專供檢字之用，示部首初不必釋其意義。今分別類舉，俾教授時知所注意耳。

（1）爲一種單體字，如部首爲口、目、言之例。

（2）爲單體字而變其形體：①略變者，如木作朩、火作灬之例。②全變者，如水作"氵"、心作"忄"之例。

（3）非現用之單體字，如宀、勹之例。

（4）與本字異形，如"阝"在左爲阜、在右爲邑之例。

近時新刊字典，雖大體襲《康熙字典》之舊，而間有異同。各校應定一檢字所用之字典，教授部首，即以此爲主，俾免歧異。惟應特別注意者，字典專備檢字之用，意取簡便。雖不能持許書之例以相繩，然關於易滋誤會之處，不能不特別說明。如條在木部而倏入人部，狀在犬部而牀入爿部等，自亂其例，不便檢查，此屬於歸部之不當者。如肖七畫作八畫，肅十四畫作十二畫，近刊字典敝校正而弊蔽仍舊，肅校正而蕭嘯仍舊，莫衷一是，此屬於字畫之歧誤者。皆教授時所宜辨明者也。

字體。此項問題甚多，不暇詳論。茲將易混淆者言之：（1）通寫之字。本可通用，當取筆畫簡易者，如採應書采、髣髴應書仿佛等是。（2）俗寫之字。通常不以爲非，而違反構成之義，應加厘正者，如壽應書壽，致應書致等是。此在近刊教科書中，字體多有未是，不能不望教師一一改正之也。

類似之字。在練習應用時，令匯集類似之字，比較其不同之點，於矯正錯誤，最爲有益。用此法時，原不必細爲區分，惟有時變化多方，亦饒興味。今舉例如左：（1）上下易位，例如杏與呆；（2）左右易位，例如陪與部；（3）中偏易位，例如太與犬；（4）上部顛倒，例如未與末；

（5）下部顛倒，例如土與士；（6）全部顛倒，例如士與干；（7）上下與左右易位，例如累與細；（8）筆順同而形有出入，例如工與土；（9）筆順同而形有廣狹，例如日與曰；（10）形似而筆畫增例，如大與天；（11）筆畫稍歧，例如材與村。

三、字義

教師臨時教授，據字典釋義，往往無相當之言語，爲明確之講解，致兒童仍茫然莫解。今舉習見之弊如左：

（1）以文言釋語體字，如做，爲也；抱，持也等。語體字本不必另加解釋，以文釋語，其義反晦。

（2）以文言釋文言，如拂，拭也；哀，悲傷也等。文言之字，不用白話釋之，意仍不明。

（3）以贅詞釋義，如峭，峭絕也；涇，沾涇也等。於本字下贅一字，不足以釋本義。

（4）不以示物示例之法則釋義，如躓，跌也；慚，愧也等。雖釋義較爲淺明，然不表示字義動作之狀態，未能形容盡致。

（5）不能變通互釋之義，如灌，溉也；溉，灌也等。互相注釋，其義本通。但釋灌爲溉，義益晦矣。

由上五種之弊，求得一解釋字義之原則，即文言之字，可以語釋，語體之字，不可以文言釋；如言語不足以形容者，當以動作之狀態示之。

（6）界限不清，如某校教授時，釋郵差之差字爲送信的人是。

（7）不正確，如釋炒，煎也；煎，熬也，烹，炒也、煮也。此等字義，各有相當之用，如此互相轉釋，殊欠允當。此在釋動靜字之合詞，尤多此弊。因單字尚有字典可據，合詞則多任意解釋。凡動靜字之合詞有二種特例：①屬雙聲疊韻之詞，如踟躕、惝恍等，須以相當之語，渾括而說明其義。②補足語勢之文言，如豐滿、灌溉等，在文須二字成詞，而語勢始足；在語則灌溉祇用灌，豐滿祇用滿，或以相當之語代之。除此二例，必須先就合詞之字，各個分解，而後說明其統合之義。

由上二種之弊，求得一解釋字義之原則：凡用言語釋字釋詞，當表裏適如分際（界限不清，表不合分際；不正確，裏不合分際）。

以上二原則，爲小學國文字義教授之準。至成句之字，提出教授。現在教授情形，大率順語句中字之先後，依序釋之。例如"茂林修竹"一語，先釋茂字之義，次釋林字之義，再釋修竹亦然。此就一字各別言之，則釋義合於上舉之原則，固已適當。若合一句而言，尚有研究。其一，一字一解，不總合解之，則單語之意不完；合解則先釋茂，次釋林，再釋茂林，須分三次解之。其二，修字之義，不合竹字而解，則修作長解，無所附麗，兒童觀念不易明了。若本文法運用之規則，顛倒次序，先釋林，後釋茂林，修竹亦然。則茂林二字，祇須二次解之；修竹二字，可以徑講本文修字之義，因二字聯合而講，不至誤會他義。如此解釋，既省費辭，又易明單語之本義，於文法運用，亦得觸類旁通。次如"遁居荒島"一語，依字順序解釋，其繁重較上句更甚。若先釋島，次釋荒島，再次釋居荒島，後釋遁居荒島，顛倒單語各字之次序釋義，而意義始能貫串，語言亦無錯亂。此舉之例，純有逆行而上，但有時亦當稍爲變通。由此得一原則：凡單語中之具名、動、靜三種字者，當先釋名字，次釋動字、靜字。靜字連名字者，動字在靜字之次釋之。靜字連動字者，靜字在動字之次釋之。但單語中具有數種名字或動、靜字者，應各就其相關聯者分項釋之，非必各種名字皆須先釋也。

又本課生字，不必純以教科書上欄提出者爲斷。蓋此所謂生字者，係爲教師方面注意起見。若兒童方面，則國文科見爲生字，於他科或已先授，或於旁方面識之；或已識之字，日久不甚確憶。此則在教師之留心觀察也。

此外，有一重要問題，亟宜討論者。我國文字，主形不主音。自文字形式方面言，繁雜不易通俗，頗爲教育普及之障礙。自單字教授方面言，則有獨具之特色。蓋字合形、聲、義三者構成，形體之構成，含有意義之意味。分析形體，即得意義，可以助理解。因形求義，又可求音，可以助記憶。拼音之字，須機械的記憶。此則有理解的記憶，可以助興味，又易辨誤。如幣帛之幣，從巾敝聲，不從卄是也。以此之故，教授文字，第一，當授《說文》部首，使明字之構成；第二，《說文》所以解字之法則，教師當悉心研究，以便資教授之資料。何者可採舊說，何者當會通古人之意，而自出心裁。蓋六書之中，諧聲字占十分之七八，最適於理解的記憶、教授又簡便者，亦惟諧聲字。如從某、某聲，從某者字義所由出，某聲者字音所由來。惟其中從某、某聲省，所謂某聲省者，間有不適於教授之處。又有當辨明者：（一）易本形之字。今之楷書，由篆隸遞變而來，如象形之日、月二字，稍變其形，即已無象可言。故形體變更太甚者，不能拘牽象形、指事、會意之本解以求義。此當變通者一也。（二）失本義之字。字之構成大抵皆與本義相關聯，如"焉，鳥名""來，麥名"，故焉形象鳥，麥頭從來。今則如此之類，本義已失，按形求義，例無可通。此當變通者二也。（三）釋形解義屈曲難明之字。此例不多，不能以原解求義，或舍而不言，或師古人解字之意，求其可通之例。此在《說文》本有附會之解，如鄭樵、王安石等《字說》，已有臆造，但求於例可通，固不必拘守古說也。蓋今之主張按形、聲、義釋字者，其目的非欲令兒童精通小學，不過在就字之本質，分析解釋，助理解的記憶耳。此當變通者三也。惟古人釋字，具有精義，不可妄加臆說。如"習，鳥數飛也"，余舊時不明解釋之旨趣。近因養鴿，見鴿雛將學飛時，輒離地少許，屢拍其羽，鴿之多日未飛者亦然。再觀家雀，情形亦同。始悉習之訓鳥數飛，義實精當。由斯以推，則吾人當知所以反省矣。

二、句讀

舊時治經，最重章句。毛公《傳詩》，即著明若干章，章若干句。及八股考試時，猶點句勾股。惟句讀之所以區分，亦至斯時而混亂已極。所以然者，試卷用墨點，兩字之間加點，苟爲墨污。於是小讀處不點，大讀與句並用側點，而句讀遂以不分。相習既久，致讀書圈點亦仍之。然古人句讀之例，固辨之至明者也。

宋館閣點勘法句讀之分：側點爲句，中點爲讀。凡人名、地名、物名並長句內小句，並從中點。黃勉齋批點四書讀例：句例，舉其綱，文意斷。讀例者也相應，文意未斷，覆舉上文，上反而下正，上有呼下字，下有承上字。《增韻》凡經書成文語絕處謂之句，語未絕而點分之，以便誦詠，謂之讀。

近自歐美文學思潮輸入，學者稍注意句讀。如新雜誌之句讀圈點用新式符號，以及關於句讀之論著，間有作者。然一般之報紙書籍，仍習焉不改。且研究者幾成爲文學專門家之議論。至小學教育界，言者絕鮮。若論實際教授，則誦讀課文，能辨句讀者，千百教師中，數人而已。今欲讀法教授之辨句讀，不可不先明句讀之界說。今引數說如左：

《馬氏文通》卷十："凡有起詞、語詞而釋意已全者曰句；凡有起詞、語詞而辭氣未全者曰讀；凡句讀中字面少長而辭氣應少住者曰頓。"

《科學雜誌》第二卷："凡有起詞、語詞而辭意已全者曰句；凡有起詞、語詞而辭意未全者曰讀。"

《法政學報》第八期："凡成文而辭意已完或辭氣已完者曰句；辭意未完者曰兼詞；辭氣未完而少住者曰讀。"

三說各不同，大較以後說爲當，茲不暇詳究。惟就小學教授中適用之點而論，凡讀法教授，於出聲誦讀時，成句處音稍止，成讀處音稍頓。

句例以辭意已完或辭氣已完當之；讀例以辭意未完，或辭氣未完而少住者當之。所謂辭意已完，即黃勉齋之所謂句也；所謂辭氣已完，即《增韻》之所謂句也；所謂詞意未完，其中可少住者，即舊説所謂小讀也。所謂辭氣未完而少住者，即舊説所謂大讀也；不惟高等小學讀法當如是，國民學校讀法亦然。書坊近二三年高小國文教科書，多已有句讀之圈點。凡作一圈者爲句，作一點者爲讀。雖所圈點未必適合，然大致不誤，不難尋檢而知。惟不可不知者，長句之中有可析爲分句者。此等分句，有時亦可作一句而讀之。所謂分句者，有主詞、語詞，句之要素已備者是也。

教授小學國文，宜辨句讀者，因鑒於讀法教授之習弊，必以是矯正之。茲分論如左：

1. 一字一誦讀之弊。例如初年級課文：明月在天，人影在地。此當作一句誦讀，或分作二句誦讀亦可。每一句四字，在誦讀時每字之音調，當然有長短輕重之分。因音調之輕重長短，誦讀中自饒有意味，發生此句所含內容之一種想像。若一字一誦讀，音誦悉平，與授單字音讀無異，非單句之讀法。乃至二年級讀短文，亦見有如是讀法，殊不謂然。

2. 範讀、伴讀時不明句讀之弊。當範讀或伴讀時，每讀一句，學生隨讀。例如"國家養兵，所以禦外侮也"當作一句誦讀，惟中有停頓處耳。如令"國家養兵"與"所以禦外侮也"分離而讀之，則讀"國家養兵"，不知兵作何用，是語意未完。讀"所以禦外侮也"，不聯想上文，不知以何者而禦外侮。試舉一例證之。如對人説一句話，如果所説之話，語意或語氣未完，則聽者不能了解。其所以不能了解，在語意或語氣不完之故。是對人説話，必語意完或語氣完才成一句話。今琅琅讀文，而不以不完之句成誦，其不合即此可見。

3. 段讀、通讀不明句讀之弊。就整段之文，連續而讀，讀時必注意抑揚輕重。夫文由句相積而成，何句抑，何句揚；何句輕，何句重，當以音讀表明之。若句尚未明，則抑揚輕重，必不適合。又句之相續，其相續處必有節奏。句讀不明，無由知其節奏。

4. 隨讀、隨講不明句讀之弊。嘗見學生試講整段之文，依序一句一講。講時必先讀其文，讀不成句，尚可云無意義關係。若依所讀之文而講，如辭意或辭氣未完，必有窒礙難解之處，且亦不成文法。

因上舉之弊，讀法中得三種不良之結果：其一，不能引起玩味意義作用。其二，不能發生領會文法效力。其三，養成一種語言不完全之習慣。所以不憚煩辭，希望教師於句讀特加注意也。

5. 文法及語法

文法

一、句法

句讀之例既明，兒童日常誦讀，即不示以句法構成之例，自於不知不覺中領會句之所以構成。若更以切要之法則，適應兒童程度授之，則句法自益明瞭。惟各校教師單授句法，學生頗有格不相入之處。吾人對此有懷疑之點二，試舉如左：1. 余友之子女肄業國民學校者，多以教師示排句遞承句等，兒童毫無心得。2. 在教授中單授句法時，以撇句、鎖句、頓句等示之。余以此類句法，係文章之關節，非句法構成之原則。在篇章法前示之，兒童於句法位置之安頓，不易分曉。

以此之故，因就句法分析研究，進而論教授之法。

就句而論，可分三種論之：一、句之組織；二、長句之格式；三、句之節奏。

句之組織區分如左：

一、主詞、語詞並單純者：（1）主詞單名綴以單動或單靜之語詞；（2）主詞合名綴以單動或單靜之語詞；（3）主詞名綴以合動或合靜之語詞；（4）主詞名連靜綴以動或靜之語詞；5. 主詞數名綴以動或靜之語詞。

二、主詞稍複雜、語詞單純者：主詞短語綴以動或靜之語詞（短語最簡者等於合詞，較複雜者語中必聯虛字，最複雜者與讀等）。

三、語詞稍雜者：（1）語詞含副置語：a 主詞綴以含單狀詞之語詞，b 主詞綴以含合狀詞之語詞，c 主詞綴以含短語之語詞；（2）語詞含補語：a 主詞綴以附單名之語詞；b 主詞綴以附合名之語詞；c 主詞綴以附數名之語詞；d 主詞綴以附短語之語詞。

四、主詞複雜者，以含一主詞、一語詞爲主詞而綴以語詞。

五、語詞複雜者，即語詞中並含副置語、補足語者是：a 副置語在句首；b 副置語在句中；c 副置語在句末。c 項語法補足語仍在句末，與文法位置不同。如文爲"兄留學於美"，語爲"哥哥在美國留學"是也。

此外有特殊之例二：

一、省略主詞：（1）因泛論事理而省略者；（2）因假設語氣而省略者；（3）因當前對語而省略者；（4）因承接前句而省略者。

二、倒裝法：（1）因永歎語氣而語詞裝在主詞之前者；（2）因疑問語氣而語詞裝在主詞之前者。

句之組織法，爲各種語句構成之原則。在高等小學教授，一一舉例，詳細分解，尚非必不可通。若教授國民年級，則不必詳細分解。惟教師當一一研究。就三年級以下教科書之課文，依例摘出，循序分配，取爲範句練習之資料，俾兒童於不知不覺中，仿作各種句法，得深究句之所以構成。其練習次序，先主詞、語詞並單純者，次主詞稍複雜、語詞單純者，再次語詞稍複雜者，最後主詞複雜及語詞複雜者。但此爲教師預備所必知，其令學生仿作時，惟舉範句示之，初不必說明某範句爲何種句也。至特殊之例，在四年級覓適當之機會示之可也。

區分句之組織，依普通文典之例。惟吾國國文組織之法，自有特質，不能純依外國文法規定之。胡君以魯曾另立公式，茲以尚有詳審之處，暫仍普通之例。

長句之格式區分如左：

1. 衡句，或曰排比句：（1）排句。分單排、偶排二式，分句之對待而整齊者也。（2）錯句。分句雖對待，而語長短相錯或意義相錯者也。（3）疊句。對待語成三分句以上者也。（4）遞句。分句雖對待，而有蟬聯之意義者也。(5) 環句。顛倒上分句之詞而成下分句者也。

2. 主從句，以主與從為分句，長短不同，與衡句之成對待者相反：(1) 順敘式。各分句雖各自獨立，意實相貫者也。(2) 層進式。逐層遞推，其異於遞句者，分句非對待者也。(3) 例重式。藉上分句之意，襯起下分句，意有輕重者也。(4) 掉轉式。上下分句意相反者也。(5) 總分句。分先分後總及先總後分二式。

長句之分句，各備句之要素。分解要素，具見於句之組織。長句之所以構成，就句讀中所謂語意或語氣完否求之，即可決定。至格式之區分，就教科書之課文，依上舉之例，分類摘出。令兒童比較其不同之點，再適宜提示可也。在國民年級區分格式，當在四年級以上示之。

句之節奏區分如左：

(1) 鎖句。分單鎖、雙鎖二式。於詳敘暢論中，慮文氣散漫時作一收斂之筆，用此句法。(2) 撇句。欲置此事而論他事，用此句法。(3) 頓句。在文勢至急處，作緊湊之筆，用此句法。(4) 挫句。在文氣最盛處，作紆回之筆，用此句法。(5) 提句。於文意或文氣盡處作另起之筆，用此句法。(6) 宕句。於平敘直論中，作一翻簸或凝斂之筆，以引起下文，用此句法。(7) 插句。於普通論敘中，就一詞或一事項加說明之語，用此句法。

關於節奏之句，句之本質，無特殊之組織。其作用為一篇或一章之關係，不觀上下文，不明其作用。其句之巧拙，內容在有精要意義，形式在善用虛字。求文之佳，必加研究，但非教授小學國文必要之事。因此對於句之節奏，定教授上之主張：(一) 此項各句法不宜於單授句法時示之，應在授篇章法以後，於深究形式或美讀中討論及之。(二) 國民年級無示此項句法之必要。

教授國民年級句法，不在分解提示，而重分配練習，前已言之。惟前所謂範句練習，係三年以下之事。兒童造句，二年級已當行之，須有他項練習之方法。且範句練習，不易活用，屢行之必減興味。故是時練習之法，最要者約有二例：(一) 示實質，令任意綴成何句。(二) 示虛字，令任意補充實質綴之成句。但各種虛字及每虛字各種用法，須有適當之分配。此與範句練習，教師均宜就一學期內所練習者平均分配。(三) 練習次序，先短句，後長句。

二、篇章法

余視察小學，屢值授篇章法時，腦筋爲之混亂。其能分辨處，每覺其未合。退而細心研究，且求其故。始知所以致此之由有二。

(1) 誤以教科書之課文提行爲文法分段之組織。嘗見各教師授分段大意，皆就教科書提行之段，提要説明，定爲一段之大意。往往有提行之段，僅一句或簡單之語數句。其提要示之者，與原文相當，不過有少許增損之字，即增損者亦無甚關係。似此提要，有何意味？雖文法上之分段，亦有一句或簡單數語之例。然此例不常見，有之必含要點。吾人須知教科書之提行，編者隨意起訖，初無一定之標准。以無標准者爲文法之分段，可決其必不盡合也。就文章區分言之，曰章曰節。統曰段落，則大段爲一章，由大段區分之小段爲一節。章有全章一意者，有起承轉結各具一意者。而起承轉結中，其意又有可分可合者。節則非每節各具一意者。教科書提行之段，有一章者，有一節者，亦有非一章而不祇一節者，或一段一意，或數段一意。教師須適宜分合，若以提行爲主，則每段各標一意，必不可通。故標明分段大意，當以章爲主。章中之節，有可區分之意，當於總大意之次分述之。

(2) 不明篇章分合之界限。就所見者有二種：(一) 分授篇法章法，多互有出入之語，其界限區分，極爲混淆；(二) 即以教科書提行之段，首段爲起，末段爲結，中間段落爲承轉，於承轉處尤多牽強。由前之例，誤在知篇章之分而不知其合，且不知所以區分之各種實例。由後之例，誤在知篇章之合而不知其分，且於章之以一節構成者，尤有難通之處。夫章積節而成，篇積章而成，此人所共知者也。何者爲章？應之曰：章者，以起承轉結構成者也。其説誠是。惟章之構成，雖不外於起承轉結，而不必四者俱備始謂之章。故章有備起承轉結者，有僅具起承結者，有僅具起結者，間有以一節獨成一章者。不明乎此，則章之區分，不易確定。至章與篇之關係，有合數章爲一篇者，亦有以一章獨成一篇者。合數章爲一篇者，篇之首段，爲首章之起，不必爲篇之總起。篇之末段，爲末章之結，不必爲篇之總結。又一篇具若干章，除一節獨成一章外，即有若干起結，中間之段，不必盡爲承轉。而教科書提行之段，一段係一章者，則一段中自有起承轉結。一段係一節者，除一節獨成一章外，則一段僅具起承轉結之一法。一段非一章而不祇一節者，則一段當含起承轉結之二法以上。故起承轉結，須就各章分別示之。其首段爲總起，末段爲總結，以及前後章有相呼應之點，當於授章法後示之。以一章爲一篇者，篇與章同一組織，固無所謂出入也。

三、虛字

就詞性而論，虛字之定名，或不十分確當。惟此於文法實際並無妨礙，習稱已久，不妨沿用。自劉彥和、柳子厚輩即盛稱作文在善用語助辭，舊時一稱虛字曰語助辭。宋陳騤作《文則》，益衍其説。清初袁仁林作《虛字説》，劉淇作《助字辨略》，分類疏證，始有專論虛字之書。王引之《經傳釋詞》，亦闡斯旨。劉、王所疏證，大抵便於誦讀古書之用。袁書重用法，稍爲淺近。近人周孝懷作《虛字使用法》，對照言文，列字舉例，雖未盡精當，較便初學。坊本論虛字之書，尚有多種；書無可觀，不備舉。其不以字分而以詞別者，如《馬氏文通》，關於虛字用法，以介字、助字、連字等分類示法。作文典者皆因其例，惟省虛字之名稱耳。二種體制各殊，要爲論文法者研究之資。茲從教授便利起見，專論虛字。此當研究者：（一）如何使散見之虛字，得成有統一之練習。（二）如何使分解虛字，適應於兒童之練習。（三）如何使散見之虛字及其各種用法，兒童以短期習畢，無窘於應用。解決此三問題，爰就教師研究方面分論如左：

（1）何者爲通常必用之虛字。小學學生在學期內，識字無多。凡非通常必用者，當從省略。本此求之，當省略者約有二種：（一）同義之字，如"詎"與"豈"同義，練習"豈"而略"詎"；"逮"與"及"同義，練習"及"而畧"逮"是。（二）普通文不常用之字，如"兮"、"微"、"曷"之類，皆省畧練習是。

（2）何者爲每虛字通常之用法。由前例推演而出，當省畧者亦有二種：（一）二虛字同用法，當以應用最普通者爲主。如"乎"爲助字，若用在句中，同於介字之"於"者，可不必練習同"於"字之用法是。（二）不常見之用法，如"而"爲連字，用在句尾可作助字；用在句首、句中，可作代字，其用法可省畧練習是。

（3）應用之虛字及每字應用之用法當依如何之序提出之。同一詞性而各字之用於文法，有難易及通用與否之殊。如同爲助字，"矣""乎"較"焉""耶"容易解釋。同一虛字而字之有數種用法者，亦有難易及通用與否之殊。如連字之"而"用作助字，則爲不通用之法；"也"爲助字，用作起下，則較深於結上之文法。提出之序，必由易入難，不可泥詞性或字法爲類別。舉其略例：（一）從接近口語之虛字，進而及於文言之虛字。（二）從獨立單句所用之虛字及用法，進而及於起承轉結所用之虛字及用法。（三）從一虛字之單用，進而及於數虛字之合用。此三者相互爲用，惟第二項因視察之感觸，有特別申明之點。關於承轉之字，須以長句或數句相聯練習之。練習之式，承轉字之上不令綴字句，則練習者無效。因承轉字從上文而出，必於其上綴相當之文。例如"……然則……"令在上下綴文是也。虛字之爲起下詞者，當於其下綴文，可以類推。關於起結之字，須以短文練習之。蓋非練習之文具相當之首尾，則起字或結字之用法，意不完足。其練習之效果，必甚淺鮮也。

於此發生一困難問題，即現用教科書不能貫澈其主張是也。其原因有三：（1）虛字之先見後見，無文法之次序。（2）每册虛字多寡，無一定標准，排列不勻稱。（3）各虛字及每字用法，何者必列，何者省略，編者未有統計。

以此之故，欲貫澈上之主張，誠屬困難。然因爲教科書所累，使虛字教授，不能成有系統之練習，則缺陷滋甚。嘗再三研究，得一救濟之法。先由教師依據上舉之三種主張，詳細研究，決定應授之虛字與各種用法以及教授次序，一一記錄。次就決用之國文教科書，從首册至末册，檢閱一次，將書中已見虛字及每字不同用法，分學年學期用簿記之。再與決定應授者相較，如決定應授之字及用法，爲教科書所無者，當斟酌補配於各學年中，使之練習。又各學期教科書中所見之虛字用法，不適於當時練習者，應移在適當時期練習之。惟一次檢閱分配，力或未逮，亦可分學年行之。但此於最後學年須就教科書與決定應授者比較，補入闕漏之字及用法，使之練習。至關於應授之虛字與用法，求一依據之本，購《虛字使用法》一部檢閱，即得其概要，進而參考《馬氏文通》，義例備矣。若再閱上舉各書，尤爲完善。

三、教順

教順即教授順序之簡稱，一曰教授次序。

論教順必先瞭解一問題，所謂五段教授法是也。五段教授法係海爾巴脫所創，其弟子來因氏完成之。其法分教順爲預備、提示、聯絡、總括、應用，謂之五段教授法。從來用此法者雖稍有增損出入，然大體固無甚區別也。在三四年前各書坊出版之小學教授書，及師範生實習時所編之教案，大概每一單元教材，皆根本五段教授法分配之。因之實際教授，分預備、提示、聯絡、總括、應用各爲若干分鐘而施教授。

由吾人之經驗與調查，發生以下之缺點：

（一）教師方面，有二種缺點：（1）教案與教授時間不相當。教師教授時，或師範生實習時，往往教授時間與教案分配時間發生衝突，或將教案講完而時間有餘，或教案未講完而時間不足。（2）拘泥形式以分配教材。遇乾燥之教材，爲形式所拘，不得不勉強牽掣，湊合材料。且於預備時而涉及提示，或提示時而涉及聯絡、應用等。因教段劃分，不免生種種困難。

（二）學生方面，有三種缺點：（1）教授方法不變化。教授法貴時時變化，以引起兒童興味而振其疲乏。如以五段教授法分配時間，其教授形式係固定不變，則兒童往往生厭煩心，以致減少興味。（2）各段劃分，因時間距離，減損其關聯之效力。如預備段將一單元教材中零碎瑣屑之事，全行發問。因預備時間較長，兒童腦力、繼續力甚弱，及提示時而前所問者不能適當銜接。在提示段遇教材繁難或稍多者，教材之頭緒既繁，費時亦較久，不能就各事項、各要點，於提示時分項接連而行整理，求應用。如提示稍未充分，及整理應用時，兒童多有遺忘，致提示者不發生效力。（3）發問過多。預備、聯絡、應用各段，必用發問式。因發问不与提示相间而行，连续之问太多，致惹起儿童之烦恶，而兴味亦少，其结果反多不良。

五段教授法，于领受知识之次序，从心理、论理各方面论，并无背谬。然实际教授上所以发现种种缺点者，盖在分配时间之过，非五段教授法之咎也。因此立一界说如下：

五段教授法者，教授原则之次序，凡一单元教材中，得就各事项、各语句分析而运用之。

五段教授法之缺点，既在分配时间之不当如上述。夫学术事业，日新月异。用五段教授法分配时间，虽无绝对不可之处，然既有以上之缺点，则不能不研究适宜之方法以改革之也。

运用五段教授法之原则。第一，教段可以斟酌增损。来因氏曾有此说。实际教授时，当以教材之性质，及儿童领受知识之关系而临机运用。如就五段中用四段而省一段，用三段而省二段，皆无不可。除提示外，指示目及联络等，不妨省略。甚至预备、应用等有时亦可不用。第二，宜任就一单元教材中之一事项、一语句，运用此法连接而行教授。如就教材中之一事项或一语句，而运用预备、提示、整理、联络、比较以行教授。他一事项、他一语句亦然。故一小时间可用数次五段教授。如此则易引起儿童之旧观念，以与新教材联络。且于提示段后，即行回讲深究，或练习及发问等迭次变易行之，不惟记忆易于确实，且有多方变化之益。

上之主张，民国初年所刊余之《教授法》一书，曾申此旨。近来新出教授书，及各处师范生实习时所编教案，已有不依五段教授分配时间者。然当打破此式后，则教顺之规定，万不能求其一致。惟一都会或一邑，谋小学教授之进行，立一具体方案，资教授之参考，诚一种重要问题。此在他处固已有行之者。兹介绍江苏小学读法商榷会及北京学务局所规定教顺，并附鄙见，以备参考。

江苏小学国文科读法商榷会讨论教顺如左：

國民一二年級

一、事物教授；二、指示生字音義；三、讀講；四、深究；五、練習；六、整理；七、應用。

國民三四年級

一、預備；二、質問；三、發問；四、讀講；五、深究；六、練習講讀；七、整理；八、應用。

高等小學

預習

一、令概覽全課；二、令查字典，記不識不明之字於筆記簿；

補正

三、任兒童就預習未明者質問；四、問兒童課中緊要字句音義而訂正之；五、指名試讀試講；六、指名讀講；

練習

七、讀講；八、將字句及內容要點提出共同推究；九、摘默；

整理

十、與兒童討論課文之段落，將緊要之點表記之；十一、討論句法篇法；十二、摘抄；

應用

十三、問答句法篇法等之要點；十四、仿造語句或作短文。

以上關於國民年級教順應商榷者：（一）深究在練習之前，是否適宜？（二）預備下繼以質問、發問，在預備中究作何事，是否應標明旨趣？（三）質問下繼以發問，所問者當然係質問中未竟之事。惟深究、整理、應用等，皆可參用發問。於發問下不標明旨趣，易使人誤會發問為固定時間，其餘可不必發問。（四）一二年級練習不標明事項，三四年級特標明練習讀講。在三四年級之練習，絕對不用書寫，是否適宜？

京師學務局規定教順如左：

第一學年　單語教授

第一次　一小時

一、預備問答；二、指示目的；三、觀察實物或繪畫；四、問答大意；五、練習話法；六、授生字；七、抄寫生字。

第二次　一小時

一、問答大意；二、復問生字；三、默讀；四、指名音讀；五、練習讀講；六、抄寫全課。

第三次　一小時

一、復演大意；二、練習讀講；三、摘默；四、示應用材料；五、各自練習。

短文教授

第一次　一小時

一、預備問答；二、指示目的；三、觀察實物或繪畫；四、問答大意；五、練習話法；六、授生字；七、抄寫生字；八、指名音讀。

第二次　一小時

一、問答難字句；二、指名講；三、練習讀講；四、深究文字內容；五、摘默；六、示應用材料；七、各自練習。

第二學年

第一次　一小時

一、預備問答；二、指示目的；三、觀察實物或繪畫；四、問答大意；五、練習話法；六、授生字；七、抄寫生字；八、指名音讀。

第二次　一小時

一、問答難字；二、指名段講；三、指名通講；四、練習讀講；五、深究文字內容；六、整理段落大意；七、示應用材料；八、各自練習。

三四學年

第一次　一小時

一、檢閱筆記簿；二、質問應答；三、自訂筆記簿；四、指名音讀；五、問答大意；六、指名段講；七、指名通講；八、練習讀講。

第二次　一小時

一、練習讀講；二、深究文字內容；三、整理段落大意；四、探索課文要旨；五、分解語句及文章結構法；六、示應用材料；七、各自練習；八、指示次課預習法。

高等小學

一、檢閱筆記簿；二、質問應答；三、自訂筆記簿；四、問難字句意義；五、指名音讀；六、指名段講；七、指名通講；八、練習讀講；九、深究文字內容；十、整理段落大意；十一、探究課文要旨；十二、討論文章結構法；十三、練習美讀；十四、摘記佳句；十五、示應用材料；十六、各自練習；十七、指示次課預習法。

以上應商榷者：（一）定教授次數時數，教材難易，各課不同，時間多少，似不能有劃一之規定。而單語教授三時，短文教授二時，三四學年全用二時，尤屬漫無標准。按之實際教授，未可爲訓。（二）每項下另注用法，舉例殊多疏漏。（三）練習話法，祗行於一二年級，未敢贊同，一也。練習話法，係應用之事，在提示前行之，不合教授原則，二也。就問答結果概述其大意，不如就課文述其大意，較有條理，且得言文對照之益，三也。在一年級令述問答結果，概述則兒童力有未逮，抽述則零雜散漫，或竟無從復演，四也。至實行後情形若何，就調查所知，如學務局所轄學校，在教員一方面，稍以規定事項劃一辦法少變化爲嫌。在整理教授不良一方面，不無少許之效果。當未規定教順以前，教法極爲紊亂；自規定後，爲教師者始稍有標准可尋。蓋教順強爲劃一，固有未當；而漫無標准以策進行，亦非整理之道也。

因以上之研究，定教順之原則如下：

（1）不用教段分配順序。

（2）綱目並列。細目宜稍詳細，運用許其伸縮。詳細則方法多，能伸縮則可隨時變化。惟細目須另具理由及用法之説明書，以資參考。

（3）適應年級及教材形式。用於一年級之教順，不同於二、三、四年級，二年級與三、四年級又各別。此適應年級之別也。單語教順，比散文、韻文所用者不同。此適應教材形式之別也。

（4）不規定教授時數。

依此原則規定教順，稍有標准。惟不可不知者：（一）教順非一成不變，當知活用之方。（二）規定教順，爲教授未熟練者而設，若深明教授學之教師，其教授進於熟練時，又可不拘拘於一般之規定也。

四、教式

教師與生徒相接時，依教順將教材授與兒童或整理其心得。此時之教授作用，必有一種表現之形式，所謂教式也。其種類分述如次：

一、發問式

舊時教授用注入式，其後乃有啓發式。啓發式以發問爲主，其目的在誘起兒童之自動。惟教授專重發問，教授中心仍在教師而不在兒童，何也？教師不動，兒童亦不動也。茲列發問式，以此爲教授中必不可少之法，非如啓發式以發問爲惟一方法也。惟各校教師用發問式之法頗拙，且多違反原則。下所舉之通弊，所以促吾人之反省。蓋從弊之反面觀察，即可求得原則也。

1. 每次發問連續之問題太多。發問太多，則必零雜，易混淆兒童之心意，且占時間過久。學生中有不經意者，照顧極形困難。

2. 問題含有決定之答語。教授法中發問之原則，雖教者多知之，然犯此弊者甚多。如某問題中祇問兒童"是不是""行不行""可以不可以"之類，祇取生徒信口唯諾之答詞。又某物"圓乎方乎"，祇取生徒選一種之答詞。此種發問，殊無效益。

3. 問語含混而不簡要。問語含混，不能辨其意義所在；問語不簡要，其真意亦易爲支蔓之辭所蔽。故教師發問，言貴簡要明了。

4. 多用指名問答。指名之弊：（1）先指名而後發問，則餘者必不注意；（2）純用指名發問，則教師不能知全體對此問題之感想如何。然指名問答，亦非絕對不能用者。如學生有不注意時，特指名問之，以喚醒其注意。又普通發問時，對優等生特設一較難題目，使之推究，以隱消其輕視之心；對劣等生特設一較易題目，以引起其學習之動機。苟善用之，皆有實效。

5. 學生答後不經共同評訂即行判斷。發一問題，須就全體中舉手者決定一人答之，答後由全體評訂，然後教師判斷之。蓋學生所貴者在乎自動。設此問題，此生不能答，而彼生或能之；彼生不能答，而其餘或能之。苟不經此手續，而教師即行判斷，是阻學生之自動也。指名問答，亦當於答後用班決法救濟之。

6. 答未經班決或改問他生之前，即有示意之表現。示意表現可分言語及容貌二種。即答後教師雖未明爲判斷，而卻已出"是否"等口語，或點頭搖首等狀態，與夫喜怒等顏色是也。不知此種情形，在教師方面雖出於無意，而在學生方面察言觀色，已知教師對於答者合否之意。則評訂將視其意向而定，遂減少其自己思索之力。

7. 不注意舉手多寡。嘗見教師發問，學生數十人，舉手輒數人。其對於舉手占多數與極少數時，並無若何之考慮。夫發一問題，固不能預知答者能答與否，要以多數能答爲善。苟不能答者多而能答者少，非問題過難或不明了，即學生未嘗注意。欲知學生中能答與否之數，可由其舉手之多寡而定之。苟不注意於此，則學生能否多數領略題旨，無由而知。

8. 決定答者不注意全級適當分配。教授時間之發問，不能遍及全級學生，然不可不注意全級適當之分配。例如先問前席，次問中席或後席，次問右方或左方，使學生人人留心預備。嘗見教師發問時，從偏於一部分或一二人。他生欲答者，因不能發表，頗現悻悻之色。或因屢不見問，下次亦遂不注意。所以，發問時當適應全級之分配也。

9. 偏問優生，遇參觀時尤甚。教師平時之偏問優生者，爲省煩勞起見。其遇參觀時之問優生者，爲顧全體面起見，以爲劣者必多不能答也。不知教授以學生爲本位，成績之良否，不盡關於問題之能答與否；而問題之能答與否，則實關於問題之難易及明了與否。今不以學生爲本位，而但顧自己之便利，豈不謬哉！

10. 無意味、無目的之問答。問題無目的，則與提示不相關聯；無意味則虛耗時間，於教授上不生若何效力，何貴有此一問？所謂多問不如少問者，在於問題之有目的有意味也。

二、提示式

此式以教師爲中心，而學生立於被動之地位。可分爲數種。其總原則如下：

（1）每次提示之材料分量不可過多。現時多數學校，對於講讀等項，有初次試讀試講，即行全讀全講者。間有區分數節，嫌煩重。蓋小學生腦力簡單，材料過繁，不能一一領會，且難記憶。且材料多，則時間過長，受教者易於倦怠。此在一年級生尤須注意。

（2）提出材料宜明主要之點。前所謂材料不可過多，當提示時其中必有段落。每一段落，又各有主要之點。提出主要之點，或音調稍高，使學生注意；或以極簡單之語句表明之。

1. 示物

如實物、標本、圖畫等，使學生於直觀方面領受知識。在國文中爲關於理科、地理等材料，又初年級授日用品之字，用此法。既使易於認識其字，且對於該物之性質、狀態及用法亦易明了也。其原則如下：

（1）預指出觀察要點，使生徒注意教授上必要之部分。不示要點，則學生觀察漫無範圍，與提示者不能相連絡。

（2）複雜之實物標本，當區分部分而示之。如花之花冠、花蕊，地圖山脈之起訖、水道之分合等。不區分而示之，則學生不知分析而觀察。

2. 示例

示學生以模範，分動作與法則二種。如授國文時教其發音、筆順，及文之構成與句之構成等，均宜先示以模範。其要則如下：

（1）所示模範，宜使生徒領會明了，至確能摹仿爲度。示以模範，一次不足，當數次示之。非達到確能摹仿之地位，則所提示者仍歸無效。

（2）宜分解。分解示之，則易明了領會。如具體示範，有時雖可用，但常用者仍爲分解法。

三、解説式

解説式者，以言語解釋文字之意義，説明事實與理由者也。教材中有例可示者用示例式，有物可示者用示物式，不能示例、示物者必用解説式。而示物、示例之中，有時仍須解説。故此式在提示中，用處尤多。現在教授之通弊，多有授一課文，自始至終，接連解説。即令解説明了，而兒童顧彼遺此，時有未喻，或隨喻而隨忘。茲述此式應守之原則如下：

（1）區分部分順序而授之，初年級區分部分宜小。此原則根據提示之第一原則。將一單元之教材區爲數部分，即將一時中所有教材，酌分若干段落。先就一小段落提示之，隨令學生練習，逐段如此，最後再行總合之提示與練習是也。

（2）要點及難義，宜就所分之部分，分別提出，預行解説。各段中之要點及難義，須逐段預先提出，詳爲解説，再就本段全文提示。否則於段講時，中多扞格；又段講時於繁雜之處，過於詳細，或須反復其辭，言語次序，易致混亂。

於此宜特別注意者，即提示中之講演式是也。在昔注入教授，全用講演式。近世自學輔導之主義昌，教授之本務，乃學生自學，而教師輔導之。教授時，教師應以言語表出者，衹適用解釋與説明。凡段講通講，大抵皆學生試講。所謂講演者，幾純爲學生自動之事。即解釋與説明，亦必因應學生自動，而後補成其不足，矯正其錯誤。雖教師有時將課文用白話演出，不過資語法之練習，或爲示範之例。然亦須於練習應用時行之，已非提示中所有事也。

四、訂正式

發問、提示用於兒童未活動以前，訂正則用於既活動以後。如對於預備之應答，及練習應用之發表等，皆用此式。即對於自習亦必用之。

1. 種類

（1）板上訂正。

（2）簿上訂正。

（3）口頭訂正。口頭訂正應注意者，如兒童之土語、訛言、誤點、語意不完全、語意繁冗等是也。

2. 方法

（1）個別訂正。依學生之程度，分別訂正，尤注意劣生。或於巡視時，即就座次，利用時機行之。

（2）共同訂正。就一生答案，由教師與兒童共同訂正，此爲訂正常用之式。或有時發現學生共同及特別之誤點亦用此。

（3）優生訂正。即令優生訂正劣生之錯誤。

（4）自己訂正。如作法、書法、摘寫等，教師指出誤點，令自改正之，或令照書籍改正之。

（5）課外訂正。不在正課時間內訂正者。

3. 原則

（1）用簡單方法。方法簡單，則節省時間，而生徒易領悟。

（2）當使得確實明了之結果。訂正後，或加檢查，或用練習及復習方法，以驗學生是否明了。

以上發問、提示、訂正三式，有相互之關聯，非單獨分立，提示時宜斟酌適當參合用之。尤有進者，即教授與自習法，更必互相聯絡是也。蓋施行教授，在教師方面爲授與，在兒童方面爲學習。苟所授與者不立於學習基礎之上，則效力甚小。此教式與參合自習而行也。

五、自習

一、旨趣

自習者，不藉助他人之謂。此命名之義，亦即目的也。就實際方面言，則自習爲養成自動、不藉助於他人。當其自動時，勿論立於教師之下，或離教師時，教師仍無事不負指導與監督之責，非與教授截然爲二事也。

自習固重要已，惟不可流於形式的，致失自習旨趣之真價值。舊時亦重自習，然爲形式的自習。如學校設自習室，定溫習時間，皆非以所教授者立於自習基礎之上，蓋自習固自習，教授自教授也。近來倡導自學輔導主義之學校，實際上仍不免此弊。蓋提倡自學則有之，於輔導則未也，因此當曰：自學輔導主義者，輔導自學也。欲自習收美滿之效果，當明輔導自學之義。

舊時注入教授，教授中心在教師。啓發教授重發問，固在引起兒童之自動，然教授中心仍不在兒童，前已言之矣。惟輔導自學，其教授中心乃真在兒童，乃真能使兒童自動，而各自發展其特性，如培養花木然。花木固需肥料與水分，若不任花木之自然生長，惟重加肥料與水分，其結果或反促花木之萎枯。注入式固非，啓發式亦近似揠苗助長。此教授之課自習，吾人所當重視者也。

複式教授，一方學生自動作業，一方教師直接教授。其收效可與單式學級教授相埒者，全在自動作業。然世人輒以自動作業爲複式教授必不可少，實不得不然，因以自動作業爲複式教授特有之法，殊爲誤會。不知自動作業者，乃使兒童各自發展其活動之能力。不惟複式當然，即單式學級教授亦應爾爾。自習者,即行複式教授中自動作業之事也。

由此言之,最近之教授法,乃動的非靜的,所謂自習法亦然。教授上之趨勢如此,與教育主義之趨勢相爲表裏。明乎教育與教授之關係,又知最近教育之趨勢,庶對於今所主張之自習爲動的教授,能深知其意矣。茲就現今教育思潮略述其大意:

(1) 兒童中心。此主義在隨處使兒童自由活動,以發揮其本能。

(2) 生活本位。教育爲何而施,兒童學習將以何用?使其獲得之知識技能,無與於生活,何貴有此教育,何用此學習?故此主義專重生活問題,以陶冶兒童實際生活上之能力。在教材方面期於實用,在精神方面爲養成自動。

(3) 行爲習慣。從前重主知主義,於陶冶人格,頗有未盡。故此主義重兒童之意識活動,而養成日常行動之德行習慣。就教授言之,即須以動的人格,感化兒童,傳達以知識。同時刺激其情意,使發揮其動的精神。

(4) 作業中心。此主義務發展兒童創造活動之能力,主張頗不一致。而注重精神作業,其教授趨向於活動方面,固甚確當也。

自習與國文教授方面之關係:(一) 國文教授時間,較他科多,當尤重自習。(二) 國文教授於實質外尤重形式方面,如音義、文法、書法、作法等,比他科性質特爲複雜,因之自習方法尤多變化。

二、自習之種類

(1) 預習　預習者令學生就將授未授之教材學習之是也。其與預備不同之點,預習以學生自動爲中心,預備爲被動。

(2) 練習　練習者教授方過之材料,使兒童自己練習而整理之是也。

(3) 復習　復習者教授已過之教材,使學生反復溫習之是也。大抵行於教授已畢之後,其結果可使發表達於圓滿地位,故又可名應用練習。若行於教授開始時,須取與本課相關聯之教材。

三、自習之地點

（1）學校

（2）家庭

就理論及實際言，家庭自習不若學校自習，因家庭中有左列之缺點：（1）用具不完備；（2）多擾亂注意者；（3）無同學，不足以引起競爭心；（4）家庭無指導者，質疑問難，頗感困難。

有此數弊，故自習之地點，家庭不若學校。若以家庭自習爲學校教授之基礎，其結果兒童之學業惡劣及性質頑鈍者，將益降於劣等。然家庭自習可竟廢去乎？實亦不必。求課外自習之得實效，須根據下列二原則：一、以學校自習爲主，家庭自習爲補助；二、自習事項分量及時間，當配置適當。

四、自習之時間及時數

自習時間，分課内、課外二種。課外無規定時數之必要。其關於自習時間，則規定如下：

1. 關於課内預習時間：甲、教授時間之始；乙、分段教授之始；丙、内容或形式教授之始。

2. 關於課内復習時間：（1）教授時間之始。復習與本課有關聯之教材，其效與預習等。（2）教授有餘裕之時。每一時間預定教授之事畢，猶有餘裕時間，則令復習之。（3）一課或數課之終。復習一課或總合數課而復習之。（4）周、月、年之終及寒暑放假之前。（5）特定時間。

練習時間無定。因提示後即宜練習，提示無定時，故練習亦無定時。

3. 關於課外自習時間及時數。課外自習，分學校、家庭兩種。茲錄中外數校所規定者以備參考。

a. 東京市本鄉尋常小學校

學校正課外

第三學年　放課後三十分以內

第四學年　放課後一時以內

家庭

三十分以內，但令特別復、自習時不在此限

b. 宕手縣花卷川口町立花城尋常小學校

家庭復習

一、寒暑假中特定復習事項

二、平日（包預習在內）

尋常小學一二學年16分至20分

三四學年20分至1時

五六學年30分至1時又30分

高等小學30分至2時

c. 廣島縣大畸南尋常小學校

預習三學年以上始有之。其時數如下

一、每日學校始業前約三十分

二、家庭三十分至一時

復習亦三學年以上始有之

家庭三十分至一時

按自習時數亦有規定教授時間以內者如下：

a. 日本東京高師附屬小學

第三部單級　每日之始　一時或二時

二部　每日之終一時以上

b. 江蘇省立第一師範附屬小學

第二部二部　三四學年　每日二時以上

單級　三四學年　讀法第一次約四十分

c. 上海尚公小學校教授者之主張

一周中放課後

國民二、三學年每週一次或二次，每次二十分以內

國民四學年每週二次或三次，每次三十分以內

高等　每週三次或四次，每次四十五分

　　以上所舉，各不相同。應如何規定，教師查上述各例，視地方情形斟酌之可也。於此有一種特別情形，亟宜討論者，即小學校依教育部規定教授時數，在鄉間及教育不甚完備地方，頗以學生每日在學校時間少，回家過早，勞家長之管束，不無違言。夫教育部規定之時數，係就授與知識方面，準兒童發達程序，不當逾此範圍，非謂教師之直接監督學生，每日當以此爲限也。據歐美學校之例，每日教授時數雖有規定，而每一次教授，初不以一時間爲本位。是增在校課外自習時間，與多分教授次數，於正時外延長時間，加重練習與復習，亦救濟之一法也。

　　又自習時間宜對於各教科爲適當之分配，否則自習事項太多，兒童力難兼顧，或有時竟無復習之事。在實際上曾發現此種情形。如日本高師附屬小學，昨日預習，則今日復習；或今日復習，則明日預習。此亦分配之一種方法，吾人當進而求之也。

　　自習宜顧兒童之身體，如例假宜令學生休息，藉以恢復疲勞，不可不注意也。

五、自習之事項及方法

1. 預習

(1) 觀察插畫及標本（一學年用之最多）。

（2）就指定之範圍默讀或默審。朗讀妨害他人，且易損兒童之聲帶。故朗讀不宜太多，當注重默讀。然默讀無範圍，必難專心致志，宜指出一定之範圍。默審亦然。

（3）檢查生字音義，記於筆記簿。

（4）記不明之字句及事項於筆記簿。

（5）摘記佳句及文法上新見之句（以下四學年以上用之）。

（6）學校印行之本，令圈點之。

2. 練習

（1）讀之練習：a. 默讀及低音讀；b. 順位次讀；c. 分組讀；d. 伴讀；e. 指名讀。

（2）講之練習：a. 摘講難語句及要點；b. 段講；c. 通講；d. 分述內容或形式。

（3）寫之練習：a. 視寫；b. 聽寫；c. 摘默。

（4）練習之通弊：

a. 齊講齊答　齊讀用同一教材，在讀者發表方面與聽者容受方面，皆不生歧異。若齊講與齊答即用同一教材，而各人觀念思想不同，發表爲語，言之繁簡，立辭次序，亦不一致。甚或言有歧誤，以此種種不同之點，發表於同一之時間，聲音龐雜，無從辨明。又齊講齊答，必有隨聲附和、不假思索之弊。

b. 講讀不充分

（1）未分段讀講遽行通讀通講。先分後合，此理至明。然教授時往往有初次試讀試講，即行讀講全文。此在未明意義及語句較多時，不能讀講之處過多，發表方面及聽者方面興味均減，一也。材料較多，聽者審其誤否，或致前後記憶不清，二也。試讀試講，先行之於優生，可資劣生示範之練習；如讀講全文，材料繁重，仍難受益，三也。反之而先行段讀段講，必無此弊。

（2）讀未練習即行講解。讀之練習未足，必有未識之字。遽講意義，殊多扞格。

c. 順位次之方法無變換　順位次讀講，前後隔離太遠，占時間亦較多，非用有興味之方法，利少害多。茲舉變換之例如左：

（1）依序分句讀，每人祇讀一句，前者讀畢上句，次者即行接讀下句。依序而行，課文終而複始。

（2）前者讀某文，後者即講某文。或分句，或分段，依序而行，如前法。

（3）順位次外得逆次行之，或直行，或橫行，或左行，或右行。

（4）用上各例，各生於注意屆時講讀外，得自由作業。

3. 復習　除用練習方法外，尚有多種事例，如左：（1）彙集同部首之字；（2）彙集類似或同種類之字或詞；（3）彙集類似或相反之句法；（4）彙集類似之內容材料；（5）彙集同音或音相近之字；（6）彙集同義或義相近之字；（7）敷暢或約縮原文；（8）深究內容或形式；（9）作表解；（10）相互問答。始問之一人，或由學生自由發問，或由教師指名，答者亦得發問，又許他生再答。（11）分期會講。行此法時，不可使兒童過於疲勞。當注意者：①每周會講次數至多二次，每次時間以六十至九十分爲限；②兼及童話，以助興味。

復習宜有目的。以此目的爲中心點，斯足以養成兒童理解力、組織力。若徒事熟讀，非所宜也。又須注重教授已久之舊教材，勿專顧新授之教材。且復習舊課，須配置適當，不得任便取舍，但較繁難者當格外注意耳。

前所述係自習時之事。而自習後尤當有適宜之指導。其方法如左：

（1）檢查　檢查之法，不外：a. 巡視；b. 問答；c. 優生檢查是也。

（2）質問　學生就不明或懷疑處質問，其獲益遠勝於教師發問。故預習後將提示時，先由學生質問，最爲有益。

（3）訂正　即矯正誤點，補成缺點是也。

六、關於預習及練習筆記簿之研究

　　筆記簿有分格規定事項者，有用白紙者，實際應用時，分項規定，頗感不便。蓋教材性質不同，臨時筆記，各課多寡，不能一律。若簿式區分事項，必致甲項無事可記，而乙項則隙不敷書。易一課文，情形又殊。因此障礙，不若白紙為便。鄙意預習簿宜分上下欄，中間作一橫線，上欄就預習時檢查音義及不明字句內容等，下欄於訂正時，對照上欄所記事項；不誤則闕，誤者照訂正之文改記於下，遺漏處補記於後。每課訂正畢，從下欄補記之末，用筆作一直線，通至上欄，以表明為一課之筆記。下次另作起訖。似此既便對照，教師亦易隨時檢查。

七、參用分團式教授法

　　何謂分團式？即將同年級學生按程度分優、中、劣三組，排列位次，優劣並列，藉資補助。此與複式教授不同者：其一，就學力分組，得隨時更動，非如複式教授就年級分組，固定不變。其二，在教授時間內，時用一齊教授，時行分團教授，非如複式教授之始終分組，絕對不用一齊教授。

　　何以宜用分團式？舊時個別教授，不勝其弊。但此弊非純由個別教授而生，實由教授法之不合，不過當時認為弊在個別教授耳，於是主張用一齊教授，然亦不能無弊。因一齊教授，以普通程度為標准，其結果阻抑優生之向上，不能滿其求知心。而劣生或有未盡了解之處，無適當之救濟法。欲適應兒童個別之能力，各謀相當之發展，此分團教授之所以成立也。

　　教授國文用分團式教授，其利益尤為顯明。因現在各校情形，學生程度參差，無如國文與算術二科，而國文科尤甚，且教授時間亦多。不謀救濟之方，將愈形參差，此對國文用分團式教授，所以有極端之主張也。

　　茲所提倡之教授法，以參用分團式教授爲言者，因一般教師，能力尚在幼稚，不必遽行分團式之完備組織，惟酌量採用之。一方救一齊教授之弊，一方使自習不流於形式。即試讀試講時，多利用優生先行之；練習讀講時，劣生多行數次；書寫時，因程度不同，材料或分多寡；問答時於普通發問中，對優劣生各發特別之問，又利用自習時機行特別教授，皆其例也。